ARISTOTLE

亚里士多德全集

第六卷

苗力田　主编

中国人民大学出版社
·北京·

《亚里士多德全集》编译组成员

苗力田　徐开来　秦典华
余纪元　颜　一　喻　阳
申　明　崔延强　李秋零

目　　录

论颜色

王成光　译

* peri Khromaton 据《洛布古典丛书》希腊本文。

【1】 附随于诸如火、气、水、土这些元素的颜色都 791a
是单一的。因为气和水由于自身本性是白色，火和太阳是黄色。土在本性上也是白色，但由于长久的浸染，显得变了色。考察一下灰烬，这一点就明显了；因为一旦造成其浸染的湿气被烧尽，它就变成白色，但并不完全如此，由于它也被烟雾浸染，就成了黑色。因此 ，沙土的水分在被火红色和黑色浸染时，就变成黄色。附随于这些元素的黑色也可以变成另外的颜色。但是其他颜色明显是由于互相混合而形成的。光线昏弱时，就出现黑暗。

黑色以三种方式显现给我们。因为首先，一般来说，不能被看见的东西是黑色（因为诸如此类事物的某种光反射黑色），其次，黑色就是从看不见的东西那里没有一点光传到眼前；因为当看不见的东西的周围地点是看得见的时，就造成黑色的印象。第三，一切事物显现给我们的这类黑色，是很少的光从这些事物反射出来的。这就是阴影表现为黑色的原因所在。当水像海洋的细浪那样起伏不平时，也同样显得是黑色。这是因为水面不平，很少有光线落在上面，加之光是分散的，因此阴影部分就显得是黑色。正由于这个原因，当云层很浓时，也呈黑色。在光没有完全渗透时，水和气同样如此。因为它们深厚，只有很少的光线被完全反射，所以 791b
显得是黑色；因为在光线的各部分之间的那些部分，由于昏暗而似乎是黑色的。黑暗不是一种颜色，而是光线的缺失，这一点，从许多其他事实，特别是从在黑暗中不能恰巧观察到某一事物外观的大小和特性（正如在其他可见物方面的情形一样）的事实中，是不难明白的。

光是火的颜色，这从它除了这种颜色，没被发现有任何其他颜色的事实来看，是明显的，而且也因为，只有它是由于自身而可见，其他东西则由于它而可见。这一点还必须进一步考察，因为有些事物既不是火，又不具火的形式，但它们本性上却似乎产生出光。因此，如果火的颜色不是光，那么光就不仅仅是火的颜色，不过，虽然这种颜色可能不仅仅属于火，但光的确是它的颜色。除了通过光，任何其他手段都不可能使它变得可见，正像所有其他物体全都通过颜色的显现而变得可见一样。当水和气通过火烧热，黑颜色就随之出现，因此，所有燃烧的东西，都要变黑，正如被火所烧的木材和柴炭以及当陶土内含的湿气被释出和燃烧时从陶土中冒出的烟雾一样。因此，从脂肪和油质性东西中冒出的烟雾是最黑的，比如油脂、沥青、松木火炬，因为它们的燃烧最充分，且造成连续。水冲刷过的那些东西也会变黑，当长满
792a 苔藓的那些东西的湿气最初变干时，犹如墙壁上的灰泥。水下的石头同样如此。因为这些石头长满苔藓，尔后变干，也就变成黑色。

单一的颜色就是这样一些。

【2】 通过较大和较小比例的混合而从这些颜色中生成

的其他颜色，显得多种多样，且形成诸多不同的性质。所谓较大和较小比例，就像红色或紫红色，所谓混合，就像白色和黑色一经混合，就形成灰白色。因此，黑色和阴暗的东西与光相混，就是红色。因为我们观察到，黑色的东西在与阳光和火光混合时总是变成红色，黑色的东西一旦燃烧，也全都变化成红色；因为这些烟和炭一旦被燃烧，看起来就有一种红颜色。当阳光呈现白色和阴暗的微弱混合时，紫红色就是鲜艳而明亮的。因此，在太阳升起和下落的时候，空气显得是紫红色的，太阳正在升起和正在下落时也是这样；因为这个时候光线最弱，照射在空气中，就趋于阴暗。当海浪以一定角度掀起，又落在阴暗中时，海水显成紫色；因为阳光微弱地照射在这一角度时，使得海水出现紫色。在羽毛方面，我们也看到同样情形发生；因为只要以某种方式暴露在阳光下，它就有这种紫色。当微弱的阳光照射在暗色上时，就成为人们所称的灰褐色；但阳光强烈且与最初的黑色混合时，它就是红色的。然而，当阳光明亮并照耀时，它就变成火焰色。

在这里，就互相混合而言，虽然我们必须从观察的底层颜色开始探究混合色的形成，但并不是全都有相同的起源。因为有些颜色不是单一的，但单一色对有些复合色的关系与对它们自身的关系有相同的道理，因为这些单一色是与某种 792b
混合色有关的，但并非在每一场合都明显，即使贴近观察也如此。因为当我们讲紫红色或红色的混合时，我们必然同样地解释由这两者混合而成的那些颜色，以及造成的其他种类的颜色，虽然造成的外表不相似。我们必须从以前的准备出发，来说明和考察混合，例如当昏暗的阳光与纯黑的东西、显眼的东西混合时，就出现紫黑色，正像葡萄浆果那样；因为这些东西在成熟时就显现出紫黑色；自然当它们逐渐长黑时，红色就变成紫红色。我们必须按照已经设定的方式考虑所有颜色的差别，根据它们自身的显现，从运动中发现相似性，也要在每一混合中发现相似性，即使是对那些在某种生成和混合中基于部分而形成外表的东西，以提出令人信服的证据。必须对所有这些进行考察，但不是像漆匠们那样混合这些颜色，而是对从上述东西中反射出来的光线的相互关系进行比较；因为人似乎最能考察合乎自然的颜色混合。但必须在其颜色的生成很明显的事物中，探寻令人信服的证据和相似性；尤其是在由于阳光的东西，源于火的东西以及气和水之类中探寻；因为它们经过较大或较小比例的混合，产生出正如所说的几乎所有颜色。也必须从与光线混合时的其他颜色中去发现相似性；因为当煤炭、烟、尘土、硫磺、羽毛，一些与阳光混合，一些与火光混合时，就产生出各种各样的颜色变化。此外，必须考察植物、水果、头发、羽毛以及诸如此类的所有事物在成熟时产生的颜色变化。

793a **【3】** 我们必须注意颜色的多样性和无限性，这是由于数量所导致的。我们发现，这是由于它们分有的阳光和阴影不相等、不均匀；因为阴影和阳光基于量的较多或较少而有许多不同，所以，由于它们自身，且与颜色混合时就造成了颜色的变化，或者是因为混合后的颜色在浓度和能力上不同，或者是因为它们没有相同的比例。因为紫色、红色、白色和其他每种颜色存在着许多差别，这既由于较大或较小的比例，又由于相互的混合和它们的纯度。混合颜色也会产生这种差别，它或者是明亮的、耀眼的；或者相反，是暗淡、浑浊的。耀眼不是由于其他什么，只是光线的连续和密集。因为当黄色的东西与密集的、强烈的光线相遇，就生成金黄色。因此，鸽子的脖颈和水滴在光的反射下出现金黄色。有些东西，由于摩擦或其他某些强大力量而变得光滑，从而显现出各种各样的颜色，正如受摩擦的银子、金子、青铜以及铁一样。某些种类的石头也产生不同的颜色，正如……①，虽然是黑色的，但它们划出白线，因为所有这些东西的构成从起源上讲，是由厚的、黑的小部分结合成的，在生成中被染色，浸染所经由的所有孔道都被着色，因此就出现了其他颜色的外表。但是，源于它们而受摩擦的东西不再变成金黄色，也不会是青铜色，也不会有任何其他这样的颜色，而完全是黑色的，因为浸染所经由的受摩擦的孔道被裂开，而它们本性上是相同颜色。由于染色过程被瓦解，前面的颜色对我们不再明显，我们看到的是合乎自然地依附于它们的颜色；因此，它们都显得是黑色。但在对它们每个的同质而又光滑的

① 原文有空缺。

793b 表面进行摩擦的过程中，正如对试金石一样，当黑色消失时，它们又回复到在触合与连续中通过浸染表现出的颜色。就火中烧过、分解和正熔化的东西来说，它们有最丰富的颜色，它们的烟雾是轻薄而又朦胧的，颜色是昏黑的，正像从硫磺和生绣的青铜中升起的烟雾，有些东西则像银那样光滑、稠密。其他有些东西有暗淡的颜色，分有了光滑，正像水、云和鸟羽一样；因为这些东西由于它们的光滑和照射它们的光线有不同方式的混合，就产生出不同的颜色，就像阴影一样。

我们从没见过真正单纯的颜色，相反，它们都是被混合在其他颜色之中；即使不与其他颜色混合，也会与阳光、阴影混合，从而显出差异，不像它们本来所是。因此，是在阴影中还是阳光中观察，是在强烈的光线中还是在柔和的光线中观察，而且，根据观察所具有的这样或那样的角度，以及根据其他的差异，事物就显现出不同的颜色。借助火光或月亮看见的东西，以及靠灯光看见的东西，由于各自的光线相异，因此有不同的颜色。颜色的彼此混合也如此；由于相互转换，它们就变了色。因为当光线落在某些被染色的东西上时，就变成淡红色或淡绿色，然后，反射的光线落在另外某种颜色上，再度被混合，它就呈现出另外的混合颜色。这种影响虽然是连续的，但却不易觉察，有时以多种颜色的混合出现在眼前，能引起某种最显著的感觉。因此在水中的东西显得更明亮如水，借助镜子见到的东西与镜子中的东西有相似的颜色。人们会认为，这种情形也发生在空气方面。因此，

所有颜色都是由三种东西混合而成的，即光，光由以被显示 794a
的东西如水、气，第三种是光从中被反射出来的底层颜色。白的东西和透明物在很薄时，其颜色像雾气一般，但色彩过浓的东西，也显得有些昏暗，正如稠浓的水、气以及厚实的玻璃。因为当事物由于稠密，四面八方的光线减弱时，我们不能准确地看清它们内部的东西。近观空气，它显得没有任何颜色（因为由于它很稀薄，被光线所控制和分开，而光线是浓密的，穿过它显现出来），但在深处观察，由于很稀薄，它就显得非常近似于绿色。因为那儿没有光穿透着阴暗，所以显为绿色。但当它像水一样稠浓时，就是所有东西中最白的。

【4】 所有被染色物都从染色物中获得颜色。因为许多东西被植物的花染色，许多东西被植物的根、皮、木、叶或果，还有许多被土、泡沫物、黑水染色。有些是靠动物的汁液染色，正如紫色靠骨螺一样。其他还有些靠酒、有些靠烟、有些靠沙、有些靠海水染色，如像海中的有毛生物；因为它们全都被海变成淡红色。一般而言，所有这些东西各具特有的颜色。因为当颜色连同湿和热一起进入染色的孔道时，一旦变干，它们就总是获得那些东西的颜色。因此，染料从孔道流出来，经常浸透那些东西。但是在染色过程中的浸泡物造成许多差异和混合，被染物的性质也是这样，正像前述的混合方面的情形。黑色的羊毛在被染色时，它们在颜

794b 色上变得并不同样明亮，因为染料进入羊毛里面，它们的孔道被染色，但在羊毛之间的空隙没有获得染料。如果这些东西是白色的，并和各种颜色摆放在一起，会使染料显得更明亮。相反，黑色的东西是模糊的、暗淡的。因此，被称为棕灰色的染料在黑色羊毛上的变化比在白色羊毛上更明显；因为在这种场合当染料与黑色光线混合时，显得更纯。因为基于自身的孔道之间的空隙由于狭小而不能被看见，正如锡与青铜混合时不能被看到一样，其他类似的东西也莫不如此。被染物的颜色各不相同，这是由于我们前述的原因所引起的。

【5】 头发、羽毛、花朵、果实和所有植物，在成熟的同时颜色会呈现出各种变化，这从许多方面表现出来。现在我们必须考察，属于每种东西的自然颜色的本原是什么，它们表现出什么变化，源出于什么，它们由于什么原因而承受变化，是否有其他某些困难与这些问题相伴而生，所有这些必须考虑的问题都从诸如此类的问题开始。在所有植物中，本原的颜色是绿色；因为嫩苗、叶片和果实在开始时都是绿色。在雨水中，人们也可以看到这一点；如果水停滞的时间很长，一旦变干，又会成为绿色。出现这种情形是合理的，而且，这也是一切生长物获得的第一颜色。因为所有的水成物[①]经历一段时间后，就本原而言会生成绿色，只是在与阳

① ta hudata。

光混合时，才逐渐变黑，但一旦与清新的水混合，又会变成绿色。如前所述，潮湿的东西一旦由于自身而变旧、变干，就会发黑，正如灰泥在容器中一样。总是处在水中的东西都 795a
要变黑，因为潮湿不能由于自身而变冷、变干，但由于阳光照射时，水分被排去，这些东西就变成绿色，因为黄色与黑色混合了。进一步说，如果潮湿的东西变黑，绿色会变得很黑，韭葱亦如此。因此，一切老植物都比嫩苗黑得多；由于后者自身之中的湿气还没有变黑，所以较黄。当它们的生长变得较慢，它们的湿度持续时间长，因为湿气遇冷而变得很黑时，由于与纯黑混合，它就变成像韭葱一样的绿色。

在湿气没有与阳光混合的那些事物中，如果在经历很长时间和变干之前没有变黑，它们的白色就会保持。因此，在所有植物中，地面之上的部分起初是绿色，地下的茎和根则是白色。嫩苗如果在地下，也是白色的，但如果从地下长出来，那么，正如前面所说的它们全都从一开始就变成绿色，因为湿气通过根而流进它们之后，自然就有这样的颜色，在果实方面，这种颜色很快地随着生长而保持。但当它们不再生长时，热量不能控制流进果实里的养料，相反，湿气被热量耗尽了。那时，所有果实就成熟了，它们之中的湿气由于太阳和空气的热而变温暖，每一个都从果汁里获得颜色，正像被染物从花朵中获得颜色一样。因此，它们是逐渐变色的，它们的转变最与太阳和温暖有关。

所以，它们的颜色全都随着季节而变化。这是明显的；

当所有东西已经成熟时，绿色就变成合乎自然的颜色。因为
795b 它们出现了白色、黑色、灰色、黄色、淡黑色、淡红色、紫黑色和橘黄色，表现出几乎所有的颜色差异。既然较多颜色的相互混合产生出的颜色最多，那么很明显，植物中的颜色必然有同样的混合；因为湿气流入它们之中，与其融合在一起，从而产生所有可能的颜色。在果实成熟过程中，它被阳光和空气的热量所温暖，每种颜色由于自身而固定下来，只不过有的较快，有的较慢而已，正像骨螺的浸染所发生的那样。因为当切开骨螺，从它那里排出所有湿气，然后倒入容器中煮沸时，一般说来，在浸染中开始没有一种颜色是明显的，随着液体的进一步煮沸，存在于其中的各种颜色逐渐地相互混合，从而产生许多不同的差异；因为有黑色、白色、暗淡色和模糊色，最后当煮完时，全都变成紫色，所以，由于混合，不再有任何其他颜色由于自身而可见。

同样情形在果实方面也有发生。因为许多果实中，各种颜色的成熟并不是同时发生的，而是一些出现在先，一些在后，从一种变成另外一种，比如葡萄和枣子。因为其中的一些首先变为红色，一旦在它们中出现黑色，又转变成紫黑色；最后它们呈现出紫色，因为那时，红色已经和许多纯黑色混合了。后形成的那些颜色，一旦处于优势，就使得那些先形成的颜色发生改变。这种情形在黑色的果实方面表现得
796a 最明显；正如前面说过的，它们的绝大多数一开始就从绿色一点点变红，尔后形成黄褐色，但很快地，它们又从黄褐色

变成紫色，因为它们之中存在着纯黑色。这是明显的；因为所有这类植物的枝、苗、叶都是红色的，这种颜色大多存在于它们之中，既然如此，黑色果实共同分有这些颜色就是明显的了；因为所有这些植物的汁液都是紫黑色。

在生成顺序上，红色先于黑色。这是显然的；因为水滴落的那个地方，一般而言，无论适量的水在阴暗地方恰好落在何处，它们都首先从绿色变成红色，仿佛成了在那个地方溢出的鲜血，正是在这里，绿色获得成熟；最后，红色才变得很黑，并略带蓝色。果实方面也有如此情形发生。当在先的颜色控制在后形成的颜色时，果实颜色的变化就因此而容易看清了。因为石榴树上的果实和玫瑰花瓣开始时是白色，最后，它们之中的汁液由于成熟而变色，它们又变成海洋似的紫色和红色。它们中的另外一些东西也有较多颜色，比如罂粟汁和橄榄油的沉积物；因为它开初是白色的，正像石榴树上的果实，但在变白后，又变成红色，最后由于常与黑色混合，就变得略带蓝色。因此，罂粟上面的那些叶子由于成熟快，呈现红色，而靠近根基的下面那些是黑色的，由于这种颜色在它们之中占主导地位，果实也就如此；因此它最终 796b
变成黑色。那些只存在一种颜色，比如白色、黑色、红色或紫色的植物，它们的果实自然全都总是保持有相同的颜色，它们也很快从绿色变成另一种颜色。在某些情况下，花与果有着相同的颜色，正像石榴那样；因为它的果和花都略带红色。在另一些情况下，颜色上存在着很大差别，例如月桂树和常青藤；因为它们的花都是黄色，但后者的果实是黑色的，前者的果实是红色的。苹果树也有类似情况，因为它的花是白色的，逐渐变成紫色，果实却是黄色。罂粟的花是红色，果实则有的是黑色，有的是白色，这是由于存在于它们之中的汁液是在不同的时间成熟的。从许多方面都易看见这种情况；因为正如前面已经说过的，某些果实在成熟时，会展现出许多差异。

因此，差别很大的气味和汁液是与花和果实紧密相联的。就花本身而言，这更明显；在同样的花瓣中，有的是黑色，有的是红色，在另一些花瓣中，有的是白色，有的是紫色。这种情形在蝴蝶花方面特别明显；因为这种花在成熟期间自身有许多颜色的差别，正像葡萄在已经成熟时一样。因此，所有花的顶端最成熟，但在末梢处，它们的颜色变化也少得很。因为其中有一些，在它们赢得自身的成熟之前，湿
797a 气几乎已被晒干了。因此，花保持着一种颜色，但当果实成熟时，就变化了。有些植物由于所需养料少而成熟得快，但果实由于大量的湿气，在成熟的同时，就变成一切合乎本然的颜色。这是明显的，正如前面所说，被染色的花尤其如此。因为当有些被染成紫色，并放在血红染料之中时，它们一开始就变成棕灰色、黑色、天蓝色；但当这花被染煮到足够程度时，又变成紫色，鲜艳而明亮。所以同样地，许多花和果在颜色上必然有差别，有些的自然颜色过量了，有些则缺乏，这是由于有些成熟得不完全，有些完全。正是由于这

些原因，才出现了花和果在颜色上的彼此不同。但多数树的叶子最后变黄，因为它们的养料缺乏时，在变成本然颜色之前，就干枯了；有些掉落的水果在颜色上也变黄，因为在它们成熟之前，就缺乏养料。谷物和所有生长物亦如此；因为它们最后都变黄。由于它们之中的湿气很快变干，引起这种颜色的变化，而不再变黑。因为一旦变黑并与绿色混合，它就变成如前面所说的略带绿色；但黑色总是变化较小，所以它又逐渐变回绿色，最后变黄。梨树、马齿苋和其他一些植物的叶子一旦成熟，则变成红色。除了很快变干的那些之外，这些东西变黄是由于它们成熟之前的养料不足。因此，我们前述的那些原因，是对植物颜色差别最合理的说明。

【6】 由于同样的原因，马、牛、羊、人和所有其他一
切动物的毛发、羽毛、皮肤的颜色都是白的、灰的、红的和 797b
黑的。当具有自身颜色的湿气伴随着动物的成熟而变干时，就是白色；与此相反，在动物出生时，皮肤上的湿气呈黑色，正像其他的所有场合，由于大面积的黑色，湿气被更长时期地维持着；因为诸如此类的所有肤色和皮肤都是黑色的。其中的湿气在完全变成黑色之前就已变干的那些东西，都具有灰色、红色、黄色或其他颜色。不规则地发生这种变化的东西则出现各种各样的颜色。

因此，所有事物在颜色上都与皮肤相一致，既然红肤色的人长的是灰红色头发，黑肤色的人是黑头发。如若麻风病

人身体的某一部分呈白色，那么，在那个地方的所有毛发也会是白色，正如不同颜色的动物一样。所以，无论就身体的部分而言，还是就整体而言，毛发和羽毛都与皮肤的颜色一致。动物的蹄、爪、嘴和角也同样如此，黑色动物的这些是黑色，白色动物的这些是白色，因为在所有这些东西中，养料通过皮肤进入外表。从许多事实中不难看出这是原因。因为许多婴儿在出生时，由于养料极少，头部是红色。这是明显的；因为所有婴儿的头发起初都柔软、稀疏、短浅。随着年龄的增大，头发才变黑，由于吸收了大量的养料，它们才又变色。青少年的胡须也是如此，当一个人在青春期时，胡须开初略呈红色，由于它们之中的湿气极少而很快变干，随着较多养料渗入到那里，胡须又变黑。身体上的毛发由于缺少养料保持红色最久，如果养料长时间地增加，这些毛发同
798a 样要变黑，正像身体上其他部位和头上的一样。这是显而易见的；因为在有长发的所有动物中，一般地讲，离躯体近的那些部分较黑，靠近两端的那些较黄。羊、马、人的毛发也是如此，因为输入到这些地方的养料最少，所以干得快。黑色鸟类的羽毛，也是离躯体近的那些最黑，外端的则较黄。颈项周围的羽毛也同样，一般而言，凡获得营养少的部分莫不如此。这是显然的；因为所有毛发在变成灰白之前，颜色都改变，成为红色，这是由于缺欠营养又很快变干。但最后是白色的，因为在湿气变黑之前，它们之中的养料就被吸收了。在驮兽方面，这是最明显的；因为所有驮兽的毛发都变

白了。因为长毛发的这些地方由于热量较弱同样不能获得养料，湿气快速变干，因而变成白色。鬓角周围的毛发全都最易变成灰色，一般说来，热量弱而且活动费力的地方都如此。

如果某种东西改变它的特有本性，那么，大多会变成这种颜色。因为野兔生来是白色，但有时看到的却是黑色，鹿、熊、鹌鹑、斑鸡和燕子同样如此。因为它们生下来时很弱，由于在成长起来之前缺乏养料，所有这些东西都是白色的。小孩的情形也是这样，他们最初有白色的头、眼睑、眉毛，正像其他每个快要老的人一样，这种情形显然全都是由于虚弱和缺乏营养而导致的。因此，大多数白色动物比黑色 798b
动物弱；因为在它们完全成长起来之前，由于成长中缺乏营养，是白色的，正像碰巧得了病的水果一样；因为这些东西较小，成熟得更快。有些东西虽然生来是白色，但与其他那些有很大差别，比如马和狗。所有这些从本然颜色变成白色，是由于它们的营养好。因为在这些东西之中的湿气不会持续长久，即使由于成长而耗尽了，它们也不会变成黑色。因为这些东西中大多数由于营养好，都是湿润的、肥胖的。因此甚至白色的毛发也不改变。这是明显的；因为黑色的东西在变成灰色之前，要变成略带红色，既然它们之中的养料缺乏，同时又不断地被吸收，因而最终成为白色。

某些人认为所有东西变成黑色是由于它们的养料被热烧掉，正如血和其他东西一样，但他们错了。因为有些生物开始是黑色，比如狗、山羊、牛以及一般而言其皮肤和毛发一开始就有养料的东西，但随着年岁的增大，黑色就较少了。但按他们的看法，不应是这样，相反，所有这些在青春期的动物的毛发应当更黑，因为那时它们的热量似乎更强烈，而在开始时则应较白。因为在所有生物中，最初的热量要比它们的毛发开始变白时弱得多。就在白色的东西方面，这是明显的。因为有些东西直接就有最白的颜色，即一开始就有最丰富的养料的那些东西，而且，养料中的湿气不会在它们死亡之前变干；只是随着年岁增大，它们会变黄，因为后来流
799a 进它们之中的养料较少。但是，有些东西开始就是黄色，青春期最白，正如那些鸟雀，一旦它们中的养料缺乏，又要变色。这是显然的；因为它们要变黄，而且在颈项周围，一般来说，是在它们缺乏养料时那些养料不足的部位。这是清楚的；因为正如红色变成黑色，黑色变成红色一样，白色变成黄色也如此。这种情形也发生在植物上；因为有些植物从成熟之后的颜色又变回到成熟之前的颜色。这在石榴方面，是最明显的。因为一开初，石榴树的果实和叶子由于吸收的养料少而呈红色；后来当大量的养料输入却又不能完全吸收时，就变成绿色；最后，养料被完全吸收，则又重新变为红色。

关于其他毛发和羽毛，我们可以一般地说，它们都呈现变化，但有些正如我们前述的，是由于它们之中的养料缺乏，另一些则相反，是由于养料过量。因此，在毛发的生长
799b 时期，有些最白，有些最黑，既然渡鸦的羽毛在养料缺乏时，

最后也要变成黄色。但是，毛发决不会变成红色、紫色、绿色，或诸如此类的其他颜色，因为所有的这类颜色都是阳光与它们混合而出现的，而对湿润的毛发来说，一切变化均发生于肌肉之内，不存在任何混合的问题。这是明显的；因为羽毛在颜色上从一开始就根本不是这样，鸟类的各种各样的羽毛，可以说是黑色的，比如孔雀、鸽子、燕子；后来才呈现所有这些各种不同的颜色，在它们的身体外部已经成熟时，这种颜色的变化既表现在羽毛上，又表现在冠毛上，所以正如在植物方面一样，身体外表的成熟色彩就产生了。因此，其余的动物，无论是水生动物、爬行动物，还是水生贝壳类动物，一旦它们相当地成熟时，其外表都会具有丰富多样的颜色。从前面的论述出发，人们也许能最明白地对颜色进行考察。

论声音

王成光 译

* peri Akouston 据《洛布古典丛书》希腊本文。

一切声响都生成于物体或空气碰在物体之上，而不是像 800a
某些人所认为的那样，由于空气呈现的形状，而是由于空气与物体的收缩、膨胀、压缩近乎相同的流动，还由于呼吸和乐弦的振荡。因为当落于其上的呼吸不断撞击空气时，空气就立即被强制移动，并同样推进连续它的空气，所以，随着空气的运动，相同的声音朝各个方向扩散。因为它运动的强力超过了自身的范围，就像从河流和陆地上吹出的微风一样，在这些声音受到压抑时，是微弱的，模糊不清的；如果它们是清晰的，则传到很远，充满连续的整个地点。

我们全都呼吸同样的空气，但我们发出不同的气息和声音，这是由于发声的载体不同，正是通过这些载体，呼吸才传到外面的地点。这些载体有气管、肺和嘴。但声音的最大差别是由空气的撞击和嘴的外形造成的。这是明显的；因为声音的所有差别都由于这一原因，而且，我们看到，同样的人通过使用同样的气息和气管，以不同的方式从嘴里排出空气，可以模仿马、蛙、夜莺、鹤和几乎所有其他动物的声音。许多鸟一旦听见了这些声音，由于前述的原因，它们也经常模仿其他一些声音。

当肺是小的、厚的和硬的时，就既不能吸入，也不能排出较多的空气，也不能使空气的振荡变得强烈有力。由于它是硬的、厚的、紧的，因此不能获得大面积的扩展，也不能
从大的扩展中通过自身收缩而强有力地把空气挤压出来，正 800b

如我们使用的风箱，当它们僵硬时，既不容易张开又不容易收缩一样。因为当肺从大的扩展中通过自身收缩强有力地挤压出空气时，就使得气息的撞击强烈。这是明显的；因为身体的任何其他部位都不可能从短距离造成强烈撞击。因为用腿和手都不能造成强烈的撞击，也不会把物体撞得很远，除非某人在每一场合都远距离地撞击。如果不这样，撞击由于紧压而变得坚硬，被撞物就不可能被推得很远，假如弹弓、投掷器和弓弩是硬的，不能弯曲，弓弦能被拉拽的幅度也不大，那么，它们的射程也不可能远。如果肺是大的，软的，易收缩的，就能够吸收许多空气，又能排出它们，并按愿望控制它们，这是由于肺的柔软，容易收缩。

当气管狭长时，很难向外发出声音，而且，由于气息移动的路程长，也就相当费力。这是明显的；因为一切长颈项的动物都强力发声，比如鹅、鹤、公鸡。就它们的管道来说，更为明显；因为每根管道小得连蚕也很难容纳，加之由于距离长，就需要相当大的力量。再者，由于位置狭小，一旦在内部被压缩，气息就往外流，直接流过管道而被扩散，就像流过狭窄通道的溪水一样，所以，声音不能持续，也不能扩散到广阔的地方。同时，在所有的这类情形中，气息必然被制约，不易发生其作用。但在气管空间大的那些场合，气息容易传到外面，而当它在内部移动，通过宽阔的空间
801a 时，声音就变得沉闷而单调，此外，这类动物由于它们的气管不能被固定，不可能靠气息将其区分。这样的气管是不均

匀的，从来没有相同的宽度，在这些方面必定分有各种各样的困难。因为气息必然是不均等地分配给它们，在一个地方被收缩，在另一地方被扩张。当气管短时，必然很快排出气息，与空气的撞击也较强烈，所有这些情形，由于气息流动速度快，都会发出较尖的声音。

造成这种结果的并不仅仅是器官的差异，各种偶性也会导致声音的不同。因为当肺和气管充满很多湿气时，气息虽喷出，但不能连续传到外面的地方，原因在于它被粘住了，变得稠密潮湿，难以流动，正如黏膜炎和酒醉那样。如果气息非常干燥，声音会变得较刺耳和分散；因为当湿气轻薄时，就含有空气，产生某种单调的声音。可见器官以及附属于它们的偶性的不同，就相应地产生出各自不同的声音。

声音似乎是在各自由以生成的地方，但我们听见它们只是当其落到我们的听觉器官上时。因为通过撞击而被推动的空气不断地移动到一个地方，然后逐渐地进一步不断散开，我们正是通过这一点来识别所有声音，既有生成于远处的，又有生成于近处的。这是明显的；因为当某人拿一个水罐、管子或喇叭，放在另一个听者附近，并通过它来谈话时，所有声音似乎离听者都相当近，因为被移动的空气没有扩散，声音被包围它的器具同样地保存着。正如绘画，当某人用颜色相似地描绘远物和近物时，对我们而言前者似乎退出了画面，后者却仿佛突现了出来。虽然它们两者实际上都在同一平面上。响声和声音[1]也如此，当一种声音间断地触及听觉，另一种连续地触及听觉时，虽然两者到达的是同一个地方，但前者听起来似乎远，后者却近，这是由于前者似乎在 801b 远处生成，后者在近处生成。

声音的清晰度是与发音的准确性相称的。因为如果发音不完全，声音就是模糊的，正像戒指上的图案一样，如果印模不精确，也就不清晰。正因如此，小孩不能清楚地交谈，醉酒的人也不能，年老的人亦不能，天生大舌头的人也不能，一般而言，凡舌头和嘴巴活动困难的人都不能。正如把青铜器具和角状器具在一起敲打，它们形成的声音不很清晰一样，谈话也如此，当发音不是同样程度地重读时，从嘴巴发出的气息就相当不清晰。这不仅是某些人本身发音不清晰，而且也在他们清晰的声音被阻断时，因为有关听的运动是不均匀的。因此，当我们听到一样什么时，就要比当许多人说这同样东西时知道得更多，正如琴弦一样。当某人同时吹长笛和弹竖琴时，由于声音的相互交混，我们就听得很不清楚。在和声方面，这特别明显，因为两方面的声音由于相互混杂而模糊。正是由于上述的原因，声音变得不清晰，但在相同条件下则是清晰的，正如颜色一样；因为在那种情形下，最能刺激视觉的颜色是最鲜明的。

同样我们可以假定，当其相触时最能刺激听觉的声音是

---

① psophos kai phone，两者对立，前者为元音，后者为辅音。

最清晰的。这样的声音是清楚的、响亮的、纯正的，而且能够传得远；因为在所有其他可感觉物中，最强烈、最有力、最纯粹的东西所造成的感觉也最明显。这是显然的；因为当空气被驱散后，所有声音最终都会消失。就长笛的情形而言，也是明显的。因为在吹口上有遮盖的簧片的那些长笛发出的声音较弱，但清晰度不相同；因为移动的气息直接进入宽阔的地方，不再被屏紧和压缩，而被散开了。但是，在簧片被封闭得较紧的场合，如若某人同样较紧地压住嘴唇，声音就变得较宏亮，也较清晰，因为被移动的气息较猛烈。由 802a
于前述的原因，清晰的声音就生成了。因此，所谓沙哑的声音并不比清脆的声音更差。因为较粗糙的声音、有点混杂的声音以及明晰度不够的声音，是更适应于不好的遭遇和较大的年龄的。同时，由于他们的心理紧张，不能同样地控制好。因为被强力移动的东西不易被掌握，既然不容易像人所希望的那样提高或降低声音。

就长笛和其他乐器来说，当吹出的气息强烈而又急骤时，它们发出的声音就是明晰的。因为气息撞击外界的空气，必然产生这种情况，这样的声音也最能传到听觉器官，正像气味、光和热一样。因为所有这些东西如果较弱，显现给感官就变得不清楚，正如汁液与水或其他汁液混合时一样。因为自身能引起感觉的东西在各个模糊的场合都会形成能力。

与其他器具相比，号角强烈而连续地撞击空气使其声音沉闷。因此，号角必定有一种均匀的、圆润的、变速不快的声音增长的本性。因为这类号角必然是较柔软的，多孔的，所以声音分散，不会连续地通过它们传出来，而且，由于孔道柔软和细薄，不会被确认为是同样的。再者，声音既不是缓慢增长，也不是猛烈的、生硬的和稳定的；因为当声音传出来时，由于某物而被阻住，它就停顿着，不再传到外面，所以，从这类号角中发出的声音就沉闷而不均匀。但是，声音的移动方向是笔直的，这在杆子或一般而言用来做实验的大木料那里是很明显的。因为当在一端撞击它们时，声音就继续地传到另一端，除非木料有裂缝；如果没有，它就传到这点上，一旦扩散才停止，但当木料有枝桠围绕时，声音就不能通过它们笔直移动了。在青铜器方面，这是明显的，当锉平雕像的褶纹或盔甲的褶边，以封住缝隙时，它们就发出急促的、很大的、沙哑的声音。如某人用绳索把它们捆起
802b 来，这声音就停止了；因为声音一旦传到这里，碰到了柔软的东西，它就停止下来。

烘烤号角对于声音的悦耳大有好处。因为一旦被烘烤，由于坚硬和燃烧，它就有了更像瓦片的声音；但是如果有人不充分烘烤它，由于它的柔软，就不仅发出较柔软的声音，而且同样不能被识别。因此，人们可以说出它们的年龄；因为年老的动物的角是干燥的、坚硬的和多孔的，年轻动物的角则相当柔软，其中含有大量湿气。但正如前面所说，角必定是干燥的，同时也是坚硬的、笔直的和光滑的。因为在这种情形下，强烈的、圆润的、均匀的声音最可能通过它们传

出，它们与外界空气的撞击就是这样，既然最光滑的琴弦和最均匀的声音是最好的，在各方面都同样有结果，而琴弦的连接不明显，所以，是空气撞击的规则造成了这种结果。

长笛的簧片必定是牢固的、光滑的、均匀的，这样，通过它们而流出的气息也应是平缓的、均匀的，而不是分散的。因此，湿透了的和在油脂中浸泡过的簧片就发出悦耳的声音；干燥的簧片则产生出令人厌恶的声音。因为空气轻柔而均匀地流过湿润和平滑的东西。这是明显的；因为气息本身在潮湿时，撞击簧片不剧烈，分散也较少；但干燥的气息被阻塞，由于强迫就造成较剧烈的撞击。由此，声音的不同是由于前述的原因。

强烈撞击听觉器官的声音是刺耳的；因此，令人尤为痛苦。这类声音较难运动，在移动时伴有最大的强力；因为迅速退让的东西不能抵挡撞击，而是首先退缩。这是明显的；因为最大的飞箭传送携带物最有力，溪流通过狭窄通道流出；因为在最狭窄的部分，这些东西变得最猛烈，既然它们不能很快退让，而是被巨大的强制力抛在一边。这同样的情形也发生在声音和响声方面。这是显而易见的；因为一切强烈的声音都是刺耳的，正像铜制或铁制的箱子和铰链一样，当用强力拆开时，就发出刺耳的声音。因为出于铁砧的东西 803a
变得既坚硬，又柔软，一旦被敲打变冷却，就成为坚硬的铁。再者，当用锉刀把它们锉成尖锐的铁具和锯器时，声音是刺耳的，正像最强的雷声最刺耳，所谓的洪水最猛烈一样。

因为气息的急速使声音变得尖锐，它的猛烈使声音变得刺耳。因此，就会出现同一个人不仅有时声音较尖厉有时较深沉，而且有时较刺耳有时较柔和的情形。有些人认为声音变得刺耳是由于气管僵硬，但他们错了。虽然气管也有了某些作用，但气息的产生是被肺强力排出的。正如一些人的身体是湿润而柔软的，另一些人的是结实而绷紧的一样，肺也有同样的情形。因此，在一些情况下气息柔和地排出，另一些情况下强力而猛烈地排出，这样就易于明白，气管本身仅仅提供了某种小的力量。因为任何气管都不是和管子一样硬；然而当气息通过它或它们而排出时，一些管子柔软，一些管子坚硬。就感觉本身来说，这是明显的；因为如果某人较猛烈地紧屏气息，声音就由于这种猛烈而立即变得较刺耳，即使它较柔软。喇叭也有同样情形。因此，所有的人在狂欢时，就在喇叭中将紧张的气息放松，以使噪声变得尽量柔和。在乐器方面也很明显。因为绷紧了的弦，正如前面所说的那样，造成较刺耳的声音，号角一旦被烘烤，也是如此。如果某人猛烈地而不是轻柔地用手弹拨琴弦，那么它们必然同样产生较强烈的回响。但是，绷得不紧的弦和稍加烘烤的号角，产生的是较柔和的声音，较长的乐器亦如此。因为由于空间的长度，空气的撞击较缓慢，也较柔和，较短的乐器由于乐弦绷得紧，是最刺耳的。这是显然的；因为当某人弹拨琴弦，但又不在中间弹拨时，乐器自身就产生较刺耳的声音，原因在于，接近边缘的部分和乐弦绷得紧的部分，

具有较大的张力。但由茴香木制成的乐器声音较柔软；因为 803b
与柔软东西接触所发出的声音同样不会强力折回。

当所有空气的撞击不是一次性同时发生，而是经常性地逐渐进行时，声音就变得粗糙刺耳。因为空气的每一部分基于自身而刺激听觉，虽然由各自不同的撞击所引起，但形成的是零碎的感觉，所以一部分声音消失了，另一部分却更加猛烈地来临，与听觉的接触就变得不均匀了，正像某种粗糙的东西刺激我们的皮肤一样。这在锉方面是最明显的；因为由于空气的撞击是经常而又点点地发生的，从中发出的声音接触到听觉，就变得粗糙，而且当它们与某种硬物摩擦时，就更是如此，正像接触的情形那样；因为硬物和粗糙物都会使感觉更强烈。在液体方面，这也是明显的；因为在所有液体中，油的声音由于各部分的连续而较不明显。

当呼出的气息很微弱时，声音就轻柔。因此孩子、妇女和太监的声音是轻柔的，由于疾病、劳累或缺乏营养而身体衰弱的人也同样如此；因为由于虚弱他们不可能呼出较多的气息。在琴弦方面，这是明显的；因为从细小的琴弦发出的声音也是轻柔的、窄小的，有如毛发一般轻柔，因为空气是在狭窄的地方撞击。

如果空气的撞击是运动的本原，刺激听觉的声音也就正好是这样的本原，例如尖细的或粗哑的，柔和的或刺耳的，轻盈的或沉重的。因为当一部分空气不断地运动另一部分空气时，就使得整个声音与自身相似，正像高音或低音那样；

因为一些撞击之后迅速接着另一些撞击，这就保持着声音与开始时相同。但是，靠琴弦产生的空气撞击是众多而分散的，由于时间的间隔短，听觉不能觉察出这些间隔，声音对于我们就显得是单一而连续的，正像颜色那样；因为当那些分开的声音迅速传送出来时，对我们似乎经常是相互连结在
804a 一起的。和声方面也出现同样的情形。因为由于一些声音与另一些声音相混合，而它们又是同时结束的，所以，在它们之间产生的声音就不被我们注意。在所有和声中，由高音引起的空气撞击由于流动迅速而更经常地发生；最后的声音与出于较慢撞击的声音恰好同时刺激我们的听觉。因此，由于听觉不能觉察到前面所说的居间的声音，我们就似乎连续地同时听见两种声音。

当大量气息集束式地呼出时，粗哑声音的情形正好相反；因此，男人的声音比精美风琴的声音更深沉，当有人给它们灌满风时就更是如此。这是显而易见的；因为如果有人压住乐器的接口，声音就会变得愈加尖细和轻微。如果有人用力拉风琴再停下来，由于有大量的空气，声音的增幅就较大，正像从较粗的弦发出的声音。当嗓子破裂，咽喉疼痛，或在呕吐以后，声音就变得沙哑，因为气管粗糙，声音不能通过它传出，相反，当声音刺激气管时，它就收缩起来，变得粗重，这主要是由于身体的湿气。

轻微的和沙哑的声音都刺耳，正像蚱蜢、蝗虫、夜莺以及一般而言除了轻声外再无其他声音相伴的动物。一般说

来，尖声既不在声音的增大中，也不在弱音或强音中，也不在声音的接续中，而更是在高调的、粗哑的、清楚的声音中。因此，轻音的和高音的乐器以及没有号角的乐器，都有较尖的声音；因为水发出的声音以及一般而言伴随着某物而生成的声音，都具有声音的清晰性。

闷哑的和破碎的声音是那些连续传送到某一点后就消散了的声音。在陶器方面，这是最明显的；因为所有陶器被打破后就产生闷哑的声音，受击打的运动到某点就消散了，所以，所发出的声音不再是连续的。在破碎的号角和扭曲的琴弦那里，也有同样的事情发生。在所有诸如此类的情形中，声音都是连续地传送到某一点，然后消散，它的载体不应连 804b
续地处在某一点上，所以，击打也不是连续单一的，而是分散的，声音也就显得闷哑。这种声音与粗糙的声音大体相似，只是后者在细小成分上彼此分开，而大部分粗哑的声音具有连续的开端，后来才分成许多部分。

当内部的气息直接随同声音一起被释出时，就出现气音，相反，没有气音的声音则是那些气息没被释出的声音。

当人不再能够用挤压的方式排出空气，他们的肺部周围区域却由于所处位置而松软时，声音就变得破碎。因为正如腿和手臂在过度紧张时最后变得精疲力竭一样，肺部周围的地方也如此。由于对它的挤压不猛烈，气息是轻微移到外面的；同时，由于气管变得很粗糙，气息不能连续地移到外面，而是分散的，因此声音就变得破哑。有些人认为是由于肺的黏性所致，气息才不能移到外面，但他们是错误的；因为他们虽在发声，却不能知晓，由于对空气的撞挤并不紧张，仅仅在气息强力从喉咙自身冲出来时，人们才发出清晰的声音。口吃这种情况的原因既不在血管中，也不在气管中，而是在舌头的运动中，因为当必须发出不同声音时，他们要改变它的位置是困难的。因此，他们长时间讲同一句话，不能说出下一句话，由于气息的量大和强烈，舌头和肺的运动连续地朝着同一方向。这正如当一个人在猛烈奔跑时，难以把整个身体从一个运动方向转到另一个运动方向一样，身体的某一部分也是这样。因此他们经常不能说出下一个东西，但当他们使运动有了另一个开端时，就容易说出在此之后的那个东西。这是明显的，因为这种情况经常发生在那些发怒的人身上，其原因在于，他们气息的移动是猛烈的。

体相学

高小强　译

* Phusiognomonika 据《洛布古典丛书》希腊本文。

【1】 心性①依随着身体，心性就其本性而言，不会 805a 不受身体活动的影响。这在醉酒与患病的事例中表现得尤为明显。因为显而易见，这些人的心性由于身体的状况而发生了很大变化。反之，在诸如爱欲、恐惧、忧伤以及快乐中，身体又明显地要受灵魂的影响。尤其是在自然的生成中，人们更能清楚地看到身体与灵魂之间存在着的这种相互作用，以至于任一方都是引起另一方特性变化的最主要的原因。那种外形是一种动物，心性却属于另一种动物的情形是不曾有过的，相反，在同一种类的动物之中，身体与灵魂的关系总是：有如是的外形，便必然有如是的心性。再者，在其他动物中，那些在某方面具有熟练技能的生灵，是能够由其形相推断其心性的，譬如骑手之于马匹，猎人之于猎犬。如若这些都是真实的（这些也确实总是真实的），那就应该有体相学。

过去的体相学家分别依据三种方式来观察体相。有些人从动物的类出发进行体相观察，假定各种动物所具有的某种外形和心性。他们先认定动物有某种类型的身体，然后假设，凡具有与此相似的身体者，也会具有相似的灵魂。另外某些人虽也采用这种方法，但不是从整个动物，而是只从人自身的类出发，依照某种族来区分，认为凡在外观和秉赋方

① dianoia 由 dia（通过，由于）noein（思想）两词合并派生，在其他有关认知的语境中多作思索或理智。

面不同的人（如埃及人、色雷斯人和斯库塞人），在心性表征[1]上也同样相异。再一些人却从显明的性格特征中归结排列出各种不同的心性，如易怒者，胆怯者，好色者，以及每种其他表征者。依据以上所有这些方式，即可观察体相了，若遇到其他情形，也不过以不同的方式，再选取出另外的表征而已。

805b 但是，仅仅依照这些表征来观察体相的人往往会出错。这首先是因为有些根本不相同的人，却可以呈现出相同的面部表情，譬如勇敢者与不知羞耻者往往会呈现同样的表情，虽然他们的心性差异很大。其次是因为，有些时候，他们具有的表情不是相同的，而是相异的；譬如情绪低落的人有时装出兴高采烈的表情以度过快乐的一天，相反，兴高采烈之人却可能遭遇悲伤，所以，面部表情是变化的。除了这些之外，也只有在极个别的事例中，人才有可能依据表面的现象弄清内在心性。那些从兽类出发观察体相的人并没有正确地做出对外部表征的选取。因为他们不可能描述出每个动物的外观，并进而宣称，谁若在身体方面与这个动物相像，在灵魂方面也会相像。因为首先，没有人能发现并绝对地说一个人与一头兽完全相像，而是只能说在某种意义上类似。此外，只有极个别的动物具有独有的表征，绝大多数只具有共同的表征，所以，说一个人类似于兽就不是基于独有的表

---

① semeion，表示事物特点的标志或记号。

征，而是依据共同的表征了。有什么理由说他更像一头狮子，而不是一只鹿呢？因为实际上，独有的表征标志某种个性，共同的表征标志的则是共性。可见，共同的表征是不可能为体相的观察提供明确依据的。即使某人选取了每一兽类的个性，他也不可能说明这些个性到底标志着什么。虽然把表征作为标志是自然的，但在用作体相观察的动物中，人不能假设它们心性中的表征只为某一种动物所具有，因为勇猛的动物不只是狮子，还有其他许多；胆小的也不只是兔子，更有无数的其他动物。

假如共性和个性都不能为选择者提供任何清楚的标志，也没有对动物进行个别的具体考察的条件，那么，人们就必须从具有同样性质的人出发来做出选择，譬如，一个人如要考察勇敢者的表征，那他就必须逐一地考察那些称得上勇猛的动物，确定出哪些特性只属于它们全体，而决不为其他动物所拥有。假如人们照这样来选择，把这些当作先前提到的 806a
动物勇猛的表征，那么，在它们的心性中，就不仅存在着普遍的勇猛性，而且还有其他表征，这样，就会有人疑问，这些究竟是勇猛的表征呢，还是别的特性的表征。

不过，我们必须从最大量的动物中作出选择，而且要选择的是，它们的心性中，除了所考察的表征外，再没有其他什么普遍的属性。凡持存的表征，都会标示出某种持存的属性；而生灭不定的属性不应是真正的表征，因为真正的表征怎么可能不持存在心性中呢？假如有人以为持存的表征可以生灭不定，即使这是真实的，如若它并不总和行为相伴随，也就无任何意义了。在灵魂中发生的那些属性，若在相士使用的身体表征中不发生什么变化，那么，它们就不应成为这门技艺的认识手段，譬如，他们的有关看法与知识无助于认识一位医生或音乐家；因为研究某门学问的人，对相士所用的那些表征并未加以改变。

【2】 为此，对体相学涉及的那些性质的表征必须加以限定，既然它既不涉及一切人，也不涉及从中抽取这些特征的每一个人。所以，应在每一场合中，依次地逐一表明更容易被辨识的那些表征。体相学，就正如它的名字所说明的，涉及的是心性中的自然秉赋，以及作为相士研究的那些表征的变化产物的后天习性。至于这些特性是什么，后面再阐明。现在，我将说明这些标志由以抽取出的若干种类，而它们就是全部了。因为相士不外是通过被相者的运动、外形、肤色、面部的习惯表情、毛发、皮肤的光滑度、声音、肌肉，以及身体的各个部位和总体特征来作体相观察的。一般说来，这些就是相士所说的表征存在于其中的所有种类了。即便这样的概述不清楚，不很明白，但所说的这些应该是足够的。现在比较好的做法或许是把由相士们推得的全部内
806b 容，逐一地作更加精确的考察，说明这些标志每个是什么，又依赖什么，因为在前面的论述中，还未加以解释。

鲜亮的肤色标示着血是热和温的；而白色出现于光滑肌

肤上时，则表明性情良好。

软毛发者胆小，硬毛发者勇猛。这是对所有动物进行观察之后得出的。因为鹿、兔及绵羊是动物中最胆小的，而它们的毛发也最软；狮子与雄野猪最凶猛，其毛发也最硬。在鸟类中，也可以看到这同样情形；因为一般而言，翅膀越硬的越凶猛，越软的越胆小，就具体而言，在对鹑与鸡的观察中，可以明白这同样道理。与此完全相同的情况也发生于人类；因为居住在北方的人勇猛且毛发坚硬，生长在南方的人则胆小，毛发柔软。若肚腹周围毛发浓密，则是多嘴多舌的表征。这种现象同样适宜于鸟类；因为身体与肚腹周围多毛的鸟，其特点即是天性好叫。假如不同时具有强壮的体魄，发达的四肢，则坚硬与生而结实的肌肉就表示感觉迟钝，光滑的肌肉则标示着性格快活但变化无常。

动作缓慢，表明性情温驯，动作快速，则表明性情热烈。至于声音方面，低沉浑厚标示着勇猛，尖细乏力意味着怯懦。

脸部显示出表情的特征是与当事者的遭际相一致的。当他遭遇什么时，就仿佛有了这种表情；譬如他恼怒，相同种类的表征就是气愤。

雄性较雌性更加高大强壮，四肢更加健壮光滑，各种德性也更加优良。依据显明的习性和依据运动及外形所得出的结论，要比依据身体各部位的表征所得到的结论更为强而有力。一般说来，相信任何单一的表征都是愚蠢的。但是，当 807a

在某一个体身上发现了多个和谐的表征时，人们可能就会更加相信这些表征的真实性了。

还存在着据以观察体相的其他一些方式，不过到目前为止还无人尝试过。譬如好生气，难快活，心眼小的人必然妒嫉心强；即便在其身上没有妒嫉的表征，但对于相士，只需依据上面的任一表征，即可断定其为好妒者。这种方法尤其适合于受过哲学熏陶的人使用，因为我们认为，哲学的特点就是能够辨析某些事物的必然性。不过，使用这个方法得出的结论有时会与基于表征和动物的体相观察所得的结论相反。

例如，若依据声音来考察属性，人们会由于两点理由而认为，大嗓门者好冲动。因为发怒与生气者惯常高声叫嚷、声嘶力竭；而轻松愉快的人则总是轻声慢语、音调低沉。但是，勇猛的动物却声音低沉，怯弱的动物则声音尖细。狮子、牡牛、咆哮的狗，以及威风凛凛的大公鸡，其声调都是低沉的；而鹿、野兔则声调尖细。或许在上述事例中，声调的低沉或尖锐并不完全决定它们的勇猛或怯弱，但是，深沉的声音必然只限于勇猛者，有气无力的羸弱声音则限于怯弱者。当各表征之间不是和谐一致，而是互相矛盾时，就不要急于作出判断，除非我们已把它们划归为若干不同的种，并确定出哪些种比另一些更为可信，当然，最好是进一步划分到属，而不仅仅是划到整体的种为止。因为属与我们的探察目的更接近一些；既然我们不是观察整个人类的体相，而是观察人类之中的某些个体。

【3】 勇猛者的表征是发毛粗硬，身姿挺直，身体的骨骼、四围及四肢都宽大健壮，腰腹宽阔平坦，肩胛宽阔分开，不紧也不松，脖颈健壮而不肥胖，胸脯丰厚宽阔，大腿平直， 807b
小腿下面摆开，眼睛明亮，睁闭适度，身体肌肤比较干燥，前额尖而直，小而瘦，既不过分光滑，也无很多皱纹。

怯懦者的表征是毛发柔软，身体惯于久坐，没有精神，小腿上面摆开，面色苍白，眼神衰弱，闪烁不定，身体四肢乏力，小腿纤细，双手瘦长，大腿亦细，体态运动艰难，无强烈欲求，昏昏欲睡，神经过敏，面部表情变化无常，易受惊吓。

豁达者的表征是，肌肉比较润泽柔软，体态不盈满、不肥胖，肩胛与脖颈周围略微干燥，面部一带亦然，肩胛周围绷紧，以下部位则松弛，腰身宽松，背部较瘦，体肤白里透红，面色洁白光滑，毛发既不很硬，也不太黑，眼睛明亮清澈。

感觉迟钝者的表征是，脖颈与腿脚一带肥胖、僵硬、密实，髋部滚圆，肩胛上方厚实，额头宽大圆胖，眼神暗淡呆滞，小腿及踝骨周围厚实、肥胖、滚圆，颚骨阔大肥厚，腰身肥胖，腿长，脖厚，脸部肥胖且长。他的运动体态及面部呈现的表情也与以上结构相对应。

厚颜者的表征是，眼睛圆睁放光，眼皮厚实有血色，腰身弯曲，肩膀上耸，体态不直，俯身前倾，动作迅捷，身体泛红，肤色红润，滚圆的脸，凸起的胸。

谨守秩序者的表征是，行动与谈吐谨慎从容，声音嘶哑微弱，眼睛黯淡无光，半睁半闭，睁闭缓慢，如果眼睛在快
808a 速眨动，则标志着胆怯或性急。

兴奋者的表征是，前额宽阔、肥厚、光滑，眼睛下凹，脸部呈现睡意，既视而不见，也无所思虑。有理由假定，他在行动上也缓慢迟钝，即便外界发出声响，他的体态与面部表情也无惊觉反应。

沮丧者的表征是，脸上起皱纹，眼睛干涩无神，眼睛无神同时也标示出他的柔弱与雌性、失落与缺乏精神这样两个方面，体态上腰身弯曲，行动中软弱无力。

放荡者的表征是，眼神虚弱，双膝内翻，头颅右偏，抬手乏力，掌心向上；分别以两种姿式行走，即要么手臂往复摆动，要么保持僵直不动；眼睛环视左右，有如智者狄俄尼西奥斯。

尖刻者的表征是，脸面洁净、黝黑、干燥，面部周围有皱纹，脸上多皱而少肉，发毛直立、黝黑。

易怒者的表征是，身腰笔挺，由外表看来，肋骨宽大，面颊红润，肩胛宽大阔张，四肢粗大有力，胸部与腋下周围特别光滑，蓄一副漂亮胡须，毛发茂密向下。

绅士的表征，外形健壮肥胖，肌肉发达润泽，身材宽大结实，体态直立，发毛齐短。

滑头的表征是，脸颊丰满，眼睛收缩，一脸睡意。

心胸狭窄之人的表征是，四肢短小滚圆、干燥，小眼睛，小脸盘，像科林斯人或琉卡底人。

赌徒与舞者双臂皆短。

爱诽谤者上唇下垂，体态前倾，肤色红润。

心软者看似瘦弱，肤色苍白，但却眼睛明亮，鼻孔处起皱，总易落泪。这类表征多见于妇女及少女，她们天性多情，喜爱怀旧，性情温和，心地善良。

以上我们记述了若干心性的表征。聪明者、胆怯者和谨 808b
守秩序者是软心肠的；愚昧者与厚颜者则是无善意的。

由肚脐至胸脯比由胸脯到脖颈更长者能吃，胃口很好。

耽于声色者的表征是肌肤无血色，毛发浓密、直立、黝黑，这种毛发覆盖了太阳穴，眼睛贪婪而放光。

嗜睡者身体上部宽大，酷似秃鹫，一副热心肠，心宽体胖，外表光滑，腹部长有浓毛。

记忆力强的人身体上半部纤小、光滑、略胖。

【4】 在我看来，灵魂和肉体相互影响。若是灵魂的状态发生了变化，身体的外貌也会随之发生变化；反过来，若是身体外貌发生了变化，灵魂的状态也会随着变化。既然忧伤与快活同是灵魂的两种状态，那么，显而易见，忧伤者会呈现出一副哭丧的脸，快活者则是欢乐的脸。如若灵魂已从狂热的激情中解脱出来，身体外貌还保持着原状，即使这样，灵魂与肉体仍然在相互作用，只不过各自的反应不是同

时发生而已。灵魂与肉体双方，一方要随着另一方的变化而变化，这一点现在是显而易见的。通过下列的实例，这会变得更清楚。发疯看来应是灵魂方面的疾病，可是，医生若以药物清洗身体，并嘱其调整某些生活方式，最终就可使病人的灵魂摆脱疯狂。这即是通过治疗身体，同时使身体外貌放松，从而让灵魂摆脱疯狂。既然二者的变化是相随发生，那么，它们的反应也显然是彼此同步的。显而易见，身体外貌的变化与灵魂功能的变化相类似，所以，动物身上的一切相似性也表明了某种相同情形。

在动物的许多活动中，有些是某一类动物所独有；有些则为全部动物所共有。因此，如果灵魂的活动是特有的，身体方面的属性也是特有的；而如果灵魂的活动是共有的，身体方面的属性也是共有的。譬如，攻击性与性欲冲动就是许多动物所共有的，尾巴多毛的动物富有攻击的共性，驴和猪则处于性欲冲动状态。但狂吠乃犬类特有，痛感迟钝则为
809a 驴类特有。以上所说的是，我们必须把共同的与独有的加以区别。

如果希望能够在细节上更详尽地讨论这些问题，就必须对所有的情况都非常熟悉。既然身体上的可见特征可以归结为出于动物及其活动的相似性，另外的某些特征则出于热与冷，那么，对于身体上的有些可见特征就应当用极细微的差异来加以区分，但仍贯之以相同的名字。譬如，同是脸色苍白，就有可能是因为恐惧或者因为疲劳过度所引起（虽名称

相同，但相互间却存在细微的差异），可是由于其间差异微小而不易识别，除非我们本来就对其外观非常熟悉，并能把握住外观所显示出的意义。只有最机敏，最能干的人才能做到这点，利用这种方法，他可以辨明外在特征上的许多差异。这个方法不仅普遍适用，而且可以用在对表征的选取方面，因为被选取的每一表征都应当符合它所标示的内容。再者，对于表征的选取及其说明，还需使用演绎推理，来把相关的事项赋与所当属者。譬如，假若某人无耻与小气，那么，他也许会是一个贼，或者是一个吝啬鬼，之所以是贼，是因为他厚颜无耻；之所以是吝啬鬼，则由于他小气。因此，在诸如此类的每一场合，就必须运用上述方法，以对一些特征作出补充说明。

【5】 现在，我将首先对动物进行区分，看它们是根据什么而被分为凶猛的与怯弱的，正直的与邪恶的。动物的种类首先必须被区分为两性，即雄性与雌性，它们各自都拥有适合于自己性别的特性。在我们力图饲养的野兽中，雌性的性情比雄性更易被驯服，也更温顺，在力气方面也比较弱小，因此更容易饲养与管教。它们远不如雄性蛮野。这一点，从我们自身的情形也看得分明。当我们被激情支配时，我们会变得愈加桀骜不驯，决不会向任何人屈服让步，甚至动辄使用暴力，让激情驱使办蠢事。在我看来，雌性较雄性在性情上要更狭隘一些，但也更富有同情心，较少冒险精神。这在 809b

女子身上，以及我们豢养的雌性动物身上都明显可见；森林周围的所有牧羊人与猎人也证实，动物的实际情形确与我们的描述相吻合。此外，下述内容也同样显然，即，每一种类中的任何雌性都比雄性头小，脸窄，脖子纤细，胸部瘦弱，肋骨窄小，但腰部与大腿却较雄性肥胖，而且，雌性膝内倾，小腿细长，脚匀称，整个身体的外貌，与其说是高贵，勿宁说是更富有魅力，雌性的肌腱也较不发达，但肌肤却润泽柔滑。雄性在上述的所有方面都正与雌性相反，他们天生就属于比较勇猛与诚实的一类，雌性却比较怯懦，也较少诚实。

在所有的动物中，狮子显得具有最完全的雄性动物的特性。因为狮子的嘴很大，脸盘方正，也不很瘦，上颚虽不突出，却与下颚相互吻合，鼻子虽不够精巧，却也厚实，闪烁深陷的双眼，不大不小，既不显露狂暴，也不流露忧虑。浓郁的眉毛，方阔的额头，自额头中间向下眉头与鼻孔之间略微凹陷，凹陷的地方犹如一团阴云。自额头到鼻端的毛发，真像马的鬃毛，头的大小适中，脖子长而厚实，上面覆盖有褐色的毛发，毛发不很直立，也不太卷曲，锁骨部位连得不紧，比较容易分开，肩膀强壮，胸脯结实有力，体阔膀宽，肋骨与背部也很阔大，臀部与大腿不很肥胖，却活动灵便。腿脚肌肉强壮发达，行走有力，整个身子关节灵活，肌肉发达，既不太干硬，也不很湿软，行走不快，但步子较大，走动时双肩来回晃动。以上即是狮子的体相特征；至于狮子的灵魂，则是宽容、大度、慷慨、好胜、温和、正直，与同伴友善。

动物中被认作凶猛的黑豹，其外表除腿脚外，其实更近于雌性，也正是全靠这双腿脚，它才得以完成凶猛的动作。黑豹脸小、嘴大，眼睛细小凹陷，黯淡无光，前额略长，呈 810a
圆形而非扁平地隆起于两耳之间，脖子显得过长、细瘦，胸部狭窄，背部较长，臀部与大腿肥胖，腰窝与肚腹比较扁平，毛色斑杂，身体各部位关节整体上不匀称、不均衡。黑豹的体貌特性大致如此，它的性情狡猾，喜偷窃，总而言之是性好欺诈。

我们已经分别地叙述了外貌呈雄性与雌性特点的两种被认为凶猛的动物，以及它们各自最显著的特征。至于它们其他方面的特点，是很容易证明的。另外那些适宜体相观察的、来自动物的特点，我们将在表征的选取方面再作叙述。

【6】 就人而论对诸多表征可以选取如下。那些脚掌生得宽大结实，关节灵活肌腱强壮者，性情也刚烈，是雄性的表征；而那些脚掌窄小，关节不强健，外貌虽不雄壮，但比较富有魅力者，性情也柔弱，是雌性的表征。脚趾弯曲者不知羞耻，与曲爪者为一类，表明是具有曲爪的鸟。带有弯曲的蹼足者是胆小的，表明是小脚的鹑，一种生长在沼泽中的鸟。

踝关节强壮与灵活，性情猛烈，是雄性的表征；而踝关节肥胖、不灵活，性情软弱，则是雌性的表征。

小腿关节灵活，肌腱强壮结实者，性情刚烈，是雄性的表征；小腿精巧结实、放荡，是鸟的表征。小腿极度丰满，以至于像就要绽开一般，则粗野、不知羞耻；这是显而易见的。

膝内倾者放荡，这也是显然的。

大腿骨骼宽大，肌腱结实者是刚烈的，这是雄性的表征。

大腿骨骼宽大，大腿丰满者是温顺的，这是雌性的表征。

801a 臀部骨骼大，但臀部瘦削者，是刚强的；臀部肥胖者是柔弱的；臀部瘦削犹如刀剔过一般者，是邪恶的，这是猴子的表征。

腰细是狩猎动物的表征，例如狮子和狗。人们可以看到，最善狩猎的狗腰都是细的。

肚腹宽松者是刚强的，表明是雄性；肚腹不宽松者，是柔弱的，这很明显。

背部宽阔强健者性情刚烈，表明是雄性；而背部窄小软弱者是柔弱的，表明是雌性。

腰腹强健者则性情刚烈，表明是雄性；腰腹柔软者则性情怯弱，表明是雌性。腰腹膨胀像要绽开者，则多嘴多舌，喋喋不休，是蛙类的表征。凡从肚脐到胸脯比由胸脯到脖颈距离更长者，是贪馋与感觉迟钝者。贪馋是因为肚腹对食物的容纳量特别大；感觉迟钝则是由于感觉区域狭窄。接纳食物过量与不足都会压迫感觉区域。胸部宽阔，关节灵活者，性情刚烈，表明是雄性。

背部宽阔、肥满，关节灵活者，性情刚烈，表明是雄性。而背部软弱、瘦削，关节不灵活者，性情怯弱，表明是雌性。背部凸起，两肩趋挤胸脯者，性情邪恶。这是恰如其分的，因为其身体前面部位显得看不见了。背部略微凹下者，表明愚蠢而自负，就像马那样。如若背部既不太凸起，也不很凹下，那么，适中者就应当是动物中生长发育得优良的。

连接肩与肩胛的关节灵活者，则性情刚烈，表明是雄性。肩部柔弱，关节也不灵活者，性情怯弱，表明是雌性。这里所说的情形与脚、腿等道理相同。肩部结构宽松者，性 811a
情大方。观察表明，性情宽厚与否与身体外形的宽厚紧密相关。凡肩部活动艰难者往往气量狭小。这是显而易见的。

锁骨部位松弛者，性情敏感；因为锁骨活动自如者，也容易接纳感觉运动。相反，锁骨部位僵硬者，不敏感，因为锁骨不易活动，也就不易接纳感觉运动。

粗脖子者性情刚烈，表明是雄性。细脖子者则软弱，表明是雌性。脖子厚实粗大者，性子鲁莽，是鲁钝的，牛就是这样的。脖子大而不粗者，则大度，譬如狮子。脖子细长者怯懦，譬如鹿。脖子过短者阴险，譬如狼就是这样的。

嘴唇薄而上下唇不相密合，上唇较下唇突出者大度，譬如狮子。人们也可以在强壮的大体型狗那里看到相同的情况。嘴唇虽薄却硬，且在犬齿处突出者，出自良种，野猪就是这样的。嘴唇厚，上唇较下唇突出者是愚钝的，驴和猴就是这样的。上唇与上颚都突出者是急躁的，狗就是这样的。

鼻孔厚凸者懒散，譬如牛。鼻端粗厚者不敏感，譬如猪。鼻端尖凸者好发怒，狗就是这样的。鼻端圆凸光滑者，慷慨大方，狮子就是这样的。鼻端尖薄者属鸟类。鼻子自前额笔直延展略呈钩形者，不知羞耻，渡鸟就是这样的。自前额分开的钩形鼻者是大度的，譬如鹰。凹形鼻，鼻端自前额
811b 成圆凸状者猥亵，譬如鸡。塌鼻者也是猥亵的，鹿就是这样的。鼻孔排开者是热烈的，处于激动中时就是这样的。

脸盘肥厚者懒散，譬如牛。薄脸皮者谨小慎微，譬如驴和鹿。小脸盘者心眼小，譬如猫和猴。大脸盘者迟钝，譬如驴和牛。脸盘若是不大不小，居中状态是最合适的。面部出现小气的表情者是下贱的，这显而易见。

眼睛下面生有垂突物者嗜酒。之所以有这种表征，是因为眼睛下面的垂突物正是滥饮的结果。眼睛上面生有垂突物者嗜睡，之所以有这种表征，是因为当人们从睡梦中醒来时，上眼睑总是下垂着的。小眼睛者小心眼，这在猴子那里明显可见。大眼睛者迟钝，譬如牛。因此，天性最完美者，眼睛必是不大不小。眼睛深陷者脾气坏，譬如猴。眼睛暴凸者鲁钝，这明显地表现于驴类。因此，眼睛应该是既不深陷，也不暴凸，居中状态最佳。眼睛略微凹陷者是大度的，譬如狮子。眼睛鼓圆者是驯服的，譬如牛。

前额小者愚笨，譬如猪，过大者迟钝，譬如牛，呈圆形者感觉迟钝，是驴的表征，略长者感觉也迟钝，譬如狗。前额匀称呈四方形者大度，譬如狮子。眉毛垂悬者是骄傲的，譬如公牛和狮子。眉毛僵直者好奉承，此属后天的特性，人们可以在狗的身上观察到这种特性，因为当狗摇尾乞怜时，

前额平滑。既然垂悬的斑驳眉毛表现骄傲，僵直的眉毛显示 812a
讨好，那么，它们的居中状态就是最为合适的。苦脸者阴郁，之所以有这种表征，是因为难受才苦脸。垂眉者好抱怨，之所以有这种表征，是因为好抱怨者都眉头低垂。

头大者敏感，狗就是这样。头小者不敏感，驴就是这样。尖头者不知羞耻，曲爪类动物就是这样。

小耳朵者类于猿，大耳朵者类于驴。人们可以观察到，最好的狗都有适中的耳朵。

皮肤太黑者胆小，埃及人、埃塞俄比亚人就是这样。皮肤太白者也胆小，譬如妇人。肤色居中者趋于勇猛。黄褐色毛发者有胆量，譬如狮子。火红色毛发者狡猾，譬如狐狸。肤色转白而颤抖者胆怯，说明是由于恐惧引起的表征。褐色皮肤者冷淡，冷冷地难以运动，由于身体动作艰难，自然缓慢。红色皮肤者动作敏捷，因为身体各部位只有在运动而发热时，才会呈现红色。肤色火红者容易疯狂，因为只有在身体过度发热时，才会呈现火红的肤色，而过度发热者都是容易发狂的。胸部皮肤发烧者性子暴躁，之所以是这样，因为被激怒者往往胸膛发烧。脖子及太阳穴周围的经络隆起者容易发怒，之所以这样，是因为愤怒者即表现出这种状况。易脸红者怕羞，之所以这样，是因为害羞就会脸红。面颊呈红色者嗜酒，之所以这样，是因为饮酒则面颊变红。眼睛变红者则正在发怒，之所以如此，是因为发怒者眼睛变红。眼神过于黯淡者胆怯，因为前面已经表明极度的黯淡意味着怯弱。

812b 眼神不太黯淡，而是趋于黄褐色者有胆量。眼睛呈灰白色或白色者胆怯，因为白色即是胆怯的表征。眼睛不呈灰白色，而是明亮闪烁者有胆量，譬如狮子和鹰。眼睛呈暗紫色者贪吃，譬如羊。眼睛是火红色者不知羞耻，譬如狗。眼睛苍白并带有斑点者胆怯，之所以这样，是因为受到惊吓者才会变白，肤色也随之变化。眼睛发光者是淫荡的，公鸡与渡鸟就是这样。

小腿多毛者淫荡，譬如山羊。胸部与腹部多毛者做事无恒心，譬如鸟，因为鸟的胸部和腹部全是毛。胸部过于光秃者不知羞耻，妇人就是这样。因此，应该是既不过于多毛，也不过于光秃的居间状态最佳。肩膀多毛者做事无恒心，譬如鸟。背上多毛者完全不知羞耻，譬如野兽。脖子背面多毛者是大度的，譬如狮子。下巴尖有毛须者有胆量，譬如狗。两边眉毛皱在一块者是阴郁的，这种特性与其外表一致。眉毛一端垂落至鼻前，另一端伸展至太阳穴者愚蠢，譬如猪。毛发僵直者胆怯，之所以这样，是因为受到惊吓时，毛发就会直立。毛发蓬松卷曲者也胆怯，譬如埃塞俄比亚人。既然过分蓬松的卷发标示着胆怯，那么，只在毛端卷曲者则趋于有胆量，譬如狮子。在靠近额头的脸部生有向后卷曲的毛发者大度，狮子就是这样。毛发由头上一直垂落至鼻端者下
813a 贱，这是显而易见的，因为外表呈现出的正是一副奴相。

步幅长，步态慢者，尽管开初缓慢，却能到达目的，因为长步幅意味着好的开端，而慢步态则意味着延缓。步幅短且步态慢者，既迟缓，也不能到达终点，因为短步幅与慢步

态是软弱无力的。步幅长且步态快者，虽然起步犹疑，却能抵达终点，因为快步态有助于到达终点，但长步幅却不利于起步。步幅短但步态快者，虽起步容易，但不利于到达终点。

关于手、臂和上臂的姿势问题，也可作同样的说明。僵直的两肩来回晃动者狂暴，马就是这样。两肩朝前耸动者是大度的，譬如狮子。而在行走当中，腿脚向外者是柔弱的，譬如妇人。身体扭捏作态者是俗媚的，俗媚者所表现的正是这样。行走时身子向右倾斜者是病态的，这显而易见。

眼睛锐利，转动快速者是贪婪的，譬如鹰隼。经常眨眼者是胆怯的，因为受到惊吓时，眼睛的第一个反应即是眨动。眼睛不停地向四周环视者，眼珠处在眼睛中央，眼睑低垂，眼睛自下而上地温柔凝视者，眼睛向上转动者，以及一般而言，凡眼眶蓄泪，目光温柔者，都富有青春活力。这在女子方面是显而易见的。眼睛似已定位，呈现白色，只偶尔活动眼睑者，则正在沉思，因为当心灵全神贯注于思想时，眼睛是静止不动的。

用低沉的声调大叫者目空一切，譬如驴。声音开始低沉，继之尖锐地鸣叫者，是沮丧哀怨的，譬如牛，这正符合牛的声音。以尖利、柔弱、嘶哑的声音谈话者是病态的，妇人就这样，且恰如其分。以低沉、无所畏惧的声音大叫，是有胆 813b
量的狗的表征，这是符合它们的本性的。叫声柔弱单调者是驯服的，譬如绵羊。叫声尖厉沙哑者是贪吃的，譬如山羊。

身材极矮者动作敏捷，因为血液流遍矮小躯体、运动达至意识都非常迅速。过于高大者动作迟钝，因为血液流遍庞大的躯体，运动达至意识都缓慢。矮小者由于身体发热，肌肤干燥，做事有始无终；因为血液流淌在矮小躯体之中，由于火一般的热而迅速流动，由此导致意识不能保持同一，而是一事未成，又转移到他事上去了。但身材高大者，由于身体发凉而肌肤湿润，做事亦是有始无终；因为血液在庞大的身躯当中因凉而流动缓慢，不能抵达意识之所在。然而，若矮小者因凉而肌肤湿润，做事则会变得有始有终；因为难以流畅的混合成分使得在矮小躯体中的运动达到了平衡，于是就能完成开初的事情。而高大者，若是因为热而肌肤干燥，同样也会变得做事有始有终，且感觉敏锐；因为肌肤的热可以使得过度庞大的身躯达成平衡，从而做事能够有始有终。身体过于矮小或过于高大的缺陷，以及碰巧如何克服各自的缺陷以做事有终，或者不能克服缺陷，又做事无终等问题，我们都说过了。对感觉而言，上述两者的居间天性为最佳最善，它也应当属于这样的人；因为运动在既不过大、也不过小的躯干中，既容易到达意识之所在，又不会过分。所以，躯体适中的人不仅能出色地把事务完成于搁置之前，而且也最可能成为感觉敏锐者。

814a 身体不匀称者是邪恶的，雌性就带有这种特性。如果说身体不匀称者是邪恶的，那么，身体匀称者就应当是正直与勇敢的。然而，正如在开始时就确定的，身体的匀称应归因于对身体的适度保养和良好的习惯，而不只是天生的雄性外形。对以上分别属于雄性与雌性的全部表征，我们的说明是符合实际的，也是适宜的。因为这确定了最完善的分类，而且事实上，雄性显示出比雌性更正直，更勇猛，一句话即更为优秀。在全部表征的选取中，一些比另一些更能清楚地显 814b
示主体。最清楚的特征出现在对观察而言最有利的身体部位。而对观察最有利的部位首先是眼睛、前额、头部及面部，其次是胸部与肩部，再次是腿和脚，腹部是最不重要的。总而言之，这些部位提供了最清晰的表征，由此，可使意识得到最显明的表现。

论植物

徐开来　译

* peri Phuton 据《洛布古典丛书》希腊本文。

第 一 卷

【1】 在动物和植物中也能发现生命。在动物中，生命 815a
是显而易见的，但在植物中，生命却是隐秘的，不明显的。为了确立植物生命的存在，必须进行大量艰若的探索。因为需要一并确定的问题是：植物是否有灵魂，是否有欲望、痛苦、快乐和分辨的能力。阿那克萨戈拉和恩培多克勒断言，它们是被欲望运动的，而且强调指出，它们有感觉、痛苦和欢乐。阿那克萨戈拉说，植物也是动物，也有欢乐和痛苦，他是从植物叶片的凋落和生长推出这种结论的。恩培多克勒的看法是，在植物中混杂有性。同样，柏拉图宣称，由于营养能力的强烈，它们只有欲望。如果这一点成立，就可以连带推出它们应有欢乐、痛苦和感觉。如果这一点成立，还可以连带推出它们应有欲望，假如它们总有睡眠，且在醒来时被唤醒的话。同样，如果我们要探讨它们是否呼吸，是否有性和性的结合，那么，关于这些问题，便会出现很大的分歧，而且需要进行漫长的探究过程。最好的办法是跳过这类问题，不把时间耗费在没有多大意义的细节纠缠上。有些人

断言植物有灵魂，因为他们观察到植物被生成、营养和生长，以及有年少、鼎盛和因老迈而枯朽的各阶段，而这些特性是任何无灵魂的东西都不可能与植物共有的。正因为植物具有这些特性，所以他们同样也相信，植物受欲望影响。

815b 我们先考察植物显明的特点，尔后再追寻那些隐秘的特点。我们［按照柏拉图的主张］① 断言，任何东西，只要它接受食物，就会有欲望，并在饱足时快乐，饥饿时痛苦；而且，如果无感觉伴随，这些状态便不会出现。这个观点，即他关于植物有感觉和欲望的看法，虽然很奇特，但却有错误。阿萨克萨戈拉、德谟克里特和恩培多克勒则宣称，植物具有理性和认识。我们应把这些观点视为谬误坚决抛弃，以确立健康的正确理论。我们说，植物既没有欲望，也没有感觉。因为如果不源出于感觉，欲望是不存在的，而且，我们的意志所设想的目的要以感觉为转移。但在植物中，我们发现，它们没有感觉，没有任何感觉器官，甚至没有相似于感觉器官的东西，也没有分辨的确定形式，没有任何随之而出的东西，没有地点方面的运动，没有到达某种感觉事物的路径，没有任何我们据以判断它们有感觉的标记，相反，只有我们据以知道它们被营养和生长的标记。如果不是因为我们认识到营养和生长是灵魂的部分的话，恐怕我们连这一点也确定不了。一旦我们发现这类植物自身之中具有某部分这种

① 方括号内的文字是译者加的。

灵魂，我们也就知道了它必然有着灵魂。但是，当它缺失感觉时，我们就不应断定它是有感觉物；因为感觉是生命光耀的原因。营养只是每一有生命之物生长的原因。

在这个问题上之所以产生这些意见分歧，是因为在生命的存在和缺失之间，难以找到某种居中的情形。有人或许会说，既然植物有生命，那么，我们就应该断言它是动物。但 816b
是，这种看法不正确。因为要把动物灵魂的构造赋予植物的构造，是很难的。另一方面，人们否认植物有生命，其理由是它们没有感觉。因为有些动物缺失认识。但是，既然在动物的死亡中毁灭其生命的自然，在其特有的种类中，由于生成而再次留住了这种生命，那么，我们要在有灵魂和无灵魂之间假定有另外某种中间情形，就是很不和谐的了。我们知道，贝类是动物，但又缺失认识，因为它们是植物又是动物。因此，它们由以被称为动物的唯一理由是感觉。因为种把名称和定义赋予该种范围内特有的属，而属又把名称赋予它范围之内特有的不可分割的个体。但是，种必定是源于众多个体中的一个，而不是多个共有的原因。种赖以建立的那个原因的公式，并不是靠偶然的巧合而可以认识的。再者，有些动物缺失雌性，有些没有生殖，有些无运动能力，另一些在颜色上有差异，有些生衍的后代不像它们自己，还有些从土中或者树中生长出来。那么，在生物中的生命本原到底是什么呢？高贵的动物，即处在天、太阳、恒星和行星周围，且脱离混乱纷繁的尘世，不受其影响的那种动物又是另外什么原因造就的呢？因为感觉是能感觉物的承受。必须明白，植物是没有源于自身的运动的；因为它们被附着在土中，而土是不能运动的。那么，就假定我们因此而推演出了生命的缘由，以便我们可以让它们具有感觉。因为没有一个共同的东西包容它们。我们说，感觉是动物生命的共同原因，正是它造成了生与死之间的区别。既然天体具有比我们的构造系统更加高贵、更加优越的构造系统，那么，它就是远离生死的。动物必定有着某种虽不及天体，但就自身而言却很完美的共同特性，这就是可见的生命特征。缺失这种特性的每一个体，都不配享有生物这个名称，因为不存在中间状态。但生命却是中间状态；因为无生物是没有灵魂的，它的任何部分也没有。然而，植物不由缺失灵魂的东西构成，
816b 因为在植物中，某部分有灵魂；当然，植物不是动物，因为在它之中没有感觉。在每一个体那里，从生命到无生命的转变是渐进的[1]。我们也能够换个说法，宣称植物是有灵魂的，而不说它无灵魂。即使它有灵魂，我们也不能因此而断言它有某种感觉。因为凡被营养的东西都不是无灵魂的。每个生物都有灵魂。植物是不完满的事物。再者，动物都有分化了的确定部位，植物的部位却是不确定的。它有包含在自身之中的运动的特有质料。再者，我们能够说植物有灵魂；因为正是在它们之中的这种性质的灵魂生成了运动。但是，

---

[1] kata brakhu。

只有基于感觉，欲望和地点方面的运动才是存在的。再者，食物的吸收是植物出于本原的本性，而这是动物和植物共同的特性。但是，这并不意味着在吸收食物方面有感觉相伴随，因为每个被营养的东西，在其特有的食物中，都使用两种性质——我指的是热和冷；正因为如此，它既需要湿的食物，同样也需要干的食物，而热和冷是在干的和湿的食物中被发现的。这些本性，都不能和与它相伴的另一个分离。正因如此，食物连续不断地生成，被提供给食用者，直到毁灭的那个季节来临为止。而且，动物和植物使用的食物，是与它们各自的性质同类的。

【2】 现在，让我们来探讨我们在前面的讨论中已经提出过的问题，即植物的欲望、运动和特有的灵魂，也要考察是否有什么东西从植物自身中释放出来了（譬如通过呼吸）。阿那克萨戈拉宣称植物有呼吸。但这如何可能呢，既然我们发现，甚至许多动物也无呼吸，而且，我们还准确地发现，植物既无睡眠，也无清醒。因为所谓清醒，意味着没有什么不保持着感觉状态，睡眠则是感觉的微弱无力。但是，这些情形无一能在这样的事物中被发现：它在各个季节中都依照一种构造条件去接收食物，但在它自身特有的本性中却没有感觉。因为在动物被喂食时，会出现什么反应呢？源于食物的散发物会到达它的头部，这将导致它完全入眠；而当升至头部的散发物被消耗掉时，它便醒过来。在有些动物那里，

这种散发物虽多，但它们却只睡一小会儿。昏昏欲睡意味着运动被阻滞，而这种阻滞再导致被运动物的静止。

817a 在这门知识中，需要考察的最重要、最根本的问题是恩培多克勒提出的看法，即在植物中，是否真的发现有雌性和雄性，而且，是否存在着由这两种性构成的混合形式。当我们说雄性生产时，指它在进入另一种生产，而且，这两种性是彼此有别的。既然在植物中发现有雄性和雌性，雄性较粗壮、坚实、僵直，雌性则较软弱，而且较多产，那么，我们就应再进一步考察，是否真如恩培多克勒所说，在植物中发现了这两种性是被混合在一起的。但是，我并不相信事物真有这种情形。因为被混合的东西首先必定是单独地存在于自身之中的，无论是雄性还是雌性，都由于自身地存在着，尔后才被混合。而且，如果不是由于各自特有的生成，这种混合也不会出现。但是，按照他的说法，在混合发生前，就已经发现植物中有混合物了，它应该既是动作的原因，同时又是承受的结果，然而，我们却没有发现雄性和雌性在任何场合中的混合。假如事实真是这样，植物就会比动物更完满了。既然动物在自身的生成中不需要任何外部的东西，而植物在一年中的几个季节都需要这种东西，那么，植物怎么会比动物更完满呢？因为植物需要阳光、适宜的气候和更多的空气，在它的生长季节，尤其需要这些。植物营养的某种本原来源于土，它们生成的另一个本原则出自太阳。阿那克萨戈拉说，植物的湿源于土，正因如此，他才对列基诺俄斯（Lekhineos）指出，土地是植物之母，太阳是植物之父。但是，我们自己却不要以这种方式，而应以某种其他方式来表现植物中雄性与雌性的混合，譬如，植物的种子类似于动物的胚胎，它是雄性和雌性的混合。正如在禽蛋中，当要生出小鸟时，里面存储有足以维持到完满生产时刻为止的养料，也有从蛋中脱出的通道，然后，雌鸟就在某一短暂时刻生出小鸟，植物的种子也是这样。恩培多克勒也说，植物不会生出幼苗，因为被生出的东西只能从种子的本性中生成，而且也因为，一开始就从种子中生出了滋养根须的养料，并且，被生出的东西从它一生成起，就自己运动自己。关于植物中雄性与雌性混合的问题，我们也应该持这种看法，动物方面 [817b] 的情形亦如此，因为植物的混合是依据它们特有的某种构造的；但在动物方面，当它们结合时，性和性的能力也结合了，虽然在此之前是各自分离的，任何一个后代都产生于它们二者的结合。然而，植物方面的情形却不是这样；因为在结合时不是两性，而在结合后，它们的能力变得分开了。假如自然把雄性与雌性混合在了一起，她也会按正确的路线前进，因为在植物中，我们没有发现任何活动反乎果实的生成。在动物中，雄性只在不与雌性交配的时刻才和雌性分离。而这种分离，既由于雄性的许多活动，也由于雄性的许多知识。

有些人之所以认为植物很完美，并对它们的生命格外宠爱，是由于它们具有的两种能力，也由于它们含有滋养自己所必需的养料，还由于它们的生命在生长发育、开花结果的过程中存活的时间长，它们的后代又还原为它们，在它们之中，不会产生废物。由于众多的原因所致，植物也不需要睡眠，因为它植根于土中，被土约束，自身之中没有运动，各部分之间没有确定的分别，没有感觉，没有自由选择的运动，也没有完全的灵魂，而是只有部分灵魂。植物是为了动物才被创造出来的，但是，动物的被创造却不是为了植物。再者，有人或许会说，植物需要的食物虽然易于获得，也卑微低贱，但是，如果它需要的真是这种食物，那么，在多数情况下，就要有稳定的、连续的、不易被破坏的来源，如果在这一点上没有异议的话，植物就应该具有比动物优越的某种因素，也正因为如此，无灵魂的事物就必然比有灵魂的东西更高贵。但事实上，动物的一种功能也要比植物的每种功能更优越。我们发现，在动物中，除了具有植物中的所有能力外，还有许多其他能力，但反过来却不能成立。再者，恩培多克勒说，植物可以在低下的、其完满性没有实现的世界之中生成，但在这种完满性还不具备时，动物是不会生成的。然而，这个观点是不符合事实的，因为这个世界是一个完整而连续的整体，它一刻也不停顿地创造出动物、植物和
818a 一切其他的种类。在植物的每一科属中，都存在着自然的热与湿，一旦它们被耗尽，植物就衰弱、苍老、死亡和干枯。有些人将此称为毁灭，另一些人则不这样称呼。

【3】 有些植物含有诸如树脂、松胶、没药、乳香和阿拉伯树胶之类的某种潮湿物。有些树木则具有纤维、叶脉、

果肉、木材、树皮和内部的髓汁。有些树几乎全是树皮。有些树的果实结在树皮下面，即在树皮和木料之间。树的有些部分是单纯的，譬如在它们之中发现的汁液、纤维和叶脉，有些部分则是由这些单纯的东西构成的，例如枝桠、小枝和叶片。但是，我们不可能在所有植物中都发现这一切。因为有些植物既有这些，又有另外的部分，譬如小枝、叶片、枝桠、花朵、嫩芽以及包裹着果实的树皮。正如在动物中具有同质的部分一样，在植物中也有。植物中每种复合的部分都类似于动物的肢体；植物的皮自然地类似于动物的皮，植物的纤维则类似于动物的筋脉。其余的部分也各各相似。有些部分还可以被分成不相似的部分，有些则被分成相似的部分，正如泥的情形。因为按一种方式，泥只能被分成土，但按另一种方式，泥则可以被分成多种元素。同样，肺和肉如按第一种方式，可被分为它们的部分，即肺和肉，但按另一种方式，则可被分成它们的元素。植物的根亦如此。但是，手不能被分成另外的手，根不能被分成另外的根，叶也不能被分成另外的叶，因为这些根和叶本身就是合成物。再者，有些果实只由少数部分合成，有些则由许多部分合成，譬如橄榄。因为这些东西包含有皮、肉、像壳一类的东西、种子和果实。有些还有包裹物。所有的种子都由两种皮构成。

植物的部分就是我们已经说过的这些。我们现在的讨论所要达到的目的，就是要确定植物的部分，它们的包裹物以及它们的区别；这是非常困难的，尤其是在要确定它们的本质、颜色、存活季节以及在它们之中产生的结果时。因为植 818^{b} 物没有固定的灵魂习性，也没有与灵魂的构造完全相等的构造。假如我们要在灵魂的部分与植物的部分之间进行类比，我们的讨论便会拖长，甚至有可能陷在植物部分的列举和归类这种有很大意见分歧的问题上而不能把讨论推进。因为每一事物的部分都源于自己特有的种，且源于自己特有的实体。当植物的某个科属被生成时，总是持存于自己特有的构造中，除非由于长期而又严重的衰败，它才会脱出这种特有的构造。在有些植物中，花朵、果实和叶片都是一年生成一次，但有些植物不是这样，也不像外皮和躯干那样长久存续，虽然由于某种原因，这些也要从植物个体身上凋落和废弃。在植物中，这些并不长久存留，因为某些部分经常会不确定地从中掉落，就像毛发和指甲从人身上脱落一样。然而，毛发还会在它由以脱落的每个部分的相同地点，或在外面的其他地方重新长出来。由此可见，植物的部分到底是不是它的部分，不好确定，只是不分离而已。但是，如果断言伴随生物生长和完善的那些东西不是它的部分，那我们就是错误的。相反，叶片和植物中诸如此类的一切东西都应是它的部分，尽管生物的这样一些部分是不确定的，而且还会逐渐脱落，就像鹿的角、某些动物的鬃毛和其他动物的毛发。这些毛发动物一到冬天，就潜藏在洞穴中或地下，但毛发脱落了，它们的这种遭遇与植物叶片的飘落很相似。所以，我们应该讨论我们在前面已提及的那些问题，从列举植物的特有部分、共同特性以及它们的差别开始。

我们说，在植物的各部分中，存在着很大的差异，如多与少、大与小、强与弱。例如，大树中存在的汁液，在有些树中像奶，譬如在无花果树中，在有些树中像湿的松脂，或像从葡萄中滴落出来的汁液，在有些树中，则是原汁，正如在马郁兰和被称为“欧庞伽斯”[1] 的植物以及其他植物中的。再者，有的植物有干燥的部分，有的植物有潮湿的部分，如此等等。有些植物的部分是有差别的，既不相似，也不相等。有些的部分虽相似，但不相等；反过来，有的则是 819a
相等而不相似。在这些植物中，位置是不固定的。植物在其特有的各部分中的差异，能被我们很好地认识到。同样，通过颜色、稀薄、稠密、粗糙，以及通过在相等、自然增长、分离、大小等方面表现出来的其他一切偶性，我们也能很好地认识植物的外部形状。植物虽然有这样一些特点，但具有很大差异，正如我们在前面已说过的。

【4】 再者，有些植物把果实结在它们特有的叶片的上面，有些则结在叶片下面。在有些植物那里，果实悬吊在树干上，有些的果实则从根部长出，譬如在埃及被称为珍珠蚌属[2]的植物。有些植物的果实则在它们中部。有些植物的果

① opigas。这里的原文可能有误，因为没有这种植物。

② margaritai。

实、叶片和细茎是不分开的。有些植物的叶片彼此相似，有些的不相似。有些植物的枝桠相等，有些的则不同。有些我们已经命名的部分存在于一切树木中，且受生长和增添的影响，例如根、枝、干、桠；这些类似于包围其他一切部分的人的肢体。根是植物和养料之间的中介，所以，我们不仅把它叫做根，也称为生命的原因；因为它把生命供给植物。干仅仅是指长出地面的那个部分，类似于人的身长。吸枝是从树根中长出的部分。桠则生长在吸枝的上面。并不是在所有的植物中都能发现它们。再者，在有桠的植物中，有些桠是长生的，有些不是，而是只活一年。再者，有些植物既无桠，也无叶，例如蘑菇和诸如此类的东西。桠在树上生成，树皮、树干和树髓只有靠树的汁液才能生成。有些人把这种树髓称为树的子宫，有些人称之为内脏，有些人则称之为心脏。树髓、叶脉和整个树的肉都由四种元素构成。人们也能经常发现适于叶片和花朵生成的某些部分。有些小枝很细，适于花的生成，譬如柳枝。有些部分既生成花，也生成树上的果，还生成源出于种子的其他东西和它们的包裹物。

819b 再者，有些植物是树，有些介于树和草之间，这些被称为灌木。有些是野生的草，有些是种植的蔬菜。几乎所有的植物都可归类于这些名目之下。树是从自己的根长出干，又从干中生出许多枝桠来的植物，譬如无花果树和油橄榄树；有些则不是这样。再有就是我们说过的，介于树和小草之间的另一类植物，被称为灌木，也有从它们的根部长出的许多枝桠，譬如所谓的水柳和荆棘。蔬菜类也有从一条根中长出的多个茎和多条桠，譬如芸香、卷心菜和诸如此类的东西。草不是从自己的根长出干，而是直接生出叶片的植物。有些植物每年都要生成和枯死一次，例如谷物、蔬菜等，有些则不。我们只能通过推演、例证和描述来理解这各种类别的植物。再者，有些草类趋于两端，例如所谓的锦葵属植物。另一些植物既可称为蔬菜，也可称为草类。还有些植物在生成的开初显得是谷类的形状，但在后来却变成了树，例如阿拉伯的“本特罗”[①] 和被称为日大戟[②]的植物。山桃、苹果、梨树以及类似的其他果树也被包含在这一类之中，因为它们都有特别多的枝桠，而且枝桠又是从根上长出的。正因如此，有必要给这些东西附加定义，以用于例证和推演；因为我们没法逐一探讨每一植物的定义。

再者，有些植物是庭院内的，有些是园圃里的，另一些则是野生的。同样，我们也说梨树以及其他类似的植物是野生的，因为它们不是耕作的产物。再者，有些植物结果，有些不结果，例如柳树和某类橡树。有些植物产油，有些不产油。有些有叶，有些无叶。有些植物的叶片脱落，有些不脱落。有些生桠，有些不生桠。关于植物在大与小、美与丑，它们的果实有用与有害方面的差异，我们也应该说明。野生

① bentelos。

② helioskopion。

树木结的果实比园圃树木结的更多，但园圃树木结的果实却比野生的更好。有些植物长在干燥的地方，有些长在海边，有些长在河边，另外有些则长在红海边。有些在某些地方长
820a 得高大，在另一些地方却长得矮小。有些长在河的支流，有些生在沼泽地带。在干燥地区生长的植物中，有些生在山中，有些长在平原。有些植物在最为干燥的地方长得最茂盛，例如在埃塞俄比亚的土壤中，而且，在那里比在另外的地方生长得更好。有些植物生活在高处，有些生活在低处。有些生活在潮湿地带，有些在干燥地区，有些在两种场合都能生存，如柳树。由于生长地区的差别，植物的变异很大，因此，必须考察它们的这种差异。

【5】 再者，有些植物固植于土中，不喜欢从中分离出来。在有些地区，某些植物被变异得更好。同样，有些果实在这一地区比在另一地区更好。有些植物的叶片是糙硬的，有些的则柔滑；有些的叶片分叉，如葡萄叶和无花果叶，有些的不分叉；有些的分成很多，如松树叶。有些植物在其中部完全是皮。有些有纤维，如芦苇，有些没有。有些植物有刺，如黑莓丛，有些无刺。有些有许多枝椏，譬如野桑树，有些无枝椏。有些还有其他差别，例如有些从中长出吸枝，有些则不；这完全是来源于根的差异。有些植物只有一条根，例如绵枣；它从胚芽生成，发芽很细，由于在土下，才长粗，且在追随阳光的过程中逐渐生长分枝；因为在阳光照

射时，它就生长。阳光也引出地下的吸枝。

再者，果实中的汁液有些能喝，有些不能喝；葡萄、安石榴和其他许多果实的汁液能喝，但另一些的则不能喝。有些果实的汁液（如橄榄、松果和豆类）是油脂性的，有些不是。有些的汁液甜如蜂蜜，如枣和无花果。有些的则是热的和辣的，如“欧庇伽斯”的和芥菜的。有些的则是苦的，如艾草的和矢车菊的。再者，有些果实由果肉、种籽和果皮构成，如黄瓜。有些由水分和种籽构成，如安石榴。有些果实外面是皮里面是肉，有些则里面是骨外面是肉。有些果实的种籽和包裹它们的包裹物是直接显现出来的，如枣和杏。但 820b
有些不是这样。有些果实适于食用，但偶尔也不适于食用。有些果实不适于我们食用，但适于其他动物食用，如胡沃斯库阿莫斯[①]和黑藜芦，对人虽然是有毒的，但对鹌鹑却是食物。再者，有些果实在荚中，例如豆类的种籽。有些果实在包裹物中或外壳中，犹如编织成的罩网，譬如在谷物和其他植物中所发现的。有些在肉中，就像枣树的果实；有些在间隔中，有些甚至在有几层间隔的皮和壳中，例如胡桃。有些成熟得快，如桑树的和樱桃树的果实；有些则慢，所有的或多数的野生果实都如此。有些植物长叶和结果都快，有些则慢；有些甚至要等到冬天果实才成熟。再者，叶片、果实以及长出它们的叶梢，在颜色上也有差异；因为有些植物在本

① huoskuamos，一种茄科有毒植物。

性上全绿，有些趋于墨黑，有些趋于雪白，有些则由于植物附近混杂的空气被热耗尽，因此趋于红色。再者，如果是野生植物，其果实的形状也有很大差异；因为并非所有果实都有菱角，也并非全都是直线型。

【6】 再者，在散发香味的树木中，有些是根香，有些是皮香，有些是木香；还有些是各部分都香，例如风仙花。再者，有些树从种子生成，有些由于自身而生成。再者，有些被人从根部挖出来移植，有些从干部生长，有些从枝桠处或从种子里生长。有些由于自身而逐渐生长，有些被种植于土中。有些在树上生长，例如被嫁接的那些。把相似物嫁接到相似物上更好。有些不相似的植物，由于有另外某种类同性，会由此产生出最佳的嫁接效果，例如苹果与梨子。在相似物的嫁接中，有无花果对无花果，葡萄对葡萄，杏树对杏树等。有时，嫁接以多种不同的方式进行，例如月桂对野月
821a 桂，橄榄对野橄榄，桑树对多种树。再者，许多野生树和园圃树都可以嫁接，而且，每种这类植物都不会结出与它由以发芽生出的种子同样的种子。因为有些结出的种子更好，有些则更差。从较差的种子中，可以长出好树，例如从小的杏籽和苦的安石榴籽中长出的。再者，有些树的种子如果弱小，就不会生成好植物，例如松树和枣树。但是，好树不可能从差种子里生成，差树也不可能从好种子里生成。然而，好从差中生成或反过来差从好中生成的情形，在动物中却能经常见到。

再者，皮层很硬的树是不结籽的，但是，如若把它的根部分裂，将石头嵌入缝隙中，它就可以结籽了。在棕榈树那里，如若把雄性棕榈的叶、果或皮与雌性的叶放到一起，使其紧密结合，那么，果实就成熟得快些，还会阻止它们的掉落。雄性棕榈与雌性的有差别，这不仅因为雄性的树叶首先长出来，但比雌性的小些，而且也由于清香味的不同。有时候，所有的这些特性都存在，但在有时，只有一些存在。也有可能出现这种情形：风把雄性的香味吹送给雌性，果实就因此而成熟了，正如把雄性的树叶悬挂在雌性上一样。同样，当野无花果树伸展到地上时，也经常和园圃的无花果树长在一起。野的安石榴树亦和橄榄树长到一起，当它们被种植在相同的地方时。

【7】 再者，按有些人的说法，某些植物在长老时，会变成另一科属，例如坚果树。他们还说，猫薄荷变成有甜味的植物，如果把罗勒割下来并种植在海边，它会变成百里香。他们也断言，谷类和亚麻可以变成另外的科属。生长在波斯的剧毒植物龙葵，如被移种在埃及或巴勒斯坦，会变得适于食用。同样，杏树和安石榴通过人工栽培，能从它们自然的差劣变得较好。通过为根部施猪粪，并浇清淡的冷水，就会使安石榴树发生改良。把钉子钉入杏树中，让树脂长时间地从中流出，也会改良杏树。通过这样的人工处理，许多野生植物都变成栽培的。对于这些植物的改良而言，地点和栽培 821b

都是很重要的条件，特别是在种植者更用于种植的那个季节。再者，大多数植物是在春天被种植的，少数的在冬天和秋天，在天狼星升起后的夏天，就很少有人种植了。在这样的夏季，只在很少的地方有种植活动，而且即使在这种地方（譬如在罗马①），也很少有人这样做。在埃及，一年只种植一次。

再者，有些植物是从自己的根部长出叶片，有些则从自己的胶脂中，或从自己的木料中长出叶片。有些离地面近，有些远，有些居中。有些一年只结一次果；有些多次，但它们的果实不熟，是生的。有些树多年都硕果累累，如无花果树；有些树只结一年果，然后再歇息恢复一年，长出许多枝桠来覆盖自己，如橄榄树。有些植物在苍老时结的果实更多，有些则相反，在年少时更能结果，例如杏树、梨树和白杨树。野生植物和栽培植物的差别可以按照雄性和雌性来区分，当它们每一种都通过在它们自身中被发现的特性而被确认时；因为雄性较粗厚，较坚硬，枝桠较多，水分较少，成熟较快，且有不同的叶片和枝桠，雌性则在较小的程度上具有这些特性。

②在考察过了这些之后，我们现在应当再作推测：我们如何才能认识就自身而言的树和就自身而言的种；关于野生的草类也一样，我们如何才能确认古人们说过的那些。怎么

① Rhome。据考证，这个地名肯定是错误的，所以，有的版本改为克里米亚。

② 原文本此处没有分段。

样？如果我们仔细地阅读了他们写下的书，就能够对他们提出的要点进行广泛深入的考察，并确认哪些草类含油，哪些只结籽，哪些具有何种用途，哪些可入药，哪些能致命。在探讨了草类以后，我们也要以同样的方式考察树。为了把握它们的原因，我们还应深入探讨它们的生成，为什么有些植物在某些地方生成，在另一些地方不生成。此外，我们也应考察它们的种植，它们的根，它们在汁液、气味、乳状物和胶脂方面的差异，每种植物的用途及其坏处，它们的持久性，为什么有些的果实能持留很久，有些的不能，由于什么原因，有些腐烂得快，有些慢；我们也要考察植物的各种特性，尤其是根的特性。为什么有些果实柔软，有些不；为什么有些唤起情爱，有些引起睡眠，有些造成死亡，以及其他方面的许多差异；为什么有些果实生出乳状物，有些则不。

第　二　卷

【1】　植物有三种能力，第一来自于土类，第二来自于水类，第三来自于火类。因为植物的衍生源出于土，它的稳固性源出于水，它的稳固性的统一则源出于火。在陶罐中，我们经常能够见到这种情形。因为在这种器皿里，有三种成分，即第一，陶罐由以制成的黏土，其二，把黏土粘连在一起的水，其三是火，它把土的各部分拉扯到一起，直到靠它完成陶罐的生成。黏土之所以结合成一个整体，显然是靠火的作用，因为构成陶罐的，原本只是一些细薄而分散的部分。一旦火把这些部分混合在一起，潮湿的质料便完结了，黏土的分子就粘合成一块，其结果，干燥便取代了潮湿的地位。由于火占有优势，调协也就出现在一切动物、植物和金属物中。因为在湿度与热量各自达到其特有限界的地方，调协就出现了。在石头和金属的调协中，这很明显。但在动物和植物中，却不是这样，因为它们的部分不像在石头中那样紧密结合为一体，而且也因为，有的湿气从它们之中逃脱了，但却没有什么湿气或汗水从石头和金属中逃脱。因为它

们的部分不是细薄的，没有什么东西从它们之中离去（然而，却有排泄物从动物和植物中分泌出来），况且，也没有从细薄物中逃脱的任何出路。在没有细薄物存在的地方，自然也就根本不会有什么东西从中出来的问题。正因如此，没有什么自然增长能进入其内的东西是坚实的固体。因为自然增长需要地点，在那里面，才有可能拓宽和延伸。但是，石头、陶片以及诸如此类的东西总是占据在相同的地点，所 822b 以，既不增长，也无延伸。再者，在植物中，还存在着第二种方式的运动，即吸力，因为它们具有某种从土中吸收湿气的能力。在这种吸力中，也存在着一种使湿气进入地点的运动，而且，在某种意义上，调协也就因此而完成。正因如此，小的草类通常在一天的某一时刻便生成了。

动物的情形不是这样。因为动物中的质料是由于自身的，而且很不相同。因为如果不最大限度地使用自己的质料，它们就决不会有调协。构成植物的质料很近便，因此，它的生成很快。它之中的质料是稀薄的，不是稠浓的，所以，生成和生长都快。因为由于自己特有形状的差异，也由于它的各部分彼此间的广延，稠浓的质料需要多种方式的能力。由于植物各部分很稀薄，且各不相同，因此生成得更快，而且，它的完善也更快。在多数情况下，植物的各部分都稀薄，因为它们的热把湿气吸到了末端。质料也把养分输送到它们的所有部分，多余的东西则流了出来。正如在浴室中，热量吸收湿气，并把它变成蒸汽，由于蒸汽很轻，当其聚集多时就变成水滴一样，动物和植物中的情形亦如此，多余的东西从下面升到上面，再从上面降到下面。

发源于山峦而在地下生成的河流也有同样情形。因为它们的质料是雨水，当雨水积多，并被压迫到地内时，大量蒸汽就从它们之中生成，由于内部的压力，蒸汽便破土而出；这样，山泉和河流就出现了，虽然它们以前没有显现，是被掩盖住的。

【2】 关于泉水和河流生成的原因，我们已经在论天象的书中解释过了①。在那里，我们说过，地震经常暴露出先前未曾见到的泉水和河流，例如当土被蒸发物撕裂时。我们也经常发现，当地震发生时，泉水和河流连接在一起。但在
823a 植物中，不会出现这种情况，因为在植物各稀薄的部分中，存在着空气。这一点，还可以由事实来证明：地震从不发生在自然的沙质地区，而只出现在土壤坚硬和干燥的地带，而这正是水系和山脉所在的地区。地震之所以在这样的地区出现，是因为水和石头都是坚实稳固的；热而干的空气由于轻，其本性就要上升。所以，当空气的各部分聚合在一起，并占有优势时，就会对这个地区施加压力，强有力的蒸发物便从中喷发而出。但是，假如这个地方是稀薄的，蒸发物就不会以这种方式喷出，而是像在沙上一样发生，因为在沙质

① 《天象学》，$349^{a}12$，$365^{b}1$ 等处。

地带，蒸发物的释出是缓慢进行的。正因如此，不会发生地震。然而，在一切坚实的地方，这种情况决不会发生，我的意思是说，空气不会缓慢释出。因为当它的各部分聚合在一起时，能够撕破土地；这就是地震发生在坚实物体之中的原因。

在植物和动物的各部分中，不会出现这种类似于地震的情况；但在其他一切事物中，是会出现的，特别是在陶器、玻璃和金属器皿中。在内含有许多稀薄部分的物体中，蒸发物趋于上升；因为空气托举着它。我们经常看到这种现象。因为当我们把金质物品或其他某种重物投进水中时，它立即就下沉了，但当我们把稀薄而微小的木块投进时，它漂浮在上面，而不是下沉。木块不下沉不是由于它的叶片（在许多时候，它也下沉），也不是由于它的载体重，而是因为有的坚实、稠密，有的则稀薄；一切稀薄之物都不会下沉。黑檀木和与此同样的东西会下沉，因为它们内含的稀薄部分很少；而且，它们之中也没有能使自己变轻的空气。它们下沉是因为它们的各部分很稠密和坚实。

一切油脂和叶片都浮在水面。我们现在就来证明这一点。我们知道，在它们之中，存在着湿和热，湿的特性是和水的部分结合，热则造成湿的上升。在春季，我们就可见到这种情形发生。水的特性是把一切东西都升到它自己的表面，而在这表面，就遇到了空气，所以，便使它升起。但是，水并不升到它的表面之上；因为它的整个表面与空气的表面是同一的。正因如此，油才会升到水面上。

也有一些石头浮在水面上。之所以如此，是因为在这些
823b 石头中，虚空的部分比石头自己的部分更大，而且也因为，空气占的地方比土物体占的地方更大。因为水的本性是居于土的上面，气的本性是居于水的上面，包含在石头中的空气的本性会使其升到水面上，并与整个空气结合在一起；因为每一同类物都吸引同类物，部分的本性总是附随着它所依属的整体。如果某块石头是轻的，那么，它的一半会下沉于水中，另一半则会浮在上面，因为石头中的空气比其余物体的量大。正因如此，所有树木都比这种石头更重。水中的这种石头是由于波浪之间的猛烈撞击而生成的。因为首先生成的是泡沫，尔后，泡沫凝结成类似油脂的某种乳状物；当波浪击碎泥沙时，泥沙便与泡沫的油脂部分裹在一起，由于盐分过多，海的干燥也使它干燥；这样，泥沙部分就凝聚，经过长时间的演变，石头便生成了。

海之所以能由于自身造成泥沙，可以用这样的事实来表明：并非所有的土都是新鲜的；当土中保存有某些水时，它就阻碍了空气的变化。当水长时间地处在这个被包围的地方时，既然空气不能使它成为与自身类似的东西（因为在这种水中，土性成分占优势，而且是咸的），那么，土性部分必然逐渐变热，且使二者成为自然的黏土。这种结果不可能在新鲜水中出现，因为新鲜水是清甜的，很轻，相反，只会出现在咸水中，因为土的干燥在这种水中占优势，所以，它或把水改变成它的形式，或使水成为与它类似的东西，而且，

各自都变化了。而土是坚硬的，它靠自己的凝结能力把里面的水也变硬，并将黏土分割成特有的细小部分；正因如此，靠近海边的土变成了沙性。

同样的情形也发生在没有什么为其遮挡太阳，并且远离新鲜淡水的平原。因为太阳晒干了新鲜的潮湿成分，源于土性的东西却依然存留着。阳光持续地照耀着这种没有遮挡的地方，黏土的部分便分化，沙土就因此而生成了。有事实表明这一点：如果我们在这种地方挖一个深洞，便可发现自然的黏土，而这种黏土乃是沙土的基础。如果不是由于偶性， 824a
沙土是不会形成的。之所以出现这种结果，正如我们所说过的，是因为太阳长期地在它上面运动，而且，也由于它离淡水远。我们也必须以类似的方式来思考海水的咸。因为一切水的基础是清淡，如果不是由于我们说到过的方式，水是不会变咸的。这一点，仅凭感觉事实也可表明：土在海水下面，海水必然而又自然地在上面。

因此，水被认为是比土更重要的元素。有些人认为，在一切元素中，水最多；而在水中，海水又最多，正因如此，海水就被选作一切水的元素。但是，水自然地处在土的上面，且比土更轻。因此，我们也要证明，在所有的水中，淡水比咸水更轻。为了证实这一点，让我们取两个容量相等的容器，并把淡水和咸水分别灌入一个之中。尔后，取一个鸡蛋，将它放进淡水里，它立即会下沉。此后，我们再把鸡蛋放入咸水中，它则漂浮着，而且会浮在这种水的上面部分，因为它的部分不像淡水的部分那样分散。因为淡水的部分由于稀薄，不能负重，但咸水的部分由于稠密，所以能负重，正因如此，放在它上面的重物不会下沉。所以，在死海中，自然既没有什么动物下沉，也没有什么生命生成；因为在它之中，干燥占了优势，它非常类似于土的形式。从上面所述，现在很清楚，稠密的水在不稠密的水下面。因为稠密是源于土的本性，稀和薄则源于气的本性。正因如此，淡水处在所有水的上面；既然离土较远是它的属性。现在我们知道了，离土最远的水是自然的水。我们也已经证明，淡水处在海水上面。就我们谈到的证据而言，这自然是明显的，且必然会生成。但是，咸水是在静止中生成的，在静止条件下，淡水也会变咸。然而，土的咸要超过那种咸。因为在那种场合，被封闭住的空气还保存着，但在土里却不存在了。正因
824b 如此，土性物体在任何方式上都不分有清甜味，虽然清甜源自于水，而水犹如从土自身中散发出来的汗。

【3】 此外，我们还应认识到，草类植物和它们的科属是复合而成的，但不是出于单一的质料，而是犹如咸味源于海水和沙土的实体一样。因为当升起的蒸汽凝聚时，能够被理解为是草类生成的原因；因为空气会降下去，并润湿地面，而且，由于众多星体的力量，从它之中便冒出种子的形式。但是，它们的质料必然是水，虽然水在种类上有差异。因为如果水不是清淡的，就不会上升；咸水比较重，不能与

淡水一起上升。处在水上面的东西比水更为稀薄。如若它被空气吸收，会变得更稀薄，也上升到更高，因此，在山上才会有泉水和溪流生成，且流得很远。表明这一点的事实是：血液升到大脑。因为正如源于食物的某种东西会随着蒸汽一起上升一样，所有的水也如此。甚至咸水的某种成分，也会随着被热烘干的东西一起，上升进空气的形式中，而空气完全处在一切淡水和咸水的上面。在浴室中，我们经常发现与此类似的道理。当咸水被热所作用时，它的部分就变得稀薄，原先处于浴室底部的蒸汽升起，咸水的稠密部分也分离出来，和自然的湿（因为它不是源出于空气的性质的）一起升起，以便追随那云烟似的一团又一团上升的蒸汽。当许多蒸汽升上去时，便拥挤在房顶，并在那里汇集、凝聚，变成淡水再滴落下来。所以，在一切咸水浴室里，也有淡水。

由于干燥，在咸水里长出的草类植物不可能生长得茂密。因为植物需要两个条件，即与其特有的本性相适应的质料和地点。当这两个条件具备时，植物才生长。而当我们发现它的质料与适宜的气候相去甚远时，植物就没法生存；因为在气温不宜的地方，它的存在受到妨碍。所以，在通常情 825a 况下，我们不会在雪中发现植物，虽然在有时，我们也可以看到雪中有植物和某些动物出现，尤其是虫类。因为它们在雪中生成，毛蕊花和各种苦草也如此。但是，雪并不使它们长大，除非在它之中有某种原因配合。这个原因是，雪像烟雾似地下落，风使它汇集，空气则把它凝结到一起。但在它的各部分中，出现了某种稀薄；由于少许的某种热空气被包含在这些部分中，便从中生出不洁净的水。所以，当封闭在里面的空气变得很多时，当阳光照射在它上面时，包含在雪中的空气就会溢出，不洁净的水便出现，且随着阳光的热量而集聚；这样，某些草类就生长出来。但是，如若这个地方完全被雪覆盖了，就不会有什么草类在其中生成，即使有，也无叶片；因为与植物的生长相宜的土壤的合适温度从中消失了。因此，在空气和水分协调适宜的地方，可以发现许多小草长叶开花；但在不具备这种性质的另一些地方，例如在雪中，植物的花和叶都很少。同样，在许多既咸又干的地方，通常也没有植物出现。因为这些地方与适宜的气候相距甚远，既然土壤贫瘠，源于清淡之水的湿度和热量都极少。有时，清新的土壤也会变得板结，此时，扎根其中的草木也不会长得快。

在温暖的地方，由于有清淡的水和充足的热，调协的过程就源于两个原因而发生，即源于地理位置和存在于其中的空气的性质。空气的调协则根源于在那里的阳光的热量。山川吸收湿，空气的热量又帮助它们吸收，所以在这里，调协发生得快。正因如此，植物通常生长在山中。但在沙漠地带，正如我们前面已说过的，咸的成分最重，彼此类似的较为细薄的部分就只能处在沙土的部分之中。太阳没有能力在它们之中播撒和创生连续的实体。因此，在这种地方，通常不生长植物；即使生长，在科属上也没有特色和差异，而是彼此相似的。

【4】 在水面上生成的植物之所以会生成，不是由于其他原因，只是因为水的稠密。 825b 因为当热与在某种意义上没有运动的上面的水接触时，像云一样的某种东西便在它的上方出现，且含有少量的气。这种湿气不洁净，热将其吸引上来，它扩散到水的表面，这样，植物就生成了。但是，这种植物没有根，因为根要被固定在土的部分，而且，它的各部分也有差异。这种植物也没有叶片，因为它与适宜的气温还差得远，它的各部分也无一聚合。这种植物只像叶片那样生长，被称为岩礁植物。其他植物生长在土中，既然土的各部分是凝聚在一起的，那么，这些植物的各部分也必然如此。从土中生长出的聚合植物，生成于潮湿而肥沃的地方中的腐朽物。因为腐朽物被包含在空气中，当风狂雨暴时，太阳使它们散发出来，并将它们烤干、聚合，土壤的干燥使它们得以生根；因此，植物、菌类、苔藓①以及其他类似的东西便生长出来。

所有这些都合情合理地生长在温暖地区，因为热吸收了土壤内部的水分，太阳则维持着那里的热量，因此，就生出散发物，并转化成植物。同样，在以热为主的一切地方，植物生成也是这样完成的。但在寒冷地区，虽然造成的结果相类似，但从出的原因却相反。因为阴冷空气把热往下挤压，

① hudna。

使得它各部分聚集在一起，因此，地面就承受了热，并与存在于它之中的湿混合在一起；当多余的湿被烘干时，地面便绽裂，植物也就从中冒出来。在通常不很缺水的新鲜地面，当包裹在土中的空气被弄干，水的潮湿凝聚起来，同样的空气仍留在水的内部时，诸如可入药的睡莲之类的植物便生长出来。其他许多不同科属的小植物也以这种方式生成。但它们长得不高，因为它们的根须在土中扎得很浅。同样，在有热水流动的地方，植物也经常生成，因为水的热量吸收了附着在地上的散发物，但是，水的潮湿阴冷本性保留在下面，而且，在这种潮湿中空气凝聚到一起。当空气热量增大时，
826a 植物就再度在其中生成，但需要相当长的时间。在含有硫磺地区出现的小草木，在风刮得凶猛时生成，而且逆风而生，与风相互对抗，释放出在它们之中的空气，使地面变热，甚至从中生出火；此后，从空气的杂质中沉淀积成的黄色的雄黄从中出现，而且，夹有杂质的火被吸收（因为这是雄黄），此时，植物就从中生成。正如我们前面说过的，这些植物并不长出许多叶片，因为它们离适宜的气温远。

可以食用的植物生长在温暖、清爽和较高的地方，尤其是在第三和第四地带。能生长出某种类似食物的东西的那种树木，生长在高寒地带。正因如此，在这种地区才有许多科属的植物，因为湿气的吸收和适宜的温度均来源于冬天里太阳的热量。同样，自然的土壤易于生成油料植物；因为正如我们已说过的，新鲜的土壤里包裹着潮湿。

【5】 再者，在坚硬的石头上长出的植物需要很长时间。因为包裹在这种地方中的空气被迫升起，但由于石头的强硬，又找不到出路，所以只好折回，并变热，吸收留存在石头上方的湿，这样，就有散发物与湿一起冒出，并伴有石头中最细小的溢出成分。因为太阳靠自己特有的热量经常作用于石头，以帮助它们逃出。这样，植物就从它们之中生成。但是，这种植物长不高，除非它们靠近土壤或潮湿。因为植物的生长需要土壤、水分和空气。应当这样来考察植物；如果它们面向太阳，就长得快，但如果面向西边，就长得慢。再者，如果植物内含的水分过多，就不会容许空气上升，正因如此，它没有养分。同样，当太干燥时，自然的热便移升到外缘，从而阻塞植物的孔道由以通过的路径，因此，这种植物也吸收不到养分。

【6】 一般而言，每种植物都需要四个方面的条件，即确定的种子、适宜的地点、合乎比例的水分和空气。当这所有的条件都具备时，植物就生成与生长；而当它们欠缺时，826b
植物也就由于这种欠缺而衰弱。再者，生长在高山中的植物，如果确实是这种科属的话，会更加有用，也更适于入药；但它们的果实较硬，不易调协，多数情况下养分也不足。在远离阳光的地方，许多草类植物不生成。同样，如若阳光在白昼照耀的时间很长，由于它运动和控制了湿，植物

就没有能力长出叶片和结出果实。那么，对于生长在潮湿地带的植物，我们必须考虑些什么呢？在这些地方，当水不流动时，脏物之类的东西便生成，在空气中，也没有使水的部分纯净的能力。因为空气本身被包容在土壤之内，妨碍了水中稠密成分的上升。在那种地方，如若风很大，土粘紧，包容在里面的空气被压缩，风又压缩湿，那么，植物便会从这种湿中生出，而且，彼此在科属和形状上没有很大的区别，其原因在于水的柔韧和稠密，以及上面照临阳光的热量。再者，在潮湿地区生长的植物，它们表面在地面上显得青绿，我意思是指，在很少有稀薄的那种地方。当阳光照耀，使那里的湿运动时，由于运动出现，那个地方就发热，而热又被包裹在土壤内部。但是，在没有植物由以生长的那些地方，这种情形不发生。当潮湿由于自身特有的性质而扩散时，烟就犹如绿纱般地升起在地面上，没有叶片的植物也从此出现，与出现在水表面的植物同类，但比那种植物大，因为它靠近土壤，不能上升，也不能蔓延。在植物中，经常有另外的植物生成，既不同属，也不相似，而且没有根。它是这样被运动的：当带着许多刺的植物在油脂性的水中自我运动时，它的各部分张开着，阳光吸收它里面的腐朽物，使之调协，在适宜的温度下，靠它自身本性帮助腐朽的地方，并从这里生长出植物，其脉纹蔓延
827[a] 到整个植物上。这是多刺植物具有的特性。因而，生成了被称为水藜的草和与此类似的植物。一切草类植物，无论是生长在地面上的还是土壤之中的，都源出于这五个条件之一，

即种子、源于水的潮湿、适宜的地点、空气和种植。正如有人所说，这五个条件是植物的根本。

【7】 树的生长遵循着三种方式，因为它们或者在长叶之前结果，或者是长叶与结果同时，或者先长叶后结果。有的植物既无根也无叶。有的植物有梗，但却没有果实和叶片，如所谓的“霍芦索科麦”① 或“霍芦西提斯”②。长叶之前先结果的植物含有大量油脂。当自然地存在于植物中的热散发出来时，它就很快调协，在植物的枝桠中注入力量，使其勃发，并阻止汁液，不让它从中升起；这样，果实就先生成，尔后有了叶片。但在叶片长得更快的植物中，我们该思考什么呢？潮湿的性状③是多种多样的。当太阳的热开始驱散水的部分时，阳光便把湿的成分吸引上来，成熟的过程很慢，因为果实的调协只能在凝结中出现，而在果实之前，叶片由于增加了大量潮湿，便率先出现了。这些植物常常含有油脂，而且是当植物中的潮湿调协，粗梗从中抽出，与阳光在一起的空气把它吸出时；因为在此时，油脂、果实和叶片全都从那种潮湿中一起生出来。

古代的哲人们主张，一切叶片都是果实。所以必定认为，当潮湿很重，以致于不被调协，而且，由于空气的扩展

① khrusokome。

② khrusitis。

③ diatheseis。

和上方阳光的吸力，根本没有凝聚时，不能靠它实现调协的这种潮湿就转变成叶片，这些叶片没有其他作用，只是吸收潮湿，保护果实免受阳光强烈的照射。但是，叶片与果实毕竟是不相同的；因为生出的汁液在转化时，才变成叶片，正如我们已说过的。同样的道理也适于那些常常没结出自己的果实的橄榄树。因为当自然造成调协时，有的没从热中调协 827b 的、源于稀薄的潮湿便先显现出来，这种潮湿就生出叶片，调协了的则生出花朵。当调协在第二年完成时，才结出果实，而且，依据其所在的地点，质料也达到了目的。

荆棘同样也源出于植物的种类，只是本性不同而已。我的意思是，在植物中有稀薄的成分，且在它生长的一开始便有调协，冷的湿气上升，此后出现短暂的分离，贯穿在那种稀薄中。然后，阳光使它凝聚在一起，从中就生长出荆棘。正因如此，它们的形状是锥形的；因为它们的生长是从稠密开始，进到稀薄。其所以这样，是因为在植物中逐渐蔓延的空气随着质料的延伸而增加了它的部分。以这种方式生长出的一切树木或植物，其顶部都是锥形。

【8】 在树木中，绿色必定是最普遍的颜色。因为我们看到，正如它们的内部普遍为白色一样，外面普遍是绿色。其所以如此，是因为它们所用的质料较为近便，也更易调协。所以，绿色应当存在于一切植物中，因为它们的质料稀薄和吸出了树的木质，而且，热造成了快速的调协，但有的

湿留在那里，并在外面显现出来；这就是植物中的绿色，除非调协变得更大。就力量而言，它应处在树叶和木料中间。只要有源于土类的潮湿在植物中存在，绿色就不会消失。因为绿色的生成正是源于这两类东西。表明这一点的是树皮，当它变干时，就发黑，而里面却是白色的。就树而言，在它们的外表，是介于这两种颜色之间的绿色。

植物的形状可被归为三类：有些朝上伸展，有些朝下，有些介于两者之间。有些植物之所以朝上伸展，其原因是，它们的本性表现在树心中，且吸收热，把存在于它的稀薄之处的空气压缩在自身内。它们是锥形的，正如火在自己特有的质料中是锥形，而且很轻一样。那些朝下伸展的植物，它们的孔道被堵塞。因为当调协生成时，树心存在于其中的湿的质料变得稠密。因此，稀薄部分便朝上升起，潮湿回到了 828[a] 下面的部分；因为它自己的重量使它朝下运动。其运动介于朝上与朝下二者之间的植物，具有下面这样的性质：由于其本性在调协期间接近于适宜的气温，潮湿变得稀薄，而且，孔道居中，质料朝上和向下延伸。第一次调协出现在植物下面，第二次在树心里，树心从地面冒出来，处在植物的中部；此后，生出了分杈，分杈是第二次调协的结果，不是源于第一次调协。第三次调协出现在动物中；因为假如不是由于自然肢体的分化和各部分彼此之间的自然差异，就不会发生第三次调协了。但是，植物却长得彼此非常相近，正因如此，才在许多地方大量繁殖。在多数情况下，植物的质料朝下延伸。

植物的形状根源于种子的本性和数量，植物的花朵和果实却依赖于潮湿和质料。在一切动物中，第一次运动和调协发生在它们之内，但并非所有动物通过这次运动就能生出。第一次调协也出现在植物自身中，但后来的调协发展却依据它们的养分。每棵树都总是朝上伸展，一直到完成生长。其原因是，在每种动物那里，其高与宽是相近的，但在植物中，却相差很远，因为由火和水构成的植物的根使它上升，以便植物完成其工作。植物枝桠中的差异根源于过分的稀薄。因为当汁液被挤压时，它们的本性变热，加速调协，这样，枝桠和叶片便生长出来，正如我们在前面已经说过的。

【9】 树叶的脱落是由于它们快速形成的稀薄。因为当潮湿与质料调协时，就变成锥形，此后，变得瘦薄。在质料以完全调协的形式出现时，上面孔道的外端便完全被堵塞了。正因如此，既然树叶没有了质料，便干燥、脱落。如若情形与我们所说的相反，那么，植物固有的叶片就不会脱落了。再者，当冷支配植物时，在它内部的热给它以热量，冷
828b 的外表在它外端的外面生成，这时，树叶就会转绿，不会脱落，正如橄榄、番石榴和其他树的叶片不脱落一样。

一旦树木和植物具有强大的吸收能力，果实便会同时结出。之所以如此，是因为它们的本性引起连续不断地调协，而在每一次调协中，都有一批果实结出。正因如此，有些植物一年多次结果。但是，水性的植物所结果实较少，这是由

于它的潮湿占了优势，自己特有的孔道被堵塞了，根也很衰弱。而当热很强盛，植物的调协很快时，潮湿就变得稀薄，不会凝聚；这样，它便不会再次结果。这种情形，不仅在一切小的野生草类中，而且在有些蔬菜中都能见到。

灰色出现在非常热的地方。在这些地方，只有很少的果实源于潮湿而结出，因为孔道很窄。当本性意欲造成调协，但在质料中又没有足够的湿度时，孔道就变得更为狭窄了。当调协废止，而热使其连续时，植物在颜色上就显出介于白色和黑色之间。在它以这种方式出现时，木料就变成黑色，靠近它的每个部分则变成灰色。这一点，从黑檀树和榆树的情形是可以看出的。黑檀树沉于水中，因为它的各部分紧凝在一起，孔道很窄，空气不能进入其中。白色的木料之所以也下沉，是由于它们的孔道狭窄，阻塞孔道的潮湿过多，所以，空气亦不能进入其中。花朵仅仅根源于稀薄的质料，且是在调协开始时长出，正因如此，它先于果实而生成，正如我们已证明过的。这样，我们说明了植物先长叶、后结果的原因。

在孔道狭窄的那类植物中，颜色是蓝的，而且，由于它的部分是复合而成，也趋于白色。但是，当条件适中时，则是灰色。有些植物之所以没有花朵，其原因通常是由于它们各部分的差异，以及在它们之中的稀薄、粗糙或稠密。棕榈树、无花果树以及与它们相似的其他植物都没有花。

皮层厚的植物靠潮湿的蔓延和热力的驱动而生长伸展。829a
松树和棕榈树就是这种情形。流出乳汁的植物，其汁在它的中部。在内部的热更甚的地方，油汁也就出现在那里。当热开始调协时，油汁转变成自然的湿，并以快速凝聚的方式凝结。随着地点的变热，生成了类似于乳汁的稠密的潮湿，散发物就会从潮湿中升起，并把乳汁吸到外缘，潮湿则控制住出现的热，这样，乳汁便凝结成了；因为凝聚是热的本性。但是，当树中的冷生成时，乳汁会凝结得很硬；因为在聚集起来后，它便从自己所在的地方流出来。这样，它就变成树脂。树脂一旦受热，就以滴落的形式出现，但与空气接触时，又凝结了。在温热地区，它还流淌，与水类似。在另一些地方，它虽然也流溢出来，却凝聚得像石头或贝壳一样坚硬。当它一点一滴地渗出时，保持着自己特有的形式，变成蜜蜡之类。变得像石头一样的树脂就其外表而言虽然是很冷的，但它的这种性质却由热造成。在它流淌且变冷时，又硬得似石头。再者，有些树在冬天发生变化，有时变绿，有时变灰，而且，无论它们的叶片还是果实，都不毁灭。因为出现这种情形的植物，内部含有丰富的热，根部则潮湿稀薄；随着时间的推移，由于空气冷，湿便支配了颜色的变化。当热与冷相遇时，热驱散外面的湿，并与其表面的颜色混在一起，这样，树也就相应地呈现这种颜色。但是，当冷再度回来，干转入活跃，湿控制住热时，颜色就显出是灰的。

【10】 如果热和湿调协得不完全，果实是苦的。因为冷和干妨碍了调协的完成，这样，果实就变得苦涩。有事实

表明这一点：把苦的东西扔进火里，它就会变甜。在酸辣的水中生长的树木，结出的果实甘甜，因为在太阳的热量的帮助下，酸辣吸收了它自己特有的性质，即冷和干；这样，当 829b
内部只有少许的某些湿存留下来时，味就变甜。在阳光照射到树上时，树的内部变热，因此，果实的汁液就带有些许酸味。随着果实逐渐变得调协，酸味也就一点一点地消减，直到最后完全消失，甜味出现。此时，果实甘甜，树的叶片和小枝则变干。然而，一旦调协完成，果实多半会变得更苦。这是由于过多的热与过少的湿结合而引起的。因为湿被消耗得所剩无几，果实使得热上升，这时，果实就是苦的。果核是锥形的，其原因在于热的吸引、过多的冷，以及内部的湿是源出于酸辣水的性质。因为湿处在中部，且两端变得稠密或稀薄了。但是，生长在气温适宜的土壤中的树，在冬天到来之前就调协了。因为当热量接近于适度，湿变得显现，空气也清明时，果实不需要很多的热来调协，这时，它的调协速度加快，在冬天之前完成。因此，在所有的树中，当它们最初被种植时，苦烈味道较重。既然湿在它们的两端生成时，被调协的是处在树木中部的那些地方，果实的质料也正好源出于这些地方，而且，干燥出现，且追随潮湿，这样，最初的调协就是酸涩、苦涩或辛辣的。其原因是，调协是在热与湿的伴随下发生的。但是，当湿与干超过热时，由此结出的果实开始不会有很好的调协，因为生成的果实在开初缺少甜味。然而，坚果树结出的果实开初是清甜的，一般情况

下，后来却混夹着苦涩。其原因是，这种树的枝桠稀少。在
调协的季节，当孔道变宽时，热追随湿，果实成熟，最初味
道清甜；但在后来，由于枝桠稀少，树缩小了孔道，冷和干
830a 超过了热和湿，这样，果实就变得苦辣了。再者，阳光凭借
其热量占了优势，由于处在树木表面的种子中的大量干被吸
830b 收，冷就会战胜干，果实便因此而变得非常辛辣。然后，自
然的热再度上升，太阳的热则从外面帮助它，所以，热和干
取得胜利，果实于是变苦。

奇闻集

高小强　译

* peri Thaumasion akousmaton 据《洛布古典丛书》希腊本文。

【1】 在派奥尼亚，人们说，在一座将派奥尼亚和迈迪克分开的名叫赫塞诺斯的山中，有一种被称作“狍林松”的野兽，派奥尼亚人则叫它“莫乃蓬”。他们讲，它的本性总体上像牛，但比牛大，比牛强壮，也比牛多毛，它的脖子上长有像马一样的鬃毛，密集地朝下伸展，从眉毛遮到眼睛。它的犄角也不像牛，而是向下弯曲，角尖一直弯曲到耳旁，它的每个犄角都可以容纳多于半荷斯①的容量，犄角的颜色黑里透亮，仿佛刚蜕去外壳一般。若是剥下它的一张整皮，则可覆盖八张床那么大的面积。一旦它遭到袭击，就会立即逃窜，即使受伤，也要拼命逃离。它的肉滋味甜美。为了免遭发现和保护自己，它往往在距自己巢穴 4 俄尔瓜②以外的地方拉屎撒尿。它随时都可以轻而易举地使用防御手段，即喷射出足以烧毁 3 条狗皮毛的火焰。人们说，当它受到骚扰时，就会使用这种手段，而只要平安无事，就不会喷火。当它们要生育时，就会大批地聚在一块，由体躯最大的围成一圈，同时生育与排便，一次就要排泄大量的粪便。

【2】 人们说，阿拉伯的骆驼不与母骆驼交配，即使强迫，它们也不这样做。相传有一次，在缺少种马的情况下，

---

① khous，希腊重量单位。

② orguia，希腊长度单位。

饲养者悄悄地放进了一匹小驹。它似乎完成了同骆驼的交配，然而事成后，它很快就被骆驼冲撞而死。

【3】 人们说，赫里克的杜鹃在准备下蛋时，并不垒窝，而是把蛋下在野鸽或斑鸠的巢中，且既不抱窝，也不孵化，更不喂养自己的幼雏。在小杜鹃破壳出生，长大一些之后，就会把别的幼鸟挤出巢外。由于它仿佛变成了一只强壮而漂亮的鸟，也就很容易征服其他鸟。人们说，这里的野鸽也如此愚蠢，竟然一道驱赶自己的孩子。

【4】 克里特的山羊，当其被箭射伤时，就会去寻找生长在当地的一种白藓草。只要它吃下这种草，就可以立即排出箭头。

【5】 人们说，在阿海亚，有一些鹿在角脱落时，就会到不易被发现的地方去。之所以这样做，是因为在此时，它
831a 们无力自卫，也由于角脱落的部位痛苦不堪。在它们脱换犄角的地方，常常可以看到覆盖在其上的长青藤。

【6】 在亚美尼亚，人们说，生长着一种被叫做豹莨[1]的植物。当人们发现豹子时，就将涂抹有这种植物的宰杀了

---

[1] pardaleion。

的牲畜置于户外。若是豹触摸了这头牲畜，就会寻找人的粪便。因此猎人就把粪便置入吊厢内，悬挂在大树上，以便豹子寻来扑向吊厢时，自投罗网。

【7】 在埃及，人们说有一种鹞子会自动飞进鳄鱼的嘴里，替鳄鱼剔牙，拣出粘附在上面的肉渣。鳄鱼乐意它们这样做，并不伤害它们。

【8】 人们说，在刮风时，拜占庭的刺猬能感受出北风与南风，从而迅速地改变巢穴的出入口，当南风刮来时，它们就从地底造洞口，在北风刮来时，则以侧面作为洞口。

【9】 克法勒尼亚的山羊，似乎不像其他四足兽那样喝水，但是，它们每天都要面向大海，张嘴吸入空气。

【10】 人们说，在叙利亚的驴群中，总有一头头驴。当一头年轻的驴想要同雌驴交配时，头驴就会被激怒，并追逐那头驴，追上后即埋头于它的两腿之间，撕咬它的生殖器。

【11】 人们说，有一种乌龟，当它吃下一条蛇后，就要寻找马郁兰来吃，倘若找不到，就会很快死去。果真是这样，许多牧羊人都见识过，而且，当他们看到乌龟吃下一条

蛇时，便抢先拔去马郁兰，只要他们这样做了，就会亲眼目睹乌龟顷刻死去。

831b **【12】** 据说貂的生殖器官与别的动物天生就不一样，无论何时，它都坚硬若骨。人们传说，它对于尿急症有急佳疗效，可辗成粉末药用。

【13】 人们说，啄木鸟爬在树上就像一只蜥蜴那样头尾倒置，靠腹部紧贴树干。据说它以树木中的虫子为食，它啄树木很深，直到找到虫子，将其啄出。

【14】 人们说，鹈鹕会挖出生长在河里的贻贝，吞进肚子；在吞了许多时，又将其吐出，只挑贻贝的肉吃，不管它们的壳。

【15】 人们说，在阿卡迪亚的库勒尼，乌鸦是白色的，这在其他任何地方都不曾有过，而且，它们的鸣叫悦耳动听，它们只在月光下出来活动，即使偶尔有一只白天飞了出来，也很难抓住它。

【16】 据说在墨洛斯和克尼多斯，被某些人称为花蜜的蜂蜜散发出甜甜的香味，不过香味只有一小会儿，在那里面存有蜜蜂的食物。

【17】 在卡帕多克亚的某些地区，人们传说，那里酿蜜不用蜂蜡，酿出的蜜像橄榄油一样浓。

【18】 在旁托的忒那普若斯，采自黄杨木的蜂蜜气味浓郁。人们说，健康者嗅了这味会发疯，而对于癫痫病人则会味到病除。

【19】 人们说，在吕底亚，许多的蜂蜜采集自树上，当地居民并不用蜂蜡，就将蜂蜜加工成小球状体，然后通过强力摩擦将其弄成片状以备使用。在色雷斯，人们也是如法炮制，只是没有那样硬，而是沙质的。人们说，所有的蜂蜜都有同等的体积，不同于水和别的液体。

【20】 哈尔基迪克的青草和杏仁最可用作酿蜜；因为 832[a]
人们讲，用它们酿出的蜜最多。

【21】 人们说，没药树会使蜜蜂麻木，蜜蜂不能忍受这种气味。一些人讲，蜜蜂最爱蜇那些有没药味的动物。

【22】 人们说，在伊吕利俄人中，有一支被叫做陶兰梯人，他们用蜜酿酒。他们的作法是：从蜂蜡中榨出汁，加上水在一口大锅中煎熬，蒸发去一半的液体，然后将其〔熬

成的那一半〕注入陶罐。人们说，经过长时间的发酵，它就变得与葡萄酒一样，具有醇香和醉人的烈性。人们说，在一些希腊人中也曾流传过这种酿酒方式，而且酿出的酒与陈年老窖葡萄酒并无两样。不过，后来的人在寻找这种混合酒时，再也找不到了。

【23】 人们记得，在塞塔利亚一带，活动着大量的蛇，如若那里的鹳鸟不把蛇吃掉，居民就会迁移。因此，人们敬重鹳鸟，杀害鹳鸟就是违法。倘若有人杀死鹳鸟，则会受到同谋杀罪一样的惩罚。

【24】 在过去的斯巴达，据说也曾有过同样的情形，活动着大量的蛇，若遇灾荒年景，斯巴达人即以蛇为食。因此，人们说，庇西亚神谕称他们为剐蛇者。

【25】 在塞浦路斯岛，相传老鼠会吃铁。

【26】 人们说，在位于哈律巴斯群岛附近的一个小岛上，可以从大量的老鼠身上采集到黄金。因此，在矿区一带，老鼠遭到大量捕杀。

【27】 据说从苏萨到墨迪亚的后半程路上会出现大量蝎子。因此，每当波斯国王途经这里，都得在此呆上 3 天，

让他的全部随从捕捉蝎子，谁捉得最多，谁就能得到他的奖赏。

【28】　在库勒尼，人们说，老鼠不只一种，而是多种， 832b
形状与颜色各异。有一些头部扁平，像臭猫，有一些看上去又像刺猬，故被叫做海胆鼠。

【29】　在克里克亚，人们说，那里的水中有一种旋涡，当淹死的鸟和其他动物被卷入这旋涡时，就会再生。

【30】　在被叫做格洛罗斯的斯库萨人居住的地方，人们传说，有一种极其罕见的野兽，被称为獭阑[1]。据说它可以根据生存的地方改变自己皮毛的颜色。正由于这个缘故，它很难被捕获；因为它的皮毛可以变得与树木、地面以及一般而言的生存环境的颜色完全一样。最令人惊异的是它毛发颜色的变化；因为其他动物，如蜥蜴、章鱼之类只变换肤色。这种动物的躯干有牛那么大，头部也与鹿头一般大小。

【31】　据说在阿布多斯，一个人倘若发疯，就去到露天剧场，一连做数日的观众，仿佛有演员演出，并表示赞许似的。当他解脱疯狂之后，就会说他度过了一生中最美好的时光。

---

[1] tarandos，可能是种野驴样的动物。

【32】 在塔兰图，人们说，有一位酒老板，天天夜里发疯，白日却照常售酒。他把房间钥匙拴藏在腰带上，虽然许多人都企图将其弄走，但他从没丢失过。

【33】 在特诺斯岛，人们说，有一种盛在杯中的混合液，用它很容易引着火。在司纳克的比叙尼亚矿井中，有一种叫雀石的石头，人们说，用它也能点着火。

【34】 在尼帕那岛上，据说有一处上升的气流，若在那里安放一口瓦锅，无论投进什么东西，都会沸腾。

833a **【35】** 在墨迪亚和波斯的普西塔克勒，都有燃烧着的火。墨迪亚的火要小些，普西塔克勒的火不仅大，而且火焰清晰可见。因此，波斯国王甚至把厨房都建在了它的附近。上述两处的火都位于平地，而不是高处，夜晚和白天都可见。但是，旁弗里亚一带的火只在晚上可见。

【36】 人们说，在阿提塔尼亚，靠近阿波罗尼亚提斯边界附近，有一座岩石，从中冒出的火虽然看不见，但只要往上面浇油，就会窜出炽烈的火焰。

【37】 据说在赫拉克勒斯之柱以外的海面上，有火燃

烧。据安洛罗的航海观察，有的火任何时候都能看见，有的火只在夜晚才能看见。譬如在利帕那的火虽然有火焰出现，但白天看不见，夜晚才看得见；而在皮塞柯塞，据说只有火似的炽热，却见不到火焰。

【38】 克塞诺芬说，在利帕那，火焰在消失了16年之后，在第17个年头又重新出现了。人们传说，在埃特那的熔岩流，既无火焰，也不连续，只是在歇息了许多年之后，才重新出现。

【39】 据说在吕底亚一带，翻腾着非常猛烈的火焰，一连燃烧7天方才熄灭。

【40】 在西西里发生的熔岩流，令人目瞪口呆。其沸沸扬扬的火焰宽40斯塔得①，高3斯塔得。

【41】 人们说，在司拉克有一种石头，被称为雀石，石子裂开就燃火，自动合上，看上去就像木炭的余烬。但是，就在它自动合上后，一旦浇上水它又会燃烧。

【42】 在马克多尼亚的菲利匹一带，人们说，那里的

① stadion，希腊长度单位。

矿山，从中除出的杂质增长愈多，黄金也会随之增长得愈多。此事是人们看得见的。

【43】 人们说，在塞浦路斯，被叫做图利亚的地带，
833b 也以与上述类似的方式出产青铜。他们将青铜切成小片，种进地里，适逢下雨，铜片就会生长，抽出新枝，于是便可以采集了。

【44】 人们说，在墨洛斯岛曾经被挖掘过的地方，都又自动地重新填平了。

【45】 人们说，在派奥尼亚一带，当遇到连绵雨水时，泥土就会融化，地面上会捡到黄金，被称作未燃金。据说派奥尼亚的泥土全都含金，许多人航海去到那里都找到了超过一米那[1]重的金子。人们说，有一个人在那里找到了两堆黄金献给国王，一堆重 3 米那，另一堆重 5 米那，这些金子摆放在国王的御餐桌上，每当他要吃东西，都得先向金子示以祭奠之意。

【46】 人们说，在巴克托的俄克索斯河，冲刷下来了大量的、成堆的黄金；在伊贝利亚的所谓塞俄多罗斯河也把

---

① mna，希腊重量单位。

大量的黄金冲到了河口，而且，还不断地冲下来。

【47】 人们传说，在马克多尼亚的柏利亚，没被铸造过的黄金被古代的诸国王填入四个洞里，如今从每个洞里生长出来的黄金都有一高了。

【48】 据说哈律比科和阿米塞洛出产的铁，其由来最为奇特。人们讲，它源于河流冲刷下来的砂石。有些人说，他们只不过是在河里洗净砂石，然后架炉冶炼；另一些人则说，他们是将经多次清洗遗下的残余砂石再作清洗、冶炼，并加放一种被称作耐火石的材料。这些地区出产了许多这样的铁，其性能远远优于其他的铁。这种铁若是未经冶炼，其外观与银无异。人们说，这种铁唯一的不足是不耐锈蚀，不过，遭锈蚀的并不多。

【49】 人们说，在印度，铜非常明亮、光滑、耐蚀，834a
人们很难明显地区分开铜和金。在大流士使用的众多杯子中，有不少若不通过杯子发出的气味，就无法确认其是铜的，还是金的。

【50】 人们说，克尔梯科的锡比铅容易溶化得多。其易溶性从下述事实中见得分明，它似乎在水中就能溶化，至少很快地就会变了颜色。甚至在寒冷的天气中，它也会溶化。

倘若冷至结冰点，它又会自内部冻结起来。人们说，由于它太软，因此就只好通过加热把它压缩成一整块，以便保存。

【51】 在潘塞昂，有一片橄榄树林，享有美丽的花冠之称。它所有的树叶都具有与橄榄树相反的特征，因为它叶子的正面是黄绿色，背面则不是。它的枝叶向四周伸展，看上去就像是爱神的花冠。赫拉克勒斯从中采撷了一枝，插种在奥林匹亚，用此橄榄树叶做成桂冠奖励竞技的优胜者。这片橄榄树林就生长在伊里索斯河畔，距河边约 60 斯塔得，树林周围建有围墙，触摸树木者会遭受最严厉的处罚。爱利亚人从中采撷了一枝，栽种在奥林匹亚，用它来做成奖赏的桂冠。

【52】 在吕底亚的珀卡蒙一带的矿井，是克罗索斯曾经劳作的地方。当战争爆发时，工人纷纷逃避到这里，却都未能逃脱双唇紧闭、窒息身亡的命运。许久以后，当人们清除那些矿井时，发现工人使用过的，手工自制的，像两耳细颈酒罐一类的日用器皿都早已石化，甚至内装的液体也都石化，人的骨头也石化了。

【53】 在阿斯卡尼亚湖，水中含有大量的苏打，所以，清洗衣物根本不用任何去污材料。若是将衣物置入水中的时间过长，就会破成碎片。

【54】　在阿斯卡尼亚湖附近，距开俄斯约 120 斯塔得
的地方，有一个叫做普索波里斯的村庄，村内所有的井，冬
天全部干涸，甚至不能从井中打取一罐水；而到夏天，水又 834b
会满溢到井台边。

【55】　在西西里与意大利间的海峡一带，生长着大大小小的新月状的东西。

【56】　在通往叙拉古的大道边的一片草地上，有一眼泉水，泉眼并不大，水量也很小。不过，若是一大群人去到那里，它就会流淌出充裕的水。

【57】　在西西里的帕利克，有一眼泉，面积约有 10 张床那么大，喷涌出来的泉水达到 6 肘尺之高，以至于看到泉水的人都会以为，这附近一带定会被泉水淹没。可是，泉水却原样地落回到了原处。当地流行着一种起誓仪式，立誓人将誓言刻在一块小木板上，放入泉水之中。如若誓言真实，木板则浮在水面；如若誓言虚假，木板就会越来越沉重，最终沉没不见，立誓人身上则顿时着火。祭师即收回对立誓人的担保，立誓人必须为神庙涤罪。

【58】　哈尔克多尼亚岛的德莫勒索斯，是因为最早在

此劳作的德莫勒索斯而得名的。这里有天青石与孔雀石矿。这类矿藏中的最好矿石足以抵得上黄金的价值，因为它可以做药医治眼疾。这里还有一座铜矿，其矿藏深入海底达两深。西库昂的阿波罗古庙中的神像就是用这个铜矿的铜铸成，费勒俄斯的也是如此，只不过人们把这种铜叫做黄铜。神像上还雕刻有“昂菲特律翁之子赫拉克勒斯，厄利斯的占有者供奉”的字样。赫拉克勒斯依照神谕，在一位女子的指引下占领了厄利斯。而那位女子的父亲奥格亚斯也正是被他所杀。凡在这个铜矿采铜的人，视力会越变越好，甚至缺眼睫毛的人，也会重新长出。医生就是利用这里的铜花和弗吕格亚的灰粉来医治眼疾。

【59】 有一个叫空洞的洞穴，洞中倒悬着石笋柱。可以清楚地看到石笋柱尖已接触到了地面，接触地面那节非常细小。

【60】 由一对山雕产生出一只变种鹰，待此鹰长大，
835a 配成对，即产生白尾海雕，由白尾海雕产生隼鹰和鸢鹰。但是，接下去它们不会一味地产出鸢鹰而不再分化，它们还会产出大鸢鹰。到了大鸢鹰就再无生育；表明这一点的事实是，到目前为止，人们从未发现过大鸢鹰的巢穴。

【61】 人们说，在印度人那里发生了一件怪事。那里产

出的铅，在熔解之后，放入冰冷的水中时，铅会从水中跳出。

【62】 人们说，莫叙罗科的铜雪白光亮，这并非混合了锡所致，而是有某种土融入其中。不过人们讲，发明这种混合物的人从未教授予人，因此，只有过去制作的铜罐才具有上述特征，后来的就不再有了。

【63】 人们讲，在旁托发现一种鸟，冬天即躲进洞内，不再离去。即使捉住它们，拔去身上的毛，它们也不会有任何感觉，甚至把它们串入小炙叉，亦仍无反应。只有当放在火上烤时，它们才会蠕动。人们讲，许多鱼也与上述的鸟类似，抓来把它们剖开，切成薄片，它们会毫无感觉，可一旦在火上烤时，它们便会蠕动。

【64】 蜜蜂忙碌不停地劳作，似乎在预示着冬至的来临，放蜂人也以此为标志；因为这是他们休闲的时候。蝉似乎到了至日[①]以后才鸣唱。

【65】 人们传说，刺猬可以不吃东西活上一年。

【66】 身上长有斑点的蜥蜴，当它蜕去皮后像一条蛇。

---

① trope。

传说它会立即将蜕皮吃掉。因此，医生随时都监视着它，因为它的皮对癫痫病有相当的疗效。

【67】 人们讲，雌熊在整个冬天都在一个洞里躺着，它会渐渐地长得异常肥胖，直到撑满它所在的洞穴。

【68】 在居勒尼，人们传说，青蛙从不鸣叫。在赫马西俄陀人的故乡马克多尼亚，猪全是奇蹄。

【69】 在卡帕多克亚，人们传说骡子能生殖。在克里特，白杨结果实。

835b **【70】** 人们说，在塞利佛，蛙从不鸣叫；但如若将它们迁徙别处，便鸣叫不休。

【71】 在印度一个叫做克那斯的地方，人们说，有一种小鱼可以在干燥的陆地上蜿蜒行走，然后再回到河中。

【72】 一些人说，在巴比伦已干涸的河里，仍然有鱼活着，它们呆在河中依然湿润的洞内，还不时地爬去打谷场觅食。它们依靠鳍和摆动尾巴行走。倘若遇到追赶，它们即逃离，跳入洞内，站立着面向追赶者。因为它们常常遭到追赶者的捕捉与折磨。它们的头生得像海蛙，但身体的其余部

分则像鱼，并同其他鱼一样有鳃。

【73】 在旁托的赫拉克勒亚和赫格蒙，人们说在挖地时挖出了鱼，挖出鱼的地方大多是在河边或其他水域附近。由于河水的干涸，鱼儿被迫聚到了一块，身陷泥淖，而当继续干涸时，它们就只好钻入泥浆以寻潮湿，在进一步干燥时，它们就呆在了湿泥中，就像那些在洞中偷生的鱼儿一样。当被挖出来时，它们在水面前还能活动。

【74】 人们说，在帕弗拿哥尼亚，从很深的泥土中刨出了鱼，而且品质良好。附近明显地没有水，也没有任何河流流过，而是土壤本身在繁衍生物。

【75】 人们说，赫珀洛斯的鹿在脱去右角时，会在地上刨出一个坑将其埋掉。它的角具有多方面的用途。

【76】 人们说，山猫会用泥土覆盖自己撒的尿，因为它的尿有各方面的用途，特别是在制做印章上。

【77】 人们说，海豹若是被抓住，会呕吐初乳。这种初乳有医疗功能，特别适于医治癫痫病。

【78】 据说在克尔凯奥山一带的意大利，长着一种致

命的毒药，毒效极高，一但喷洒到某人身上，其人会当场倒
836a 地，头发脱落，四肢萎缩，垂死者的身体外表看上去非常可怜。人们说，珀克斯梯俄人奥洛斯和盖俄斯企图将此毒药给予斯巴达人克勒俄律莫，结果双双被擒获，在经过审讯之后，被塔兰提诺人处死。

【79】 在亚得里亚海中的迪俄门德亚岛上，人们说，有一座不同寻常的迪俄门多斯神庙，一群体形巨大的鸟环绕在神庙周围，它们都有一副巨大而坚硬的鸟喙。人们讲，倘若希腊人在岛上靠岸登陆，大鸟会安然歇息；但若来者是附近一带的野蛮人，它们就腾空而起，盘旋于来者的上空，瞅准机会用大喙啄他们的头，啄伤甚至啄死他们。传说这些大鸟是迪俄门多斯的同僚死后变成的，正当迪俄门多斯遭到当时这一带的国王艾勒俄卑鄙地谋杀之时，他的同僚们恰好是在这个岛子附近沉船遇难的。

【80】 在翁波瑞科，人们传说，牛一年要生育三次，地也是一年多季收获，只要播种，就有收成。那里的女人更是儿女成群，多数妇人都是一胎生两个至三个，很少一胎一个。

【81】 处于亚得里亚海湾的厄勒克里德斯群岛，人们说，那里早已安放了两尊塑像，一尊是锡的，一尊是铜的，均按旧式风格铸造而成。传说它们是远古遗民戴达洛斯的杰

作。他逃离米诺斯之后，由西西里亚和克里特来到了这一带。相传这一带的岛屿都由厄利达罗河冲刷下来的泥沙淤积而成。河流近处有一使人注目的湖泊，湖水温热，散发出一种令人沉闷不快的气味，以致于动物都不敢饮湖中之水，鸟儿也不敢由湖上飞过，否则，必坠湖身亡。湖泊长 200 斯塔 836b 得，宽 10 斯塔得。当地人盛传，遭霹雳击中后的法厄索即坠入此湖之中。湖中生长着许多黑杨，上面坠着琥珀。人们讲，琥珀很像树胶，但坚硬如石，当地人把它们采集起来送往希腊。人们说，戴达洛斯来到这些岛屿，在他靠岸登陆的地方，建造了一尊他本人的塑像和一尊他儿子伊卡洛斯的塑像。后来，柏拉斯哥人遭驱赶，由阿哥斯航海来到这里，戴达洛斯为了逃避，乘船去了伊卡洛斯岛。

【82】　在西西里被叫做厄拿附近的地区，传说有一个洞穴，它的周围四季鲜花盛开，尤其是其中的一大片紫罗兰，其浓郁的芬芳，香气四逸，以致于猎人在这附近捕不到兔子，因为猎犬被香味熏昏了头。一道裂缝暴露出了洞穴中的地下通道，人们说科瑞的普娄陀在此种植了油菜。人们还说在此地也发现了小麦，它既不属当地的品种，也不像任何引进的品种，它具有大量自身独有的特征。这是在他们中间见到的第一块小麦。人们争辩说，女神德墨忒尔就降生在他们中间。

【83】　人们说，在克里特之所以完全没有狼、熊、蛇

以及其他的这类野兽，是因为宙斯降生于此。

【84】 人们说，在赫拉克勒斯之柱以外的海面上，卡赫多洛人发现了一个荒岛。岛上生长着各种各样的树木，有可航船的河流，尤其不同寻常的是，所有品种的水果应有尽有，航海去到那里，只需几天。由于看中了岛上的富足，卡
837a 赫多洛人便经常前往，有些人干脆就定居岛上，因此，卡赫多洛人的酋长不得不下令处死再航海去那里的人，并屠杀了岛上的全部定居者，以免他们日后泄露出该岛富足的秘密。从那时起，人们也就再不敢涌向那福星高照的岛屿，同时也就结束了卡赫多洛人的富足。

【85】 人们说，自意大利有一条被叫做赫拉克勒斯的大道，一直通到克尔提克、克尔妥里果以及伊贝利亚，无论是希腊人还是本地人在这条道上行走，都会受到沿途居民的保护，绝不会遭受伤害；因为一旦发生伤害事件，肇事者必受处罚。

【86】 人们说，克尔妥人有一种毒药，他们称之为“矢药”。人们讲，这种毒药可以极迅速地导致死亡，因此，倘若克尔妥猎手用这种箭矢射中了一只鹿或者其他什么动物，就得赶紧尾随其后，乘毒性还未渗透猎物的全身之前，剜去受伤的那一块肉，这不仅是为了保证猎物的正常用途，

也是为了防止猎物的腐烂。据说，人们发现橡树皮能用作解药；另一些人说还有一种叫做“渡鸟”的叶子也行，因为人们一次看见渡鸟中了这种药的毒，其身体状况急剧恶化，然而当它们找到并吞咽下这种叶子之后，痛苦居然全部消除。

【87】 在伊贝利亚，人们讲，当灌木林被牧羊人放火烧毁之后，由于木头的燃烧，土壤变得滚烫，于是这一带就会出现熔银。尤其是在地震发生之后，地面龟裂，会聚集更多的熔银。这为马萨利俄陀人带来了相当可观的收入。

【88】 在距伊贝利亚不远的贡勒西群岛，被认为是最大的七个岛子，在那里，人们说，食用油不是来自橄榄树，而是来自笃苏香树，而且，这种油在各方面均与橄榄油不相上下。人们讲，生活在那里的伊贝利亚人，特别耽溺女色，他们往往会用四至五个男子交换一个女子。他们在为卡赫多洛 837b
人充军效力后，所获得的全部酬金，不是用于购买任何东西，只用来购买女人。因为他们中的任何人都不得拥有金银器物。之所以这样做，就是为了阻止把金钱带入境内，因为赫拉克勒斯也正是看中了伊贝利亚人的财富，才远征伊贝利亚的。

【89】 在利圭斯梯克附近的马萨利俄陀人的家乡，人们说有一个湖，湖水汹涌澎湃，抛洒出无以数计的鱼儿，几乎令人难以置信。可是，一旦刮起地中海季风，鱼儿又会在

湖底堆积，加上大量尘埃，以至湖水会逐渐消失，湖面就如同湖底一般。当地居民只需使用三叉戟，就能轻易地从湖里叉出大量的鱼。

【90】 传说一些利圭俄人非常擅长使用投石器。当他们看到一群鸟时，他们甚至还有时间商量、规定由谁打哪一只，似乎打下全部的鸟，对他们来说不过是易如反掌的事。

【91】 人们说，他们还有一个典型的特征，即女人要一边生孩子，一边工作。她们刚用水清洗完婴儿，又得下地耕耘锄草，并做完在她们没有生孩子时必须干的全部家务活。

【92】 这是利圭俄人的又一件稀罕事。人们说，他们那儿有一条河流，水流升得很高，以至于隔岸的人们都不能相互望见。

【93】 在图瑞尼亚，传说有一座叫做艾萨勒亚的岛屿。过去人们在岛上的一口矿井中采铜，据说他们全部的铜器都来自这个矿井的铜。以后，经过了相当长的间歇时间，人们又在这同一口矿井中开采出了铁。至今居住在这里被称为波普罗朗的图瑞尼亚人仍然在使用这口矿井。

【94】 在图瑞尼亚，有一座名叫威纳瑞亚的城市。人

们传说，这座城池固若金汤；因为在城市中央兀立着一座宽阔的小山，高 30 斯塔得，山下有各种各样的树木和水流。人们讲，当地居民尤其担心会出现暴君独裁，因此，他们就 838a
让自由的家奴担任首领，管理他们的事务，而且，他们每年都要重新推举其他的自由家奴来作统治者。

【95】 在意大利附近的库麦，向人们展示出神谕使者希布勒的一个地下居室。人们说，她活了很长时间，但一直保持着童贞之身。她是厄吕斯来亚人，但居住在意大利的一些人说她是库门人，还有人称她是墨拿格那亚人，据说那地方归琉卡罗人管辖。人们讲，在库门附近有一条克陀河，传说无论向河中投入什么东西，时间长了过后，都会在表面生成一层凝结物，最终则被石化。

【96】 人们说，罩袍是为阿尔克门勒人和叙巴利特人制作的，其费用极其昂贵，因此，也就只有在天后节到来之际，才可以在纳基尼奥制作罩袍。届时全体意大利人都要来到这里。在展出的全部物品中，就数那件罩袍最受人们青睐。人们传说，最年长者狄奥尼索斯获得了它，并以 120 塔兰特的价格转让给了卡赫多洛人。罩袍是紫色的，规格是 15 腕尺，两面都绣了作为装饰的人物，上面是叟萨人，下面是柏尔塞人，中间是宙斯、赫拉、塞米丝、雅典娜、阿波罗以及阿芙洛狄忒。斗篷的一端是阿尔克门勒，另一端是叙巴利斯。

【97】 人们一致确认在伊阿普格亚海角附近的一个地方是赫拉克勒斯与巨人族战斗的遗址。从神的血管中流淌出的灵液，气味浓重，致使这附近的海域再也不适于人类航船。人们讲，在意大利的许多地方，凡赫拉克勒斯经过的地方，路旁都竖有不少纪念碑。在伊阿普格亚的潘多西亚一带还现出了这位神祇留下的足迹，因此，这里不允许任何人行走。

838b **【98】** 在伊阿普格亚海角附近，兀立着一块巨大的岩石，上面足以摆放一辆满载货物的大车。人们还说，无论大车在上面如何被抬起放下，甚至来回移动，大岩石都纹丝不动。

【99】 在玻俄提亚的俄尔荷门洛斯城,人们说曾看到一只狐狸遭到狗的追击,随即跳入一处地下通道,狗也紧随其后跳了进去,在宽敞的空间之内狗似乎发现了什么,高声咆哮。猎人们还以为狗遇到了魔鬼一类的东西,赶紧一起打破入口冲了进去,却只在里面发现若干地方有光照射进来。他们再把其余地方仔细巡视了一番之后,随即返回将此事报告了长官。

【100】 人们说，在萨得斯岛上，整齐地排列着许多古希腊风格的完美建筑，上面的圆顶都经过精雕细刻。相传这些建筑是由伊菲克勒的儿子伊俄劳所建。当时他航海来到这些地区，征服了赫拉克勒斯的后裔塞斯匹亚人，对他们实行

殖民统治。因为他是赫拉克勒斯的近亲，而后者又是西部所有国家的主人，所以，他们也就当然地成为他的臣民。很显然，这个岛屿原来的名字是伊赫奴萨，因为岛的整个形状就像是一个男子的脚印①。相传早在很久以前，这个岛屿就已非常繁荣富庶了，因为传说中的阿利斯泰，被人们说成是古代最卓有成就的农人，曾经统治过这里。这里也曾经是许多大鸟的天地。现今岛上不再出产任何果实，因为在卡赫多洛人占领岛子期间，砍伐了所有可以充作食物的果木，并且，还规定要处死任何重新种植果木的居民。

【101】 在被称作艾俄洛斯的七个岛屿中，有一个名为利帕那的岛子，相传上面有一座坟墓，关于它，人们讲了许多奇闻逸事。人们都说，在夜里千万不可到坟墓附近去，否则会不安全。因为夜晚那里会发出击鼓与铙钹声，一阵阵笑 839a
声，响板敲打声，以及别的噪声。人们还讲述了一个有关那个墓穴的更为离奇的故事。一次某人醉酒后，在黎明前夕躺在了墓穴旁边，他的仆人一连找了他三天，第四天才寻到了他，这时他已经死去，于是仆人把他抬进了他的墓穴，在举行了通常全部的丧葬仪式之后，他却突然爬了起来，居然还讲出了这些天发生在他身上的所有事情。这事我们听起来更像是传说，不过不要以为没有记载的事就不必理会，其实，

① 希腊文的脚印为 ikhnos，与“伊赫奴萨”同词根。

有关这个地方，还是有案可查的。

【102】　在意大利的库门一带有一个湖，叫剑湖。单就湖自身而论，似乎也没什么值得惊奇之处。但人们讲，奇就奇在环绕湖泊的山丘，它们的高度都不超过 3 斯塔得，湖本身的形状也是圆的，湖水深不可测。有一事显得很蹊跷；因为在湖的周围尽管生长着密集的树木，有些弯曲的树枝甚至还伸展到湖面上，可是却从没有人看见水中落有一片树叶，而且，湖水是如此澄澈透明，连观赏者都目瞪口呆。离湖不远的地面上，四处流淌着温水，这一片地区统称为普利弗勒格松。说没有任何鸟儿飞过湖泊是不真实的，因为有目击者称湖中生活着大量的天鹅。

【103】　人们说，塞瑞娄萨诸岛位于意大利附近的海峡自身的海角不远的海面上。海峡是这一带最靠前的地方，它分开海湾，环抱库门，并切下一块地盘归给人们叫做波塞冬的海神。这里坐落着海妖的庙宇，她们受到了当地居民的极度尊崇，他们总是按时向她们奉献牺牲。在他们的记忆中，她们的名字一个是帕尔塞洛蓓，一个叫琉柯色娅，再一个是莉格娅。

【104】　传说位于门陀利克与伊斯特那勒之间，坐落着
839b 一座山，被称作德尔方山，它的山峰高耸入云。当居住在亚

得里亚附近的门陀利克人爬上这座山峰时，就可以清晰地看见正驶入旁托海的船只。峡谷中间的某地是进行集市交易的地方。每逢集市，来自旁托的商人会带来勒斯比亚、希亚以及萨西亚人的货物，来自亚得里亚的商人带来的则是克尔库莱科人的双耳瓶。

【105】 人们说，伊斯特洛河自赫尔库洛森林起便分流两路，一路流入旁托海，另一路注入亚得里亚海。河流在这些地段不仅现今不宜行船，在古代更不宜行船。因为人们传说，伊阿宋就是行船进入旁托海，在库阿勒亚触礁，从而不得不放弃在伊斯特洛河航行的努力。人们还为此提出了不少其他的证据，尤其是在这个地区发现的伊阿宋举行祭神仪式的祭坛的遗址，以及在亚得里亚海的一个岛上，由墨德亚修建的阿尔忒弥丝神庙。人们还讲，若不是从那里驾船出发，他是不能够行船途经所谓的普拉格泰的。在位于图瑞尼亚海的艾萨勒亚岛上，人们还发现了有关勇士们的其他纪念遗址，其中有一座据说是用卵石砌成的纪念碑。因为人们传说在海边有彩绘的卵石，据居住在岛上的希腊人讲，卵石是用刷子清除了脏物，再抹上油彩的。人们说，正是那些时候，不是更早，也不是更晚就有了这些卵石。人们讲，有更多的证据表明，外出驾船通过叙普勒卡得是不可能的，对于那些地方，诗人自身就是证明。因为他不仅描述了那里的悲惨险情，而且告诫人们不可在此行船。

大海的波涛上漂浮着破船烂板、人的尸身及一切的一切，

继之卷起毁灭一切的熊熊火海[1]。

840a 现在人们知道了火焰不是来自库阿勒亚，而是来自分开西西里的海峡，海峡的两侧都有火山爆发，岛上熊熊的火焰从未间断过，艾特勒一带的熔岩源源不断地流经这个地方。

【106】 人们说，在塔那斯，一些日子是给阿忒瑞戴、图德戴、艾亚克戴和莱梯亚戴献祭，在其他的专门日子，又把牺牲奉给阿卡门洛尼戴。在献祭日，妇女照例不准触摸那些祭品。他们是在阿西琉斯神庙举行献祭仪式的。相传塔那斯人占领这里之后，才把他们现在居住的此地叫做赫拉克勒斯的，而在过去，当伊俄隆人占据此地时，则叫普勒翁，更早的时期是特洛亚人占据这里，称之为西格翁。

【107】 相传菲洛克忒特在叙巴利特人中受到尊敬。因为当他被从特洛亚带回来后，就居住在克罗陀尼亚特地区的一个叫做穆卡拉的地方，人们说，那地方距此地有 120 斯塔得。他去到阿波罗神庙，向日神奉献了赫拉克勒斯的弓箭。人们还传说，在克罗陀尼亚特人拥有霸权期间，他们也曾在

[1] 荷马：《奥德赛》Ⅻ，67。

那里向日神奉献过弓箭。相传他死后被葬在叙巴利斯河畔，他曾帮助霍迪俄人同特勒波勒摩一道在那里靠岸登陆，以与居住在国家那部分地区的野蛮人作战。

【108】 在意大利墨塔波梯俄附近的一个叫做卡尔卡利亚的地方，人们传说有一座希腊雅典娜神庙，厄柏俄制作木马时所使用的那些工具被奉献给庙中的那位女神。人们讲，雅典娜显现在他的梦中，要求他把那些工具奉献给她，由于这个缘故，他不得不推迟行期，滞留于此地不能离开。由此，希腊的雅典娜神庙就得到了这个名称。

840b

【109】 相传在名叫道尼亚的地方坐落着一座叫做阿海亚的雅典娜神庙，庙内奉献有迪俄门得斯本人及其同伴的青铜斧和其他兵器。人们传说，当地的狗决不追咬来此地的任何一位希腊人，而且，假若来者是比较熟识的人，狗还会摇头摆尾地表示欢迎。那里的全体道尼亚人以及邻邦的人，无论男女，都穿一身黑衣服，这分明是由于下述的原因。特洛亚妇人被虏获来到这里，她们十分害怕被派到从前在她们自己国家就已属于阿海亚人的妇人手下做苦役，传说她们因此烧毁了她们的船，一方面是为了逃避苦役，另一方面是为了尽可能地与她们的男人呆在一块，从而能留住他们。在那位诗人的笔下，她们被描述得非常姣美，因为人们能见到她们宽松的长袍和隆起的乳峰。

【110】 在柏克提诺人那里，人们传说，有一座阿尔忒弥丝神庙，里面供奉着青铜项珠，人们讲，项珠上还刻有“迪俄门得斯献给阿尔忒弥丝”的字样。相传迪俄门得斯把项珠挂在一只小鹿的脖子上，小鹿渐渐长大，根据这个线索，西克里俄陀国王阿伽沙克勒翁后来找到了那只鹿，并把它奉献给了宙斯神庙。

【111】 在西西里的那个叫做柏洛利亚斯的海角上，生长着一种番红花。它长得实在太大了，一些居住在此地的希腊人甚至都不认识它究竟是什么花木，而柏洛利亚斯的任何人都想拥有用番红花木制作的大车、春季用它打成的床和建成的居室。

【112】 著有西西里史的波留克利陀斯在他的书中写道，在内地的某个地方，有一个外形像盾的小湖，湖水清澈，但湖面稍嫌脏乱。倘若有人下水洗澡，湖面就会自动变
841a 宽，若是再下去一个人，湖面会变得更宽一些。湖面的最大伸展极限是容纳 50 个人。一旦超过这个极限，湖的底部就会急剧膨胀，把洗澡人弹出水面，抛到湖水之外的地上，随即湖又恢复它的原大小。若是四足兽，即便一只下水，也会被弹出水面，不过就人而言，还不曾发生这样的事。

【113】　人们说，在卡赫多洛人统治的地区，有一座名为欧那良的山，山上生长着各种各样的树木，地面全被五颜六色的鲜花覆盖，一派美丽景象。整个这一大片地区四季都飘逸着甜美的花香，旅行者到此，扑面而来的即是浓郁的馨香。人们说，此地有一油泉，散发出一股香柏锯末的气味。不过，想要接近油泉的人必须是纯洁清白的，若是这样，油泉就会冒出更多的气泡，以使油能安全地释放。

【114】　人们说，就在这油泉附近，兀立着一块巨大的天然岩石，它夏日喷出炽烈的火焰，冬天则从同一地方流淌出冰凉的泉水，同雪一样凉。人们说，这种情形从未中断，不会只出现一阵儿，而是整个夏季都不间断地喷火，整个冬天都淌水。

【115】　相传在森童与迈多之间的名叫司纳克的地区，流淌着旁托河，伴随河流而下的是燃烧的石头，但其性质与木头烧成的木炭相反；因为经风一吹，燃石就会很快熄灭，然而当浸泡在水中时，它们会发光、燃烧。石头燃烧的同时
会散发出沥青的气味，非常难闻，令人不适，所以在石头燃 841b
烧时，附近绝对看不见任何爬行动物。

【116】　人们说，就在那附近有一片田地，面积不很大，

约有 20 斯塔得，出产供人食用的大麦。不过这种大麦，无论是马、牛，还是其他任何动物都不愿意食用。甚至当人们食用了这种大麦磨成的面粉所做成的面包之后，所排出的粪便猪、狗连碰一碰都不敢，因为碰了必死。

【117】 在塞塔里亚的斯科头塞，人们说，有一处泉水能很快治愈人及野兽身上的疮伤与瘀伤。甚至一根圆木被劈成两半，只要没有完全破碎，将其投入泉中，分开的木头又会再行生长，复原本来的形状。

【118】 在昂菲波里斯上面的色雷斯一带，人们传说着一件怪异的事。未曾亲眼见过的人很难信以为真。一群孩子离开村庄，来到野外捕捉小鸟，在他们的吆喝下，隼鹰也来帮助他们。事情经过是这样的：当他们去到捕捉小鸟的地点时，便对着隼鹰呼喊，隼鹰听到孩子们的叫声后，随即猛地向小鸟俯冲而下，小鸟慌乱地躲入灌木丛中，被早已埋伏在那里的孩子用树枝抽打落地抓住。更奇特的是，隼鹰还将自己抓住的小鸟扔给孩子们。孩子们也将捕捉到的小鸟分出一部分留给隼鹰后，方才回家。

【119】 人们传说在赫勒陀人那里发生了一件令人吃惊的事情。成千上万的穴鸟飞到他们的家园，把他们种植的谷物洗劫一空。其实早在穴鸟飞来之前，赫勒陀人就在他们家

园的边界一带，为穴鸟专门摆放了各种各样的作为食物的果
籽；倘若穴鸟吃食了这些果籽，就不会再飞过边界进入他们 842a
的家园，而赫勒陀人也就知道他们已经平安无事。反之，如若穴鸟没有食用果籽，他们就能预料到，将面临一场类似敌人入侵的劫难。

【120】 在色雷斯的俄隆索附近的哈尔克迪克，人们传说有一处被叫做堪萨罗勒斯洛的地方，只比一个打谷场略大一些。任何闯入这里的动物，都会赶紧退出。那里也绝不曾有任何一只甲虫飞入，因为一旦有闯入者，整块地面就会不停地旋转，直到闯入者饿死为止。

【121】 在色雷斯附近的库克洛普，有一处泉水，清澈透明，看上去与别处的泉水并无两样。然而，任何动物只要饮用了此水，就会当即毙命。

【122】 人们说，在比萨尔泰附近的克那斯陀尼亚，捕捉到的兔子都有两副肝脏。有一处地方，面积约 1 普勒斯隆①大，无论任何动物进入这里都将死去。那里建起一座宏伟壮丽的狄奥尼索斯神庙，每逢在此举行祭祀仪式与节日庆典，如若神将赐予一季丰收，就会燃起一堆明亮的大火，人们纷纷围

① plethron，希腊度量单位。

绕在火的周围，目光中流露出企盼的祝福；倘若是一季歉收，则不会出现这种火光，而是同平常的夜晚一样被黑暗笼罩。

【123】 在厄里斯，相传距城市最多 8 斯塔得处有一所房子，在酒神节时，人们在屋内摆放着三口空的青铜釜。对此，来这里访问的任何希腊人都可以进到房内当场确认，确认后即全体退出封门。当要重新开门时，他们就得当着市民及外乡人的面，展示铅封，方可开门。重新开门后，进房的人都发现，三口空釜现在全都盛满了葡萄酒，而房子的墙壁及天花板皆完好无损，因此，绝无任何理由猜测有什么人耍了花招。人们还说，那里的鸢，当主人带着它们穿过市场时，
842b 会抓取肉块，但对献给它的其他祭品则丝毫也不会触碰。

【124】 在玻俄提亚的科洛勒亚，相传鼹鼠在此地不能存活，因为它们在地下掘不出洞，虽然在玻俄提亚的其他地方生存着大量鼹鼠。

【125】 在阿尔卡迪亚的娄西，有一处泉水，人们说，在水中发现了地鼠，它们潜入水中，并且就生活在水中。相传在朗泼萨科也有同样的事情发生。

【126】 在塞塔里亚的克兰隆城，人们说，城里只有两只渡鸟。它们在营造好巢穴后，就又飞向远方，只留下它们

飞走前才孵出的两只幼雏。

【127】　在位于阿特兰提尼地区附近的阿波罗尼亚，人们说，地下贮藏有地沥青与油沥青，与马克多尼克的情形类似，沥青像水一样地从地下冒出，只不过这里的沥青更黑、更稠一些。当地居民都讲，距离此地不远，有一处常明火，燃火范围并不宽广，顶多有放置 8 张床的房间那般大。火焰散发出浓烈的硫磺与硫酸的气味，不过在火焰周围仍然生长着茂密的青草。最令人惊奇的是，就在距火焰仅仅 4 肘尺之地即生长着高大的树木。在伯罗奔尼撒的律克亚和墨卡勒城附近也有常明火燃烧。

【128】　相传在伊律利亚，牛 1 年产 2 次崽，而且多半是双胞胎。山羊则经常是 1 胎产 3 个到 4 个，有时甚至 5 个，或者更多，而且，它们还能很轻松地产生出 1.5 荷斯的奶。人们还讲，那儿的母鸡也不像别处的一样，1 天只下 1 个蛋，而是 1 天生 2 个或 3 个蛋。

【129】　相传派奥尼亚的公牛比其他任何地方的公牛的个头都大。它们的犄角能挑起 4 荷斯重的东西，有些甚至还能挑起比这更重的东西。

【130】　描绘过西西里海峡的人很多，唯独这位作家写 843a

得最为惊心动魄。由图瑞尼科海席卷而来的浪涛，汹涌澎湃地撞击着海角的两侧，一侧是西西里，另一侧属意大利的所谓赫格翁地区。此时，源于辽阔水域的海水被挤压到狭窄的地带，于是波涛直冲云天，发出雷鸣般的震天声响，经久不息地回荡在太空之中。当波涛卷向半空时，站在很远的地方都能看见，不过看到的不再像海涛，而是像一场猛烈的暴风雨席卷而过所扬起的白色泡沫。时而波涛一起涌向海角两侧，势若排山倒海，惊心动魄，令人瞠目结舌，无以言表；时而波涛相互撞击，散作万千水珠碎片，又是何等琦丽壮观！凡观看了这派景象的人，无不惊恐万分，难以自己，头晕目眩，脚酥手软。当波涛落下撞击岩石之后，又再次扬起，似与海角争高低，随即咆哮着奔向大海，翻滚出一个个巨大猛烈的涡流。整个大海都在翻腾，连海底深处也在滚动沸腾，海水的颜色亦在急剧变化，时而呈蓝色，时而现黄色，时而又成紫色。没有任何野兽面对这样的激流，这般极端的场景，还能够站立得住，而不向山角落荒而逃。即使波涛平息，涡流仍然悬而未散，也会搅扬起多变的回流，恰如海蛇狂舞。

843b **【131】** 人们说，正值雅典人在厄琉西斯修建德墨忒尔神庙之时，发现了一块由岩石环绕的青铜墓碑，上面铭刻着："此乃德伊俄柏之墓"。于是一些人讲她是莫塞俄斯之妻，另外的人又说她是特利普陀勒莫之母。

【132】　在被称为艾俄洛群岛的一个岛上，人们说，生长着许多枣椰树，因此这个岛子就叫做斐尼科得岛[①]。但是，卡里斯塞洛人的说法是不真实的。他们说，枣椰树的名字来自于居住在沿海地区的叙利亚的斐尼科人。还有人说，斐尼科这个名字是由于最早航海到此的希腊人而得名的；因为就在他们靠岸登陆的地方，他们全遭杀害，无一生还，而在珀莱贝的语言中，流血即叫做斐尼科塞。

【133】　在被称为艾尼亚克地区的所谓普帕特一带，相传发现了一根古老的柱子，上面刻有古文字铭文。艾尼亚克人想弄清楚铭文的本来意义，就派了使者携带柱子前往雅典。当船行至玻俄提亚，使者在与陌生人谈话中提到了他们出外旅行的使命。相传他们随即被护送去了塞拜的伊斯墨尼翁。因为那里的人讲，他们发现古柱上铭文的字形与他们所拥有的祭器上的古老咒语的字形非常接近。于是，通过与已知晓其内容的古文字相比较与揣测，他们终于破译出了古柱上的铭文。

当我驱走一群格律俄人与厄律塞亚人时，
我，赫拉克勒斯，将那神圣的园林献给库塞娜·菲塞法莎。

---

① 意即枣椰树之岛。

因为是女神菲塞法莎抑制了我对她的欲求。
我新娶娇妻厄律莎，在此生下爱子厄律索；在荫凉的枞树下，在对我们的爱的回忆中，我向她坦陈上述的一切。

844a 于是，这个叫做厄律索斯的地方，解开了铭文之谜。事实上，使者正是从那里，而不是从厄律塞亚带回母牛的。因为人们说，在利比亚和伊贝利亚这些地区，从未听说过厄律塞亚这个名字。

【134】 在利比亚的伊图克地区，即在位于所谓赫尔迈亚海角和西波斯海角之间的，与卡尔赫多遥相对应，相距约200斯塔得的那个海湾（正如佛尼克人的史书记载的，据说早于卡尔赫多人287年前，佛尼克人就已经发现了这个海湾），人们传说，在那里地下约3俄尔瓜深处，埋藏有盐，色白，不硬，像是粘糊糊的树脂。但是，若把它置于阳光之下，它就会逐渐硬化，变得像帕利俄斯的大理石一样。于是，据说人们用它来雕刻小型肖像和其他东西。

【135】 相传首批航海到塔尔特索的斐尼科人，运走了大量的银子。本来他们是去载运橄榄油及其他小物品的，所以无法运银子。可是，在即将起锚离开当地之前，他们将船上所有的日用器皿，甚至全部船锚都改用银子来铸造。

【136】 人们说，居住在被称为卡得斯的斐尼科人正航行在赫拉克勒斯之柱以外的海域，遇到了连续 4 天的东风，把他吹到了一个略微荒凉的地方。那里遍地都生长着灯心草和海草，它们只有在退潮以后才露出水面，潮水一来，它们又被淹没于汪洋之中。这里还有大量的金枪鱼，它们的个头与重量都着实令人吃惊。他们把金枪鱼捉入坛中带到卡尔赫多。卡尔赫多人因金枪鱼有作为食物的价值，把它们尽数吃光，而不再对外出售。

【137】 在卡利亚的珀达西亚，向宙斯奉献的祭品中有 844b
一头母猪。有关这头母猪奇怪的举止，人们议论纷纷。在距珀达西亚还有 70 斯塔得的地方，这头被绳子捆绑着的猪出现在路上，面对着一大群围观者，它既没有受到影响，也没有越出路面，而是一直向前走，径直地来到主持祭师的面前。另外还有一件奇怪的事，有两只渡鸟始终呆在宙斯神庙周围，其余的渡鸟都没有靠近这里，两只中有一只脖颈前面有一块白斑。

【138】 被称作阿尔迪艾俄的伊律利俄人，在他们同奥塔利亚陀人接壤的边界地区，据说兀立着一座大山，山里的峡谷之中有一处冒水的地点，它并非四季而是只在春天才冒出大量的水。人们白天从那里取回水并把它盖住，入夜则将水盖敞开。这样一连做了 5 至 6 天之后，水就渐

渐硬化，变成非常漂亮的盐。人们专门将盐保存起来，用来喂牛。因为他们的住地距大海实在太远，同外界又几乎没有往来，所以难弄到盐。他们的牛却要食用大量的盐，一年至少要喂两次，不能间断。假如不这样做，牛就会成批地死去。

【139】 在阿尔哥斯，人们传说，有一种蝗虫，被称为蝎子克星。它一看见蝎子就会主动进攻，反过来，蝎子也以牙还牙。开初，蝗虫绕着蝎子盘旋，吱唧作响，蝎子则举起它的那对大螯，也跟着在同一地点绕圈。蝗虫则不停地继续盘旋，等到蝎子慢慢地把螯举到最高点，即靠近蝎子，并将其吃掉。人们说，倘若人吃下一只这样的蝗虫，就可以预防蝎子的蜇毒，这乃是一件乐事。

【140】 人们说，当纳克索的黄蜂要吃蝰蛇时（它们明显地偏爱吃蛇），就会先用它们的刺蜇它，以给它造成剧烈的苦痛。如此看来，黄蜂的刺比蛇的牙还厉害。

845a **【141】** 人们说，斯库西科人以蛇作原料制作一种涂抹箭头的毒药。斯库西科人先守候在母蛇身边，一俟它生下小蛇后，即抓住它们，让它们在几天内死去烂掉。当他们认为蛇完全腐烂时，他们又取用一位男子的血，置入一个罐子中，埋进粪堆里，严加封闭，待血化作血清后，就把血清与蛇的尸水混合起来，于是即制成了可以致命的毒药。

【142】 人们说，在库普洛的科利俄，有一种蛇同埃及的小毒蛇一样厉害。不过，若是在冬天被它咬了，就不甚要紧，这或许还有别的什么原因，或许是因为冬天的寒冷，动物不易活动，甚至无力活动，除非暖和过来。

【143】 人们说，在克俄斯生长着一种带刺的野梨树，人若是被刺所伤，就会致命。

【144】 在穆西亚，人们说，有一种白熊。当它遭到追捕时，就会释放出一股臭气，这种臭气会使狗的肉体腐烂，对别的动物也一样，而且，凡被臭气腐蚀过的动物都不能食用。假如狗或人强行通过了臭气，逼近白熊，它们又会从嘴中喷出大量的浓痰，准确无误地唾在狗或人的脸上，使其窒息，眼睛变瞎。

【145】 在阿拉伯，人们说，有一种鬣狗，它若是看见前面有头野兽，或是进到人的影子当中，就会惊吓得出不了声，四肢瘫软，连一步也挪不动。它若遇见了狗，也如此。

【146】 在叙利亚，人们说，有一种动物被誉为狮子的杀手，因为倘若狮子吃了它，就会死掉。弄得狮子再不敢存

心吃它，而是避开这种动物。若是猎人抓住它，涂以白面烘烤，让其他动物吃，结果都当场死亡。甚至这种动物撒的尿也会伤害狮子。

【147】 相传兀鹰会死于没药的气味。倘若将没药涂在
845b 它们身上，或者让它们吃下涂有没药的食物，它们都会因此丧身。同样，甲虫会死于玫瑰花的香味。

【148】 在西西里和意大利，人们说，被有斑点的四脚蛇咬是致命的，即便是我们，被咬了也不会只是感到虚弱或犯病。那里还有一种老鼠，被它咬也会致命。

【149】 在叙利亚的美索不达米亚和伊斯特洛，人们说有一种小蛇，从不咬当地人，而常常给外乡人造成严重的伤害。

【150】 人们说，尤其是在琉弗那忒一带，常常发生这样的事情。大量的小蛇经常出没于河流的入海口附近，头天晚上它们还在河的这一边，可到第二天黎明，就会出现在另一边。它们从不咬在河边休息的叙利亚人，对希腊人却从不放过。

【151】 在塞萨里亚，人们说有一种蛇，被叫做神蛇，凡遭它咬，甚至只要触摸了它，都会招来杀身之祸。因此，

往往是神蛇出现在哪里，甚至只要它的声音传到哪里（即使它本身并未实际出现），那里的蛇、蝰蛇以及所有的其他野兽都被吓得落荒而逃。神蛇体躯并不大，只能算作中等。在忒洛斯的塞萨里亚城，人们传说一位妇人曾杀死过神蛇。妇人是采用下述方式将其杀死的。她先在地上画一个圆圈，在圈内撒下麻醉药，随即自己进到圈中坐定。开始同她在圈外的儿子一道学神蛇叫，有神蛇回叫，并向她渐渐靠近。不过，就在神蛇回叫的时候，妇人已昏昏欲睡，等到神蛇继续靠近，妇人就再也无法控制住自己沉沉的睡意了。此时幸亏有儿子在她近旁，不停地敲打她，把她弄醒，并依照事前的叮咛说，若是她真地睡去，她和他就都完了，但如果克制睡意，继续鸣叫吸引神蛇，他们就会得救。当神蛇进入圈子时，身子即刻就枯萎了。

【152】　相传在图亚纳附近，有处与众神之王宙斯（人们称之为阿斯巴迈翁）的誓约相关的水。由水的源头流淌出冰凉的水流，并像在釜中一样冒气泡。对于信守誓约者，水 846a
就是甘甜温和的；而对发假誓者，报应即在眼前。冰凉的水会直冲他们的眼睛与四肢，他们会患上痨病、水肿病。而且，他们绝不可能事先逃避报应，相反，必须呆在水流旁边，表达内心的悲哀，忏悔发假誓的行为。

【153】　在雅典，人们说，神圣的橄榄树枝只在某一天

萌芽并长大，随即又很快地缩回原样。

【154】 当艾忒勒火山突然爆发时，熔岩就像膨胀的水流，四处漫溢。于是，虔诚者都把自己托付给了神。一些年轻人为了救出年迈的双亲，背着他们逃跑，而被熔岩流围困，然而火流却突然分作两股，一股朝左，一股朝右，年轻人与他们的父母就都得救了。

【155】 相传雕刻家菲迪亚在为卫城制作雅典娜雕像时，把自己的头像雕进了女神手持之盾的中央，并且，他使用了一些隐秘的技艺，使盾与雕像极其牢固地合为一体。任何人想要移开盾，不损坏及打碎整个雕像就根本办不到。

【156】 人们说，在阿尔哥斯的比陀斯雕像，当致比陀斯于死地的那人来参观这座雕像时，它就猛地扑过来，杀死了他。很显然，这样的事绝不是无缘无故发生的。

【157】 人们说，那些狗追赶野兽，只追到所谓的黑山峰旁即止步，它们只要追了那么远，就随即返回。

【158】 在法西河，有一种可以生长的枝条，叫做白叶。好妒的新郎拔来白叶放置在新婚洞房周围，以保证他们的婚姻不遭亵渎。

【159】 在梯格利斯，人们传说有一种石头，在外邦话中叫做“莫当”①。这种石头颜色洁白，凡是持有它的人，绝不会遭野兽伤害。

【160】 在斯卡曼得洛，人们传说生长着一种叫做西斯忒隆的野草，长得非常像鹰嘴豆。它之所以叫西斯忒隆，是因为它的草籽会自己抖动。凡持有此草者，就勿需惧怕鬼怪以及任何超自然的神秘力量。

【161】 在利比亚一带，生长着一种所谓的疯藤蔓，它
可以在某一很短的时间内，让自己的果实一些成熟，一些半 846b
生不熟，一些甚至还在开花。

【162】 在西普隆山附近，人们说有一种成圆柱体的石头，当虔诚的儿子找到这种石头，把它置放在诸神之母的殿堂之内后，从此，他绝不会犯下不敬行为，而是会永远同父亲亲近。

【163】 在忒格陀山生长着一种野草，被叫做美丽草。每当春天来临，妇人把美丽草挂在脖颈上，就会加倍赢得男

① modon。

人的情爱。

【164】 在塞萨里亚的俄丝律斯山，有一种叫塞珀斯的蛇，它自身虽无色，却总能与周围地面的颜色和谐一致。它们中有的颜色与地上的蜗牛相仿，有的裹上了绿色的鳞甲，活动在砂地上的，其颜色则与砂子一般无二。被它们咬伤后，会感到干渴，虽不至于强烈到火烧火燎，但毕竟难受。

【165】 当雄雌蝰蛇交尾时，雌蛇会随即咬掉雄蛇的头。正因如此，仿佛是为了报杀父之仇，后来的幼蛇就咬破母亲的肚腹。

【166】 在尼罗河，人们说有一种蚕豆般大小的石子，狗一看见它就不再吠叫。它能帮助遭恶魔附体的人，因为只需将石子紧按在不幸者的鼻子下面，恶魔就会自动离去。

【167】 在亚细亚的迈安德洛河，人们说有一种石子，被自相矛盾地叫做聪明石。因为，只要把石子放在一个人的膝上，那人就会发疯，并杀害自己的一位亲属。

【168】 赫洛斯河与伊斯特洛河奔腾不息地流向北方。前者流经日耳曼，后者流经派奥尼亚。在夏季，两条河皆可行船，而一到冬天，则冰封河面，在上面跑马，如履平川。

【169】 在索利俄斯城附近，人们说有两条河流，即叙巴利斯河和克那西斯河。喝了叙巴利斯河的水，人会变得腼腆；而在克那西斯河中洗澡，头发会变成金黄色。

【170】 在尤卑亚，有两条河，牛饮了水会变白的那条河叫克尔贝斯河，另一条叫勒琉斯河，它的水会使牛变黑。

【171】 在鲁科马斯河畔，生长着一种形如矛刺的野 847a
草，对医治眼盲症非常有效。

【172】 人们说，在西西里的叙拉古，有一处泉水，被叫做亚瑞索萨，它每 5 年移动一次。

【173】 在贝瑞库塞俄山，有一种石头叫剑石，倘若谁在赫卡忒教举行秘密庆典仪式之时看见了剑石，谁就会应了尤多克索斯的话：变疯。

【174】 在忒莫洛山上，有一种形如常青藤叶的石头，一天之内会变四次颜色，所以，最受妙龄少女的喜爱。

【175】 在阿尔忒弥丝·娥索西娅的祭坛上，供有一头 847b
金色的牡牛，每逢猎人入内，它就会大叫大吼。

【176】 在艾陀洛斯，人们说，鼹鼠能模模糊糊地看见东西，它们不食土，而吃蝗虫。

【177】 人们说，大象的妊娠期长达 2 年之久，但有些人又说是 18 个月。大象产子非常艰难。

【178】 人们说，罗克若斯的蒂迈欧的一位弟子德马拉陀患病 10 天成了聋子，在第 11 天时，才慢慢地从又聋又哑的痛苦之中复原，但他却说，他已经拥有了一生中最幸福的时光。

机械学

徐开来　译

* Mekhanika 据《洛布古典丛书》希腊本文。

我们感到很奇怪，有些事物的出现虽合乎自然，但我们 847a10
不知其原因，有些东西虽反乎自然，却是由于技术，为了人
类的利益而生成的。在许多场合，自然做出的事情与我们的
用途相反；因为自然总是单纯地采取同一种方式行事，而我 15
们的用途却经常多变。所以，当我们不得不反乎自然地做某
种事时，由于有难处，我们感到困惑，因而必须使用技术。
因此，我们就把帮助我们对付这类困惑的那部分技术称为机 20
械。正如诗人安提丰的诗所说（他的话也确实正确）：

在自然面前失败的事物，

我们靠技术来完成。

例如较小的东西控制较大的东西，小的动力运动大的重量，
而且，我们称为机械学问题的几乎所有问题都是这种情形。
这些问题与自然学问题既不完全相同，也不截然分离，而是 25
在数学和自然学理论方面有共同点；因为要通过数学来证明
何以如此，通过自然学来表明与何物相关。

与杠杆相关的问题也被包含在这类问题中。一个大的重 847b10
量被小的力所运动，并且加上更多的重量也如此，这似乎很
奇怪；因为如无杠杆，人是不能运动这相同的重量的，但加
上杠杆的重量后，人却能很快地运动了。 15

所有这类现象的初始原因是圆。其所以如此，是很自然的；因为由更奇特的东西导致某种奇特的结果是不足为奇的，而最奇特的事情莫过于对立面的相互生成了。圆就是由

这样的对立面构成的；因为它直接由运动和静止生成，而运动和静止的本性是彼此对立的。所以在这里人们不太会因关于圆的矛盾的出现而感到奇怪。因为首先，就圆的周线（它没有宽度）而言，对立就出现了，即凹与凸。凹与凸是彼此对立的，犹如大和小一样；因为在后一场合，中间是相等，在前一场合，中间是直线。因此如果大与小要彼此变成对 848a 方，那么，在变向另一极端之前，必然先变得相等；同样，当线段由凸变成凹或反过来由凹变为凸或曲之前，也必须先变直。所以，这是圆的一个特性。圆的第二个特性是，它同时在相反的运动方向被运动；因为它同时朝前面和朝后面的地方被运动。画出圆的线也具有同样性质；因为它的外端由以起始的地方，与它最后回到的地方是相同的；因为当它连续地被运动时，最终又回到了起点，这样，它就显然从那里发生了变化。

因此，正如前面已说过的，在作为一切奇特现象之本原的圆那里，并没有丝毫的怪诞之处。所以，秤方面发生的事情可归因于圆，杠杆方面出现的事情可归因于秤，而其他几乎一切机械运动方面的事情则可归因于杠杆。再者，在从中心画出的作为半径的同一条线上，没有任何两点是以相同的速度被运动的，相反，总是离固定的中心愈远的点被移动得也愈快，正因如此，在圆的运动方面，才出现了许多令人感到奇特的现象。关于它们，在下面的问题中将得到证明。

由于圆同时在两个相反的方向被运动，而且，由于直径的一端（设在A点）朝前被运动，另一端（设在B点）则朝后被运动，所以，有些人就从单一的运动提出多个圆同时在相反方向被运动的设计，就像他们做出来供奉在神庙中的铜制和铁制的多轮车一样。设直径为AB的圆与直径为CD的另一个圆相触，如果圆AB的直径朝前被运动，那么，和AB相比，圆CD的直径就会朝后被运动，假如这条直径的被运动是围绕着同一点的话。因此，圆CD将会朝着与圆AB相反的方向被运动。再者，由于同样的原因，圆CD又会使与它相触的圆EF朝着与它相反的方向运动。同样，假如有许多个圆，只要有一个圆在被运动，这种情形也依然会发生。技师们正是理解了存在于圆中的这种特性，才设计出器械，但又掩隐了原理，所以，显现于外的仅仅是机械的奇特，原因则是不明白的。

【1】 那么首先，秤方面出现的情况会发生疑问。由于 848b
什么原因，较大的秤要比较小的秤更准确？这个问题的根源是：在圆中，虽然使用的是同样的力，但为什么离圆心远的半径比离圆心近的、较小的半径被运动得更快些？“更快”这个词有两层含义：如果一物在较短的时间中通过相等的距离，我们称之为更快；如果它在相等的时间中通过较长的距离，我们也说它更快。更大的半径在相等的时间中画出更大的圆；因为外面的圆周线比里面的更大。

其原因是，画圆的半径经历的是两种移动。当被移动物按某种比例朝着两个方向被移动时，它必然是在直线上被移动，而这条线就成为按这种比例构成的多条线段所形成的图形的对角线。

设被移动物在被移动时的比例为 AB 比 AC；设 AC 被移动到 B，AB 被移动到 GC；再让 A 被移动到 D，AB 被移动到 E。那么，如果移动的比例是 AB 对 AC 的比例，线段 AD 对 AE 必然也有相同的比例。可见，小的平行四边形和大的平行四边形在比例上是类似的，所以，它们的对角线相同，A 将到达 F。无论它的移动在哪一点上被阻止，也同样能得到证明；因为它总是在对角线上。所以显然，沿着对角线作两种移动的被移动物，必然按平行四边形边的比例被移动。因为如若按其他什么比例，它就不会沿对角线被移动了。而如果作两种移动的东西不按一定的比例在某一时间中被移动，它的移动也就不可能在一条直线上。因为已设定它是在直线上。如果这条线是作为对角线画出的，而且平行四边形的边也具备了，那么，被移动物就必然按照边的比例被移动。这一点，在前面已被证明了。因此，在某一时间中的被移动物如果不按一定的比例，就不会形成一条直线。因为假如它在某一时间中按某种比例被移动，它在这个时间之内，就必然呈直线，其理由已如上述。所以，当作两种方向移动的东西在某一时间不按一定比例被移动时，曲线就形成了。

画圆的半径同时有两种方向的被移动，通过上面的考察

已清楚了；而且也因为，沿直线的被移动物是垂直地被移 849a
动，所以，它再次垂直地处在圆心上面的某一点。设 ABC 为一个圆，让圆周上的 B 点被移动到 D，然后到达 C。假如它按 BD 对 DC 的比例被移动，它也就会沿着对角线 BC 被移动了。但是现在，既然它没有处在这样的比例中，它就沿着圆周线 BEC 被移动了。如若在被相同的力引起的两种移动中，一种受的干扰较大，另一种较小，那么，假设受干扰大的这个比受干扰小的那个被运动得较慢就是很合理的。这种情形似乎发生在从中心画圆的半径较大和较小的场合。因为由于较小半径的外端比较大半径的外端离静止的圆心更近，犹如从相反方向被拉向中心，所以，较小半径的外端被移动得较慢。这种情形发生在画圆的每一半径上，而且，它沿着圆周曲线被移动，合乎自然地朝着切线的方向，但却反乎自然地朝向中心。较小的半径总是更反乎自然地被移动；因为由于它离反拉它的中心更近，所以更受制约。在从同一中心画出的圆中，较小的半径和较大的半径相比，更反乎自然地被运动。关于这一点，可以证明如下。

设 BCDE 为一个圆，XNMO 为在它之内的另一个较小的圆，两个圆有同一个中心 A；大圆的直径为 CD 和 BE，小圆的直径为 MX 和 NO；并完成长方形，设为 DYRC。如果画出大圆的半径 AB 再回到它由以开始的相同位置，即回到 AB，那么显然，它被移动到了自身。同样，AX 也回到了 AX。但是，AX 比 AB 被移动得更慢，因为正如已说过的，AX 受的干扰更大，更会遇到阻碍。

现在，画出 AHG，从 H 点引出一条与圆内的 AB 垂直的线 HF；再从 H 点引出 HZ，让它与 AB 平行，然后引出垂直于 AB 的 ZU 和 GK。可见，ZU 与 HF 是相同的。所以，BU 比 XF 小；因为在不相等的两个圆中，画出的与直径成直角的相等的直线分割的是较大的圆中直径的较小部
849b 分，ZU 和 HF 相等。现在，在相同的时间内，小圆的半径 AH 所画出的弧线 XH 要比大圆的半径 BA 的外端画出的弧线 BZ 更大。因为合乎自然的移动是相等的，但反乎自然的移动要小些；BU 比 XF 要小。但是，它们应该合比例，合乎自然的移动对合乎自然的移动的比例与反乎自然的移动对反乎自然的移动的比例是相等的。

因此，BA 实际上画出的是比 ZB 大的弧线 GB。在这个时间内，它必然画出了 GB；因为当合乎自然与反乎自然的两种运动之间保持比例时，它应该是在这里。如果在大圆中合乎自然的运动更大，那么，反乎自然的运动则仅仅在这种场合才会随之更大，即当 X 沿着 XH 被移动时，B 沿着 BG 被移动。因为在这种场合，B 点合乎自然地移到 G，反乎自然地移到 K，既然 GK 是从 G 引出的一条垂直线。GK 对 KB 的比例与 HF 对 FX 的比例相同。假如把 B 和 X 分别与 G 和 H 连接，就清楚了。但是，如果 B 被移动的距离比 GB 小或大，其结果就不会相同，两个圆中合乎自然的移动与反乎自然的移动之间也就不会有比例。

由于什么原因，离中心更远的点被移动得更快（虽然源出于同样的力），更大的半径画出的圆弧也更大，经过上面的论述，现在已清楚了。通过这些论证，大秤为什么比小秤更准确也很清楚。因为悬吊着秤的绳子是中心（因为它是不动的点），秤两边的部分则是从出于中心的半径。所以，在相同重量的作用下，秤的外端必然按它离秤绳更远的相同比例，被运动得更快，而且，就感觉而言，有的重量在小秤上不明显，但在大秤上却明显；因为没有什么阻碍小得哪怕连眼睛也察觉不出的微量物的运动。但在大秤上，相同的重量却使运动可见。有些重量虽在两种秤上都显现，但在大秤上的却明显得多，因为在大秤上，由相同重量引起的移动幅度要大得多。正因如此，那些身着紫衣的奸商，用自己玩弄的花招来称东西。譬如，他们不把秤绳安放在中心点，把铅灌进秤杆的一边；或在他们希望朝其倾斜的那一端使用树木的根部或结疤处的木料来做秤杆，因为树木根部的这一部分要重些，结疤处也是某种意义上的根。 850a

【2】　如果秤绳是从上面固定的，当秤杆倾斜后取下重物时，秤便会再次朝上翘起，相反，如果秤绳是从下面固定的，它就不会翘起，而是静止不动。这是为什么呢？难道是因为当秤绳从上面固定时，秤杆的大部分出现在垂直线的那一边吗？因为秤绳是垂直的。所以，大部分秤杆的那一边必然下斜，直到把秤杆一分为二的线本身达到垂直，既然重物

压在秤杆的翘起部分。设 BC 为一根直的秤杆，AD 为秤绳。如果把秤绳固定下去，就形成垂直线 ADM。如果重物压在 B 这一边，B 会下移到 E 处，C 则会上移到 F 处，所以，开初把秤杆一分为二的那条垂直线的一部分即 DM，当秤杆被重物所压时，就成了 DH。因此，秤杆 EF 中处在垂直线 AM 之外的那个部分，就会超过一半，即比 HP 这一长度更多。如果把重物从 E 处取掉，F 必然下降，因为 E 端要短些。可见，如果秤绳是从上面被固定的，秤杆就会因重物的被取而再次上翘。

但是，如果秤绳是从下面被固定的，则会造成相反的结果。因为这时，秤杆朝下的部分要超过一半，或者说，比原来垂直线划分的一半要多，所以，秤杆不会上翘；既然上面的那部分要轻些。设秤杆为 NO（它是直的），垂直线为 KLM，它把 NO 分为两半。当重物放在 N 边时，N 将下降到 S 处，O 则上升到 R 处，垂直线 KL 变成 LH，所以，由于 HKL，KS 比 LR 要大。当重物被取掉时，秤杆必然保持在现有位置不动；因为超过半数的那一端是 SK，它犹如重物压住秤杆。

【3】 正如我们在本文一开始就说过的，为什么借助杠杆，小的力能运动大的重量呢，虽然在此时，还加上了杠杆本身的重量？因为重量愈小，愈容易被运动，而如果无杠杆，重量会小些。其原因是杠杆类似于从下面固定秤绳、且被分成不相等的两边的秤杆吗？因为支点的出现替代了秤

绳，它对两边都是静止的，犹如中心。既然在相等重量的作用下，离中心愈远的半径被运动得愈快，既然杠杆需要三个因素，即一个支点（它犹如秤绳和中心）和两个重量（一个 850b
是运动者，另一个是被运动物），那么，被运动的重量对运动它的重量的比例就与负重臂的长度对运动臂的长度的比例相反。离支点的距离愈远，运动起来也总是愈容易。其原因前面已经说过，即，离中心愈远的半径所画的圆也愈大。所以，在同样的力作用下，运动者由于离支点更远，就会更大地变换其位置。设 AB 为一杠杆，C 为被运动的重量，D 为运动者，E 为支点，D 在运动了重量后所处的位置为 G，重量 C 在被运动后的位置为 K。

【4】　为什么在船中部的人能最快地运动船？是因为船桨就像杠杆吗？因为桨架是支点（因为它是静止的），海水是船桨要排走的重量，划船的人则是运动杠杆的运动者。运动重量的人离支点愈远，他所运动的重量也总是愈大；因为这时，离中心的距离更大，而作为支点的桨架就是中心。在船的中部，桨的大部分都在船内；因为在那里，船最宽敞，所以，桨的更多的部分可以在船舷两边的每一边内。船之所以被运动，是由于当桨压击海水时，船内的桨柄在朝前推进，因为桨架是被固定在船上的，所以，船也就随着桨柄前进的方向一起前行。桨排走的海水愈多，船也必然被推进得愈快；而在桨柄离桨架最远的地方，桨排走的水最多。正因

如此，在船中部的划船人运动船最快。因为桨从船内的桨架升出最远的地方正是船的中部。

【5】 为什么装在船尾的小小的舵具有如此大的力量，以至于仅靠一只很小的舵柄和一位轻轻用力的舵工就能有力地运动载重量大的船呢？是因为舵亦如杠杆，掌舵者在使用杠杆吗？那么，它被固定在船上的那一点就成了支点，整个舵是杠杆，海水是重量，掌舵人则是运动者。但是，舵并不像桨那样直角似地击压海水。因为它不是把船朝前运动，而是在船被运动时，使它转向，并斜着迎接海水。因为既然海水是重量，那么，当它从相反方向冲击船时，便会使其偏 851a 向。因为支点转到与海水相反的方向：海水转向内，支点转向外。由于它被固定在船上，船也就随它转动。桨是直角似地推动重量，而且反过来，它又被重量所推动，这样，就使船笔直向前。然而，正如舵的位置是斜的一样，它所造成的运动也是朝这边或那边倾斜的。之所以把舵安在尾部而不是中部，是因为源于尾部的动力最容易运动被运动物。因为最初的部分被移动得最快，原因在于，正如在被移动物中，移动在最后要停止一样，连续物也如此，在最后时，其移动最弱。而如果最弱，就容易被抑阻。正因如此，舵被安在船尾，而且也因为，由于那里发生的运动很小，在尾部的排水量就大得多，既然同样的角是在更长的底边上，并且按比例而言，圆周线也更长。从这里也能明白，为什么船比桨叶朝相反方

向前进得更远；因为同样大小的东西当被同样的力运动时，它在空气中要比在水中前进得更远。设 AB 为桨，C 为桨架，A 为桨在船内的部分，即桨柄一端[①]，B 为桨在海中的一端。如果 A 被运动到 D 点，B 则不会到 E 点；因为 BE 与 AD 是相等的，所以，如若 B 到了 E 点，它被运动的距离就会与 A 相等了，然而，它的距离短些，是在 F 点。因此，分割 AB 的 H 就不是在 C 处，而是在它下面。因为 BF 比 AD 小些，所以，HF 比 DH 也要小些；既然三角形是相似的。作为中心的 C 也会被转动；因为它朝着相反方向，朝处在海中的 B 端转动，而且，在与船内的 A 端相同的方向上，A 的位置转变到 D。所以，船的位置会改变，桨柄所在的那一点亦会改变。舵也会造成同样的变化，除非如我们在上面所说的，它与船的前进运动毫不相干，而只是把船尾朝这边或那边弄斜；因为在这种情况下，船头是朝着相反方向的。舵被固定的那一点，必须被想象成犹如被运动物的某种中心，就像桨的支架一样。但是，船的中心却是按舵的方向被运动的。假如舵的方向朝内，船尾也会随之转换；但船头却是朝着相反方向的；因为当船头处在相同的地方时，船的整体位置变换了。

【6】　为什么桅杆愈高，扯着同样的船帆，在同样的风中行驶的船开得愈快？是因为桅杆如杠杆，它被固定于其中

---

① arkhe，即始点。

851b 的套洞是支点，需要它运动的重量是船，运动者则是帆中的风吗？如果支点愈远，同样的力在运动同样的重量时，愈容易，愈快速，那么，升得愈高的桅杆也就使得帆离作为支点的套洞愈远。

【7】 为什么当风向不利，水手们想从中逃脱时，他们要把朝向舵手的那一部分帆收缩，并把朝向船头的那部分帆的绳索放松？是因为当风很强时，舵不能将其顶住，只有在风微小时才顶得住，所以，他们要收缩风帆吗？这样，风就助船前行，而舵却把风变成有利的、用以对付海水的杠杆。同时，船员们要与大风搏击，因为他们倚靠在相反的方向。

【8】 为什么球体和圆环物更容易被运动？一个圆形物的运动可能有三种方式：或者沿着外缘，其中心也随之改变位置，犹如车轮的滚动；或者仅仅环绕中心，就像滑轮的转动，其中心保持不动；或者进行与地面平行的平面运动，其中心不动，犹如陶工旋盘的转动。这些东西的被运动之所以最快，是因为与地面的接触很少，正像圆只有一点与地面接触一样；而且也因为没有摩擦，因为角是离开地面的。再者，即使它们与别的物体相遇，也只有很小的接触面。假如是个直线形物体，由于边是直的，与地面接触的面就很大了。再者，运动者在运动圆形物时，是与它的重量倾斜的方向一致的。因为当圆的直径与地面成直角时，由于圆只在一

点上与地面接触，所以，直径划分给两边的重量是相等的；但是，当它被运动时，它被运动所朝向的那一边就立即更重了，仿佛倾斜了似的。因此，对推动者来说，将它朝前推动就更容易；因为朝其倾斜的方向运动任何物体都较容易，正如朝其倾斜的相反方向推动会更困难一样。再者，有些人说，在移动中的圆的周线是连续[①]的，正如静止的东西由于阻力而静止一样，例如，在较大的圆和较小的圆的比较中就可明白这一点。因为在同样的力作用下，较大的圆不仅被运动得快，而且还能运动较大的重量，其原因在于，和较小的圆相比，较大的圆的角有某种倾斜，而这种倾斜与一个圆的直径对另一个圆的直径的比例相同。相对于更小的圆而言， 852a
每个圆都是更大，因为更小的圆是为数无限的。如果和另一个圆相比，某个圆有着较大的倾斜，且相应地易于被运动，那么，圆以及被圆所运动的东西也应有另一种倾斜，假如它们不用外缘接触地面，而是要么平行于地面，要么像滑轮一样的话；因为在这种情况下，它们既容易被运动，又能运动重量。但是，这并不是因为接触面小和摩擦力小，而是由于另外的原因。这个原因前面已经讲过，即圆是由两种运动构成的，所以，其中的一种总有倾斜，而且，当运动者们在它周线的任何一点上运动它时，总是按它自己被移动的方向来运动的。他们是在它已在被移动时运动它；因为运动的力迫

① aei，即永久。

使它在切线的方向上运动，而圆自身却是沿着直径被运动。

【9】 为什么由较大的圆提起或拖开的东西，我们运动起来更容易，也更快？例如，大的滑轮就比小的更易被运动，滚轴的情形亦复如此。或许是因为，事物离中心的距离愈远，它在相等的时间中被运动的地方也愈多，所以，当负载相等的重量时，它也会造成同样结果，正如我们已说过的，大秤要比小秤更准确一样。因为秤绳是中心，秤绳两边的秤杆是从中心出发的半径。

【10】 为什么当秤上无重负时要比有重负时更容易被运动？车轮或其他类似的东西也如此，较小的和较轻的比较大的和较重的更容易被运动。重物之所以难以被运动，是否不仅由于纵向的方向相反，而且还因为横向的角度？因为要在物体倾斜的相反方向上运动该物，是有些困难的，但朝它倾斜的方向运动，却比较容易；然而，物体不会朝横向倾斜。

【11】 为什么在滚轴上比在马车上更容易传送重物，虽然马车的轮子大，而滚轴的圆周很小？是因为在滚轴上没有什么摩擦，而在马车上有车辊，车辊产生摩擦吗？因为车辊承受的压力不仅来自上方，而且来自旁边。滚轴上的东西是在滚轴的两点上被运动，即下面作为载体的地面和上面压

下来的重量；因为圆在这些点上转动，并在移动时被推进。

【12】 为什么从投掷器中抛出的投掷物比从手中扔出去的被移动得更远？本来，投掷者用手抓住比悬挂着更能控制住重物。此外，在后一场合，他要运动两个重量，即投掷 852b
器和投掷物，但在前一场合，他只需运动投掷物。是因为在人投出时，投掷物已在投掷器中被运动了（因为在把它投出之前，他已圆圈似地挥舞了它多次），而在从手中掷出时，是从静止状态开始的吗？任何东西当已在被运动时，都比在静止时更容易被运动。除了这个原因之外，或者还因为，在使用投掷器的场合，手成了中心，投掷器成了半径？半径愈大，被运动得也愈快。从手中抛出的投掷物与从投掷器中掷出的相比，半径要小些。

【13】 为什么围绕着同一个转轴的把手，较长的要比较短的更容易被运动？同样，为什么在相同的力作用下，较轻巧的绞盘要比较笨重的绞盘更容易被运动？是因为绞盘和转轴是中心，从中心延伸出去的量度是半径吗？在同样的力作用下，大圆的半径比小圆的半径被运动得更快、更远；因为在同样的力作用下，离中心愈远的外端被运动得愈快。因此，对于转轴，人们用把手来当工具，以便容易转动；而在轻巧绞盘的场合，外面的部分离中间的圆筒更远，这个部分就成了半径。

【14】　一块大小相同的木柴，如果把它的两端放在离膝盖等距离的位置，为什么比放在离膝盖很近的地方更容易在膝上被弄破？同样，如果把木柴立在地上，再把脚放在上面，为什么抓它的手离脚有一定距离比挨脚很近更容易把它弄破？是因为前一场合的膝盖和后一场合的脚都是中心吗？每一事物离中心愈远，也就愈容易被运动。被弄破的东西必然被运动。

【15】　为什么海滩上的所谓鹅卵石是圆的，虽然它们最初是由长的石头和贝壳类形成的？是因为在事物的运动中，离中间较远的部分就被移动得快吗？因为中间就是中心，从它到外缘的距离就是半径。在同等的运动条件下，半径愈大，所画出的圆也总是愈大。在相等的时间中，所经过的距离愈大的东西被移动得就愈快。通过相等距离愈快的被移动物，被碰撞得也愈坚硬。愈碰撞他物的东西，自身也愈被碰撞。所以，离中间较远的那些事物部分必然总是被磨损，在承受这种变化的过程中，它们就变成圆的。就鹅卵石而言，由于海水的运动，由于它们要随着海水而被运动，其结果，它们就总是处在不断的运动中，而且，在它们滚动时，就会与他物发生摩擦。这种后果必然地特别出现在鹅卵石的表层。

【16】　为什么木条愈长，其力量愈弱，当把它们举起

来时，愈容易弯曲（例如，一根 2 腕尺长的薄而短的木条，要比一根 100 腕尺长的厚木条更不容易弯曲）？是因为当一根长木条处在被举起的状态时，就形成了一种杠杆、一个重量和一个支点吗？因为它的第一部分，即被手托举的那个部分，就成为支点，另一端顶的部分则是重量。所以，它离支点的距离愈远，必然愈弯曲；因为离支点愈远，弯曲的幅度必然愈大。那么，杠杆的端顶必然被举起。如果杠杆是弯曲的，它在被举起时，必然更被弄弯。长木条上出现的情形正是如此。短木条刚好相反，其端顶离静止的支点很近。

【17】　为什么用小的楔子能劈裂大的重量和体积很大的物体，产生出强大的压力？是因为楔子形成了两个彼此相反的杠杆，每一个都有重量和上抬、下压的支点吗？此外，敲击楔子所造成的移动碰撞楔子，运动它，并使它的重量变大；而且，由于它以很快的速度运动已在被移动的东西，产生的力量更大。这样，大的力量就附随于小的物体上。因此，我们应注意到它产生了与它的体积相比较而言要大得多的运动。设 ABC 为楔子，DEGF 为它锲入的物体。那么，AB 是杠杆，重量在 B 下面，FD 是支点。在与此相反的另一边，BC 是杠杆。当 AC 被敲击时，它就用上了这两个杠杆；因为在 B 点有朝上的压力。

【18】　如果有人把两个滑轮安放在处于相反位置的两

根木头上，围绕着它们圆圈似地安一根绳子，绳子的一端绑在其中一根木头上，另一端靠滑轮固定或穿过滑轮，那么，如果有人拉扯绳子的一端，为什么能拉起很大的重量，即使拉扯的力气较小？是因为和用手相比，如果使用杠杆，同样
853b 的重量能用较小的力量举起吗？滑轮的作用与杠杆相同，所以，即使只有一个滑轮，也比较容易拉起重物，而且，即使一股小的拉力，也比用手举起的东西重得多。两个滑轮能拉起比双倍速度还大的重量。因为当绳子从一个滑轮穿到另一个时，第二个滑轮拉的重量比它自身单独拉的要小；因为那个滑轮使重量变小了。这样，如若穿过的绳子多，即使只有少数几个滑轮，造成的差别也是很大的，所以，假如第一个滑轮承受的是 4 米那的重量，那么，后面几个承受的就要小得多。在建造房屋的活动中，它们能轻而易举地运动起大的重物；因为重物从一个滑轮转送到另一个，再从那个滑轮转送到转盘和杠杆上；这与制造许多滑轮是一样的。

【19】 如果某人将一把大斧头放在木柴上，并在它上面加一个大的重量，为什么它不会使木柴裂开一条大口？但如果某人举起斧头，用它劈木柴，会使其破开，虽然和把斧头放在木柴上以及对其产生的压力相比，它在劈木柴时的重量要小得多。这是否因为一切效果都因运动产生，重物体在被运动时，比在静止时更能获得重的运动？所以，当被放在木柴上时，斧头没有被运动出重的运动，而当它被移动时，

就不仅有了这种运动，还有劈击的运动。再者，斧头的作用像楔子；楔子虽小，却能劈裂大物，因为它由两个在相反方向起作用的杠杆构成。

【20】 为什么抬秤①能以小的重量提起重量大的肉，而且整个抬秤只是秤的一半？既然秤盘只被固定在放置重物的那一端，另一端只有抬秤本身。是因为抬秤既是秤，同时又是杠杆吗？因为就每根秤绳成了抬秤的中心而言，它是秤。在它的一端有秤盘，在另一端，取代秤盘的是被固定在秤上的一个圆形重物，犹如某人把另一只秤盘和称重物放在抬秤的另一端似的；因为很显然，当它躺在另一只秤盘中时，会拉起同样多的重量。但是，由于这一杆秤是作为多杆秤起作用的，所以，多根这样的秤绳就被固定在这种秤上，在圆形重物那边，每一部分都是半杆抬秤，而且，当秤绳彼此被运动开时，称重物同等地起作用，所以，躺在秤盘中的东西拉起的物体有多重，是能够被度量出来的；况且，当抬秤是直的时，人们从秤绳所处的位置，也知道秤盘负重是多少，正如前面已说明过的。一般而言，这也是秤；因为有一个重物被置于其中的秤盘，在另一端，则是抬秤的重量在其中。因此，抬秤的另一端是圆形重物。这样的抬秤相当于多杆秤，其具体数量取决于秤绳的多少。离秤盘和压在上面的

---

① phalagks。

重量愈近的秤绳，总是拉起愈大的重量，因为整个抬秤成了一杆倒转过来的秤（因为每根秤绳是从上面固定的支点，重量则是秤盘内的东西）；但是，在秤那里，秤杆离支点的距离愈远，也就愈容易运动，而在这里，则造成平衡，而且是使对着圆形重物的抬秤的重量平衡。

【21】 为什么医生在拔牙时，加上拔牙器的重量比仅用空手更容易？难道是因为牙齿更容易从手指中，而不是从拔牙器中滑脱吗？或者是因为，铁器比手更容易插入，它从两边紧紧钳住牙齿，而手指的肌肉是柔软的，更适合紧贴在牙齿的周围？其实，这些都不是原因。事实是，拔牙器由两个彼此相反的杠杆组成，钳嘴被连接的那一点是两者共有的支点；所以，医生用这种器具来拔牙，以使牙齿更容易被运动。设拔牙器的一端为A，另一端为B，那么，ADF为一个杠杆，BCE为另一个杠杆，CHD为支点；牙齿在钳嘴连接处的I点上，它是重量。医生用B和F同时钳住牙齿并运动它。但是，当他把牙齿弄动之后，用手就比用器具更容易取出来了。

【22】 为什么人们容易弄破坚果，即使不把它们放到专门用来破裂它们的器具中去压击？因为不再有移动和撞击的强大力量。再者，假如人们使用器具去弄破它们，那么，用坚硬的和沉重的要比用木制的和轻小的器具更快。是因为坚果被两个杠杆在两边被压破，重物能轻易地被杠杆分裂

吗？因为这种器具由两个杠杆组成，有一个共同的支点，即连接点，设为 A。所以，正如 E 和 F 这两个端点能容易被分 854b 开一样，它们在被另一端点 D 和 C 运动时所提供的很小的力量作用下，也能容易地被合到一起。所以，和坚果被压破时的重量所产生的力相比，两个杠杆上的臂，即 EC 和 FD 产生的力是相同的，甚至更大；因为当重物被送到两个杠杆上时，它们在相反的方向运动它，重物就在 K 点被挤压弄碎。正是由于这同样的原因，K 点离 A 点愈近，重物被弄破得也愈快；因为杠杆离支点愈远，在同样的力作用下，它运动重物也愈容易，愈有效。那么，A 是支点，DAF 和 CAE 都是杠杆。所以，K 离角 A 愈近，它离杠杆的连接点 A 也愈近，而这个连接点就是支点。这样，当使它们合拢的力量相同时，F 和 E 必然更具有挤压力。因此，既然力量是从两个相反方向升起的，重物必然更被挤压；更被挤压的东西破碎得也更快。

【23】 为什么在扁菱形中，当两端的点以两种运动被移动时，它们每一点所通过的直线不是相等的，而是一个比另一个更长？换言之（问题的道理是相同的），为什么沿着边被移动的点所通过的距离要比边短？因为对角线是较短距离，边是较长距离，而且，一个只有一种移动，另一个则有两种。设 A 沿着 AB 被移动到 B，B 也以同样的速度沿 AB 被移动到 A；再设 AB 沿着 AC，仍以同样的速度平行于 CD 被移动。A 点必然沿着对角线 AD 被移动，B 点则沿着对角

线 BC 被移动，而且，它们各自同时到达另一端，AB 沿着边 AC 被移动。因为设 A 点被移动的距离是 AE，AB 被移动的距离是 AF，设画出的线段 FG 平行于 AB，再从 E 点画一条线以完成平行四边形。这样形成的这个平行四边形就与整个大的平行四边形相似了。因此，AF 等于 AE，A 点沿着边 AE 被移动。AB 被移动的距离应是 AF。所以，A 将处在 H 点处的对角线上，而且，它必然总是沿着对角线被移动。同时，边 AB 会通过边 AC，A 点将通过对角线 AD。以同样的方式，也能证明 B 在对角线 BC 上被移动；因为 BE 与 BG 相等。可见，如果从 G 点画出一直线完成一个平行四边形，那么，这个在里面的平行四边形就与整个大平行四边形相似。B 点将在几条边相交点的那条对角线上，
855a 而且，在这条边通过那条边的同时，B 点也会通过对角线 BC。因此，B 点同时将通过比 AB 长得多的距离，边也会通过较短的边，虽然被移动的速度是相同的，而且，这条边虽然只被一种运动所移动，但它已通过的距离比 A 更远。因为这个扁菱形的角变得愈尖锐，它的对角线 AD 就愈短，另一对角线 BC 则愈长，边也比 BC 短。因为正如已说明过的，下面这种情形很荒谬：被两种运动所移动的点有时要比被一种运动所移动的点被移动得慢；而且，当两个点被给定的速度相等时，其中一个所通过的距离比另一个大。

其原因是，当点从一个钝角出发被移动时，两条路径（即点自身被移动的路线和它被边迫使而被移动的路线）的方

向几乎是相反的；然而，当点从一个锐角出发被移动时，它似乎只在相同的方向上被移动。因为由边围成的这种角有助于点沿着对角线被移动；而且按比例而言，一种使角较锐，一种使角较钝，前者被移动得较慢，后者被移动得较快。因为由于角变得较钝，边就更处在相反的方向上，但在另一场合，由于线被靠得较近，它们又更多地在相同方向上。因为B点依据它的两种运动，几乎是在同一方向上被移动，所以，一种运动有助于另一种，而且角度愈锐，愈是如此。A点的情况刚好相反；因为它本身是要朝B点被移动的，但边却迫使它被移动到D点；而且角度愈钝，它的两种移动就变得愈相反，因为两个边变得愈像直线了。假如它们完全变成了直线，那就彻底相反了。但是，只在一个方向上被移动的边，没被什么因素所阻挡。所以，它通过的距离更大就理所当然了。

【24】 还有一个疑难：为什么当把一个较大的圆和一个较小的圆绕着同一个中心放置时，大圆被拖滚的路线与小圆的相等？但当它们被分开滚动时，彼此滚动路线的长度就与各自的大小成比例了。再者，当两者的中心是同一个时，有时它们滚动的路线和小圆单独滚动的路线一样长，但在有时，却和大圆单独滚动的一样长。那么显然，大圆滚动的路线也更长。因为依靠感觉即可发现，每条周线与它自己的直径夹成的角，在大圆中的较大，小圆中的较小，所以，通过感觉亦可明白，它们与各自滚动的路线长度有着同样的比 855b

例。但是显然，当它们处在同一中心周围时，滚动的距离是相等的。这样，就出现了有时与大圆滚动的路线相等，有时又与小圆滚动的路线相等的情况。设 DFC 是大圆，EGB 为小圆，A 是两个圆的中心。设 FI 为大圆自己滚出的路线，GK 为小圆自己滚出的路线，它与 FL 相等。如若我运动小圆，我也在运动同一个中心，即 A；假设大圆也被 A 固定。当 AB 与 GK 成直角的同时，AC 与 FL 也成直角，所以，它们通过的距离总是相等的，即，圆弧 GB 通过的 GK 与圆弧 FC 通过的 FL 相等。如果每个圆的四分之一部分通过的路程相等，那么显然，整个大圆通过的路程也会与整个小圆通过的相等，所以，当线 BG 到达 K 点时，圆弧 FC 也将沿着 FL 滚动，而且，整个圆亦会随之滚动。

如果我运动大圆，把小圆固定在那同一个中心，那么，情形也一样，在 AB 与 GH 成水平面的直角的同时，AC 与 FI 也成水平面的直角。所以，当小圆通过的路程与 GH 相等时，大圆的路程就会与 FI 相等，而且，FA 再一次变得与 FL 垂直，AG 则再一次变得与 GK 垂直，G 点和 F 点将再处于在 H 点和 I 点的原先的位置。并且，既然不会出现大圆停下来等小圆，以至于在同一点上静止一段时间的情况(因为在两种场合，两者都是被连续运动的)，也不会出现小圆跳过某一点的情况，那么，大圆通过的路程与小圆的相等或小圆通过的路程与大圆的相等就是荒谬的。再者，当永远只有一种运动时，被运动的那个中心有时被滚动的距离大，有时的距离小，这也是很奇怪的。因为以同样的速度被移动的同一个东西，所通过的距离自然应是相等的；而且，以同样速度运动事物的意思，也就是在两个场合通过相等的距离。

关于这些情形的原因，我们可以把这个观点作为原理，即：相同或相等的力，运动一个东西①较慢，运动另一个东西较快。假若某物没有自然地被自身运动，假若另一个有自然地被自身运动的东西既运动它同时又运动自身，那么，与假如它被自身运动相比，它就被运动得较慢。而且，假如它自然地被自身运动，但没有什么东西与它一起被运动，情形也一样。被运动物不可能比运动者更被运动；因为它之被运动，不是靠自己的运动，而是靠运动者的运动。 856a

假定有两个圆，大的为A，小的为B。假如小圆去推进自己不滚动的大圆，那么显然，大圆通过的直线距离就会与它被小圆推进的一样长。它已被推进的距离与小圆已运动的距离也是相等的。因此，它们所通过的直线相等。假如小圆在滚动时又推进大圆，大圆在被推进的同时也会被滚动，那么必然地，小圆滚动了多远，大圆也只能被滚动多远，如果它根本不被自己的运动所运动的话。因为运动者运动了多少，被运动物必然也只能被它运动多少。由于小圆是以同样的方式把大圆运动那么远的，即以圆形的方式运动了譬如一脚远（假定这就是运动的距离），因此，大圆也运动了这么

① megethos，大小、体积。

远。同样，假如大圆运动小圆，小圆也只能被运动到和大圆运动的距离一样远。无论它们各自以什么方式被运动，也无论速度如何，情形都一样；所以，在同样的速度下，小圆通过的直线与大圆自然运动所通过的相同。这就是造成疑难之所在，即：当它们被结合在一起时，就不再以同样的方式动作了，也就是说，如果一个被另一个运动，既不是依据它的自然运动，也不是依据它自己的运动。无论一个被另一个包围、顺应还是固定，都没什么差别；因为当一个运动，另一个被它运动时，运动者和被运动者通过的距离是同样的。当某人以碰触或悬吊的方式，借助另一个圆来运动一个圆时，他并不是连续地运动它；但当把它们围绕着同一个中心放置时，一个圆就必然连续地被另一个圆所滚动。然而，它不是按照自己的运动而被运动的，而是犹如没有自己的运动一样。假如它有自己的运动，却没有使用，也会出现同样的情形。所以，当大圆运动附随于它的小圆时，小圆被运动的距离与大圆的相同；反过来，当小圆运动大圆时，大圆被运动的距离亦与小圆的相同。但是，当它们被分开时，每一个都有自己的运动。如果有人提出疑难，认为当两个圆的中心相同，且以同样的速度运动它们时，它们通过的路程是不相等的，那么，他的看法就不合逻辑，就是诡辩。因为两个圆的中心确实可以相同，但这只是由于偶性的，正如一个人碰巧既是多才多艺[①]的，又是白净的一样。因为每个圆的中心用得并

① mousikos。

不相同。总之，当小圆作为运动者时，中心和运动本原是归于小圆的，当大圆作为运动者时，中心和运动本原则归于大圆。运动者并不绝对相同，只在某种意义上相同。

【25】 为什么人们按长是宽的两倍的尺寸比例来造床，即长是 6 足或 6 足多点，宽是 3 足？为什么他们不按对角线 856b
来绷床绳？他们做出这种尺寸的床，是为了与身体相适应吗？这样，尺寸比例就成了长是宽的两倍，譬如 4 腕尺长，2 腕尺宽。至于他们不按对角线绷床绳，而是从边到边，其原因可能是为了使木料不被绷得太紧；因为当木料合乎自然地被分开时，最容易破裂，而且，一旦被拉扯，尤其更紧。再者，既然床绳必须能负重，那么，当重量压上去时，斜横交叉式的床绳就不如对角线式的那样紧张。再者，这样耗费的床绳也少些。设 AFGI 是床，设 FG 在 B 点被分成相等的两部分。FB 中的孔与 FA 中的相等；因为这两个边是相等的，既然整个 FG 是 FA 的两倍。他们按已说过的方式绷床绳，从 A 点到 B 点，然后到 C 点，再到 D 点、H 点、E 点，这样不断往返，直到另一个角为止；因为床绳的两头在两个角上。

床绳转弯的长度是相等的，例如 AB 及 BC 与 CD 及 DH 相等。其他诸如此类的情形也如此，因为同样的证明适于一切。譬如 AB 与 EH 相等；因为平行四边形 BGKA 所对应的边相等，而且，孔与孔之间相隔的距离也相等。BG

等于KA；因为B点的角等于G点的角，既然平行四边形的外角等于相反的内角。而且，在B点的角是个半直角；因为FB等于FA，而在F点的角是个直角。在B点的角等于在G点的角；因为在F点的角是个直角，既然床的长度是宽度的两倍，而且其长度在B点被分成相等的两部分。所以，BC等于EG，KH也与它相等；因为它与它平行。所以，BC等于KH。CE等于DH。用同样的方法也能证明这种一对一对转弯的其他边是彼此相等的。所以显然，在床上，有四根绳子的长度与AB相等，并且，无论在FG上有多少个孔，FB上的孔的数目都是它的一半，因为FB是FG的一半。因此，在床的一半中，绳子的长度与BA一样多，孔的数量与BG中的一样多。这和说它与AF加BF之和一样多没有区别。但是，如果按照对角线来绷床绳，就像在床
857[a] ABCD中一样，那么，其半数就不与两个边（即AF和FG）之和的长度相同，而是与在FB、FA中的孔的数量相同。然而，AF和BF这两条线要比AB更大，所以，正如这两个边加起来要比对角线更长一样，花费的床绳也必定更长。

【26】 在用肩膀运木料时，为什么扛着它的一头比扛着中间更费力些，虽然它的重量是相等的？难道是因为木料一头的摆动妨碍了搬运，尤其是摇晃干扰了搬运过程吗？不是这样的；因为即使它不弯曲，也不很长，在扛着它的一头时，同样较难搬运。正如从中间比从一端更容易把木料举起

来一样，以这种方式更容易扛运木料也由于同一个道理。其原因是，当从中间举起木料时，两端总是彼此变轻，而且，一端有助于举起另一端。因为中间犹如变成了中心，无论是在举起还是扛运时。所以，某一端由于下斜，就使另一端上翘，并使之变轻了。但是，当从一端举起或扛运时，就不会造成这种效果，而是所有的重量都斜在一个方向上。设A为被举起或被扛运的木料的中间，B和C为两端。当它在A点被举起或被扛运时，B端下斜使C端上升，反之，C端下斜使B端上升。当它们同时上升时，就造成了这种结果。

【27】　假如某物很长，即使某人从中间搬运，为什么也比相同重量的短物体更难运在肩上？在上一个问题中，我们已说过，摆动不是原因，但现在在这里，摆动就是原因了。因为物体愈长，两端的摆动也愈大，所以，搬运者要搬运它就较困难。摆动大的原因是，虽然运动是相同的，但木料愈长，两端的位置变化幅度就愈大。因为肩膀是中心，设为A（因为它是保持不动的），AB和AC是源于中心的两个半径。那么，AB和AC愈长，位置变化的幅度便愈大。这一点，我们已在前面[①]证明过了。

【28】　为什么人们要在井边以这种方式（即在木制杠

① 《机械学》，**【1】**。

杆底端加上铅的重量，虽然水桶本身就是重量了，无论桶是空的时还是装满了水时）造出转动式杠杆？是因为提水器具的工作在时间上被分为两段（因为必须先放下去，然后再提
857b 上来），空的时放下去容易，装满时提上来困难吗？所以，稍微缓慢地把桶放下去，对于提上来时大大减轻重量是有利的。把铅块或石头附在转动式杠杆的底端，可以造成这种效果。因为这样做，在把桶放下去时，其重量就必定比只放空桶更大；而在桶装满水时，铅块或附加的其他重物则有助于把桶拉上来。所以，在这里，两种作用合起来比用其他方法更容易。

【29】 当两个人共同搬运同等重量的木料或诸如此类的其他某种重物时，为什么各自承受的压力是不等的（除非重量在他们中间），而是离重物愈近的那个人承受的压力也愈大？是因为以这种方式搬运时，木料成了杠杆，重量是支点，离被搬运的重量较近的那个人成了被运动的重量，另一个搬运者则成为重量的运动者吗？因为离重量愈远的人，运动重量也愈容易，给另一个人留下的压力也愈大，既然木料的重量压向了另一边，且变成支点。但是，当重量处在中间时，一个人就不会成为加给另一个人的重量，也不会成为运动者，而是各自都同样地成为重量。

【30】 为什么意欲站立起来的人在站起来时，总是要使大腿和小腿之间以及躯干和大腿之间成为锐角？如果不这

样，就站立不起来。是因为相等总是静止的原因，而直角又是相等的原因，所以造成平衡吗？因此，站起的人会移动到与地面的圆弧同样的角度；因为他实际上不会与地面成直角。或者是因为，当他站起时，想成为直角，而一个站立的人必然是与地面垂直的？所以，如果他想与地面垂直，即头与双脚在同一条垂直线上，那么，当他已站起来时，才会出现这种情形。相反，在他坐着时，头和双脚是彼此平行的，不在一条直线上。设 A 为头，AB 为躯干，BC 为大腿，CD 为小腿。那么，当他这样坐着时，躯干（即 AB）与大腿是直角，大腿与小腿也是直角。所以，当他处于这种姿势时，不能站起来。如要站起，他就必然要弯曲小腿，使双腿处在头部下方。如果把 CD 移到 CF，就会处在这个位置，而且，858a
他在站起来的同时，头部和双腿就将处于同一条直线上。这样，CF 与 BC 便构成锐角。

【31】　为什么已在被运动物比静止物更容易被运动？例如，已被运动着的马车就比刚刚起动的马车行进得更快。是因为朝相反方向运动一个已在被运动的重量最为困难吗？因为运动者的力虽然快得多，但被损失了一部分；因为被反冲物的推进必然变得较慢。其次，如若事物是静止的，推进也较慢；因为静止的东西有阻力。当被运动物与推进者的方向相同时，造成的效果就如同增加了运动者的力量和速度；因为由于被向前推进，被运动物产生了和运动者造成的同样

结果。

【32】 为什么被投掷物最后会停止被移动？是当驱动它的力耗尽时，或是由于相反力量的阻抗，或是因为下降的冲力更大，控制了投掷者的力量吗？或者，当原理已不复存在时，讨论这样的疑难问题是荒谬的？

【33】 当驱动者不再跟随和推进时，为什么某物还能有不靠自己运动的被移动？显然是因为，这种性质的第一驱动者造成了对某物的推进，而这个某物又依次推进另一物；当引起被移动物前进的东西不再有推进它的力量时，当被移动物的重量的下斜力比推进者的前进力更大时，它就停止了。

【34】 为什么小物和大物在被投掷时，都被移动得不远，相反，必定总与投掷者有着某种比例？是因为被投掷物和被推进物必然对推进所从出的方向产生一种阻抗吗？由于体积大而不会退让的东西，或由于弱小而丝毫无阻抗的东西，都不能被投掷，也不能被推进。比推进者的力量大过很多的东西不会退让，太弱小的东西则没有阻抗。或者是因为，被移动物被移动的距离是与它运动空气的厚度相同的？凡不被运动的东西，也不能运动别的什么。那两种物体恰好
858b 具备这些条件。因为太大和太小的东西都可以被看作是不被运动的；既然太小者不能运动什么，太大者不能被运动。

【35】 为什么在有漩涡的水中，被移动物最后全都被移动到中心？是因为被移动物都有体积，所以，它处在两个圆中，一端在小圆中，另一端在大圆中吗？大圆由于被移动得快些，就把物体吸在它周围，并将它推到旁边的小圆中。但是，既然被移动物有宽度，那么，这个小圆又造成同样的结果，把它推到里面更小的圆中，直到它到达中心位置为止。这时，被移动物就停留在那里，因为由于它在中心，与各个圆的关系是相同的；既然在每个圆中，中心离边沿的距离相等。或者是因为，由于物体有体积，漩涡水的移动不能控制它，相反，它的重量超过了圆的旋转速度，所以，物体必然被留在后面，且被移动得较慢？圆愈小，被移动得也愈慢；因为当大圆和小圆围绕着同一个中心被旋转时，在相等的时间内，所通过的距离是相同的①。所以，物体必然一次又一次地被遗留在较小的圆中，直到到达中心为止。假如移动一开始就占了优势，它会保持同样的优势直到结束。因为第一个圆以及接续着的其他圆靠它们的速度控制住了物体的重量，所以，每一次都总是把物体留在后面，推到里面更小的圆中。因为不占优势地位的物体，必然被运动到里面或外面，既然这种物体不能总在与它原来的位置相同的位置上被

① 巴恩斯主编的英文本《亚里士多德全集》在这里加了一个 ou，意为“不相同”。

移动。再者，它也不大可能在外面的位置；因为外面的圆移动速度更快。可见，对不占优势地位的物体而言，所剩下的唯一出路是被移到里面。每一物体都总有一种不愿被控制的倾向。但是，既然只有到达中心才能不再被运动，而中心是唯一保持不动的地方，那么，一切东西必然被汇集于此。

问题集

徐开来　译

* Problemata　第 1—21 卷据《洛布古典丛书》希腊本文，第 22—38 卷据贝克尔标准本希腊本文。

第　一　卷

医学方面的问题

【1】　为什么极度的过量引起疾病？难道因为它造成过 859a
度或不足，这样就导致了疾病？

【2】　为什么人们又经常靠施用某种过量的东西来医治疾病呢？确实，有些医生的手段是这样的；因为他们用过量的酒、水、盐、食物或饥饿来治病。或者，因为造成疾病的原因是双方的彼此相反？所以，一方使另一方成为中间状态。

【3】　为什么季节和风的变化加重或抑止、决定和造成疾病？是因为季节有炎热与寒冷、潮湿与干燥，疾病是这些的过度，健康是这些的均衡吗？所以，如果疾病由于潮湿或寒冷，那么，相反的季节就抑止它。但如果相反的季节来临，使发病的相同性质相混合，就会加重病情，且会致人于死地。所以，这些季节也会使健康者染病，因为由于变化，

它们破坏了混合；同时，健康又被合适的季节、年岁和地点所增进。因此，在这类变化的季节，尤须小心，以防染病。关于季节，以上所说的这些一般的东西，也同样适于作为特殊场合的原因。因为风、年龄和地点的变化，在某种意义上也是季节的变化。因此，它们也加重或抑止、决定和造成疾病，犹如季节和星座（譬如猎户座、大角星、昴宿星、天狼星）的出现所导致的一样，既然它们也是风和雨、晴天和风暴以及暖热的原因[①]。

【4】 为什么在变化的季节，不应使用呕吐药？是因为排泄物由于这些变化而出现变更时，就不会产生翻搅吗？

859b **【5】** 为什么黄疸病人和得饥饿症的人都双脚浮肿？两种人都是由于虚耗所致吗？因饥饿而病的人的虚耗是由于完全没摄取营养，黄疸病人则是由于没有从所摄营养中得到任何益处。

【6】 为什么虽然源于胆汁的病发生在夏天（因为发烧常在夏天发生），但源于胆汁的恶疾却更多地出现在冬天呢？或许是因为，在发烧伴随时，它们就由于强力而凶恶，而强

① 此句中的“它们也是……原因”，是依照 Theodore Gaza 的拉丁译文补充的。

力是反乎自然的？因为当身体的某些部分潮湿时，厉害的炎症就发生，而炎症因其是热量的过度，故造成发烧。所以，在夏天，病症是干而热，在冬天，则是湿而热，因此就很厉害，会很快使病人死亡；因为，由于废余物过多，不可能调协。

【7】 在各种疾病中，为什么只有传染病最容易传染给那些与这种病人接触的人？是因为在各种疾病中只有它才是为人所共有，因此，传染病才容易传染给那些健康状况已经很糟的人吗？因为由于患了这种疾病的病人炎症的影响，他们很快就会被感染。

【8】 为什么当冬天刮北风时，如果春天又多雨潮湿，夏天会生出热症和眼炎一类的疾病呢？是因为夏天使身体之内含有许多外来的不调协的湿气吗？而且，大地和人们居住的任何地方会变得淫湿，类似于永远带有病患的那些地方吗？因而首先，当头部周围的余存物溶化时，就发生眼炎，接着便是热症。因为必须认识到，同样的东西可容纳最大的 860a
热和最大的冷，例如水和石头，前者更能沸腾，后者更能燃烧。所以，正如在气中，当气由于稠密而发热时，闷热就出现一样，在体内亦如此，也有闷和热，体内的热就是热症，眼内的热便为眼炎。一般说来，当燥热的夏天直接尾随潮湿的春天而至时，如果变化猛烈，就会损害身体。如果夏天多雨，则情形更糟；因为那样，太阳具有既能在身体内，也能

在大地和空气中引起沸腾的质料；因此，就发生热症和眼炎。

【9】 为什么如果冬天曾潮湿、多雨，春天又干燥和吹北风，春天和夏天则易生疾病？是因为在冬天，由于温暖而潮湿，身体与季节协调一致了吗？因为它们必然是潮湿的、不紧密的。在这种状态下，春天因其冷而紧缩和凝结它，由于它是干燥的。所以，对于孕妇来说，在春天，就容易由于干燥和寒冷而流产与痉挛，因为湿气散不开，胎儿由于过度寒冷便变得虚弱和形成褶皱；因为在这种季节出生的孩子，在好气候中会发育良好，且在母腹内获取营养。对其他人而言，在春天，黏液不会因其过度而被排除（像在气候温和时发生的那样），而会由于寒冷而凝结。当夏天来临，暖热强力地溶化黏液时，对胆汁型和干燥型的人来说，由于他们的身体缺少湿气，在本性上是干燥的，就生出燥热；但由于这些燥热还算轻微，所以，他们患的是干燥性眼炎。另一方面，黏液型的人则会患喉炎和肺炎。对妇女来说，因其本性的潮湿和阴冷，易得痢疾。老人则易中风，如果汇集的湿气释放并附于身体，并因他们自身的热力微弱而凝结。

【10】 如果夏天干燥且刮北风，秋天相反，潮湿且吹
860b 南风，为什么整个冬天会出现头痛、喉炎和咳嗽，并导致肺结核才告结束呢？是因为冬天发现体内有太多的质料，所以，要凝结湿气并形成黏液是很困难的事情吗？所以，在头

部，当湿气出现时，就引起沉重，如若湿气既多又冷，就造成惊厥；但如若由于量多而不凝结，下移到邻近的地方，就会在那里造成咳嗽、喉炎和肺病。

【11】 如果夏天和秋天都干燥，且刮北风，为什么对黏液型的人和妇女适宜呢？是因为这两种人的本性都在一个方向上表现了过度，所以，在此季节，就朝相反的方向发展，故而建立了某种平衡吗？而且，他们在这时是健康的，除非由于自己干了什么不利之事；到了冬天，他们也不会受湿气侵蚀，因为有热与冷相抗衡。

【12】 在干燥的夏天和秋天，当有北风吹时，为什么胆汁型的人易于患病？是因为他们的身体条件与季节有着相同情性，因此，就犹如在火上添火吗？因为当身体变得干燥时，体内最清甘的成分便从中蒸发了，所剩过热，必然由于凝结[①]而生出干燥的眼炎，而且，由于所剩体液是胆汁型的，当它们过热时，就会由这未被混杂冲淡的胆汁引起严重的热症，在有的情况下，只要黑的胆汁自然地存留于此，甚至出现癫狂；因为当相反的体液被弄干时，它就涌向表面。

【13】 为什么人们说水的变化会致病，而气的变化则

① sumpekseis。

不会？是因为水能变成滋养物，人既要饮用又要排泄它，因而水会影响人，气则不是这样吗？再者，水有许多种类，就其本性而相互区别，气则不是如此，所以，这也是一个原因。因为当我们迁移居住之地时，呼吸的几乎还是同样的气，但饮用的却是另外的水。因此，水的变化会致病是一个正确的看法。

【14】 为什么水的变化比食物的变化更易致病？是因为我们消耗的水最多吗？因为水存在于食物和烹制品中，在饮料中，其成分主要是水。

861a **【15】** 那么，为什么变化会导致疾病呢？是因为季节和年龄的一切变化都易动吗？因为两端是易动的，例如起点和终点。所以，食物也如此，它们是不同的，彼此损害；因为有些刚进入体内，有些还未进入。再者，正如花样杂多的饮食会致病一样（因为口味是多样的，而不是单一的），变换饮水的人也如此，他们是以饮用的方式使用了花样杂多的饮食；而且，这种性质的饮食比干燥食物的影响更大，这不仅在于它的量大，也因为源于这些食物自身中的湿气会生成养分。

【16】 为什么饮水的变化会使那些长虱子者的虱子增多？是因为，由于不同的水在经常变换饮水的人身上引起变动，未净化的水因其变动生出湿气，造成潮湿，尤其是在合

适的那种地方吗？脑髓是潮湿的，因此，头部总是最潮湿。这一点，可以从那里的毛发长得最快的事实来说明。正是这个地方的潮湿，才长出虱子。小孩的情形也可表明这一点；因为他们的头是潮湿的，常常或流鼻涕，或出血，这个年龄段中的人尤其容易生虱子。

【17】 为什么从昴宿（Pleias）升起到西风吹刮期间，长期患病的人容易死亡，而且，老人比青年更容易死亡？是因为有两个原因，即过度和寒冷易导致死亡吗？因为生命是热，但在这个季节，却有上述二者的性质；因为它寒冷，而冬天是它的极至，接下来才是春天。或者，是因为长期患病者与老人有着相同的情形？因为长期患病者的结果就如同老年人，既然二者的身体都干燥和寒冷，只不过一个由于年岁，另一个由于疾病而已。冬天和霜冻是寒冷与干燥的过度。所以，对于那些没多少砝码加到天平另一边的人来说，其情形就是一边倒，犹如火上加油，故而导致死亡。

【18】 为什么在沼泽地带，头部的疮病会很快治愈，只有腿部的难以医好？是因为湿气沉重（由于它是土性的），而重的东西往下沉吗？所以，由于不洁之物下移，身体的上半部清洁了，但下半部却积存了许多易于腐化的排泄物。

【19】 如果冬天北风肆虐，春天潮湿多雨，夏天又异 861b

常干燥，为什么秋天对所有人，尤其对小孩们是致命的，其他人却在此季节患痢疾和长时间的三日疟①呢？是因为，当夏天雨量适宜时，潮湿的春天汇积在我们体内的沸腾的湿气，被冷却且不动了吗？如若不然，孩子们就会因其本性的湿和热而处于过度的沸腾状态，因为没有冷却发生。凡在夏天未冷却的，在秋天就会沸腾。如果排泄物不直接致人于死地，便集聚在肺和喉管周围——它们先集聚在身体上部，由于我们是被气弄热的；正是因为如此，眼炎也先于热症而在易病的夏天出现。——如果这样，正如已经说过的，身体上部的排泄物就不直接致人于死地，它们不被混合地进入胃肠，从而引起痢疾，因为湿气由于量大而不能散开。如若痢疾被止住，存活下来的人又会得三日疟；因为没被混合的湿气的残余还在体内牢固地存留着，就像黑色的胆汁一样。

【20】 如果夏天和秋天都多雨潮湿，为什么冬天要生发疾病？是因为，冬天遇到身体很潮湿，源于高温的变化是突如其来的，而不是循序渐进的，由于秋天也很热，所以，有些人必然要生重病，如若他们的体内无稀薄之物的话？因为在这样的人中，潮湿的排泄物更趋于在身体上部汇积，既然这些部分有为其提供的位置，但下面的部分则与此不同。肌肉结实的人不会接纳很多排泄物。所以，当身体上部分的

---

① tetartaioi。

排泄物冷却时，正如醉酒的人冷得发抖时一样，刚才所说的病就发生了。但对于躯体薄弱的人而言，由大量未混合的湿气引发的热症就变得烧烤似的，因为对这类人来说，其湿气比肌肉结实者更多地散布于全身，而且，当肌肉被冬天的寒冷冻密实时，湿气会被弄热，并造成热症。因为遍布全身的 862a
过度的热就是热症；当它因内在于其中的大量湿气加强时，就发生烧烤似的热症。

【21】 为什么当大量蒸汽被太阳从地上蒸发时，该年度要发生瘟疫？是因为，如果某年度必然潮湿多雨，大地也必定潮湿吗？这就有如在沼泽地带居住的人，而这样的地区是易患病的。此时，身体必定含有大量排泄物，所以，在夏天，就含有患病的质料。

【22】 为什么在出现大量的、像蟾蜍一样的小蛙的年份容易患病？是因为每样东西都在其本性适宜的环境中才兴旺吗？这些小蛙在本性上是潮湿的，所以就表明，这一年也是多雨而潮湿的。这样的年份易于患病；因为身体由于潮湿，含有许多排泄物，而排泄物就是患病的原因。

【23】 为什么干燥、无雨的南风引起热症？是因为它们造成不协调的湿和热吗？因为它们本性上是湿而热的。而这就是热症的原因；因为热症源出于这两者的过度。所以，

当南风不带雨地吹刮时，就在我们之中造成这种状况；当它们吹刮的同时又下雨时，雨水就冷冻我们。从海边吹来的南风适宜植物；因为在抵达植物之前，就被海冷却了。植物的萎缩也由于不协调的湿和热。

【24】 为什么在南风中，人们会有沉重和乏力的感觉？是因为湿气被热流融解，从细微变得沉厚，重的湿气取代了轻的气息吗？此外，我们的强健存在于各关节中，而它们被潮湿的南风弄松了。黏结在一起的东西被辗轧得吱嘎直响的事实就表明了这一点。因为关节中的胶质如果坚硬，就会妨碍我们运动；而如果太湿，则会使我们精神不振。

【25】 为什么人们更容易在夏天生病，而病了的人却更容易在冬天死亡？是因为在冬天，热因其稠密汇积在我们体内，而且，如果由于我们体内积有排泄物而不能将其调
862b 协，就更要虚弱，疾病的起始必然是凶猛的吗？这类情形很可能会是致命的。在夏天，由于整个身体处于稀疏、凉爽和在劳作上的放松状态，所以，由于疲弱和没有消化吞食的东西（因为这是出产新鲜果实的季节），必然要有许多疾病发生，但这类疾病不凶猛，因此，容易对付。

【26】 为什么死亡最常出现在夏至和冬至之后的100天内？是因为这每段时间是热或冷的过度所延伸到的时期

吗？它们的过度造成疾病和病患者的死亡。

【27】　为什么春天和秋天易患病？是因为凡变化都易导致疾病吗？秋天比春天更易患病，因为从热变冷时，比从冷变热时我们更易生病。在春天，是冷变热，而秋天，则是热变冷。

【28】　为什么冬天的病患虽然比夏天少，但却更易致命？是因为在夏天，病患源出于细小的起因，但冬天却不是这样？因为在冬天，我们处于较好的调协状态，也较健康，所以，源生于严重起因的病患本身自然也是严重的，更易致命的。在运动员身上，以及一般而言的在身体健壮者那里，我们看到了这同样的情形；因为他们或者不被病患所扰，或者得了病就会很快死亡，因为只有严重的病因才使他们患病。

【29】　为什么在秋天和冬天的寒冷气候中，烧烤似的热症更常发生，而在夏天炎热时，却又是寒症最麻烦？是因为在人身上，胆汁是热的，黏液是冷的吗？所以，在夏天，冷的东西化开，并被驱散，因而生出寒症和疟疾；但在冬天，热的东西被季节控制，就冷却了。在冬天和秋天，烧烤似的热症更麻烦，因为由于冷，热的东西积在内部，而烧烤似的热症就是在内部而不是外表。所以，烧烤似的热症自然

地发生在这个季节。通过对比冬天在冷水中洗浴的人和用热水洗浴的人，人们就能更清楚地看到这一点；因为那些在冷水中洗浴的人，虽然在洗时，冷得瑟瑟发抖，但在一天的其余时间里却不会遭受寒冷的影响，而那些用热水洗浴的人，
863a 则更艰难地在忍受寒冷中度过一整天。因为在冷水中洗浴的人，其肌肉变得结实，热量积蓄在体内，而用热水洗浴的人，肌肉是松弛的，热的东西被转到了体外。

【30】 泥敷剂的功效[1]是什么？是因为，由于它的溶解作用，造成出汗和蒸发吗？

【31】 当化脓时，如何表明？当把热水灌注其中时，假如有变化，就是化脓，如若无变化，就不是化脓吗？

【32】 哪种伤该烧灼，哪种伤应切割？是否那些有大的裂口，不可能很快愈合的伤应当烧灼，以便在裂口处结痂呢？因为经过这样的处理，才不会有脓疮。

【33】 止血药的功效是什么？是因为它为干燥的东西，能阻抑分泌物的流泄，而又不会结痂和造成肌肉的溃烂吗？因为这样，伤口就不会发炎，而会被治愈。因为如果不再流

① arete。

泄，就不会发炎，而由于干燥，它就会愈合；反之，只要还有潮湿的东西，就不会愈合。正因如此，大多数的止血药都是刺激性的，所以，引起收缩。

【34】 哪种性质的伤该烧灼，哪种该切割，哪种既不应烧灼，也不应切割，而该用药物呢？是胳肢窝和外阴部上的伤该用药物吗？因为这些部位的伤在被割开之后，有的很痛苦，有的很危险。平滑的肿瘤、有许多疙瘩的那些，以及在有血管而肌肉不多部位的那些，应被烧灼。汇积到尖点的，以及不在身体坚硬部位的那些，应被切割。

【35】 如果某人用铜器切割，为什么伤口愈合得比用铁器的要快？是因为铜器更光滑，所以，刺破的肌肉更少，造成的创面更小吗？或者，即使铁器的刀刃较锋利，铜器的分割也更容易，更少痛苦吗？但是，铜自身具有药性，而且，起始是重要的。所以，是药物靠着在切割同时的直接功力，造成了伤口的更快愈合。

【36】 为什么由铜造成的烧伤治愈得更快？是因为铜包含的物体[①]更稀有、更少，而事物含有的热量越多，也就越坚硬吗？

---

① somatikon。

【37】 对于患者来说，大麦做的粥是否要比小麦做的
863b 更易消化、更好？因为相信这一点的人从那些制作者的情形出发争辩说，碾磨大麦的那些人比碾磨小麦的人气色要好得多。再者，大麦更潮湿，而更潮湿的东西更加容易消化。或者，也没有什么妨碍大麦的有些性质使它更难消化，而另一些性质则使它因其轻而更有用？因为大麦不仅比小麦更湿，而且也更冷。因为麦粥和给热症病人吃的其他类似食物，都应当既给他们提供营养，又给他们降温。大麦做的麦粥就具有这两种性质；因为它既比物体更湿，又给予少许营养，并可降温。

【38】 为什么马齿苋和盐可以抑制齿龈的发炎？是因为马齿苋含有某种潮湿吗？如果咀嚼它，如果把它挤压一段时间，这一点就会表现出来；因为潮湿从中放出来。黏性物沉下去，并释出酸味。这酸味表明它有亲合性；因为它的汁液有某种酸味。盐则在溶化时释放酸味。那么，为什么灰汁和硝石不这样呢？是因为它们收缩而不溶解吗？

【39】 为什么在夏天疲劳必须靠洗浴恢复，而冬天则要靠涂油？冬天之所以要涂油，是由于生成了冷颤和变化吗？冷冻必须靠热来解除，因为热造成温暖，而油就是热的。另一方面，在夏天，则需要潮湿；因为这个季节是干燥

的，不会惧怕冷颤，既然身体的自然倾向是朝向热。夏天需要少量的固体物和大量的液体物，前者更一般，后者更重要。在夏天，由于干燥，喝水是总体的一般需要，但少量的固体物对四季都是普遍适用的，尤其是夏天；因为由于这个季节，身体要从固体物供热。

【40】　为什么有些药物舒解胃，而不是膀胱，有些则舒解膀胱，而不是胃？是因为，那种自然潮湿且充满水分的东西，如若有药性，就舒解膀胱吗？因为不调协的潮湿正好就沉积在那里；既然膀胱是胃中不调协潮湿的贮存器，这种潮湿不停留在胃里，而是在造成或者承受什么变化之前就排走了。但是，那种本性上源出于土的东西，如果有药性，就舒解胃；因为进入胃的是土性的东西。所以，如若它有可以 864a
引起运动的力量，就翻搅胃。

【41】　为什么有些药物在上部胃运动，有些在下部胃运动（例如，黑藜芦泻剂在上部，斯甘摩尼泻剂在下部），有些则在两个部位起作用（例如喷瓜质和毒胡萝卜液）？是因为在胃中运动的药物，有些是热的，有些是冷的吗？所以，有些药由于热，当在上部胃时，就立即从那里被移到上部地区，并在那里溶解最格格不入的东西和最不自然地合于它的东西，如若这药颇有效力，或服用的剂量比自然量更多，它就把这些以及或许有的某种排泄物统统带进上部胃，

而且，由于这药是热的，就搅动起大量的气息，当受到阻抑时，便引起呕吐。另一方面，本性上冷的药剂由于沉重，在承受或造成任何变化之前便被移往下部，在那里，引起与热药在上部引起的同样的后果；因为在通过管道从那里上行的时候，牵动了它们作用下的分泌物和排泄物，并将它们引往相同方向的路径。分有这两类性质的药物是热与冷的混合，它们因其各自不同的力量而具有两者的效用，所以，即使现在，医生也炮制相互混合的药物。

【42】 为什么药物有清泻作用，而另外的东西虽然更苦涩、更有收敛性，或在其他这类性质上更甚于药物，但却没有清泻作用？是因为清泻作用不是由于这些性质，而在于它们不调协？因为如果某物由于有过度的热或冷，虽然体积很小，但不调协，且能控制动物的热，而不是被其控制，如果它又容易被两个胃溶化，那么，这类东西就是药物。因为当它们进入胃并被溶化时，就被与食物通过的那相同管道带进血管，而且，因为不相调协，而是处于支配地位，它们就带着那些阻碍物，一起进入自己的路径；这个过程，就被称为清泻。铜、银以及诸如此类的东西，虽不与动物的热调协，但却不容易在胃中被溶化。油、蜂蜜、奶以及诸如此类
864b 的食物也有清泻作用，但这不是因为它们的性质，而是由于它们的数量；因为在它们因其量大而不调协时，才清泻，如若它们果真具有清泻作用的话。因为不调协是由于两个原

因，或由于性质，或由于数量。因此，上述种种没有一样是药物；因为它们无一是由于性能而清泻。收缩性、苦涩和难闻的气味是药物的特性，既然药物是作为食物的相反面。本性上调协的、能与身体合为一体的东西，才被称为食物；而在其本性上不被控制，进入血管，并由于热或冷的过度而引起搅动，这乃是药物的本性。

【43】 为什么胡椒量大时舒解膀胱，量小时舒解胃，而斯甘摩尼泻剂量大时舒解胃，量小且陈旧时舒解膀胱？是因为二者各自对身体的不同部位更有影响吗？因为胡椒可利尿，斯甘摩尼泻剂能清泻。所以，胡椒量大时被移入膀胱，不在胃里溶化，而量小时，被控制住了，就舒解胃，作为它的药物而产生作用。斯甘摩尼泻剂则在量大时进入胃中被控制，所以溶化了，而一旦溶化，就由于上面说过的原因成为药物；但如果它的量小，就和喝饮的液体一起被吞咽下去，进入管道，在没引起任何搅动之前便很快地移往膀胱，在那里，它靠自己的力量带走一切存留在表面的排泄物和分泌物。当它量大时，正如已说过的，就由于强大而长时间地留在胃中，并驱走许多清泻物和土性东西。

【44】 为什么治疗同样的炎症，有的采用冷却，有的却通过加热？后一种人是通过引入体外的热，前一种人是通过冷却体内的热，从而使炎症集中。

【45】 为什么敷药必须变换？是为了使病人更能感受到吗？因为正如在吃的方面，人们习惯了的东西不再是药物，而变成食品一样，在敷药一类的事情上亦如此。

【46】 为什么食物的减少和运动的增加有益于健康？
865a 是因为剩余物的过多是疾病的原因吗？而食物的过度或运动的欠缺，就会发生这种情形。

【47】 为什么药物以及多数场合下的苦涩物、异味物有清泻作用？是因为一切异味物及苦涩物是不调协的吗？因此，药物是苦涩的和有异味的；因为作为药物，与苦味混在一起，是不调协的，可引起运动。如若服药的剂量太大，会致人于死。但是，那些即使服量很小也会致死人的东西，就不叫药物，而是毒物了。那些性质上本不具有清泻作用的东西，不是药物。如果用量足够的话，许多食物也能产生与药物同样的效果，例如奶类、油类和未发酵的酒类；所有这些东西，由于不易调协，都有清泻作用，而且，它们清泻的是那些不易靠这些来调协的人。因为对于不同的人，有的东西易于调协，有些则难以调协。因此，相同的东西并非对于所有人都是药物，而是有些人各有自己的特性。因为一般而言，药物不仅应当是不调协的，而且也要能引起运动，正如锻炼（无论是外面的还是内里的）通过运动排除异物。

【48】 为什么甜味的种子和植物能利尿？是因为它们含有热，且易于调协，而这种性质的东西能利尿吗？因为它们内部的热有助于很快消化，而它们的味道又无形体，既然连味道浓烈的植物（如大蒜）也因其热而能利尿，虽然它们的残味存留较长。甜味的种子含有热。

【49】 为什么对脏污不洁的疮痛要使用干燥的、辛辣的、收敛性的药物来治疗，而对洁净卫生的疮痛则使用潮湿的、多孔隙的药物？是因为必须从不洁的疮痛中排放出某种东西吗？这必须被排放的东西是外来的潮湿。苦涩、辛辣、收敛性的药物具有这种作用，而且，干燥的比潮湿的更具这种作用。但洁净的疮痛仅仅需要被消散。

【50】 为什么荒淫无度对源于黏液的疾病有利？是因为精液是剩余物的分泌，其本性类似于黏液，所以，由于性交排放了许多像黏液一样的东西，因而有利于身体吗？是在开始时，还是在后来给病人以食物更好一些？应该在开始时给，以便炎症不缠扰已经虚弱的病人？或者病人应立即限食，或者，应这样给他进食，即开始时给他喂粥类，因为这 865b
样的食物更为柔软，更易吞咽和消化，而且，对于衰弱之躯来说，从这类食物中摄取营养也容易些。因为食物在胃中必须首先作用的地方，由于既被消化又被加热，这些过程就会

对身体造成痛苦。

【51】 为什么为了检查尿，弄清它是否被调协，必须中止撒尿，而不是继续撒尿？是因为，如若它带红色，就表明调协了，而这在中止撒尿时更能判定？或者是因为，一切潮湿的液体作为反映颜色的镜子，量小更比量大好？因为形状是在大量的液体中被照见，颜色则是在少量的液体中被照见，例如露、雨滴和眼睑上的泪珠。所以，如果让尿继续流，它的量就会多，如果将其中止，它就较好地反映出颜色；因此，如若它由于调协已有了红色的性质，当反射发生时，便会更显明，而且，由于折射，可以在镜子中看到。

【52】 为什么为了达于健康，肌肉不应当厚实，而应当薄嫩？因为正如空气流通的城镇和地方是健康的一样（因此，海是健康的），身体也如此，如果有空气流通，它就更健康。因为要么体内一定不要存留排泄物，要么应尽可能快地排除它，而且，身体应总是处于这样的状态，即一旦有了排泄物，便立即排除，所以，要处在运动中，而不能静止。因为滞留的东西会腐朽，就像不被运动的水一样，而腐朽的东西会引起疾病；但被排除的东西在朽烂之前就被分离了。可见，如果肌肉厚实，就不可能出现这种情况（因为通道仿佛被堵死了似的），但如果肌肉薄嫩，这就会发生。因此，人不应光着身子在阳光中散步；因为那样，肌肉会密实，且

成为肥胖，身体也会变得更加潮湿；因为体内的湿气留存着，表面的被驱散了，正如烧烤的肉食比煮沸的更为潮湿一样。人也不应裸着胸膛散步；因为太阳是从身体的最好组织部分吸湿，而这些部分是最不需要被吸走的，与其这样，还不如吸取体内的湿。因为体内较远，从那里不可能吸出汗，除非功力很猛，但从胸膛处就较容易了，因为它近便。

【53】 为什么冷水和热水都对冻疮有益？是因为冻疮 866a
是由潮湿的过度所引起吗？所以，冷水汇积和凝结潮湿，热水则使它散发，并在肌肉稀疏时使蒸汽离去。

【54】 为什么冷的东西既引起又能阻止冻疮，热的东西既引起又能阻止烧伤？两种情形都是由于同样的原因吗？即，引起是通过液化，阻止是通过弄干。

【55】 在热症中，应该经常地、但又是少量地给病人液体食物。因为如果量大，就白白流走了，如果量小，且经常进食，就会被吸收，进入肌肉中。这就犹如大地，如果大雨倾盆，水会白白流走，如果细雨绵绵，仅浸润土地，就被吸收了。热症病人也是这样。在灌溉时，假如涓涓细流，沟渠就吸收了流水；但如果把等量的水一下子全部放出，就会四处漫溢。其次，要让病人尽可能不动地躺着，因为只要人不动，火也显然会熄灭。但是，不要在对着风的地方卧躺，

因为风助火势，火会散开，由小变大。因此，应把病人包裹起来，因为如若不供气，火就会熄灭。在湿热出现前，也不要脱衣服；因为火若遇到空气，就会闷灭潮湿。在自然中，也依同样道理。在间断性热症中，人们必须早做准备，给病人洗浴，给他的双脚热敷，将其包裹并让其躺下，以便在病发前有尽可能多的热。因为在有大火的地方，火苗是不能燃烧的；既然大火会吞并小火。因此，必须在体内准备大火，因为热症只有小火，所以，大火会吞并小火。

【56】 在三日疟中，病人不应变瘦，应把热引入他体内。他也应使用锻炼方法。在发病的日子里，他应洗浴，但不应睡眠。因此，热的饮食是有益的，因为患三日疟的病人虚弱；因为假如不虚弱的话，就不会第四天又发病了。懂
866b 吗？在有大火的地方，火苗不会燃烧；因为大火吞并小火。因此，应在体内造成大火，因为热症只有小火。所以，日常的治疗是把热和湿引入体内。

【57】 有些病源于热，有些源于湿。由热引起的病靠湿治疗，由湿引起的病则靠热治疗，因为它烤干湿。

第　二　卷

出汗方面的问题

【1】　为什么汗的出现既不在呼吸抽紧时，也不在屏住呼吸时，而是在放松时？是因为当呼吸被屏住时，就充盈血管，所以阻碍了汗的外流，这就犹如，当水充满时，如果有人翻转，它也不能从水钟中流出一样。但是，一旦汗水流出，就流得很多，因为在它被抑阻期间，一点一滴汇积起来了。

【2】　为什么身体浸泡在热水中的部分不出汗，即使本身是热的？是因为水阻碍了消溶，而汗是在被热驱开时形成的肌肉中的结构不良的部分。

【3】　为什么汗有咸味？是因为在食物通往血液和肌肉的过程中，由运动和热分离外来的东西所造成的吗？因为这样的东西会很快分离，既然它与身体不相适，且在外面蒸发。它的咸味是由于，最甜和最轻的部分被吸收进了身体，

不相容的和难以调协的部分被排放出来。当这种东西在下面被排泄时，就被称为尿；在肌肉中时，就是汗。由于同样的原因，这二者都是有咸味的。

【4】 为什么身体的上部比下部更易出汗？是因为热升向上方并汇集在上方，它把湿气带上去了呢，还是因为呼吸引起出汗，而呼吸存在于上方？或者，是因为汗乃不调协的湿气，而这种湿气存在于上方。因为混合发生在上方。

【5】 如若某人舞动手臂，而让身体的其余部分保持原状，为什么出的汗最多？是因为在我们的身体中，这个地方最为强壮吗？因为正是在这个最靠近最强壮的地方，我们才屏住呼吸；而我们是通过劳作的锻炼才更强壮的；也正是有了这种强壮，我们才更易屏住呼吸。再者，当手臂被摩擦时，我们更能感到比身体的其他部分被摩擦时的阻力；因为通过屏住呼吸，我们进行锻炼，无论是在被摩擦时，还是在摩擦时。

【6】 为什么从头部流出的汗要么没有气味，要么比从躯干流出的汗气味小？是因为头部区域的透气性能好吗？头部长出头发，这个事实可以表明它的孔道多。在透气不好的那些部位中的东西则有异味。

【7】 运动员如果歇息一会再较量，为什么比连续较量

出的汗多？是因为当他们歇息时，汗就汇集起来了，后来的较量就使这些汗排放了出来。但是，连续的较量却弄干了汗，就像太阳一样。

【8】 当人们很长时间已没有想方设法出汗时，为什么他们出的汗更多？是因为汗的生成不仅由于湿气，也由于孔道的更扩张和身体的多孔吗？所以，对那些不设法出汗的人来说，孔道是锁闭的，但对设法出汗的人而言，孔道则是张开的。

【9】 虽然太阳给裸体者比给穿衣者加的热更多，但是，为什么穿衣者们出的汗却更多呢？是因为太阳用炽热造成孔道的锁闭呢，还是因为它烤干了湿气？但这种情形较少发生在穿衣者身上。

【10】 为什么面部出的汗最多？或许是因为，汗容易通过孔隙最多而又最为潮湿的部位。头部似乎是潮湿的源泉，而且，也正是由于湿气多，才因此生出了头发。这个部位也稀疏多孔，因此，汗自然要通过。

【11】 为什么人们出汗更多不是在热骤然而至时，也不是在热逐渐消退时，而是在热逐渐增加时？因为在蒸汽浴中的人比一下子承受许多热的人流的汗更多。或者是因为，

每种结果都产生于适当的比例吗？所以，如果一定的量引起某种结果，那么，更大的量不一定引起更大的结果，或许更会引起相反的结果，这是因为，一定功效的产生只能按比例。因此，人们流更多的汗不是对应于更大的热，而在于不同的比例对应于每次热的增加，而且，已引起结果的东西不再引起更大的结果，即使在东西添加更多时。因为给每个结果开引道路和准备条件的原因与产生结果的原因不是相同
867b 的，而是相异的。所以，为身体的出汗开引道路和准备条件的热是小量的，而不是大量的；至于造成出汗，则需要另外的、更大的比例。但这不再是已经造成过的东西所造成，而是由接续在它之后的、具有不同比例的东西所引起。

【12】 为什么用刮皮器刮汗的人比把汗保留在身上的人出汗更多？是因为在后一种人那里，汗被外层的东西冷却了吗？或者是因为，外面的汗犹如眼睑，覆盖孔道，所以妨碍了里面的汗的流动。

【13】 为什么芸香和某些药膏造成汗的难闻气味？是因为，某些味重的东西，在与排泄的潮湿物相混时，就使味道更难闻吗？

【14】 为什么我们身体的背面比前面出的汗更多？是因为在前面，内里有一个湿气被排入其中的地点，但背面却

没有这样的地点，所以，分泌的湿气必然出现在外面吗？也正是由于这个原因，我们的腹部才比胸部出的汗少。背面和后面比前面出汗少的另一个原因，是因为前面比后面更易凉爽。胳肢窝的汗出得最快和最多，也是由于这个原因；因为它最不凉爽。此外，背面的部位和前面的相比，肌肉最多，所以最湿。在后面的那些部位，有更多的湿气；因为脊柱中的骨髓生出许多湿气。

【15】 为什么在我们躺卧的那些身体部分不出汗？是因为我们与之接触的那个地方是热的，因而阻碍了汗的通过；因为它使汗变干。再者，它是被压迫着的，而在被压迫时，血液就散开，一旦出现这种情况，该部位就变冷了。麻痹的情形可证明这一点；因为这种结果是一种冷却状态，是由压迫或击打引起的。

【16】 为什么睡觉的人出汗更多？是由于热被压在里面吗？因为汇集在内部的热会排除湿气。

【17】 为什么虽然脸部的肌肉极少，但却出汗最多？是因为凡潮湿和稀薄的部位都易于出汗，而头部有这种性质吗？因为它在本性上固有丰富的湿气。从这里伸延出去的血管，从它生成的溢液、脑髓以及许许多多的孔道，都能表明 868a
这一点。头发能证明有许多孔道延伸到外面。汗水不是生成

于身体的下部，而是来自头部。因此，额头先出汗，且流得最多；因为它是头顶下面的第一个地点，而湿气正是朝下涌，而不是向上。

【18】 如若正在出汗的人因水或风[①]而受凉，为什么他们容易呕吐？是因为湿气被变凉时，就汇集起来，但在以前，它由于流动而不是静止的吗？或者是因为，气息在呼出时，由于冷却而变成汗，但在它呼出成为湿气之前，就在里面冷却了，因而攻击身体，引起呕吐？

【19】 为什么那些被变热的人从头部和双脚流出的汗最多？是因为被变热的部分把湿气引向自身，又由于这些地方骨多肉少，湿气没有在其中消散的地点吗？所以，它跑到了外面。

【20】 为什么锻炼的人在停止锻炼时出汗？因为如果锻炼是原因，那么，在锻炼时就应该出汗。是因为在锻炼时，血管因呼吸而扩张，引起了孔道的锁闭，而当停止锻炼时，血管又收缩了，所以，由于此时的孔道变得较为宽敞，湿气就容易通过吗？或者是因为，在锻炼时，运动把气息从本性充实的湿气中分离出去，而且，由于热从运动中生成，

① pneuma。

湿气就在身体表面成为气息？当锻炼停止时，热也同时停止，湿气就从气息的凝结中生成了，这就是我们所谓的汗。

【21】 在夏天流汗是否必定比冬天更重要？或许是在如若不留心，身体会变得太湿，且难以调养时更重要，所以，在夏天流汗更必需，因为在此时，身体的变化很大，排泄物不易被吸收。再者，当冬天的天气寒冷时，流汗也反乎自然。因此显然，夏天流汗更必需；因为在夏天，一切湿气都更易腐朽，所以，在那时，它们必须被排除。正因如此，一切古人也持这种说法。

【22】 虽然身体总在流溢，也总是从排泄物中分泌出东西，为什么如若不流汗，身体就不会变轻？是因为分泌物太少吗？因为当液体从潮湿中变成气时，大量的气生成于少量的液体。由于被分泌的液体更多，所以，分泌所用的时间 868b
也更长，这既由于上述理由，也因为，分泌物要经由狭小的孔道。此外，胶质的和粘性的东西要和潮湿一起被分泌出来，因为它们混在一起，但却不能和气息一起被分泌。引起痛苦的，也尤其是这种东西。因此，呕吐比出汗更能减轻体重，因为呕吐物更稠密，更具形体性，因而就随之带出了粘性物。此外，胶质物和粘性物存在的地方，与肌肉有段距离，所以，难以变更它，但是，它们离胃部却很近，因为就在胃中，或紧挨着它；因此，要脱离它，不呕吐是很难的。

【23】 为什么人在锻炼过程中出的汗比停止时要少？是因为在锻炼时，人正在活动，完成锻炼时，也就完成了活动吗？所以，分泌的汗自然会更多；因为在锻炼时，汗正在形成，而在完成锻炼时，汗就存在了。或者是因为，当锻炼时，肌肉的孔道因呼吸的屏住而锁闭，但在锻炼结束时，孔道又张开了？因此，当人屏住呼吸时，出汗较少。

【24】 为什么汗多不是在我们正奔跑时，也不是在身体处于运动中时，而是在已停止运动时？是因为犹如这种情况：当用手或其他什么阻住流水时，它从四面八方汇集而来，一旦被松开，它就会比开始时的流量更大。就像水被手阻住一样，汗也能被气息阻住，犹如在水钟里，而且，它是在膀胱中；因为被阻在里面。同样，当有大量运动时，气息就被阻住了；因此，血管膨胀，湿气不能外出。湿气因被阻住，就汇集起来，在气息放松时，便一起涌出。

【25】 为什么当人们喝饮时，流的汗较少，吃东西时也一样？是因为食物吸收了湿气，犹如海绵吸水一样；而且，通过摄入食物来阻塞孔道，在很大程度上是可能阻住湿气外流的，就像通过阻隔沟渠来阻止水流一样。

【26】 为什么神经质的人双脚出汗，而不是脸部出汗？

因为更合道理的是：只有在整个身体出汗时，脚才出汗。因为脚是最冷的地方，所以，出汗最少。医生在接待病人时，特别叮嘱要包裹双脚，因为它们容易受凉，因此，在开始时，也容易引起身体的其他部位受凉。是因为神经质不引起 869a
热从上部到下部的转移，正如在恐惧中一样（因此，人在被恐吓时，内脏是松散的），而是有热的增加，就像在发怒时一样吗？因为发怒是心脏周围的热的沸腾；神经质的人不受恐惧和寒冷的影响，而受未来的东西影响。

【27】 在不出汗时，为什么人的脸也变红？是由于太热，表面的热弄干了脸上的湿气，它消溶脚上的湿气则是由于那里的湿较少，虽然比先前自然地存在于那里的更多吗？

【28】 为什么睡时比醒时出的汗更多？是因为汗的本原在内部，身体的内部更热，所以，内部的热溶化和排放内部的湿气吗？或者是因为，可能总有什么东西从体内排出，只是由于没有什么与之接触，未曾引起注意。能表明这一点的是，身体的空凹部分总在出汗。

【29】 为什么当天气寒冷时，在蒸汽浴中的人流汗更多？是因为热由于冷的包围，没有外出之路（因为它被冷所阻），而是被积蓄在里面，并停留在那里，溶化我们体内的湿气，且从中引出汗水。

【30】 为什么如果汗是裸身跑步的人流出的，虽然它较少，却比穿着衣服跑步的人流的汗更有益？是因为一般而言，锻炼比不锻炼好，源于锻炼的汗比源于不锻炼的汗好，源于较大锻炼的汗比源于较小锻炼的汗好吗？裸身跑步者的汗源出于较大的锻炼；因为如若不用尽全力奔跑，一位裸身者是不可能出汗的。相反，在穿衣服的人那里，即使他跑的速度适中，也会很快出汗，因为热产生于衣服。在夏天，那些裸身奔跑的人也比穿衣服的人有着更为健康的肤色。因为正如居住在空气清新之地的人比生活在空气污浊之地的人肤色更健康一样，人自身的情形也是如此，如若他置身于空气清新的环境中，比在污浊之地和被大量热包围的地方有更好
869b 的肤色，穿着衣服奔跑的人，就处在后一种情形。由于这同样的理由，那些睡眠时间过长的人也不如只睡适度时间的人肤色好；因为睡眠中的人是处在不良的环境条件中。

【31】 为什么神经质的人不是脸上，而是脚上出汗，我们处在正常状态的人却是脸部出汗最多，脚上最少？因为神经质是对于行为开端的某种恐惧，而恐惧则使身体上部发冷，所以，神经质的人面色苍白。而且，他们运动和跳跃双脚；因为这是神经质人的活动，犹如人们在锻炼。因此，自然地，锻炼的部位就出汗；他们也摩擦双手，弯腰，伸直，烦躁不安，不肯歇息。因为他们热衷于行动，原因在于，他

们的热汇集在更为密实有形的胸膛周围的地区。这种热和血从那里冲向各处，导致了经常的和多变的运动。他们出汗最多的还是双脚，因为它们在连续不断地动作，身体的其他部分则在位置和运动的变化中获得静止。

【32】 为什么在蒸汽浴中，流汗更多的不是在热骤然而至时，也不是在热逐渐减少时，而是在它逐渐增多时？因为如果把热逐渐引入蒸汽浴室，比把等量的热一开始就直接引入，人们流的汗更多。或者，从一开始就有很大的热，由于遇到的表面的肌肉是干燥的，便烘烤皮肤，使它变硬，而当它变成这种状态时，就封住了汗。相反，少量的热使肌肉松软和薄嫩，犹如软化内部的湿，使汗分离并溢出。当肌肉处于这种状态时，更多的热才进入，并因肌肉的松软而渗入它的深部，蒸发已软化的湿气，且在分离轻的东西时将它们随着气息排放出来。

【33】 在夏天引起出汗是否比冬天更必需？在冬天，汇集在体内的热是调协的，并呼出了我们内部的湿气，因此，由于它们全部或多数都被消耗了，因而不需要有排除它们的适当方式。但在夏天，由于肌肉的松软，热的消散，我们内部的湿气较不调协，因此，需要排放。因为如果留在体 870a
内，它们就会因其季节而腐烂，并引起疾病。因为一切腐烂物的腐烂是由外来的热引起的，自己固有的热则造成调协。

在夏天，外面的热很强，因此，体内的一切更易腐烂，但在冬天，自己固有的热占优势，所以，冬天无腐烂。

【34】 虽然出汗是因内部的热或外来的热所引起，但为什么在出汗时，有时我们却打冷颤？是因为，当汗由于内部的热，从宽大的地方被排泄到狭小的地方时，它集中到身体的表层，并完全封闭了热的通道，所以出现打冷颤吗？此外，也由于肌肉变得完全充盈，热排放了。而且，外面供给的热一开始也使肌肉松软；此时，内部的自然热如若被排出，便引起冷颤。

【35】 为什么热汗被判定为比冷汗好？是因为所有的汗都是某种排泄物的分泌，而且，就本性而言，少量的排泄物是热的，但大量的却不一样，所以，冷汗应是大量排泄物的一个表征；因此，它表明疾病可能持续较长吗？

【36】 虽然出汗是由热引起的，为什么在大火面前，我们却出汗较少？是因为，当身体被烤得很热时，湿气就化解为蒸汽，或者是因为，当湿气排出并被很快烤干时，我们感觉不到。

【37】 虽然在我们不穿衣服时，太阳给我们的热更多，但为什么在我们穿着衣服时，出的汗却更多？关于这一点，

我们将给予和前一个问题同样的说明。

【38】 虽然快速运动被认为要生出较多的热，缓慢运动则生出较少的热，但是，为什么较为缓慢的漫步上山却分泌出较多的汗，且阻滞呼吸，仿佛比下山还热似的？是因为，把重的东西朝下移动是合乎自然的，向上移动则是反乎自然的吗？所以，在我们下山时，热的本性不使我们费力，而是在我们上山时，成了一个连续的负担。因此，由于这种运动，它变得热，分泌出更多的汗，并阻滞呼吸。在上山时，身体的弯曲也由于阻滞呼吸而在某种程度上造成了妨碍 870b
呼吸畅通的结果。

【39】 虽然汗是由穿戴衣物过多引起的，但为什么穿衣服最多的人流汗不是最多？关于这个问题，我们将给予和前面问题同样的说明。

【40】 虽然我们的身体在夏天比冬天更干燥，但为什么我们在夏天更易出汗？是因为在夏天，当身体处在稀薄状态时，体内含有的自然热不多吗？所以，它就把湿气消溶为蒸汽。但在冬天，身体处于外在的厚实状态中，积蓄在体内的大量自然热不使湿气消溶为蒸汽。此外，在夏天，我们摄入的液体较多，而在冬天，则相反。

【41】 对于健康者来说，为什么自发出的汗被认为比锻炼出的汗要差？是因为，不断排放多余湿气的锻炼使得肌肉更干燥，所以，管道的孔穴是健康的，不会对热的排放产生阻滞，但是，所谓的自发流汗（实际上，当自然的孔道被大量的湿气阻滞，热不能完全保持，但仍能抵抗并分离湿气时，这乃是必然要发生的），应被合理地看成是疾病的征兆。因为这时，由于大量的、超过比例的湿气存在，符合自然的冷却会发生，而且，肌肉变得肿胀，处于对健康最有害的状态。

【42】 为什么在冬天出汗很少，我们也不希望它出得和夏天同样多，虽然冬天更潮湿？我们出汗很少，是因为在冬天，我们的湿气凝冻了，变得坚硬吗？所以，它们很难被溶化。我们之所以不认为冬天有必要引起出汗，是因为我们所处的那种性质的状况是健康的。相反，出汗的人却会造成这种状况的瓦解和破坏。此外，如若使身体的状况变得比应当的更稀薄，他就会排出内在的热，使它更少，这样，它就不能对周围的冷保持势均力敌的抗衡；因而，在孔道由于出汗变得更疏松时，外面的湿气便会更容易地渗入体内。

第　三　卷
饮酒和醉酒方面的问题

【1】 为什么虽然酒是热的，但醉酒的人却不能抗冷， 871a
且极易染上胸膜炎和类似的疾病呢？是因为，如若大量湿气被冷凉，会变成大量的冷，所以，便控制了自然的热吗？因为这就犹如，假若把罩袍置于冷水中浸泡，里面的肌肉也会变冷一样。

【2】 为什么烂醉的人不撒酒疯，微醉的人却最爱撒野呢？是因为他们醉的程度既不是轻微得像清醒者那样行为冷静，也没严重到像烂醉如泥者那样无能为力吗？再者，清醒者较能正确判断，烂醉者全然不能试作判断；微醉者则因醉得不深还能判断，只是由于不清醒，判断得很糟，而且，他们也容易看不起旁人，以为自己被别人小视了。

【3】 为什么喝淡酒的人比喝纯酒的人更头疼？是因

为，由于淡酒轻，能更顺利地渗入更多也更窄的地方，而纯酒则渗入较少，所以，混杂酒更难排出体外吗？或者是因为，由于不能喝多，喝纯酒的人喝得较少，比较容易吐出吗？再者，纯酒由于更热，易调协其他东西，也易调协自身；但掺水的酒则相反。

【4】 为什么醉汉的精子在多数场合下不育？是因为他们身体的成分太潮湿了吗？潮湿的精子是不生育的，只有有浓度和硬性的精子才生育。

【5】 为什么醉汉发抖，而且，喝的酒愈纯愈如此？酒是能生热的，发抖主要源于冷，因此，受凉的人最易发抖。但那些仅以纯酒为食的人，易患剧烈的颤抖症，并且推开试图止住他们的人，当在热水中洗浴时，他们就没有这感觉了。是因为，发抖由于冷，而冷的出现又或者在内部的热被外部的冷包围时（例如在冬天），或者在符合自然的热被耗尽，即被相反物或因时间而耗尽时（例如老人），或者由另外的热的过度所引起，这发生在太阳或炽热的火光照耀中？在饮用纯酒的人身上，也出现这种情形。因为酒是某种热，当它与身体固有的热混合时，就在力量上超过后者，并压灭后者；当身体的热被这样耗尽时，便出现发抖。除了上面说过的那一切外，还有另外一种冷。当每物中热的滋养所依凭的那个质料被撤走时，热就熄灭了。这可以通过非生物方面

的灯来说明（因为油尽则灯灭）。在生物方面，老龄和持久、虚脱的疾病也引起同样结果。因为当热的滋养物被撤走或减弱时，其结果是热也就没有了。因为热靠湿气滋养，但不是靠任意一种湿气，而是靠柔滑、丰润的湿气。因此，在患上述那种疾病的病人和较老的人身上，当这类湿气消逝和改变其性质时（它变得粗糙和干燥，而不再柔滑和油润），就出现了热散尽的结果。表明上述观点的一个证据，是有助于拯救虚脱病人生命的东西；因为只要有人为他们提供滋养的湿气，他们的生命活力就会恢复，这说明，他们的虚脱是由于缺乏这类性质的东西。这似乎也是那些喝纯酒的人的原因。因为由于酒是热的，与体内存在的自然热相混合，就会消耗体内已存在的、为自身固有的热提供养料的东西。因此，其结果是，有些醉汉患水肿病，有些得风湿，有些的麻烦则在下腹部。因为剩在他们之中的湿气是粗糙的，吸入其内的则由于自身固有热的微弱而柔和，不厚硬。热的微弱是因为它仍被包含在其中的那质料本身也如此，犹如芦苇引发的火；因为由于质料的微弱，它比柴火更微弱。

【6】　虽然酒是热的，为什么醉汉易发冷，尤其易患胸膜炎及类似疾病？是因为大量湿气如若被冷却，就变成很大的寒冷，所以，控制了自然的热。一切较湿的东西本性上也较热。可以这样表明：热由外在的因素引起，但湿不是。如果热较少，那么显然，热自身就比湿消散得快，因 872a

此，在冷的湿气留存时，醉汉自然会更觉发冷，且呈现固有的发冷症状。

【7】 为什么斯库泰人①和那些因热而勇敢的勇敢者喜爱酒，但热的儿童不喜爱酒？是因为勇敢者既热又干（因为这种性质是勇敢者的状态），但儿童却是湿而热吗？喜爱喝酒的人是欲求某种湿。所以，儿童们的湿阻碍了他们的干渴；因为欲望乃是欠缺和需要某种东西。

【8】 为什么我们在喝醉时更能敏感到有咸味的东西和不洁之水，在清醒时反而较差？是因为相似物和相同性质的东西不被相似物影响，相反物才最对相反物敏感吗？醉汉在自身中有甜味（因为酒似乎就是这种味道），所以，对难闻的味道较敏感，而清醒者的体内则是粗糙的和有咸味的东西。因此，当食物被消化时，排泄物被挤到表面，它们不被相似物影响，就造成了具有者的如此情形。

【9】 为什么在醉汉看来，一切都显得在圆圈式旋转，而且，一旦醉劲上来，他们就不能看到距离远些的东西？（正因如此，有的人就把这作为检验醉否的根据。）是因为视力被酒的热量的运动所扰乱吗？所以，被运动的是视力还是

① Skuthai。

所见的东西无关紧要，因为对上面所说的现象而言，引起的结果是一样的。既然醉汉的眼睛在看近物时尚会出错，那么，在看远物时，出现同样的错误也就是自然的了。因此，他们完全看不见远物；虽然能看见近物，但却不是在它们所处的地方。它们显得在圆圈式旋转，不是近或远，因为由于圆圈式运动，视线更不能移向远物。因为在相同时间，不易造成相反的两个运动。对远物，视线本来是直线移动，但圆圈运动限定了由名称蕴含的形状。由于上述原因，视线不能移向远方；即使视线移往近物和远物，它也不会看见它们。因为在同一地点所看到的东西，在下一个瞬间便会消失，而如果消失了，也就看不见。圆圈式移动是由于视线的内在构造。因为它是锥形，底部是圆的，视线在其中运动，所以，由 872b
于它决不会消失，看到的就总是同一个东西，但是，由于同一瞥不能总落在它上面，因此，在地点上便出现误差。因为无论是把物体移向视线，还是把视线移向物体，似乎是一样的。

【10】 为什么醉汉看到的一个东西有时显得是多个？是因为犹如上面所说，在视线被扰乱时，同一瞥不能在某一时间固定在同一个对象上吗？但是，在同一时间中以不同方式看到的东西似乎在时间上稍迟；因为所见的东西是与视线接触才被见到的，而视线不可能同时与多个对象接触。然而，因为视线接触而又移开被见物的那个中介性时间是觉察不到的，所以，它似乎是在同一时间接触而又移开被见物；

因此，当多瞥在同一时间与同一物体接触时，被见物就似乎是多，因为它不可能以同一方式与同一事物接触。

【11】 为什么醉汉不能做爱？是因为假如做爱，身体的某个部位必然比其余部位更加燥热，由于大量的热积蓄在他们的整个体内，因而不能这样做吗？因为被这种运动激发的热会被包围它的更大的热所耗尽，原因在于，在他们体内，有许多未被调协的湿气。再者，精液源生于食物，而一切食物都被消化了；那些吃饱喝足的人便更有做爱欲望。因此，有些人主张，为了这种性行为，人们应该多吃午餐，少进晚餐，以使体内未调协的东西比调协了的少。

【12】 为什么甜酒、纯酒和蜂蜜酒在酒筵中被比赛着喝光时，会使人清醒？为什么当人们大口喝酒时，醉得比较轻？所有这些情形的原因都相同，即由于身体表面热的抑制吗？因为当热处在头部周围的区域时，就会出现醉。

【13】 虽然甜味浮到表面，但如果某个已醉之人喝甜酒，为什么已在体内的酒会被调协，并引起较小的搅动？是因为甜的东西既柔和又有黏性（所以，它阻塞孔道），而苦的东西则粗糙吗？后者使热易于上升，而甜的东西则通过阻塞
873a 孔道而使它留住。我们也已说过，醉是由于身体上部变热。再者，甜酒无香味，苦酒有，而任何香味都使头部变重。

【14】 为什么混合的，但又较纯的酒比纯酒更易引起早上厉害的头痛？是因为纯酒的成分厚重，所以，自身不进入头部周围狭窄的孔道，而是它的能力，即香味和热进入；相反，混合酒由于与水相混，是轻的，自身能进入，而且，由于有形体和纯酒能力强，较不容易调协。因为湿的东西最难完全调协，形体又比其中的能力更难调协。

【15】 为什么不锻炼的人比锻炼的人更能喝到醉的程度，也更容易摆脱醉？是因为体内有排泄物和湿气的人更趋于排尿，这使他们能够喝酒，随后又能被排除，因为大量的酒的湿气不留在体内。所以，那些不锻炼的人是潮湿的，有排泄物；而锻炼的人则是干燥的，因此，酒的湿气渗入他们体内。它的移动直接地阻塞了尿，尔后，由于这种湿气留在体内，便造成重。

【16】 为什么酒既使人呆痴又使人癫狂？这本是两种相反的状态；因为癫狂处在过多的运动中，呆痴则过少。真如海勒蒙（Khairemon）所说，“因为酒与饮用者的性格混合”吗？所以，它不是在相同东西上，而是在不相似的东西上造成相反结果，正如火烤干东西，又润湿东西，但不是对相同的东西，而是例如，它溶化冰，却烤硬盐。酒（因为它的本性是潮湿）亦如此，它刺激慢，使之变快，但又延缓快。

因此，有些本性抑郁的人在豪饮中就变得完全放松了。因为正如洗澡使身体僵直的人易于运动，又使易于运动和潮湿的人放松一样，酒亦如此，就像洗浴内部器官，起同样作用。

【17】 为什么卷心菜能抑止酒后的头痛？是因为它的
837b 汁液是甜的，有清泻功能（因此，医生用它来清洗肠胃），而且，它的本性是冷的吗？有事实可以证明：医生通过把它完全煮沸，滤出汁液并将其冷却，用它来治疗严重的腹泻。对于酒后头痛的人，卷心菜汁液的作用是下到胃，排出其中有酒味的和不调协的湿气，它自身却留在胃的上部，使身体冷却。待身体冷下来后，轻的湿气就被移入膀胱。通过这两种方式，全身的湿气被排出，当身体冷下来时，自然也就不头痛了；因为酒是湿而热。这种湿气被下移和排出的再一个结果是，气息被引到这些部分，也正是从那里，它才从酒中被移入头部，而引起呆滞和头痛的。但当气息下移，身体由于上述的方式被冷却时，头痛就解除了。因为头痛是由于它减弱时的某种沸腾和燃烧。这种头痛比醉酒更为痛苦，因为醉酒使人失控，而头痛是在人完全具有知觉时使他们痛苦。正如染热症的人比痛苦的人更迷乱，而一旦他们摆脱疾病，重新回到自身，就感到痛苦。同样情形也发生在头痛者和醉酒者身上。

【18】 为什么与水混合的酒比水和纯酒都更易使人呕吐？是因为升到表面的东西和怪味最易引起呕吐吗？酒有抑

阻作用，水是轻的，且没有怪味。由于水是轻的且味道不怪，所以便很快下移，又由于它没有怪味，就不造成胃部不适。但混合过多的酒没轻到很快下移的程度，且由于有少量的酒，还有怪味。因为它在体内引起两种运动，从而扰乱味觉，一种源于酒，另一种源于水；因为二者都是可感的。混合恰当的酒则排除了水的味道，只散发柔绵的酒味，因此，喝起来很愉快。水酒因其味怪而升到表面，这样的酒就易使人呕吐。

【19】　为什么在醉时，我们更敏感有咸味的东西和怪味的水，在清醒时却较迟钝？是因为有怪味的东西对无欲望的 874a
人较明显，却不易被有欲望的人觉察吗？所以，有欠缺感的人就像有欲望的人，清醒者便是这样的。醉汉则酒足饭饱。

【20】　为什么对醉得很深的人，一切都显得是在圆圈式旋转，而一旦被醉进一步缠住，他们连稍远一点的东西也数不清？因此，有人就将此作为检验醉否的依据。是因为视线不断被酒的热力所扰乱吗？就像有人把一个东西放在眼皮底下，它显得是两个一样，醉汉亦如此。无论把东西置于眼皮底下，还是远离眼睛，也无论运动源于眼外还是眼内，都无关紧要；因为在两种情况下，视线承受的是相同的。所以，被见物似乎不是静止着，而且，离得愈远愈如此。因为当视线较远时，物体就较难控制住它，并且，这种离物体近的运动会在视线尽头造成更大影响。如果视线被剧烈运动，

且有规律地上下交替，就更难控制远距离的东西。一切延伸较远的物体，都会圆圈式移动，例如“桅杆”[1] 和悬吊着的东西。视线因其微弱，也承受同样影响，仿佛它被移到远方。至于运动的是视线还是被见物，无关紧要；因为就表面现象而言，引起的结果是相同的。

【21】 本来，胃在被加进大量液体时，应该变得更潮湿的，但为什么如果人们一下子喝很多酒，它却更干燥？是因为，胃不能控制一齐进入的大量液体，所以，它们便毫无影响地到了自己的地点吗？膀胱就是未被调协的湿气的地点。胃只能控制少量液体并调协它们，所以，它们留在胃中并使它潮湿。

【22】 为什么喝混合适当的酒的人比喝纯酒的人更头痛？是因为混合酒由于较轻，易渗入身体的更多地方（正如它在衣服上一样），也更难排出吗？水虽然较轻，但易于排出。或者是因为，由于不能喝多，也由于更易呕吐，人们喝的纯酒较少？再者，纯酒也调协其他东西。这是同样的问题。

【23】 如果人们先前就瘦弱，为什么喝了大量纯酒后会死亡？许多人即使原本不瘦弱，在暴饮了大量纯酒后也会

---

[1] histos，有的版本为 oistos，意为“箭”。

变得干燥；因为酒和生命在本性上似乎都是热，而死亡却是冷却过程。难道喝酒致死也和死于毒胡萝卜一样，是由热的 874b
逐渐耗尽所引起，只是方式不同而已吗？因为毒胡萝卜是通过冷来凝结湿和热，酒则是通过自身的热来消耗自然的热。所以，正如小火被大火和太阳的热耗尽一样，体内的热也被酒中的热耗尽，假若酒热胜过体热的话。

【24】 为什么醉汉较易流泪？是因为他们变得热和湿吗？所以，他们不能自控，被细小的事情所激动。

【25】 为什么大口喝酒的人反而醉得较轻？所有情形的原因都是相同的，即热的抑阻到了表面；因为醉发生在头部周围一带。

【25[a]】 为什么醉汉不睡觉？是因为温热的湿气必定诱发睡意吗？因为它易于调协。但如若没有湿气存在，或者很少，或者难以调协，那么，就不出现睡意。因此，在疲乏中以及吃饭、饮酒之后的人，由于热，最有睡意。但对抑郁型的人和热量很高的人来说，没有睡意，前者因为湿气被冷却，后者因为没有或极少有湿气。所以显然，这各种情形都必须看作是对此的说明。

【26】 为什么醉汉发抖，而且，喝的酒愈纯愈如此？

酒是能造热的，发抖则主要因冷而发生，因此，受冻的人才最发抖。但是，对于以前许多以纯酒作为唯一饮食的人来说，他们抖得相当厉害，以致于挣脱了试图抓住他们的人，而当他们用热水洗浴时，则觉察不到。另一些既以这种方式生活，又搞按摩和贪吃的人，则得了中风症；对于这些人，由于不能动弹，发抖不是很厉害，但却相当痛苦，也不能休息。发抖的原因是冷；因为正如已说过的，显然是被冻的人和很老的人承受它。在这两种人中，前一种由于冷，后一种由于年龄。但酒是最能造热的，所以，应当有某种相反的结果。或者，没有什么妨碍相同的结果由相反的原因造成，且不以同样方式活动。例如，燃烧既被霜，又被热引起，当霜
875a 使热汇集时。所以，在一种意义上，相同结果由相反原因引起，在另一种意义上，相同结果由相同原因引起。发抖是由于热的欠缺，但不是一切热，而是自然的热。热的消失或由于死灭，或由于耗尽，耗尽是由于相反面，即冷和湿，死灭是由于养料的欠缺，例如灯，当既无柴薪又无油时；或者由于外来的热，例如火在阳光中，灯在火光旁。那些受冻而发抖的人是因为体内的热被冷耗尽了。因此，当给这些人灌注热水时，会使他们颤抖不止，因为封闭在内并被压抑的冷会使他们毛发倒立。热症开始时的冷颤也是由于相似的原因。在老年人中，热的死灭在于它的养料的匮乏；因为湿气是热的养料，但老年人是冷的。醉汉发抖是因为他们自身的热的死灭，如若其他某些人也由于酒而承受这种结果，那也与由

于年老而发抖的人有着不同的方式，而是有第三种方式，即热的毁损。因为当体内的酒过多时，酒的热力很大，会使我们赖以强健的自身的热被耗尽或削弱；因为在运动者控制不了被运动物时，就出现抖动，犹如一个人没握好一块又长又大的木板，它的顶端会抖动一样。这也或是由于被占有的东西太大，或是由于运动者太弱。所以，当热被耗尽时（因为热似乎是生物运动的原因），自然就控制不住了。由于冷而在醉汉和老人身上发生的这种情形，可以用这个事实来表明：没有冷冻，也会发抖。

【27】 为什么醉得轻的人比大醉者和清醒者更麻烦？是因为清醒者能很好判断，而大醉的人，由于封闭了感觉，不能保持负重感，所以全无判断，无判断也就无麻烦吗？相反，醉得轻的人要判断，但由于酒的影响，判断得糟，所以出麻烦。正如克拉左美奈的萨图洛，他是个喜欢乱骂的人，所以，当他在法庭上辩护时，为了使他说话切题，不致于滥骂，人们就把他的耳朵塞起来，以免他听到什么后破口大骂；但是，他的对手刚要讲完，他便拔去耳塞，只听了对方讲的几个字，就控制不住了，开始乱骂；因为他虽有感觉，但判断很糟。

【28】 为什么偏爱味道宜人的甜酒的人不会醉？是因 875b
为甜酒具有某种不属于酒，而属于其他东西的味道吗？所

以，嗜好甜酒的人是爱甜，而不是爱酒。

【29】 为什么醉汉被太阳晒着最为快乐？是因为他们需要调协吗？此外，也由于他们被酒冷冻。因此，中风和麻痹最容易发生在喝酒之后。

【30】 为什么醉汉在看一个东西时，有时显得是多个？是因为视线的内在本原被酒扰乱，犹如整个头部被扰乱一样，当本原被扰乱时，双眼不能汇聚到同一点上，而是落在被见物的不同部分，因此，就显现出两个吗？如果某人从下面压迫一只眼睛，也会出现同样情形；因为这也扰乱了视线的本原，所以，它不再落在和另一只眼睛相同的点上。当然，这种性质的扰乱是由外部引起的，酒的扰乱则来自内部。但是，这没有实质区别，因为无论扰乱源于什么，造成的结果是相同的。

【31】 为什么醉汉的舌头说话时结巴？是因为，正如酣醉中的整个身体趔趄不稳一样，舌头也如此，在趔趄时，就结巴，不能清楚地言谈吗？或者是因为，舌头的肉是海绵状的，所以，在被酒浸泡时，就变大了？当出现这种情形时，由于体积增大引起的厚重，它就更难运动，因而不能清楚发音。或者是因为，正如由于缺乏空气，我们在水中不能说话一样，当我们把液体喝入口中时，也不能说话？所以，在酣

醉中，我们言谈不清楚的原因是舌头被泡在大量液体中；而结巴就是言谈不清楚。或者是因为，在酣醉中，灵魂被影响了，变得结巴？如果灵魂承受这种状况，舌头自然也承受同样情形；因为言谈的本原正是来自灵魂。因此，即使撇开醉的问题，当灵魂承受什么时，舌头亦会受影响，例如被惊吓的人。

【32】 为什么醉汉和在海边生活的人喜欢太阳？是因为醉汉需要调协，同时，他们身体的某些部位受冷冻了吗？因此，中风和麻痹在酒后出现。海边生活的人喜欢太阳，则由于他们总生活在湿气中。

【33】 为什么醉汉不能做爱？是因为如若做爱，身体的某个部位就必定比其余部位更热，而由于他们体内有大量 876[a] 的热，所以不可能；因此，由这种运动引起的热就要被周围的热所耗尽。或者是因为，要做爱，身体的下部必然被弄热，但酒却自然地往上移，所以，它在上部造成热，并逐回下部的热。在进餐后，人们最不喜欢做爱，而且也被劝告多进午餐，少吃晚餐；因为在食物未调协时，热和湿往上移，被调协时，便往下降；而精液正是从这些中形成的。疲乏的人在睡眠中遗精，因为疲乏处于湿而热的状态；所以，如若排泄物生成在身体的这个部位中，就会出现睡间遗精的结果。由于同样理由，它也发生在某些病弱者身上。在被恐吓者和濒死者那里，亦有同样情形。

【34】 当酣醉时，为什么年轻人比老年人更易尿床？是因为他们是热而湿的，汇集的排泄物太多，由于身体本身不消耗湿气，所以就溢出来吗？但我们变老时，由于干燥，身体就吸收了过多的湿气。或者是因为，年轻人比老年人更贪睡？因此，在他们熟睡时，尿液就不知不觉地在他们醒来前排放出来，相反，老年人则意识得到，正如他们比年轻人更为敏感任何外部的运动一样。这个事实也能表明：年轻人本身在熟睡时最常尿床。

【35】 为什么油对醉汉有益？为什么慢饮能增加酒力？是因为油能促进排尿，从而为酒液准备通道吗？

第 四 卷

性爱方面的问题

【1】 为什么正在做爱[①]的人和濒临死亡的人眼睛盯住上方，而睡觉的人则朝下？是因为排出的热向上方，所以，眼睛也转到热所移往的方向吗？相反，在睡觉时，热汇集在下部，因此，眼睛也朝下。眼睛闭上则因为那里没有湿的存在。

【2】 为什么做爱过多的人的眼睛和臀部下陷得非常明显，虽然臀部离性器官近，眼睛离得远？是因为在交配行为中，在精液射出而收缩时，这两个部分很明显地要合力行动吗？所以，尤其是在这些部分中存在着的、容易分解的养料，会由于压力而被挤出。或者是因为，变得过热的东西最容易衰退，性行为激发了热；而在性行为中，被运动的那些

① aphrodisiazein，由爱神 Aphrodite 派生。

部分变得最热。眼睛和臀部周围的部分显然要合力行动。如果不收缩臀部周围的部分，不闭紧眼睑，射精是不可能的；因为臀部周围部分的收缩挤出精液（正如用手从膀胱中挤出液体一样），而眼睑的闭合则排出脑部的湿气。眼睛及附近区域对于生育有很大的影响，这可以通过事实表明：无子女的和不生育的①妇女尝试着给它们涂油，因为她们认为，通过这种方式，能力必定进入精液。这两个部分，即臀部和眼睛，在所有人中都总是丰满的；由于它们在做爱时合力行动，所以分有了热，也正因如此，它们才变得瘦弱，把大量东西分泌到精液中去了。因为如若不丰满，热就不会使它们液化到同样程度，如若它们只丰满而不合力行动，也就不会如此，例如胃中的情形。但肾对性行为比其他器官更敏感，因为它离得近。精液的通道要穿过这些地方，显然，这足以使它们变薄；因为它带走了一些东西，但没添加什么，虽然很近。

【3】 为什么那些正在做爱的人和从不做爱的阉人，都同样地眼力不敏锐？是因为，虽然前者由于性欲，后者由于伤残，但两种人的身体上部都变得比应当的更干燥，而这在进行精确活动的那些器官方面最为明显，眼睛就是这种器官吗？当湿气下移时，上部就变干了。显然，性行为要造成这种影响。在阉人那里，腿部变粗和腹部松垮就表明湿气在往

① agonon，有的版本为“生育多的”（gonimon）。

下降。

【4】 为什么人只有在开始有能力做爱时才长毛，其他有毛的动物则不是这样？是因为动物在成熟期时，其特性要向相反面转化吗？因为声音从尖利变得深沉，身体从光裸变得有毛。所以显然，天生多毛的动物，当它们长到能排精时，应该变得光裸，而不再是多毛。但结果不是这样，因为排精的动物变得更干燥，更稀疏，这恰好有利于毛发的生 877a
长。有事实证明这一点：毛不长在疤痕上，因为疤痕的成分密实，而不是稀疏；毛也不长在小孩和妇女身上，因为这两种人都潮湿，而不是干燥。

【5】 为什么赤裸着脚对性行为不利？是因为当身体准备做爱时，体内应是暖和而潮湿的吗？在睡眠中比在醒着时更具备这种条件，所以，在睡觉时，射精很快，且无需努力，但在醒着时，则要伴随着劳作。当身体较温暖又较潮湿时，脚也如此。事实可以表明：在睡觉时，脚是暖和的，身体内部也同时具有这种性质。但是，赤脚会造成相反性质，即干燥和寒冷。所以，既然如果脚不暖和，就不可能性交或难以性交，那么，赤脚就必然对性行为不利。

【6】 为什么和其他动物相比，人在做爱后最为疲乏？是因为，按照身体大小的比例，人射精太多了吗？但是，为

什么会射得太多呢？是因为人消化食物最不费力，所以，与其他动物比，自然有着最多的湿和热吗？从人的湿中，造成大量精液，热又为精液的造成提供了自然的良好条件；因为精液必定是这种性质，只要它存活在体内。

【7】 虽然性交是因热而发生，恐惧和濒死是冷冻的结果，但为什么在有的时候，被恐吓的人和濒死者也射出精液呢？是因为，虽然身体的某些部位被冷冻，但另外的部位却有热，而且，它们既拥有自身固有的热，又接受被冷冻部位散发出来的热吗？所以，虽然他们在受冻，但射精却不由于冷，而是由于热。通过观察可以明白这一点；因为人在受恐吓时，血虽流离了上部，但下部是潮湿的，而且，腹部和膀胱也放松了。所以，在恐惧影响下，热往下降，而在濒死时，热从下往上升，并靠热生出温，引起精液外射。

【8】 为什么如果人们不处于勃发状态，不应当性交，不应当呕吐或打喷嚏，也不应当深呼吸？是因为，如果不处在勃发状态，我们就有如从土中连根拔起的植物，某种不属于它们的异物附带着被拔起，而它们的有些部分却被拔掉，留在土里了吗？一切应被弄走的东西，如果被分离和拉下，
877b 将会长时间地引起麻烦。如果某人挪动某种外来物，它也会引起麻烦，因为它不在自己特有的位置。如果我们没勃发，而又要去做上述的某种事情，便会引起这种结果。

【9】 为什么在斋戒时人们的性交更快？是因为人们在斋戒时，身体的通道较空，而在饱食时，管道被充塞了；所以，在后一场合，妨碍了湿气通达到精液。在膀胱中，这很明显；因为当它充满时，人们就不能快速地性交。

【10】 为什么青年人在开始第一次做爱时，在行为结束之后，对他们与之交配过的人感到厌倦？是由于造成了很大的变化吗？因为他们记得稍后出现的不愉快的后果，因而避开与之交配过的那些人，仿佛他们是造成不快的原因似的。

【11】 为什么连续骑马的人更喜爱性交？是因为，由于热和运动，他们处于和交配过程同样的状态吗？因此，随着年龄的增长，生殖器周围要增大，这些部分也要变大。所以，因为总是在进行这种骑马运动，他们的身体管道也变大，并因而使他们喜爱性交。

【12】 为什么在开始有性交能力时，肌肉有一股难闻的气味，而在这个时期以前，无论是男子还是妇女，都没有这种怪味？是因为，不调协的东西总有怪味（因为它或者较酸，或者较咸，或者较苦），且有令人不快的气味，调协了的东西或者有甜味，或者至少无怪味，并且，有令人愉快的

气味，或者令人不快的气味很少吗？只要观察一切植物和动物的情形，就明白了。当把调协很好的东西撤走时，留下的便是不调协的东西，例如，在灰烬中，一旦甜的成分被耗尽，所剩便是苦的，汗则是咸的。自然的热调协精液，精液体积虽小，但力量很大；因为它们虽然小，但却以被浓缩的形式大量存在。因此，当它们离开身体时，人们大多感到松软和寒冷；所以，体液变得更难调协，既然孔道由于精液的排泄而被强行扩张了。因此，成年人的汗比孩子的汗更咸，也更有怪味，因为它不调协。而且，如若汗的本性有如此性质，那么，它的沉淀物便有难闻的气味，这在成年人身上较明显，在诸如胳肢窝这样的地方尤其如此，因为在这种地方，其他人的汗味也特别令人作呕。

878a **【13】** 如若生物是从我们自己的精液中生出的，我们就把它视为自己的后代，但是，如若它是从其他某部位或其他某种排泄物生出的，为什么我们不视为自己的？因为许多东西生成于腐朽物，也生成于精液。那么，为什么把相似于我们的看成是自己的，把另外的不当作是自己的呢？因为要么所有的东西，要么没一样东西应该属于我们。是因为，首先，前一种情况是生成于我们自己的，后一种情况则是生成于其他东西的，即生成于清泻和分泌吗？总之，除了精液外，没有一种生物的部分生成另一种生物。有害的东西和邪恶的东西不是任何事物固有的，另外的东西亦如此；因为

“是某物的部分”与“另外[1]于某物”、“不同于某物”或“邪恶”是不相同的。分泌物和清泻物不是我们自己的，而是与我们的本性不同的、另外的东西。因为凡在身体中生成的东西，都不能被认作是属于身体的，既然在它之中生成的脓疮，也要被排出和挤掉。总之，凡反乎自然的东西，全都是另外的；在体内生成的许多东西是反乎自然的。所以，如果生物只从我们自己的精液生成，那么，我们只把生成于精液的东西视为我们自己的后代的看法就应是正确的。而且，如果另外的某物从我们的精液中生成，例如在清泻时生出的虫，或当精液在子宫中腐烂时生出的所谓怪物，那么，它们也不应被说成是我们的后代。因为一般说来，凡在腐烂物中生成的东西，都不再是生成于我们自己的，而是从另外的东西中生成，正如源生于排泄物中的那些东西，例如从粪便中生成的。一切从腐烂物中生成的这类东西，可以这样证明：凡从不腐物中生成的东西，其本性有如从精液中生成的东西，如马从马的精液，人从人的精液生成。我们不评价精液本身，也不评价一切在生成中才被完成的东西（因为在有时，生成的是湿气、某种体积和肌肉），因为它还不具有本性，只有这样多的性质，即如此排列，以便与我们自己具有相似性质的东西可以从它生成；但即使是这类东西，也无一从腐烂物中生成。由于这些理由，我们既不能把生成于我们

① allotrion。

中其他某物的东西，也不能把生成于腐烂物或未完成物的东西看作是我们自己的后代。

【14】 为什么人在水中不大能够进行性交？是因为在水中，没有什么可溶化被热溶化的东西，例如铅或蜡。精液显然要用火溶化，因为在摩擦给它加热以前，它是未溶化的。但是，鱼不用摩擦也可以交尾。

878b **【15】** 为什么做爱最快乐，而且，对动物来说，这是必然的，还是另有某种目的？其所以快乐，或者是由于精液来自整个身体，正如有些人所说，或者不是来自整个身体，而只来于一切血管的通道所到达的那些部位？因为摩擦中的快乐在两种场合是相同的，所以，这种结果的出现就犹如经由整个身体。摩擦是快乐的，因为反乎自然地被锁闭的蒸发性湿气被排出了。但生殖行为却是这种东西为了它合乎自然的目的而排出。所以，快乐既是必然的，也是有所为的；必然是因为，精液达于合乎自然的通道是快乐的，如若能被感觉到的话，有所为即为了生命的生成。因为正是由于产生快乐，动物才乐于交配。

【16】 为什么对有些源于痰的疾病来说，喜好性交是有益的？因为它是排泄物的放出，所以，大量排泄物就随之一起被释放出来吗？痰就是排泄物。

【17】 为什么做爱会冷却和干燥胃？冷却是因为热在交配中被释放了吗？交配也造成干燥，因为随着热的释放，湿气被蒸发，并随着身体冷却而散发掉。此外，在交配中，热也引起干燥。

【18】 为什么眼睫毛脱落的人好色？这与秃头好色是同样缘由吗？因为眼睫毛和头发二者均属身体的相同部位；原因就是如此。一切天生的毛发，只要没到一个人变老的程度，出现脱落，皆由于好色。因为头发、眉毛和眼睫毛都是天生的毛发。其中，只有某些人的眉毛随着年龄变老而变浓（其所以如此的原因，我们已在别处说过了①），其他两种则因同样原因而短少。这个原因是，好色冷却了身体的上部，使它缺血，所以，这个部位就营养不调协；也正因为得不到营养，才致使毛发脱落。

【19】 为什么想撒尿的人不能做爱？是因为管道变得充满了吗？因为已充满湿的东西不能容纳另外的湿。

【20】 为什么脉管肿大既对人，也对有生殖力的其他动物的生殖造成妨碍？或许是因为，当气息移位时，就发生脉

① 见 658^b19。

管肿大，因此，这对抑郁症有益。性行为伴随有气息的排出。
879[a] 所以，如果正在交配时，气息寻路奔突，那么，它就不会使精液冲动，而是将其冷却；因此，它使得阴茎的勃起软弱。

【21】 为什么沉溺于做爱者大多变得倦怠乏力，较为虚弱？是因为，精液的排泄源于全身，所以，正如房屋的和谐一样，身体构成的平衡也会因某个部位的丧失而被搅乱，例如，假若血液全部或部分地流出的话。在性交中丧失的东西虽然量少，但却相当重要，因为它是从许多营养物中生成的，犹如面包源出于面粉一样。

【22】 为什么在做爱的人当想撒尿时，阴茎勃起？是因为当管道充满湿气时，精液由于在较窄的地点通过，就使阴茎的体积膨胀并勃起吗？因为它处在管道边。

【23】 阴茎为什么会勃起和变大？或许由于两个原因：或者由于下面睾丸的重量所引起（因为睾丸的作用犹如支点），也由于管道充满了湿物？或者由于湿物增多并改变位置，或者它体积的变大是源于湿物的生成？很大的东西不容易升起，因为重而离支点较远。

【24】 为什么正在性交者或能性交的人有难闻气味，而小孩没有？他们有所谓山羊性好色的味道。是因为，正如

已说过的，小孩的气息调协了湿气和汗，而成人的却没有调协？

【25】 在夏天，为什么男人性能力较差，女人则较强？正如诗人所说，在蓟开花时节，“女人最淫荡，男人最衰弱”[1]。是因为在此季节，睾丸更为低垂吗？如果要性交，睾丸必然被提上去。或者是因为，在夏天，当热过度时，热的本性使人消沉，而冷的本性却使人昂奋吗？男人是干而热，女人则是冷而湿。所以，男人的能力在此时被减退，女人的则因其相反的补偿而昂奋。

【26】 为什么有人的性交快乐在被动顺从，有人在积极主动，有人则没有快乐？是因为，对于每种排泄物而言，都自然地有其合乎本性的被排入的地点，当用力时，气息要 879b
排出，使得排泄物增多，并将其泄出，例如，尿液进入膀胱，滤干的食物进入胃，眼泪流进眼眶，黏液进入鼻孔，血液流入脉管吗？与此相应，精液进入睾丸和阴茎。但是，对于那些管道不处于合乎自然状态的人来说，或由于通向阴茎的管道被封闭了（例如阉人或其他无性交能力者的情形），或由于别的原因，这样的湿物流进了肛门一带。因为它正是这样流走的。这可以通过在性交时此地的收缩和肛门周围的疲软来证明。如若某人性欲太强，精液就聚集在这些部位，

① 赫西俄德：《工作与时令》，586。

所以，当欲望产生时，聚集的那个部位便欲求摩擦。这种欲望既因饮食，也因想象而生成。当欲望被某种东西刺激起时，气息就集中到那里，这样的排泄物便流入它的自然地点。如若排泄物稀薄，或充满了气息，当其排出时，欲望就停止了，正如有时儿童和老人的勃起一样，因为没有湿物射出。但是，当湿物弄干时……[①]但如果这些结果都没出现，欲望就继续保持，直到有某种这样的结果发生。然而，本性虚弱的人在构造上就是如此，因而没有或很少有精液排泄到处于合乎自然状态的人所排泄到的那个地方，而是被排泄到肛门这样的部位。原因在于，他们的构造是反乎自然的；因为虽然他们是雄性，但这个部分却必然变得无能为力。这种无能的东西或者造成完全的毁损，或者是一种扭曲。但前一种情形不可能出现，因为否则，就会变成女性了。所以，它必然变得扭曲，以另一种不同于排泄精液的方式冲动。因此，他们不满足，犹如女人一样；因为湿气稀少，无力溢出，且很快冷却。那些精液排到肛门一带的人，是被动承受交配，而排向两个部位的人，则既主动施欲又被动承受；排到哪个部位的更多，哪一种形式的交配欲也就更强。在有的场合，这种情形是源出于习惯的结果。因为人们享受他们惯于所做事情的快乐，于是这样射精。他们想做通过这样而会发生的事情，习惯就愈益成为第二本性。正是由于如此，那些不是在青春期之前，而是在青春期左右惯于被动交配的

① 这里原文有空缺。有人补为“也发生这种情形”。

880a

人，由于对过去的记忆存留在他们的欢悦中，这种记忆又与快乐相伴，也由于他们的习惯（犹如本性一般），便想望被动承受，所以，多次重复和习惯就像本性一样地发生了。如若某人碰巧既好色，又带女人气，这种种情形就更可能发生。

【27】 为什么那些想望做爱的人却羞于承认，但在承认对吃、喝或其他类似事情有欲望时，却不感到羞耻？是因为，对多数东西的欲望是必需的，在有些场合，当得不到满足时，甚至会致人于死；而性欲却源生于饱暖。

【28】 为什么男人对性交的本能冲动更出现在冬天，女人的却更在夏天？是因为男人在本性上较热和干燥，女人则较冷和潮湿吗？所以，在冬天，对男人而言，潮湿和热足以引起冲动（精液也正是从湿和热中生成的），但对女人来说，热较少，潮湿由于火的缺乏而凝结了。这在夏天发生。所以，对女人，热很合比例，但对男人，热则比充足更多，因为过多，就在很大的程度上削弱了他们的能力。因此，小孩在夏天也较弱；因为发生的是火上添火的情形。

【29】 为什么那些本性上热的人，如若既强壮又营养很好，假如不性交，会经常因胆汁压迫而发怒？胆汁的管道是苦涩的，生成了有咸性的黏液，他们的脾性就改变了。是因为有的排泄物总和精液一起流出吗？因此，那些有大量排泄物的人，其精液的味道有如在其中洗过鱼的那种水的味

道。当他们性交时，这种排泄物便跟着精液一起流出，所以不引起不安；但如不交配，排泄物便生出苦涩，或者变得有咸味。

【30】 为什么抑郁型的人尤爱性交？是因为他们充满气息，而精液就是气息的外泄吗？所以，那些精液中有许多气息的人必然经常想望清洗它；因为这样，方能解脱。

【31】 为什么鸟和毛发茂密的人好色？或者因为这些有大量湿气？或者不是这样（因为雌性潮湿，但毛发并不茂密），而是因为这两类动物的本性都由于热而能调协大量湿气？头发和羽毛就表明这一点。或者是因为，虽然有大量湿
880b 气，但却被热控制？因为假如没有大量湿气，或湿气不被控制，人就不会长出头发，鸟也不会生出羽毛了。当地点和季节处于这样的条件中时，精液就很充足，例如在春天时；因为它的本性是湿而热。鸟和跛子的好色是由于同样原因，因为二者都由于腿部短缺，朝下的营养很少，大量的移往身体上部，并形成精液排出。

【32】 为什么如果一个人在做爱，他的双眼非常衰弱？其所以如此，显然是因为湿气离散了吗？能证明这一点的是：精液是冷的。因为它不会变湿，除非有热温暖它。它也不需要溶化，因为它像血一样散居在人身上。

第 五 卷

疲劳方面的问题

【1】 为什么在平地上远距离行走比较疲劳，而在崎岖的路上短距离行走却不甚疲劳？是因为，疲劳由大量的、剧烈的运动所引起吗？突发性的运动是剧烈的，连续而又同一的运动是大量的。所以，在山丘上走路时，如若距离远，变化有间歇，运动持续不长，即使骑马也不行，由于有变化；但在平地上走时，同一的姿势不被打断，肢体得不到休息，而是有助于使运动连续。当距离短时，在平地上也不会有由于运动的持续而引起疲劳；但在山路上时，由于变化剧烈且相反，即时而上时而下，就引起疲劳。按我们的说法，这类情形是山路上的，平地上则相反。

【2】 为什么那些虚弱并由于锻炼而疲乏的人在体积上显得较小，但声音却似乎较尖？是因为，由于显得较为弱小，他们的声音就显得较尖（有事实可以证明：当人们摹仿

远处的声音时，声音就尖利），体积就显得较小吗？

【3】 为什么进行锻炼的人只有腹部变得瘦薄？是因为腹部周围的脂肪最多吗？

【4】 为什么辛劳的人脂肪被消耗掉了？是因为当发热时，脂肪要溶化，而热由运动引起。相反，肌肉不溶化。

【5】 为什么胃周围的地方脂肪最多？是因为那些地方
881a 靠近食物吗？所以，身体的其他部位从胃获得营养，胃本身
也经常得到营养。或者因为胃的运作最少？因为它没有关节。

【6】 为什么当一个人把水和油混合并涂抹在身上时，更容易消除疲劳？是因为油与水混合后，能渗透得较远吗？相反，就油自身的本性来看，它不会渗入到同样程度，因为它是浮在表面的。所以，当油渗入时，身体变得更软，既然油本性上是热的，而热的东西既有烘干，也有加硬的作用，但干燥和坚硬是不适于疲劳的。然而，当与水混合后涂抹时，油的烘干作用就很小了。

【7】 为什么人们要求疲劳者呕吐，虽然呕吐本身就易导致疲劳？是因为，当骨头被碰撞、挤压和乏力时，疲劳就发生了，这种情形或因承受某种外在的影响所引起，或由身

体内部的原因造成。体内的原因又有两种：或者是肌肉超过了它们的能力，或者是身体的一种成分大量地与另外的成分相混合，而且没有存在于自己固有的地点，犹如排泄物那样的情形。因为一切加给我们的外来负荷都比我们自己的身体部分更易引起疲劳，即使它们在重量上比后者更轻。可以表明这个说法的事实是：那些吃饱喝足的人，即使比空腹时运作得少，也更感疲劳，因为没有调协的食物不在自己固有的地方。既然疲劳造成溶解，溶液是分泌物，那么，引起我们疲劳的也正是这种溶液，它任意流淌，侵犯骨头、筋腱和稀薄而敞开的内部肌肉部分。所以，由于呕吐排出了这种作为疲劳原因的溶液，自然就使人不甚疲劳了；因为它留给身体的，是与运作开始时同样的状态。呕吐易导致疲劳，不是因为在它之中发生的运动过度，而是在它发生于没有完全排出时；因为当大量的食物剩下，其中包含有排泄物时，呕吐性的疲劳才发生，这正如我们前面说过的饱餐大量食物者的情形。因此，如果在这些人的场合，疲劳的原因不是运作，而是在这种状态下的运作，那么，对于没排出所有食物的人来说，疲劳的原因也就不是呕吐；因为假如那样，一切呕吐的人就都会出现疲劳了，但事实上，许多人在呕吐后，却不大疲劳。

【8】 为什么空手投掷比用石头投掷时的手臂更疲劳？ 881b
是因为空手投掷时，其运动更具突发性吗？因为手无所倚

靠，不像手中握有投掷器的投掷者。同样，五项运动的竞赛者在跳跃中有重物借助，赛跑的人则靠摆动手臂。所以，跳跃者手握重物时比不握时跳得更远，赛跑者摆动手臂时比不摆动时跑得更快。

【9】 为什么无论是人还是其他动物，快步奔跑会引起头部疼痛？然而，一般说来，跑步似乎要使排泄物往下降，正如走路一样。因此，走路多的人腿部脂肪多，因为食物和排泄物都从上部移降到下部。运动引起的结果相同。但是，快速运动由于紧张和屏住呼吸，会使头部发热，并膨胀其中的血管，使它们易于受外面力量例如冷和热的影响，也易于受体内东西的影响。如果这些渗入头部，该部位必然有病患。

【10】 为什么在平地上走路比在不平之地上走路更疲劳，但在平地上又比在不平地上走得更快？是因为，如果不以同样的姿式连续运动（而这主要是在不平之地行走时发生的情形），就不是很疲劳吗？行走得更快，则是因为其运动较少反乎本性。在平路上，脚的抬起和放下较轻，但交换频繁，在不平的路上，情形刚好相反。脚的抬起是反乎自然的，因为每次抬起都要费力。虽然脚的每一次抬起都轻微，但多次重复就积少成多了。

【11】 为什么在平面上卧躺比在凹面上更疲劳？这与

在凸面上卧躺比在平面上更疲劳是由于同样的原因吗？因为当重量集中到一个地方时，无论是坐着还是躺着，都会有由于压力而引起的疲乏。这种情形，凸面比平面更甚，平面又比凹面更甚；因为我们的身体主要还是凹曲的，而不是直线，所以，在这种条件下，凹面比平面与身体接触的点更多。正因如此，承受压力的面比不承受的更不疲劳，无论是躺着还是坐着。

【12】 为什么短距离走路也疲劳？是因为，这也存在着不平衡吗？因为它引起经常的停顿。从相反的一种状态到 882a
另一种状态的经常性变化，会造成疲劳；因为它使得人两种状态都不习惯，习惯了就不疲劳。人是不可能同时对两种状态都习惯的。

【13】 为什么骑在马上的人满眼含泪，马跑得愈快愈如此？或者是因为，由于空气接触身体的时间很短暂，碰触他们的空气总是较冷，正如裸身跑步者发生的情形吗？即冷造成眼泪。或者是由于相反的原因？因为热也引起眼泪，例如太阳；而运动就生热。或者是由于空气的碰撞？因为当风从相反的方向袭扰眼睛时，气也如此碰撞，马跑得愈快，造成的轻微碰撞也愈多。

【14】 为什么在被按摩时，身体的其他部位变得肥胖，

而胃部却变得较瘦薄？或许，它不是逐渐变得瘦薄，而是更密实了？但肌肉的情形与此不同，因此，就有了这个问题。因为一般说来，胃是在锻炼和极度的劳作中，才变得瘦薄。其原因是，当发热时，肥厚的部分以及本性上更能膨胀的部分消溶了。皮在本性上能膨胀；但因为它可快速地变得肥厚，所以，总是含有某种脂肪，除非存在某种疾病。这种情形的原因在于，它靠近食物养分。所以，一般而言，既然脂肪不是自然的，而是外加的，它就不像肌肉一样，是身体的必需部分，锻炼和按摩运动就会使它发热，使它消溶，并把多余的养分输入其他部分。正因如此，静坐使胃部肥厚，身体的其他部分瘦薄，运动和按摩则使胃部瘦薄，身体的其余部位肥厚。

【15】 为什么在长而剧烈的行走或跑步之后，当人用脚尖站立时，脚后跟会发抖，且会很快摔倒？是因为，由于运动的连续而剧烈，人身上肌腱的颤抖并没停止吗？因为灵魂虽然通常控制作为整体的身体，但并非控制得住每部分，当它们（例如心脏和阴部）进行了某种方式的运动时。其原因是，大量的呼吸使肌腱周围发热，在人停止运动时，它并不随即冷却。所以，这种呼吸屏住，使他发抖，犹如靠它的运动将人拖倒一样，使人很难控制他身体的最远部位，而脚后跟就是这样的部位。发怒者的下唇也出现这种情形。

【16】 为什么跑步不剧烈的人呼吸有节奏？是因为每 882b
种节奏都被确定的运动所度量，而由跑步者造成的这类运动是规整的吗？在他们开始跑动的同时便呼吸，所以，其呼吸就规则地发生，由于它是被等量运动度量的，便产生节奏。或者是因为，对于自然而然地运用呼吸，而不是阻滞它的人们来说，一切呼吸都毫无例外地规则发生？在坐着或漫步时，由于身体的运动轻微，节奏不明显；在剧烈奔跑时，由于我们的感觉追随不上运动，我们也不能看出呼吸的节奏。但在轻慢奔跑中，运动作为呼吸的尺度是可以感觉到的，所以，就表现出节奏来。

【17】 为什么在我们奔跑中，气显得化为气息①？是因为在我们由于奔跑而运动时，我们要运动与我们的身体连续着的气，而这就是气息吗？因此，气不仅显得化为气息，而且也确实如此。或者是因为，在奔跑时，我们碰触气，而这一旦发生，我们就由于运动而更能感觉到气？所以，对我们来说，它显得化为气息就是自然的；因为由于运动，这肯定会发生。

【18】 为什么人在奔跑时比散步时更容易跌倒?是因为在

① pneuma。

运动前，他们起脚更高吗？因为这正是奔跑与散步之间的差异。

【19】 为什么在爬上坡时，感到吃力的是膝盖，而在往下走时，却是腿部？是因为当我们爬上坡时，我们的身体是朝上倾动的，身体的弯曲度大，而且源出于膝盖，因此，我们感到膝盖吃力，但在往下走时，由于重量压在大腿，我们是靠腿部支撑的，因而感到它们吃力吗？再者，一切反乎自然的运动都会感到吃力，引起痛苦。对膝盖来说，朝前弯曲是合乎自然的，但对腿部而言，朝后弯曲才合乎自然。在上山时，膝盖是朝后弯曲，因为我们想要支撑；而在下山时，腿部是朝前弯曲，因为我们的身体向前倾。

【20】 为什么在旅行时，我们感到大腿中部最吃力？是因为在某种长时间的、单一的、固定不变的事情中，中部
883a 最吃力吗？因此，这个地方最容易出问题。大腿就是这种情形；所以，我们感到它的中部最吃力。

【21】 为什么潮湿的人在劳作和受热影响时，容易气闷？是因为他们的湿气在受热时，要变成气，而且愈热愈如此吗？当它因其量大而不能排出时，就不会冷却，所以，在自有的和外来的热的作用下，便会很快着火。正因如此，对于那些锻炼者，以及一般而言的劳作者来说，流汗和气息的排出是有益的；因为当湿气被分泌和稀释时，就形成气息。

【22】 为什么比例适度的身体经常感到疲乏，但摆脱疲乏也容易？两种情形都由于相同的原因吗？因为比例适度的东西是齐一的，而齐一的东西更易受相同的影响。所以，如若某一部位受什么影响，整体也立即受同样影响。但比例不适的东西，不大统一，因而不受与部分同样的影响。正因如此，比例适度的身体经常感到疲乏，但又容易摆脱，因为整个身体共同分有它；因为影响被分散到了较多的地方，变得较为微弱，所以，比较容易摆脱。但比例不适的身体，因为不与部分共同分有，不是很经常地疲乏，然而，摆脱疲乏也较难；因为承受的影响剧烈。

【23】 为什么在平地行走比在不平地上行走更疲乏，而在平地行走又比在不平地上行走更快？是因为，如果不总是〔在相同的位置进行连续的运动〕[①]，就最不疲乏，而这更是在不平之地上行走的情形，但是，当在相等的时间内脚的抬起较少时，人就走得更快。在平地上，脚抬得微小，但重复多，在不平路上则相反。然而，虽然每一步抬得轻，但多次重复，就变得量大了。

【24】 为什么在下山时，我们感到胯骨最吃力，而在

① 这里的原文有空缺，方括中的文字是参照本卷**【10】**填入的。

上山时，腿部最吃力？是因为上山时，由于身体要抬起吗？因为整个身体变成了负担。因此，整个身体依托并赖以抬起的那个部位，就最感吃力。这就是腿部。因为腿部是端点，只有长度，不像脚板那样还有宽度，所以，它要颤动。这就有如我们用肩膀搬动重物，且全压在它上面；因此，我们感到肩上最吃力。但在下山时，身体下沉，迫使我们反乎自然地朝前倾，因而吃力，所以，在身体最依托和颤动的那个部位，我们感到吃力。这样，腿部保持不动，躯干成了重担；
883b 但胯骨承受重担并颤动，因为它有长度，受上面的影响而弯曲，既然它托着躯干。

【25】 为什么如若其他条件都相同，当我们不知道要走的路究竟有多长时，比知道它的长度时显得更长？是因为，知道了它的长度，就是知道了它相关的数目，而且，不确定的总是比确定的更多吗？就像假如一个人知道了它是如此长，它就必然是有限的一样，同理，如果他不知道，就仿佛比例颠倒了，思想便会出错，路途显得无限。再者，一个量是有限定的，有限定的是一个量。所以，当什么显得不确定时，就显得犹如是无限的，因为自然的东西是确定的，如若不确定，便是无限的，因此，显得不确定的东西必然显得有某种意义的无可限定性。

【26】 为什么感到胯骨比腿部更疲乏？是因为胯骨离

含有排泄物的地方近，所以，如若那地方由于运动，在热的作用下分泌过多，胯骨就比腿部更容易也更多地收缩吗？或者是因为，两个胯骨之间自然地有更密切的关系？因为由于连续的分离，它们最为吃力。因为如果体内没有排泄物时人也感到疲乏，那么，在胯骨和腰部就更是如此。或者是因为，犹如外阴部在受到碰触时，由于血管和肌腱的密切关系，会增大一样，胯骨也如此？因为胯骨离始点更近。或者是因为，胯骨比腿部更多在相同位置存留？而这就更加疲乏。或者是因为，胯骨的肉多，所以，其中含有大量的合乎自然的热？

【27】 为什么在有些人那里，当劳作时，会长出脓疮？或者是因为，在身体污脏时，运动一加热，就使得其他排泄物与汗一起排放？这些排泄物，由于浓厚，含有有害的液体，辛辣、苦涩、有咸味，因其浓厚而不能分泌出来，而是通过肌肉隆起，并由于液体的苦涩形成脓疮。

【28】 为什么在锻炼和服药之后，不能立即进食？或者是因为，身体仍在被清泻，没有停止运作，而且，排泄物亦未分离出来？

【29】 为什么奔跑比行走更困难？或者是因为，奔跑者有着更重的负担？因为当他抬步时，他自己要托起整个重量。但走路者是把重量放在不动的部分上，犹如倚着一堵墙。

884a 【30】 为什么人在锻炼后，不立即感到饥饿？是因为液体仍存留着，直到调协完成吗？或者是因为劳作从潮湿中得以生成的气息？或者是由于在劳作时，从热中生成的干渴？因为所有这些原因都可能出现。

【31】 为什么疲劳者和有肺病的人易在睡梦中遗精？是因为一般而言，热而湿的人易在睡梦中遗精吗？因为精液的本性就是这样。这类事情最常发生在有这种状况的人身上，当热从睡眠中得到添加时；因为这时，身体只需要轻微的刺激，而这来自内部，而不是外部。肺病患者和疲劳的人正好具备这种条件；因为疲劳者由于疲乏和运动，充盈着热的液体，而肺病患者则由于流泻和因炎症生出的热。

【32】 为什么人长时间地自我摩擦左腿比右边更难？或者是因为，虽然我们能用右边劳作，但左腿的摩擦，由于是扭转的，所以反乎自然，而反乎自然的事情就造成困难吗？用左手摩擦右边，困难不明显，因为左手无论用在哪一边，都不强壮。

【33】 为什么饮食的减少和劳作的增多是有益健康的？因为排泄物的丰富是疾病的原因吗？而排泄物的生成，或由于饮食的过度，或由于劳作的不足。

【34】 对健康来说，为什么肌肉不应厚密，而应稀薄？因为正如城镇或某个地方的空气清新就健康一样（因此，海边是健康的），身体亦如此，空气流畅就更健康。因为或者不应存留排泄物，或者要尽快将其泄出，所以，身体应处在这样的状态：它一有排泄物，就立即分泌出，而且，它应在运动中，而不是静止着。因为滞留的东西会变腐，犹如死水，而变腐的和不被运动的东西会引起疾病；但是，被分泌出的东西在腐朽之前就离去了。如果肌肉厚密，就不会出现这种情形（因为孔道仿佛被堵塞了），只有肌肉稀薄时，这才发生。因此，人不应在阳光中裸身行走；否则，肌肉会密实，长出十足的脂肪，身体也会变得更潮湿。因为内部的湿存留 884b
着，但表面的湿散失了，正如烤的肉比煮的肉更湿一样。人也不应袒露着胸部走路；因为太阳会从身体的这些最好构成部分吸走湿气，而这些部分是最不需要吸湿的；比较而言，体内的部分更需要吸湿。因为内部离得远，必定不会出汗，除非在强力作用之后，但汗则容易从胸部流出，因为它离得近。

【35】 为什么短距离的行走也疲劳？是因为经常停顿，关节周围的运动不齐一吗？这种情形就产生疲劳。

【36】 为什么在阳光中站立不动比运动还要热，虽然运动能生热？或者是因为，并非一切运动都生热，而是有的

运动致冷，例如，当人对着盛有沸水的瓦罐吹气并摇动它时，就会出现变冷的结果。所以，如果在站立不动时热会存留着，那么，站立时就比运动时有更多的热（因为我们身体的特性是，总要从自身中释放出某种热流，它使附近的空气变热，犹如一支燃烧的火炬），当我们静止不动时，由于上述理由，包围我们的空气就会变热，相反，当运动时，便会生出风，使我们变冷；因为任何风都能致冷。

【37】 为什么骑马的那些人眼中有泪，马走得愈快泪愈多，步行的人也如此，跑得愈快泪愈多？是由于碰触他们的空气是冷的吗？因为冷引起泪水；因为肌肉被冷收缩和密实，就挤出了水。或者是由于相反的原因？因为热造成汗，泪水也是某种汗。因此，汗和泪两者皆因热而生成，且同样是咸的。而造成热的又是运动。或者是由于被空气吹碰？因为气流是从眼睛的相反方向吹来的，这样，空气就要吹碰眼睛，人骑得或跑得愈快，空气造成的轻微吹碰就愈多，因此，便出现泪水，既然眼睛的孔道被吹碰得稀薄了；因为每次吹碰，都能起分化或挤压作用。

【38】 为什么夏天的疲劳应靠洗浴来消除，冬天的疲劳则需涂油来消除？是因为在冬天，由于寒冷和身体已出现的变化，疲劳需靠能造成温暖的热来消除（油就是热的），
885a 而在夏天，身体需要湿气吗？因为这个季节是干燥的，由于

温暖，不会出现寒冷。少食固体多饮液体是夏天的特点，前者是一般需要，后者则比其他季节多，夏天一般要多饮液体，因为干燥，少食固体的原则为一切季节所通用，夏天尤其如此；因为由于季节的关系，固体食物会产生出更多的热。

【39】 当人们奋力奔跑时，如果有人挡在路上，为什么他们会受到最猛烈的冲撞？是因为，当有朝相反方向的猛烈拖拉和运动时，便会产生最大的分离吗？所以，当一个人挡住正在奔跑、四肢奋力前冲的人时，就会出现在相反方向有相反冲撞的结果，但同时，他的四肢仍在朝前运动，因此，他跑得愈快速，出现的这种冲撞也就愈猛烈。

【40】 为什么沿着不平之路行走的人比在平直路上行走的人更不容易疲劳？是由于，对于每个人的身体来说，垂直的姿势是合乎自然的吗？所以，在平路上走的人比在不平路上走的人更疲劳；因为行平路者总是在相同的身体部位着力，而行不平路者则更多地是把力量分散到全身。温暖的气候比寒冷更使行路者的身体单薄；因为它使身体的外部费力更大，所以，通过引起出汗，使得身体单薄。而在寒冷中行走的人，肌肉更加结实，从而引起对食物的更大欲望；因为它造成体内各部分热量的增加，而且，既然他们变得不大容易受寒冷的影响，所以，就通过其中热的增加而清洁了内部场所，同时，又使得肌肉更结实，既然不能散布到它的全

体。同样，上山的人也比下山的人更费力，身体更单薄。因为上山时腰部最吃力，下山则在胯骨；因为当全部重量压在胯骨上时，通常要造成那里的疲劳。因为当反乎自然地强制朝上移动时，就生出热。因此，上山引起出汗，并因呼吸的升高和腰部的疼痛而使身体变得单薄；因为当腿难以提起时，就造成腰部弯曲和绷紧，其结果，必然最费力。在有阻抗力的路上行走易引起肌肉和腿筋根部的疲劳；因为它造成
885b 肌腱和肌肉的紧张，既然对它们的压力很大。在柔软地上行走，则引起关节的疲劳；因为在地表下凹时，经常造成关节的弯曲。这是同样的问题。

【41】 为什么走上陡峭的斜坡很困难？是因为所有的行进都由脚的抬起和放下构成吗？抬脚是反乎自然的，把脚放下是合乎自然的，朝前迈步则是居间状态的。在走上陡峭斜坡的过程中，反乎自然的运动居多。

【42】 为什么骑在马上的人很少跌下来？是由于他们有着恐惧感，所以更加小心吗？

第 六 卷

卧躺和其他姿势方面的问题

【1】 为什么静坐使有些人肥胖，有些人消瘦？或者是因为他们的身体状况有差异？因为有些人热，有些人冷。所以，那些热的人便发胖（因为由于热，身体就支配了养分）；而那些冷的人，由于他们的身体需要外面的热，而这种热又主要是靠运动才获得的，因此，当他们静止时，养分就不能调协。或者是因为，有些人的分泌物很多，需要运动来消耗它们，有些人则不是这样？

【2】 为什么在进行锻炼时，必定会造成身体各部分的扩胀？是因为身体的孔道必定被自身的呼吸所疏通吗？

【3】 为什么弯曲着卧躺更好，许多医生也这样劝告？是因为肠胃在暖和时，就消化得更快吗？而取这种姿势，它就能更暖和。再者，也必定能把气息给予它汇集的那个地方；

因为这样，肠胃胀气的痛苦才最少。正因如此，肿起的脉管和脓疮才有助于恢复健康，因为它们有孔穴通到它们获得气息的地方。如果四肢伸直地躺着，就不会有孔穴出现（因为内部的器官占有了所有的地方），但当弯曲时，孔穴就出现了。

【4】 为什么人们站着比坐着更容易发生晕眩？是因为当他们静止时，所有湿气都趋于身体的某一部位吗？因此，生鸡蛋不能被旋转，而是下落。当湿气被运动时，也有同样
886a 情形。所以，在静止之后，当人处在这种状态时，要站着；而在被运动之后，当湿气均匀地分布时，人则坐着。

【5】 当人们朝右躺着时，为什么更易入眠？或者是因为，醒着和睡着具有相反的条件？所以，既然醒着时，人们是朝左躺着，那么，在另一个本原，即相反的原因出现时，就有相反的结果。或者是因为，睡眠是不运动的？所以，能运动的部分必定静止着，而右边就是能运动的部分。因此，当人这样躺着时，醒的本原就仿佛被链子锁住了。

【6】 为什么人有麻木感？为什么这种感觉更多地出现在手和脚上？因为麻木由于寒冷吗？因为由于血液的流失和转移，就生出寒冷。这些部分（尤其是脚）的肌肉最少，筋腱最多，所以，它们自然地有冷得快的倾向。

【7】 为什么我们朝左边躺着更愉快，而朝右边躺着更易入眠？或者是因为，由于把脸背过去，我们不会面对光线？因为在黑暗中，入眠较快。或者是因为，朝左边躺着时，我们能保持清醒，而且，以这种姿势，也容易使唤我们自己，所以，对相反的目的来说，相反的姿势是有益的？因为每种姿势都对应于某种特定的行为。

第 七 卷

交感方面的问题

【1】 为什么在人们打哈欠时，其他人通常也跟着打哈欠？是因为，如果人们回想起某种欲望，他们就付诸实现，尤其是容易运动的事情，例如撒尿。哈欠是气息，也是湿气的运动。所以，哈欠是易于引起的，即使只有一个人想到它；因为它非常容易。

【2】 如果我们看见某人伸展手脚或做其他某种这类事情，我们并不跟着做同样事情，但为什么在别人打哈欠时，我们却跟着打呢？或许并非总是这样，而只是在如果身体碰巧有这欲望时，并且是在这样的状态下，以致于湿气变热时？因为在那时，回忆引起运动，犹如在性欲和食欲方面的情形；因为引起回忆的东西对看到的承受对象有冲动。

【3】 如果我们站在火边，为什么想撒尿，而如果人们

站在水边，例如河边，为什么他们撒尿？是因为，任何水都 886b
使我们想到体内的湿气，引诱离它近的东西出来吗？自身的火要溶化在体内凝结起来的东西，正如太阳溶化积雪。

【4】 为什么与某些疾病接触的人会染病，而与健康接触的人却并不变得健康？因为疾病是某种运动，健康是某种静止吗？所以，前者能激发运动，后者不能。或者是因为，前者违背人的意愿，后者则符合人的意愿？因此，违背意愿的事情区别于符合意愿的事情，也和源于预先思考过的事情有区别。

【5】 为什么不仅有些声音听起来不愉快的东西使我们发抖，例如尖利刺耳的锯声、分劈浮石声和碾石声，而且，由它们在其他东西那里造成影响的征兆也引起我们自己同样的感受？因为当我们看见其他人吃苦涩东西时，我们的牙齿也敏感，当有些人看见别人被窒息时，他们自己也昏了过去。是因为，一切声音和响动都是气流吗？它一旦进入我们之内，自然要引起运动。它或因量大，或因碰撞较剧烈，会引起更大的运动，在我们之中造成影响，或引起某种变化。量大而柔软的气流引起感觉部位的运动，因此，这样的气流就带来愉快；但如果气流粗猛，引起的碰撞剧烈，便会震撼感觉部位，并因其碰撞的力量而传得远。冷的东西也传得远；因为冷是某种力量。所以，它造成颤抖，正如前面已说

过的。但粗猛的气流，因为造成一连串剧烈的碰撞，所以，当它在毛发的本原处撞击时，便将它冲往相反的方向；一旦毛发被冲开，它的端顶必然出现颠倒，因此，就造成了毛发直立的结果；本来，毛发全都是朝下倒伏的。通过听觉而传达到身体的气流，其移动方向是从上到下。所以，我们说过的那些声音是噪杂的，毛发倒立也由于上述原因。毛发倒立的现象更多地出现在身体的其余部位，而不是头部；因为那里的毛发较柔软，承受的影响也较微弱。听觉比视觉更迟钝，由它产生的影响也是表面的，颤抖就是这种影响，因此，它生成于多种不同的原因。视觉是最显明的，与此相应，由它产生的结果也最显明。因此，它产生的结果与源于真实的影响
887a 相同，只是比真实的影响轻柔些。源于听觉的影响不是这样，我们发抖源于对它们的预料；因为这是对痛苦灾难的预料。

【6】 为什么别人打哈欠时人们也跟着打哈欠，看见别人撒尿时他们也撒尿，负重的动物尤其如此？是由于回忆吗？因为当回忆时，这个部位就被运动了。对人而言，由于感觉灵敏，当他看见什么时，立即随之被运动，唤起回忆。但对负重动物来说，视觉本身是不够的，还需要其他感觉；因此，要借助嗅觉，因为在无理智的动物那里，这种感觉更易激发起来。也正是由于这样，一切动物都总到第一次撒尿的地方去撒尿。因为在运用嗅觉时，它们最易被运动，而在它们接近那个地点时，就运用嗅觉。

【7】 为什么当我们看见某人被分割、被烧伤、被拷打，或承受某种其他痛苦时，我们在思想上也经受这种痛苦？是因为我们大家的本性都是共同的吗？所以，当我们看到某种这类事情时，由于同类，我们也就感到和承受者一样的痛苦。或者是因为，正像鼻子和耳朵依据各自特有的能力获得某种发射物一样，视觉也要如此承受源于快乐和痛苦的东西吗？

【8】 为什么与肺病、眼炎、坏血病人接触的人要被传染，而与水肿、热症、中风或其他病人接触的人不被传染？眼炎被传染是因为，眼睛最易运动，而且，和其他感官相比，眼睛也最易使见到的东西与自己同化，例如，当见到的东西在运动时，它也运动，所以，当它见到其他眼睛染病时，自己也最容易传染上吗？肺病被传染是因为，它使呼吸衰弱和吃力，而只要呼吸变得衰弱，那种疾病就会非常迅速地被传染上，例如瘟疫。与此接触的人会呼吸这种气息。他之所以染病，是因为气息有病，他生病只被这种人呼出的气所传染，其他人呼出的气则不同。他之所以染上同样的病，是因为当他吸入使他生病的气时，吸入的是与他仿佛已经染病时呼吸的同样东西。坏血病比其他病（例如麻疯病等等）更容易传染，因为它的流液在表面，且有黏性；痒病的性质就是如此。正因为这种病的流液在表面且有黏性，它才通过接触传染。其他疾病中，有些不传染是因为不在表面，有的

不传染则是因为，虽然在表面，但由于干燥，而不粘在那里。

887b **【9】** 为什么马齿苋和盐能抑止齿龈发炎？是因为马齿苋含有某种潮湿吗？如果人咀嚼它，或者捣碎一段时间，就会看出这一点；因为潮湿会从中排出来。它的黏性物渗进齿龈内，并排出酸性物。酸性表明它与疾病有相同性；因为它的汁液有某种酸性。盐则能溶解和排出酸性。为什么灰烬和硝石没有这种作用呢？因为它们的作用是收敛，而不是溶解吗？

第　八　卷

寒冷和发抖方面的问题

【1】　为什么受冻的人脸色发青？是因为血液由于冷而凝结，而一旦凝结，就因热的缺乏而变黑吗？相反，白则是火的颜色。因此，老人的肌肉尤其发青，因为含有的热量极少。

【2】　为什么受冻的人不能入眠？是因为一切被冷冻者的呼吸都更急促，但睡眠者却更多地是呼气而不是吸气，所以，被冷冻者要入眠是困难的。因为他不能同时做两种相反的事。

【3】　为什么生病者、伤痛者和生气的人在寒冷时，反会更加激情勃发？是因为寒冷使人更为强壮吗？

【4】　为什么身体状况良好的运动员不能忍受寒冷？是因为他们的身体状态是洁净的、透气的、不肥胖的吗？这样

的状况最容易受空气影响，既然它易被渗透，体内不含有热；而脂肪是热，假如没有充满湿气的话。

【5】 为什么四肢最易受冻？是由于它们的面积很狭窄吗？也正因为狭窄，其中的孔道含血就少，所以，含热也很少；因为血是热的。

【6】 如果把脚悬吊着，为什么它们更易受冻？或者因为在它们下面更有风吹？或者因为血会聚到下面更为狭小的地方，所以，由于热的离去，脚的其余部分更易受凉？

【7】 为什么肥壮的人尤其容易受凉，虽然脂肪是热的？是因为，由于他们的躯体大，四肢各部离开内部的热较远，只有近的部分才离外部的冷远吗？

【8】 为什么人们在打喷嚏时和撒尿之后会发抖？是因为在这两种场合，管道都被排空了，而一旦排空，冷空气便会渗入，从而引起发抖吗？

【9】 为什么人在寒冷时最感饥饿，而且，冬天更比夏
888a 天强烈？是因为，饥饿乃由于干燥食物的缺乏，而在寒冷和
冬天时，内部的热收缩到很小的地点，体内的食物很快被消
耗掉了；当这种情况发生时，自然更感饥饿。在饥饿中，衰

弱和乏力的出现是由于体内因热的汇集而发生的溶液，这种溶液流进食物的地点，自身又变成身体所需的养分；如若它进到呼吸的始点，就会导致声哑和乏力，声哑由于它阻塞了呼吸的通道，乏力则因为缺乏身体的养分和溶液。对于这种情形，可以有很快也很简单的救助措施，因为造成影响的根源是外部的。因为内在的①冷使我们体内的热收缩，从而造成饥饿。所以，正如人在恐惧中要瑟瑟发抖和大惊失色，而一旦脱离危险，就立即恢复常态一样，那些饥饿者也如此，只要吞食少许面包，也会很快恢复，因为虽然他们经历了强迫性的、反乎自然本性的运动，但毕竟不是毁灭性的。因为同样的东西既阻挡合乎自然的趋向，又使我们恢复到自然。因此，只需消除这个原因就行了，就像在相反方向奋力拉扯绳索的孩子们一样，如果一方将绳索松手，另一方全都会立即仰面朝天地倒在地上。

【10】　为什么锻炼过的人比不锻炼的人御寒能力差些？或者是因为，脂肪因锻炼而被排出了，而保持热量的正是脂肪？因为油性的东西是热的。或者是因为，由于脂肪和排泄物的排出，他们的身体更加透气，也更加稀薄，所以，没有什么东西抵御寒冷？或者是因为，由于流汗，孔道是敞开的，

① 巴内斯主编的英文本《亚里士多德全集》译为“外在的”，即将这里的 entos 换成 ektos。

仿佛有许多扇门被拆除了似的？显然，同样的状况并不对健康和强壮都适宜；因为健康需要脂肪，强壮看来是精瘦的。

【11】 当用热水和冷水向人们浇淋时，为什么他们会发抖？因为相同的结果出自相反的原因，这是奇怪的。是因为，当用冷水浇淋时，内部的热被驱散，从而引起发抖，而用热水浇淋时，外部的冷靠其内在冲力被封锁到一个地方，并被聚集起来吗？所以，两种结果生成于同样的原因，但一种是内在的，另一种是外来的。

【12】 为什么皮肤上的毛发会竖立？是因为，当皮肤收缩时，毛发自然要竖立起来吗？而皮肤的收缩又是冷冻或其他原因影响的结果。

888b **【13】** 为什么在撒尿结束时，我们要发抖？是因为，当内部有湿液时，膀胱及周围的孔道充满了热，而当它排出时，就由冷空气充满了吗？因为没有什么东西应当是空的，而是要么被气，要么被有形物所充满。所以，当冷气进入时，自然就会导致发抖。

【14】 为什么受冻者的舌头像醉汉的一样，是结巴的？或者是因为，它被冷冻结和僵硬了，变得难以运动，一旦出现这种情形，就不能清楚地表达？或者是因为，当身体的外

部由于冷而凝冻时，湿气便进入内部，浸泡舌头，因此，舌头不能发挥它的功能，正如已经说过的醉汉的情形一样？或者是因为，由于冷冻造成的颤抖，舌头的运动不规则，不能清楚地表达要说的话，因此出现结巴？

【15】 为什么在受冻者的身上，毛发直立？或者是因为，由于寒冷，热汇集进了体内的地方，而当热离开肌肉后，它就愈益收缩，一旦它聚拢，毛发便更加直立了？或者是因为，……①

【16】 为什么在冬天，我们奔跑时比站着时更寒冷？是因为当站着时，只要身体原本是完全暖和的，在身体周围的空气就不再造成麻烦，但当奔跑时，总是不断碰触到不同的冷空气，所以，我们更为寒冷吗？再者，当空气被运动时，会变得更冷；而这种空气，正是我们在奔跑时最要碰触到的。

【17】 为什么黎明时较冷，虽然太阳在那时较近？是因为太阳隐没的时间已久，所以，大地较冷吗？或者是因为，临近拂晓时，露像白霜一样落得较多，而这些都是冷的吗？或者因为，它们的降落是由于地上升起的热被压制，而热被压制又由于太阳的隐没？因此，当太阳离得较远时，它

---

① 原文有空缺。

们不降落，在太阳较近时，它们降落并凝结；因为太阳离开的时间愈久，那个地方也就愈冷。或者是因为，夜间的和风是临近拂晓时更冷的原因？或者，我们可以认为，那时更冷是由于体内的食物被消化了？因为腹中更空，也就更觉寒冷。有事实为证：在呕吐后，最感寒冷。

【18】 当把寒冷的人带到火前时，为什么他们感到疼
889a 痛，如果给他们逐渐加热，则无此痛感？是因为一般而言，从相反的一极直接到另一极，会引起极大的变化吗？这就犹如扳弯树木，如果某人逐渐扳弯，它不会受损害，但如果较猛烈地、而不是缓慢地扳弯，它便会折断。如果相似物不被相似物影响，热在寒冷者的体内汇集和凝聚，那么，湿和冷会被抛开，既然相反物被相反物毁灭；所以，如果给寒冷者加温，热被逐渐地排出，其疼痛就很小，但如果不是逐渐加温，则会增加他的疼痛。

【19】 当我们已经受凉时，为什么同样的热会引起更大的烧灼和痛楚？是因为，由于肌肉的厚密，保存了落于其上的热吗？因此，铅比羊毛更热。或者是因为，由于孔道被冷凝结，热的通过变得很强烈？

【20】 为什么正在发气的人不受凉？因为发气和愤怒都是怯懦的相反面吗？发气出自于火性；因为体内一旦蓄有

大量的火，人们就暖和。在小孩身上，尤其能觉察到这一点。因为大人是焦躁的，小孩则先是呼吸急促，尔后脸红紧张；因为他们体内的热量很大，引起溶解，从而使得脸红，既然假如有人给他们浇淋冷水，他们便会停止发气；因为他们的热被浇灭了。怯懦和恐惧的人则相反，他们生凉、发冷，脸色苍白；因为热从他们的体表各部位消散了。

【21】 为什么在我们发抖时，毛发直立？是由于在湿气中，它们自然是倒伏着的吗？因为毛发的重量压过了湿气。发抖由寒冷引起，寒冷自然地要凝结湿气。所以，当毛发由之生长的湿气发生变化和凝结时，毛发也自然要变化。如果它们朝相反状态变化，那么，毛发或者保持同样状态，或者将再次压过湿气。但是，当湿气被凝结和变厚时，毛发靠重量是不可能压住湿气的。如果毛发因湿气的凝结不能在任何地方倒伏，那么，它剩下的唯一状态就是直立。或者是因为，热被寒冷驱赶而汇集在体内的地方，当热从肌肉中离去时，肌肉便愈发收缩，而当它收缩时，毛发便直立起来， 889b
犹如假若某人把一根树枝或其他什么插在地上，四面八方用土填紧，它就会比用松土围着时更为竖直。

【22】 为什么受冻的人尤其难以入眠？是因为受冻者更多地是吸气而不是呼气，睡眠者则更多地是呼气而不是吸气吗？所以，寒冷造成的条件与入眠是相反的。

第 九 卷
伤疤、疤痕和鞭痕方面的问题

【1】 为什么敷贴新剥的兽皮（尤其是公羊皮）和破蛋能防止鞭痕的出现？是因为这两种东西可抑制湿气的汇聚和隆肿的发生吗？因为受伤的地方会由于热而释出湿气并出现隆肿。蛋液因其黏性而凝结，阻止隆肿（就像烧灼的作用一样），犹如胶水。兽皮因其黏性而黏合，同时造成调协，防止发炎；因为在几天中，它们不会脱掉。那些用盐和醋来擦洗的人也是试图用以消炎。

【2】 为什么身体其他部位的疤痕是黑色的，而在眼睛上却是白色的？是因为正如所有的疾病一样，疤痕总和受伤以前的颜色相反吗？伤是出在眼睛的黑色部分的。即使身上的疤痕，也并非一开始就是黑色，相反，起先是白色；眼睛

上的也不总是白色，而是在一定时间之后，才或者完全地、或者较多地变成白色。

【3】 为什么用茴香秆抽打的地方会形成一个红圈，但中心又是白色的？是因为它迫使血液离开中心，由于它是圆的，所以在那里着力最甚吗？或者正因这样，血不应再回到那里；红色由于血的涌流，而这涌流是朝向被抽打的地方的。

【4】 为什么用茴香秆猛烈抽打时，被抽肌肉的中心是白的，四周是红的，而用木棍抽打时，中心却更红？是因为，由于茴香秆很轻，如果猛力抽打，会驱散表层的血液，所以，血液散离的地方看起来就是白色的，但它大量流往的地方，就更红。在被抽打的地方肿起时，分散的血液不会很快回流，因为它很少，而且，它流移的途径是向上；因为只有在大量的力的作用下，它才可能流往反乎自然的路径。但是，由于坚硬物重，又有力，用它们抽打时，就会造成压迫甚至打烂的结果。压迫形成凹陷，打烂使其稀薄；因为打烂只不过是切割和撕劈的温和形式。当中心变得凹陷和稀薄时，血液便会从周围的表层流往那里；因为它自然要朝下流动，并流向稀薄的部分，既然它们为它让路。血液汇聚的这个地方，自然会变红，而血液流离的地方，也就变白了。

【5】 为什么爱发脾气的人疤痕是黑色的？是因为，由于源出于脾脏的病血和水血相混合，他们的血液污浊了吗？疤痕只在皮肤表层不深的地方，由于水和热而变黑的血，通过皮肤表现出来，就使得疤痕也有了相同的颜色；而且大体说来，在这种状况下疤痕会变得愈来愈黑。这是由于同样的原因；因为由于皮肤的不健全，血液会变冷，而且，当热蒸发时，就变得较黑。同样，老人的皮肉变得更黑，他们天生的疤痕也比年轻人的黑；因为他们的整个身体都仿佛是疤痕，但这不是由于皮肤的单薄，而在于热力的耗尽。

【6】 引起同样结果的原因是否具有同样的活动能力？我的意思是，例如，既然青铜、萝卜、捣碎的豆粉、肺、黏土以及其他东西都可消除伤疤，那么，它们所依的力量，是相同的呢还是不同，即青铜靠铜锈，铜锈可作药，豆类、肺和黏土则因本身多孔而有吸力，其他东西又各有各的原因？或者，所有这些的最终结果是相同的（因为在它们之中，有许多相反的性质，譬如热与冷），虽然没有什么妨碍它们的前期效果不同。

【7】 为什么其他疤痕变黑了，而眼中的疤痕却是白的？是因为，疤痕的变化与它们出现于其中的那个东西的颜色相关吗？所以，由于眼睛是黑的，出现于其中的疤痕就必

然变成白的。

【8】 为什么用茴香秆抽打比用某些较坚硬物抽打更痛（如果有人按抽打的力与效果的比例来考虑的话）？本来，抽打物愈坚硬，承受者愈痛苦，这才比较合情理，因为抽打得 890b
更重。是因为肌肉的疼痛不仅在被抽打时，也在抽打时吗？当使用的物是坚硬的时，肌肉仅仅是被抽打（因为由于抽打物的坚硬，它屈服了），但当使用茴香秆时，对肌肉而言，两种结果都要出现，即既被抽打又抽打，因为由于抽打物的分量轻，它不屈服，所以，被抽打变成了抽打。

【9】 为什么毒胡萝卜和吸杯都可抑制伤疤（前者的功效在开始时，后者的功效在后一阶段），虽然它们的性质相反？因为吸杯是冷的，正如诗人所说，"他齿间咬着冰凉的青铜"①，相反，毒胡萝卜却是热的和烧灼的。吸杯是否有像水之于昏迷者那样的功效呢？因为它的冷要遇到热，并阻止它从血液中离散，由于击打，这种血涌集到表面，一旦热离散，就凝结了。正如血如若在外面会凝结一样，当它在皮肤下面时，在靠近外面的地方也会凝结，但如若有由于青铜器的冷阻止热的离散，它就不会凝结，而是再度分散，回到汇集由以开始的地方。虽然毒胡萝卜是热的，也有同样的作

① 荷马：《伊里亚特》，V，75。

用；因为正是这种热，阻止了血的凝结。

【10】 为什么用铜器（譬如吸杯及诸如此类的东西）能消散伤疤？因为铜是冷的吗？所以，它阻止热从因击打而汇集在一起的血液中离散，因为正是热从表皮的离散，才形成伤疤。因此，应该在凝结出现前尽快使用铜器。由于同样理由，与蜂蜜混合的毒胡萝卜也有这种效果；因为它是热的，可阻止血液变冷。

【11】 当在同一个地方多次出现创伤时，为什么疤痕会变黑？是因为，无论创伤何时出现，其整个受伤部位是虚弱的，并且，伤的次数愈多，它就愈虚弱，而虚弱的地方被冷冻，就充满了湿气吗？因此，它显得是黑的。再者，大伤和老伤有黑疤痕；一个地方多次受伤与一个伤口长时间不愈的结果无异。

【12】 为什么我们用铜吸杯来消散伤疤？是因为，当我们遭受击打时，那个地方被冷冻，热消散了吗？所以，使用冷性的铜吸杯，可阻止热的离散。

【13】 为什么疤痕上不长毛发？是因为毛发赖以长出的孔道被堵塞移位了吗？

【14】 为什么击打造成隆肿和紫色？是因为，湿气从 891a
这个地方离散了，在渗入相邻部位后，又因湿气的粘凝而重新返回，并汇在一起吗？假如某根血管破裂了，血液便会在皮下某处汇集。

第　十　卷
自然问题举要

【1】　为什么有些动物咳嗽，有些不咳嗽，例如人要咳嗽，而牛不咳嗽？是因为，在绝大多数动物身上，排泄物是转向其他某个部位，而人则朝向这个部位吗？或者是因为，人的脑袋最大，也最湿，当黏液下溢时，便出现咳嗽？

【2】　在动物中，为什么只有人的血从鼻孔中流出？是因为，人有着最大最湿的脑袋，从中伸出充满了排泄物的血管，经由孔道将流液送出吗？因为不洁的血（即与脑中的排泄物混合过的血）与纯净的血相比，更为稀薄，犹如血清。

【3】　为什么有些动物的脂肪长在肌肉下，有些的长在肌肉中，有些则在两个地方都长？是因为，在肌肉厚密的动物身上，湿气汇集在皮和肉之间，因为这里的皮本性上是松弛的；一旦被调协，这种湿气就变成脂肪。而那些肌肉较为

稀薄，皮肤缩紧的动物，则在肌肉中变成了脂肪。那些具有这两种性质的动物，脂肪也就在两个地方。

【4】　为什么与男人相比，小孩和妇女很少有白麻疯，青年妇女又比老年妇女少？是因为，白麻疯由于气息的渗漏，小孩的身体不大透气，是厚实的，妇女的身体又比男人的透气差，因为她们的气息转换成了月经。她们肌肉的柔润也表明其厚实。但中、老年妇女的身体也透气；因为只有她们，如古旧建筑一样，其各部位的构成中有皱裂。

【5】　为什么只有男人患麻疯病[1]？因为他们是动物中皮肤最稀薄的，同时更充满气息吗？表明这一点的是：麻疯最多也最早地出现在皮肤最稀薄的那些部位。或者还有另一个理由，即，在动物中，只有男人的毛发变得灰白？因为在麻疯病中，毛发就是变得灰白，所以，麻疯不可能发生在毛发不变成灰白的动物身上。

【6】　为什么山羊和绵羊产奶最多，虽然它们的身体不是最大，而人和牛按比例看，却产奶较少？是因为在后两者那里，营养物用在了长身体上，在其他动物那里，变成了排泄物，而在山羊和绵羊那里，剩下的排泄物全都变成了奶吗？

---

① leuke，原意“白色”。

或者是因为，与大动物相比，它们有更多的后代，所以，由于待哺者较多，就分泌出更多的排泄物？或者是因为，由于它们身体的柔弱，在妊娠期间，生成了较多的排泄物？奶就生成于这种排泄物。

【7】 为什么有些动物（例如山羊）在变换其饮水时，也改变了颜色，而且变得和新地方的其他动物的颜色一致，但有些动物（例如人）却不这样？或者一般地说，为什么有些动物变色，有些不变色，例如乌鸦就不变色？或许是，在潮湿的本性不占优势的动物那里，例如在鸟那里（因此，它们没有膀胱），就不变色？但是，为什么它们自身不变色，后代却变了呢？是因为年轻的比其父辈更柔弱吗？

【8】 为什么雄性通常比雌性大？是因为它们更热，而热能刺激生长吗？或者是因为，雄性的发育完全，雌性则有缺欠？或者是因为，雄性完成发育的时间长，雌性则短？

【9】 为什么有些动物的繁殖很快，有些的妊娠期却很长？是因为长寿的动物自然成熟得较慢吗？繁殖慢的也正是长寿动物。当然，这并不适于一切情形，例如，马的繁殖虽比人慢，但寿命却比人短。这种状况的原因是子宫的坚硬；因为正如干燥的土壤不能很快长熟庄稼一样，雌马的子宫亦如此。

【10】 为什么与人相比，其他动物的后代在本性上更相似于它们的先辈？是因为，人在交配时，其灵魂处在多种不同的变化状态中，所以，父母双方的这种状态，决定了子嗣的不同变异。但是，其他动物绝大多数都只专注于性行为本身。此外，正是由于这种贪欲，通常不会受精。

【11】 为什么肤色白的人和白马通常有一双灰白色的 892[a]
眼睛？是因为，眼睛有三种颜色，即黑、绿、灰，而眼睛的颜色是对应于身体的颜色的，所以，这种情形就是灰白色。

【12】 侏儒的出现是由于什么原因？而且更一般地说，为什么有些动物相当大，有些很小？我们必须考察这个问题。小的原因有两个；因为或者是地点方面的，或者是营养方面的。如果地点狭小，营养缺乏，就会使已经生成的动物矮小，例如在鹌鹑笼里饲养的小狗。人由于地点狭小，会变成矮子。因为他们的宽度和长度与其先辈的尺寸是成比例的，但整体上却矮小。这种情形的原因是，由于地点的狭小，直线被弄弯了，变成了曲线。所以，矮子就犹如店铺里画的人物，虽然很小，但看起来仍有宽度和高度。那些由于营养的缺乏而发育不全的人，显得有着小孩般的四肢。有些人看起来非常小，但还是匀称的，就像麦里塔地区的哈巴狗。其理由是，本性的影响不同于地点。

【13】 为什么有些动物生成于交配，有些则生成于某些元素的混合，相似于它们的种类最初起源时的情形？正如论述自然的人们断言生物的最初生成是由于世界和宇宙发生的巨大变化和运动一样，现在亦如此，如果那种现象再度出现，某些类似的运动也必定会发生。对任何活动来说，本原是最重要的；因为它是整个过程的一半。种子就是本原。不通过交配而生成的小动物，之所以像它们的种类最初生成时的情形，其原因在于种子很小；因为较小东西的本原也较小。所以，即使这类变化也足以生成它的种子，而且，也确实发生了；因为它们主要是在这种变化中生成的。对于较大的动物，必然有较大的变化。

【14】 为什么有些动物产子多，如猪、狗、野兔，有
892b 些动物产子少，如人、狮子？是因为，前一类动物有多个子宫和模型，它们想被填满，精液分别进入其中，但后一类动物则相反吗？

【15】 如果按照大小的比例，为什么在所有的动物中，人的双眼间距离最小？是因为和其他动物比，人最合乎自然，其感官也自然是在前面，因为必定预见到运动指向的东西？两眼间的距离愈大，视力所指也就愈斜。所以，如果视线要合乎自然，两眼间的距离就应尽可能小；因为这样，视

线才能最直地射向前方。此外，既然其他动物没有手，它们也有必要朝两旁斜视。因此，它们两眼间的距离较大，尤其是绵羊，因为它们朝前走时，最爱头朝下弯着。

【16】 为什么在其他动物中，有些睡眠时从不遗精，有些很少遗精？是因为，除人以外的其他动物，都不仰面而眠，而不仰面而眠，就不会遗精吗？或者是因为，其他动物不像人那样常做梦，而遗精便是在梦境中的想入非非所引发的？

【17】 为什么有些动物运动头部，有些不运动？因为有些动物没有颈吗？因此，它们不运动头。

【18】 为什么人比其他动物爱打喷嚏？是因为人有供呼吸和香味通过的宽大的通道吗？因为正是这些通道被呼吸充满时，就打喷嚏。可以表明通道宽敞的事实是：与其他动物比，人的嗅觉极不灵敏。因为通道愈窄小，嗅觉愈灵敏。所以，如果湿气大量地、经常地进入宽敞的通道，如果这种湿气一旦被蒸发，就引发喷嚏，而人和其他动物比，又最具有这种通道，那么，人就自然地经常要打喷嚏了。或者是因为，人的鼻孔很短，所以，热的湿气能很快变成呼吸？而在其他动物那里，由于鼻孔长，湿气在变化前就被冷却了。

【19】 为什么动物的舌头都没什么脂肪？是因为，脂肪

是密厚的，但舌头本性上应瘦薄，以便易于辨别各种味道吗？

【20】 为什么雌性排尿费力，而雄性不费力？是因为，无论在深度还是长度方面，雌性的膀胱都较远吗？因为子宫
893a 在肛门与膀胱之间。所以，由于子宫的距离，她们需要用很大力气才能把尿排出。这种力来自呼吸的收紧。

【21】 为什么一切不会飞的动物，全都要脱掉冬天的毛，只有猪除外？例如狗和牛都要换毛。因为猪是最热的，它的毛发也是从热中长出的吗？因为脂肪就是这种热。其他动物之所以脱毛，或是因为湿气寒冷，或是由于它们固有的热不能调协食物。猪不脱毛或是由于它不承受身上湿气的影响，或因为很好地调协了食物。因为无论何时，只要有脱毛的原因存在，脂肪都足以阻止其发生。绵羊和人由于毛发很多，很密，也不承受影响。因为冷渗透不到凝结湿气或阻止热调协的深度。

【22】 为什么绵羊的毛被拔掉后，新长出的更加细软，而人新长的却更加粗硬？因为绵羊的毛是从表层长出的吗？因此，在被拔扯时，没有痛苦，肌肉中的营养源泉也不受损伤。所以，当孔道张开时，排泄物更易蒸发，羊毛获得肌肉特有的营养；而肌肉则是被柔软、甘甜的食物喂养的。但人的毛发是从深处长出的，要用力，而且要忍着痛苦才能被拔

出。有事实可以表明这一点：在拔出时，毛根有血。拔出毛发的那个地方受了伤，留下疤痕。因此，对被拔毛的人来说，就出现了这种结局；即使他们另长新发，也长得粗硬，因为喂养肌肉的一切营养物都散离了，毛发只能从排泄物中生长。这也可以表明：一切居住在南方的人毛发都粗硬，因为外部的热穿透很深，蒸发了调协很好的养分；但在北方居住的人却毛发柔软，因为在他们身上，血液和甘甜的体液都更近表层，所以，他们也有健康的肤色。

【23】 为什么绵羊的毛愈长愈硬，而人的毛则愈长愈软？是因为，绵羊的毛在获得了我们上面说过的那种营养后，由于长到了离营养源较远的长度，就不容易得到营养 893b
了，而已存在于它身上的营养，由于调协得好，又容易因热而从中蒸发掉吗？当毛发干燥时，就变得较硬，因为湿气是软和的。人的毛发获得的营养虽然较少，但离营养源较近；而且，正由于较少，也就更容易调协；也正是被调协了，才使毛发变柔软；因为一切调协了的东西都比未调协的更柔软。与羊毛相比，人的毛发更多地生成于排泄物。这一点是可以证明的；因为羊羔毛比老羊毛更柔软。

【24】 为什么毛发浓密的人和羽毛丰满的鸟好色？是因为，他（它）们的本性是热而湿，而这两种性质对于交配来说，都是必需的吗？因为热引起分泌，而被分泌的正是

湿。由于同样的原因，跛子也好色；因为由于腿的短缺，他们的营养只有很少一部分移到下面，大量的则升到上面的部位，并转换成精液。

【25】 为什么人没有鬃毛？是因为人有胡子，所以，由这类排泄物所构成的营养，进到了下巴中吗？

【26】 为什么所有动物的脚都是偶数？是因为，如若没有一只脚站立不动，就不可能走动（除非跳跃）吗？既然运动过程必然源于两个条件，即源于走动和站立，那么，就只能是二和偶数。四脚动物有两条以上的腿；因为两条走动，两条站立着。有些动物是六条腿；在另外增加的两条中，还是一条走动，一条站立。

【27】 为什么马和驴的毛能从伤疤处长出，但人的不行？是因为，在其他动物那里，皮肤是肌肉的一部分，但对人而言，它只犹如肌肉的某种状态吗？因为在人那里，肌肉的表层当受冷冻时，似乎变得较硬，就像我们所谓煮麦粥冷却后的外皮。既然这外皮实际上只是煮熟的麦粥，那么，我们所谓的人的皮肤，也只不过是肌肉。当一个人受伤或被擦破时，他的肌肉就会变厚；因此，当肌肉表层的性质变化后，受伤的部位便不会有与生成时同样的本性了；而且，既然它的性质已变化，从它之中不生成什么也就不足为怪了，

正如从我们所谓的秃头长不出什么来一样，因为秃头也是肌肉表层的损毁和性质变化。但是，当牲畜被擦伤并痊愈时，身体的受损部分会再度被同样的东西填满，只是比原先的虚 894a
弱些而已。既然皮肤是它们的一部分，毛发就自然会长出（因为毛发正是从皮中生成的），当然，新生毛是白色的，因为长出的皮肤要比原先的虚弱些，而白发也是最脆弱的毛。

【28】 为什么在其他动物中，一雄一雌的双胞胎能像同性别的那样存活下来，而人却不行？是因为，就人而言，双胞胎特别虚弱，因为人本来只是一胎生一个吗？而在双胞胎中，出现一雄一雌乃是反乎自然的，所以，最反乎自然的东西也就最虚弱。

【29】 为什么马和驴能从伤疤中长出毛发，但人不能？伤疤妨碍毛发生长是因为，或由于肌肉厚密，或由于破坏了营养吗？所以，在人那里，它完全妨碍是由于毛发的软弱；但在马那里，它不阻碍，只是减少。

【30】 为什么动物的脚是偶数？是因为任何东西如要运动，必然有什么静止着，假如是奇数，这就不可能发生；所以，如要使运动成为可能，脚就应被排列成对。

【31】 为什么动物睡比醒的时间少，也不连续地睡下

去？是因为，一切排泄物不是同时被调协的吗？而是在有的被调协时，动物就放松并醒过来了。再者，当调协排泄物的地方变冷时，它们也常常醒来；因为它很快而且经常地停止调协，而一旦停止，就醒来。睡眠自然是愉快的，因为它似乎停止了劳作。但是，我们在睡眠中歇息的时间不应比合乎自然的活动时间更多；同样，虽然吃比不吃愉快，但吃的时间也不应比不吃的时间长。

【32】 为什么有些动物在出生后就能立即摹仿父母，有些（如人）要晚些时候，有些摹仿不多，有些根本就不摹仿？是因为，有些很快就获得了辨认力，有些则较晚吗？而且，有些对利益没有感觉，有些却有。所以，那些具有这两种性质（我指的是对利益的感觉和身体的成熟）的动物，就摹仿，不具有的则不摹仿；因为必须有力量和感觉才能摹仿。

【33】 为什么人以外的其他动物不出现麻疯？是因为，
894b 这种病不影响其他动物，只使人的毛发和皮肤变白吗？（但是，有人可能会提问，为什么毛发的变异只在出生时，后来又不了呢？）或者是因为，其他动物的皮肤厚，人的皮肤本性上就非常薄？麻疯是呼吸物的分泌，其他动物由于皮肤厚硬，阻止了它的外溢。

【34】 虽然麻疯病使毛发变白，但为什么在有白毛发

的地方，并非总有麻疯？是因为，毛发从皮肤中生出，发白仿佛是毛发的某种损毁吗？所以，当皮肤有毛病时，从它长出的毛发也必然有毛病；但是，当毛发有毛病时，皮肤并不必然如此。

【35】 为什么有些动物在产仔后性情不好，例如狗和猪，而有些却不明显，例如女人和绵羊？是因为，那些充满了排泄物的动物是性情温和的吗？因为使它们痛苦的东西在生育时被排出了。而那些因生育而失去良好身体状况的动物，……①则由于这种状况的被破坏而造成愤怒，正如母鸡的坏性情不是在下蛋时，而是在孵卵时，由于缺乏食物。

【36】 为什么阉人在被阉割后，其他方面变得像雌性？因为他们的声音像雌性的，既尖利又缺乏连接，而且，像其他动物被阉割时一样发生了很大变化。但是，公牛和公羊的角却有相反的情形，因为雌性有着与它们相反的角。因此，在被阉割后，公牛的角变得更大，公羊的则更小。在体积方面，只有阉人变得像雄性；因为他们变得更大了。大是雄性的特点；因为雌性比雄性小。或者，这也不是变到雄性，而是变成雌性？因为他们不是在一切方向变大，只是变高，而雄性还有宽和厚方面的大；因为只有在这时，雄性才是发育

① 原文有空缺。

成熟的。此外，雌性对雄性的关系也如同少女对成年妇女的关系；因为后者已具高贵的形式，前者尚不具有。所以，阉人是变成了这样，因为他们的增大是高度方面的。因此，荷马说得好，“童贞的阿特米丝给他们高度”①，正由于是处女，她能够给出她拥有的东西。所以，在体积方面不是变成雄性，因为变化不是趋于完全。阉人在体积上的增大只是高度方面的。

【37】 为什么阉人或者完全不患静脉肿病，或者比其 895a 他人少？是因为，由于被阉割，他们在本性上已变成不生育的了吗？这种情形是小孩和女人的，因为他们从不患静脉肿；只是女人偶尔有之。

【38】 为什么人能发出多种声音，其他动物只能发一种声音（除非它们的种类不同）？或者，人也只有一种声音，只是有多种语言？

【39】 为什么人有不同的语言形式，而其他动物没有？是因为人在说话时，能使用多个语词，但其他动物有些根本不用，有些也只用两三个子音吗？这些子音要和母音结合，才形成语言。语言表达意思不是靠声音，而是靠声音的承受者，而且，表达的也不只是痛苦或欢乐。语词正是声音的承

① 荷马：《奥德赛》，ⅩⅩ，71。

受者。小孩和野兽表达意思的方式是相同的；因为小孩还不会在发音时使用语词。

【40】 为什么在动物中，只有人说话结巴？是因为，也只有人才口哑，结巴是口哑的一种形式吗？至少是发音的这个部位不完全。或者是因为，人更多的是分有理智，其他动物则只有声音？而结巴按其字面意思来说，就是不能连续地表达。

【41】 为什么和其他动物相比，人最容易天生跛瘸？是因为其他动物的腿强壮吗？因为四脚兽和鸟类的腿骨头多，筋腱多，人的腿则是肌肉多；所以，由于柔软，在运动中会很快受损。或者是因为，在动物中，只有人孕育的时间最长？因为有些人在第七个月，有些在第八个月，有些甚至在第十个月后才生出。其他动物只要有一段时间就孕育完成，没有拖延，而人拖延的时间却较长，所以，在胎儿被运动时，由于柔软，在较长的时间中，四肢较易受损。

【42】 为什么阉人的脚上有疮肿和溃疡？是因为，女人也有这些症状，而阉人像女人吗？或者，除此之外，对女人而言，还有一个原因，即热往下坠。女人的病表明了这一点。因此，无论是阉人还是女人，都毛发不多，因为湿气太重。

【43】 为什么除人以外的其他动物无一患结石症？是因为驮兽和偶趾动物的膀胱通道是宽敞的吗？那些产仔后不
895b 是立即，而是稍后才活跃起来的动物（例如某些鱼），根本就没有膀胱，而是把积淀的这类废渣挤进胃里（例如鸟就是这样），所以，很快通过肛门排出。但是，人有膀胱，而且是管状，按比例而言是狭窄的。由于人有这个器官，泥质物就被挤进膀胱中（因此，便壶被它染上了颜色），也由于这个部位是热的，就变得愈益调协和变厚，因其尿道狭窄，它便呆在那里且增大；因为这种泥质废渣不能轻易被排出，所以彼此聚合，形成结石。

【44】 为什么驮兽、牛、有角动物和鸟均不打嗝？是由于它们的胃干燥吗？因为湿气很快散尽和被排出，相反，打嗝则发生在湿气存留和被蒸发时。在有长的鬃毛和尾巴的动物那里，由于脖子长，气息是向下运行，所以，它们最常放屁。但鸟和有角动物既不打嗝也不放屁。反刍动物不打嗝，因为它们有多个胃，被称为蜂窝胃；所以，由于有许多孔道，就为呼吸提供了可上可下的通路，在湿气被蒸发，并引起打嗝或放屁之前，就已散尽了。

【45】 为什么驯化动物全是野生的，而野生动物并非全都可驯化？因为即使是人，在某些地方也有野生的，在印

度的狗和其他地区的马亦有野生的，但是，狮子、豹子、毒蛇以及其他许多动物，都无驯化的。是因为，顽劣性既容易先天秉赋，也容易后天蜕变而成吗？因为最终实现的本性不是开始就有的，相反，难以立即获得。因此，一切驯化动物最初更是野生的，而不是驯化的（例如，小孩和成人相比，更为贪婪，也更有坏脾气），但比较弱小。所以，在技术产品方面存在的情形，在自然产物中也一样存在。因为在技术产品方面，总有制坏的东西，而且，坏的较多，床榻、罩袍和其他东西均如此。并且，在好东西里，总可以找出坏的地方，而在坏东西中，则并非总能找到好地方，假如有人审视一番古代画家和雕刻家的作品，是可以明白这一点的；因为在那时，处处都还不曾有画和雕塑的精品，只有粗劣品。同 896a
样，自然也总是造出低劣物，而且很多，良好的较少，甚至完全不能。驯化动物较好，野生的则低劣。我以为，在本性上（当然不是指一开始时，而是指后来发展成的）易于造成良好品性的东西也是可驯化的。但是，相反的一类则不能或很少能驯化，而且，是在一定的地点和时间里，或快或慢地，在整个环境的综合作用下，一切动物才可能成为驯化的。同样情形也适于一切植物。那些人工栽培的植物本是野生的。而且，不是所有植物都能被人工栽培，而是在特有的土壤中，相对于特有条件的那些才如此，当然，在被忽视和野生时，它们也比在其他土壤中的长得更好，也较能驯化。

【46】 为什么人的肚脐眼很大，其他动物的则不明显？是因为，由于人在母体孕育的时间长，肚脐眼收缩、突出，有时甚至隆起成疮，因此，有的肚脐眼变得较丑。人的出生是不完善的，因此，肚脐眼中装满了湿气和血。有些动物生得完善，有些不完善，这可以用事实表明；因为有些动物生下不久便能独立生活，但小孩却需人照料。

【47】 为什么有些动物只交配一次，有些却经常，有些只在某季节交配，有些则无固定的时间？例如，人总是交配，野兽不经常，野猪只交配一次，家猪则经常。是由于营养、温暖和劳作吗？因为库普里斯[1]在充盈中。再者，相同种类的动物在有些地方只生育一次，在另一些地方却生育多次，例如，在马格勒色亚和利比亚，绵羊生育两次。其原因是，孕育时间长；因为在动物的欲望满足时，就没这欲望了，正如在饱餐时不企盼食物一样。怀孕动物的交配欲也很小，因为此间不出现月经。

【48】 为什么牙齿稀疏的人通常寿命短？是因为，这是头骨厚的一个征兆，因为大脑如若透气性不好，就会虚弱，所以，由于潮湿，便自然地会很快衰退吗？因为其他东

[1] Kupris，维纳斯的一个名字。这里借指性欲。

西如果既不被运动，又无蒸发，也会衰败的。正因如此，人有浓密的头发，由于有缝纹，雄性比雌性命长。但是，我们必须在其他地方来考察这个问题。

【49】　为什么手心有一条直纹穿过的人寿命长？是因为肢体连接差的动物（例如水生动物）生命短吗？如果连接 896b
差的动物生命短，那么显然，连接好的动物就相反。后者是那种即使本性上连接得差的部分也能连接得最好的动物；而手的内里就是最不容易连接好的。

【50】　为什么在动物中，只有人斜视，或者人斜视最甚？是因为，只有人，或人最容易在小时候就发病，而这也总是斜眼发生的时间。

【51】　为什么在动物中，人最易受烟影响？是因为人最爱哭泣，眼泪就是烟熏出来的吗？

【52】　为什么马兴奋和欲求的对象是马，人的对象是人，一般而言，为什么同类物的对象是同类物和相似物？因为每种动物的美貌是不一样的，而欲求的对象是美。美的东西应当是快乐的，但事实上，并非一切美都快乐，也不是一切快乐和美的东西都同样使人快乐，例如，有人以吃喝为乐，另外的人则以做爱为乐。为什么每个动物都最喜欢与同

类交配，并从中获得最大的快乐，这是另一个问题；但如果说是因为同类最美，那就不真实了。然而，我们把使我们进入同床①快乐的东西认作美，因为在有欲望时，我们一看见这东西就兴奋。在其他欲望方面，也有同样情形，例如，当干渴时，我们看到可饮之物很快乐。所以，因有某种用途而美的东西似乎最快乐，因为它最是我们欲望的对象，当然，就其自身来说是美的东西则不如此。这一点是可以证明的；因为即使男人，对我们也显得美，虽然并无同床的想法。那么，他们能美到使我们产生比观赏同床对象还大的视觉快乐吗？没有什么妨碍这种可能，即使我们不碰巧生出性欲。同样，喝的东西也更美；因为如果我们碰巧干渴，我们便会视它为更快乐之物。

【53】 为什么人体的前面比后背毛多,而四脚兽却是后背毛多？是因为,一切两脚动物都是前面的毛多吗？在这点上,鸟和人有相同情形。或者是因为,本性自然地总是要保护较虚弱的部分,每类动物都有某个部位是虚弱的？由于位置的关系,所有四脚兽的后背都比前面较为虚弱,因为它们更能承受冷和热。但人的前面较为虚弱,也要承受同样的影响。

897a **【54】** 为什么和其他动物比，人最常打喷嚏？因为人

---

① Sunousia。

最易患鼻炎吗？这种情形的原因是，当热存在于心脏周围时，它自然地朝上移动，在其他动物那里，它合乎自然的移动方向是到肩上，在那里，因弯折而分散，一部分移往颈和头部，一部分移入脊骨和腰腹，因为这些全在同一条直线上，而且与地面平行。在热移动时，它把湿气同样地分散到这些相似的部位；因为湿气伴随着热。因此，四脚兽既不患鼻炎，也不打喷嚏。因为打喷嚏或者由于聚合的气的移动，当身体的湿气更快地蒸发时，或者由于湿气的不调协。所以，打喷嚏在发冷之先，但这并不发生在其他动物身上，因为热的移动同样地分散到它们的前面和后背。但是，人像植物一样，自然地直立着，其结果，热向头部的移动就既多又猛。在这里移动的热，会稀薄和加热头部周围的孔道。这类孔道和心脏下面的孔道相比，更能接受湿气。所以，当人承受的湿和冷比应当的更多时，其结果，获得养料并在内部聚集的外热便会增多，而当它增多时，就被移往头部和其中的孔道里；湿气也随之进入，由于湿气稀薄，又未调协，便充盈于头部，引起寒冷，并同样地造成喷嚏。因为在开始发冷时，热先于湿而被移动，且为孔道充气，并通过呼气的排出和轻而辛辣的湿气的收缩，引起喷嚏。因此，在打喷嚏之后，人要擦去鼻部的水性物。在所有这些东西被运动时，连续而又密实的湿气便随之而至，并阻塞头部和鼻部周围的孔道；一旦它们膨胀变大，就造成头部周围的疼痛。表明孔道被阻塞的事实是：没有什么呼气能从其中穿出去。所以，那

些患鼻炎的人，既不打喷嚏，也无嗅觉。没有鼻炎而打喷嚏
897b 的人也由于同样原因，但有微小而无足轻重的根源。因此，湿气由于被热聚集，又由于量小而被热蒸发，便进入鼻孔里。呼气造成的声响与移动的力量，就量而言，是差不多的。因为当热直线式地移到大脑并突入其中时，它就被折进鼻内，既然那里的孔道是从脑中延伸出来的。由于进入鼻内的呼气的冲击是反乎自然的，其结果就很猛烈。因此造成声响。在其他动物中，鸟最易患鼻炎，因为它们在形状上最像人。但与人相比，鸟也很少患此病，因为由于它们是从地上觅食，所以常常头部朝下。

【55】　为什么海中的动物比陆上的动物更大，也营养得更好？是因为，太阳烤干了地表，消耗了养料吗？因此，被包裹在地中的动物也营养得较好。海中的动物完全没有这些麻烦。

【56】　为什么其他动物摄入的干食物比湿食物多得多，而人却是湿的比干的多？是因为人在本性上最热吗？所以，经常需要冷却。

【57】　为什么阉人不变成秃头？因为他们有大量的脑物质吗？这是他们不和妇人同居[①]的结果；因为精液就是从

---

① suggineshai。

脑中经由脊骨流下去的。正因如此，公牛在被阉之后显得有一对大角。妇女和小孩其所以不会秃头，也似乎由于同样原因。

【58】 为什么有些动物在出生后就能立即自己觅食，而有些不行？在有记忆能力的动物中，那些能立即自己觅食的寿命较短吗？因此，它们全都很快夭折。

【59】 为什么在人分泌的排泄物中，湿的比干的多，而马和驴却是干的更多？是因为，后两类动物摄入的干食物多，而人摄入的湿食物比干的多吗？因为一切排泄物均来自食物，摄取的食物愈多，排泄物也愈多。有些动物摄取的更多是湿食物，有些则更多的是干食物；因为有些动物本性干 898a 燥，有些本性潮湿。本性干燥的更欲望湿食物（因为它们更需要），本性潮湿的更欲望干食物，因为它们更需要。

【60】 为什么鸟、人和胆大的动物都更结实？是由于勇气由热伴随吗？因为恐惧是冷。所以，那些热血的动物，也就有胆量和勇气；因为血是养料。在温水中的水生植物也更坚实。

【61】 为什么小的四脚兽最易生怪胎，人和大的四脚兽（例如马和驴）却很少？是因为，小四脚兽（譬如狗、

猪、山羊和绵羊）大多产仔很多，而人和大四脚兽总是或通常是一胎只产一仔吗？怪胎产生于精液的相互混淆，而这种混淆，或发生在雄性的出口处，或发生在雌性体内后来的混合中。因此，鸟也生怪胎；因为它们生双蛋，而怪胎就生成于蛋黄没被膜层分开的双蛋中。

【62】 为什么人的头部比身体其他部位的毛发多，而且多得不成比例，但其他动物却是相反的情形？是因为在其他动物中，有些把过剩的营养分给牙，有些分给角，只有有些才分给了毛发吗？把营养给角的那些动物头部的毛少，因为营养都耗费在角上了。把营养给牙的动物，头部的毛比给角的动物多（因为它们有鬃毛），但又比诸如鸟之类的动物少，因为鸟和人有相同情形。当然，鸟毛由于丰茂，分布在全身，而人则集中在头部。因为人虽不缺少供应毛发生长的养料，但也没富足到满足全身的程度。

【63】 在动物中，为什么只有人的毛发变成灰白？是因为，绝大多数动物的毛发每年脱换一次，例如马和牛，有些动物虽不如此，但寿命不长，譬如绵羊和其他动物；在这种场合，毛发似乎不会变老，因而不会变白。但人既不换发，又是长寿的，所以，要随着年龄的增长而变白。

【64】 为什么从肚脐朝下的距离比从肚脐到胸部的距

离更长的人寿命短，而且虚弱？是因为，由于体积小，他们 898b
的胃部是冷的，所以，不是调协，而是排泄吗？这样的人当然不会健康。

【65】 为什么有的动物不仅生于交配，也生于自发，但有些动物（例如人和马）只能生于交配？假如没有其他原因的话，或许是因为，这些动物孕育的时间短，所以，生育的季节不拖长，能够在季节的变换中生出。但后一类动物拖的时间久，因为它们要一年或十个月才生，所以，它们必然……[①]或生成于交配。

【66】 为什么埃塞俄比亚人的牙齿洁白（确实比其他地方的人牙齿白），但指甲却不白？指甲不白是因为他们的皮肤黑，而且比其他地方的人更黑，而指甲是从皮肤中长出的。但为什么偏偏牙齿白呢？是因为，太阳从中吸走湿气而又没有加以染色的东西变白了，犹如蜡烛吗？太阳给皮肤染色，但没染牙齿，湿气又由于热从中蒸发了。

【67】 在头颅被砍掉时，为什么有些动物立即死亡或很快死亡，但有些却不呢？不很快死亡的动物是由于无血，且只需很少的营养吗？因为它们不会很快需要营养，它们的

① 原文有空缺。Theodore Gaza 本补为“或不能生成”。

热也不会在湿气中散光，但有血动物不具备这两点。所以活不成。无血动物则可以活；因为它们能够无呼吸地活上很长时间。原因已在别处说明。

第十一卷
声音方面的问题

【1】 在各种感觉中，为什么听觉最容易出现天生的缺
陷？是因为，听觉和声音可以被认为是来自相同的本原吗？ 898b30
作为声音之一种的语言似乎最易被破坏，也最难完善。有事
实表明这一点：在我们出生之后，很长时间说不成话；因为
开始时，我们完全不能说，过了一段时间，我们才咿呀学 35
语。由于语言容易被破坏，而语言（它是一种声音）和听觉
两者又有着相同的本原，所以，听觉也最容易被破坏，虽然
似乎是出于偶性的，而不是基于它本身。从其他动物那里， 899a
也可以找到语言的本原极易被破坏的证明；因为除人以外，
没有一种动物会说话，而人也是在后来才开始说话，正如前
面已讲过的。

【2】 为什么聋子总是通过鼻孔发声？是因为他们近似
于哑巴吗？哑巴发声是通过鼻孔的；因为由于嘴巴封闭着， 5

他们的气息要靠这个通道冲出。嘴巴之所以封闭，又是因为他们不用舌头发声。

【3】 为什么一切本性上热的人都声音大？是因为他们体内必然有大量冷气吗？因为他们的呼吸是热的，就把气引向自身，而且，愈热愈如此。大的声音产生于大量的气的运动，尖利的声音则产生于气的快速运动，当运动缓慢时，声音也就低沉了。

【4】 为什么聋子总是通过鼻孔发声？是因为聋子的呼吸较粗猛吗？因为他们近似于哑巴。所以，鼻孔的通道被呼吸扩张，这种人也就通过鼻孔发声。

【5】 为什么在夜间更易听到声音？是因为，由于大量的热消散了，此时更宁静吗？因此，通常也较少搅扰，因为运动的根源是太阳。

【6】 为什么远处的声音听起来更加尖利？例如，那些在远处摹仿吼声的人发出的是尖利的声响，如同回音，而回音显得更尖利。它响在远方，是被折射回来的。既然在声音中，快是尖利的，慢是低沉的，那么，从远处传来的声音就显得更低沉了。因为一切被移动的东西，离起点愈远，移动得也就愈慢，最后还会停下来。远距离声音的摹仿者是否用

一种微弱而轻细的声音在摹仿呢？但轻细的声音不会是低沉的，细小和微弱的声音听起来也不低沉，而必然是尖利的。或者，不仅由于摹仿者在这样摹仿，而且，声音本身也变得更尖利了？其原因是，被移动的空气造成声音，并且，犹如运动空气的第一股力量造成声音一样，接续下来的空气也必定这样造成声音，所以，有的空气运动，有的被运动。因此，声音是连续的，原因在于运动的空气总是接续着运动的 899b
空气，直到这种空气耗完，在遇到物体的场合，它们就停下，因为当空气再不能推进投掷物时，也不能推进其他空气了。只要空气被空气推动，声音就是连续的，而当物体被空气运动时，投掷物便移动了。所以，在一种场合，被移动的总是同一个物体，直到它停下，而在另一场合，运动的总是不同的空气。起初，较小的物体被运动得较快，但离得不远。因而远处的声音更尖利、更轻细。因为被运动得快的就尖利，正如已说过的。也正是由于同样原因，小孩和病人的声音尖利，成人和健康者的声音低沉。近处的人之所以分辨不清声音的低沉或尖利，而且一般而言，被投掷的重物之所以有不同的状态，其原因在于，投掷物是一而且总是同一，但声音则是被空气不断推动的空气。因此，投掷物落到某一点，而声音则四方散开，犹如投掷物在移动的同时被击成无数碎片而四处飞溅，有的甚至回到起点。

【7】 为什么新涂过墙泥的房子更有回音？是由于表层

光滑，使声音更能折回吗？表层的光滑又由于没有裂缝，是连续的。但是，要证明这一点，必须在它已经干燥时，而不能在它还相当潮湿时；因为声音不会从湿泥中折回。正因如此，灰泥的回音更重。空气的不流动或许也起了作用；因为当空气凝聚在一起时，便反弹回落于其上的东西。

【8】 如果有人在房中的地上埋一口大缸和空罐，并用盖子盖上，为什么房子更有回音，如果房中有井或储水器，情形亦如此？是因为，既然回音是折回，当空气被封闭时，必然聚集在一起，这时，如果声音碰击密实和光滑的东西，就会有什么从其折回吗？因为在这种条件下，最容易生成回音。井和储水器有收缩和聚集空气的作用，缸和罐则有密实的外缘，所以，这两种场合都可以导致回音产生的结果。空疏的东西尤其有回音；正因如此，青铜比其他东西更甚。即使把它们埋进土里，发出回音也不奇怪；因为朝下传送的声音与其他方向的一样多。一般而言，它似乎是向四面八方传播，而且是圆圈式的。

【9】 为什么把容器埋进比不埋进更有回音呢？是因
900a 为，把容器盖上时，它更能接纳和保存空气吗？其结果，声
音对它的撞击更猛烈。

【10】 为什么从同一个容器中倾倒出来的冷水比热水

造成的声音更尖利？是因为冷水流动得更快吗？因为它更重。速度更快的东西造成的声音也更尖利。热通过使水稀薄并使它升涨的方式，把它变轻了。可以比较这个现象：当火把燃烧时，风吹得也是软弱的。

【11】 为什么熬过不眠之夜的人声音比较沙哑难听？是因为，由于没调协，身体更潮湿了，尤其是上半身，因此头部沉重，当湿气在喉管周围存在时，必然使声音沙哑吗？因为沙哑由于不匀，音闷由于阻塞，既然声音移动得慢。

【12】 为什么在进食之后，声音最容易撕裂？是因为，由于不断碰撞，发音的部分变热了，而一旦变热，便吸收湿气吗？由于进食，湿气本身也更多，更易侵入。

【13】 为什么哭的人声音尖利，笑的人声音低沉？是因为，一种人由于虚弱，只有很少的呼吸在运动，另一种人的呼气急促，使得呼吸快速移动吗？快使声音尖利；因为从体内冲出的东西是收紧的，使移动加快。但是，笑的人则处在放松状态。虚弱的人也声音尖利；因为他们只运动少量的气，有的甚至只在表面。再者，笑的人呼出的气息是热的，哭的人呼出的气息则较冷，正如痛苦引起胸腔周围部位的寒冷一样。热运动大量的气，所以移动缓慢，冷只运动少量的气。吹奏长笛也有这种情形；因为当吹奏者的呼吸较热时，

吹出的多是较低的音。

【14】 为什么儿童和其他幼年动物比发育成熟的动物声音更尖利，虽然尖利意味着用力猛？是因为，声音是空气的运动，气运动得愈快，声音愈尖利吗？运动少量的气比大量的气更容易，也更快。而气的运动或者在聚集时，或者在被热驱散时。既然吸气是吸入冷，那么，我们体内的气就会
900b 汇集在它之中；而当热运动气时，呼气就会变成声音；因为我们说话是在呼气时，而不是在吸气时。既然年少的比年老的更热，体内的通道又较窄，那么，他们体内的空气就较少。既然他们体内被运动的气更少，而作为运动者的热更多，那么，由于这两个原因，气的运动就应当快。运动愈快，声音也就愈尖利，理由已如上述。

【15】 为什么哭的人声音尖利，笑的人声音低沉？是因为哭的人在发声时，嘴被抽紧和收缩了吗？由于抽紧，体内的气就被运动得快，由于气流通过的嘴巴收缩，它也被运动得更快；由于这两个原因，声音就变尖利了。相反，笑的人在笑时，是放松的，嘴巴大张；所以，当他们通过较宽的口腔排气时，气就移动得慢，声音自然也就低沉。

【16】 为什么无生殖力的人（例如小孩、女人、老者和阉人）声音尖利，而男人的声音低沉？是因为，正如线段

和其他单薄的东西只有一维，厚实的东西有多维一样，单薄的声音也只有一维吗？造成和运动一个东西总比多个东西更容易。上面已说过，人的呼吸是微弱的，它只运动少量的气。只有一维的气在量上极少，由于上述理由，它也很单薄。从它之中产生的声音亦是同样性质；而单薄的声音是尖利的。正因如此，无生殖力的人声音尖利。相反，呼吸粗猛的男人运动大量的气，正因为量大，运动速度就慢，造成的声音也就低沉。单薄的和快速的运动则造成尖利的声音，而这种结果决不可能发生在男人身上。

【17】 为什么我们的声音在冬天较低沉？是因为在那时，我们体内和体外的空气都较浓厚吗？正因为较浓厚，运动就缓慢，所以，声音就较低沉。再者，我们在冬天比在夏天更想昏睡，睡眠的时间也更长；在睡觉之后，我们的身体会更加沉重。睡比醒的时间更长的那个季节（这就是冬天），也正是我们应该有较低沉的声音，而不是相反状态的季节。因为在其短暂的清醒期间，昏睡中的状态仍然保持着，且倾向于睡眠。

【18】 为什么在喝饮、呕吐之后，以及在寒冷中，人们
的发音较为低沉？是由于痰液引起的咽喉障碍吗？因为它使 901a
得液体汇聚到那里。在有些人，是由于喝饮和呕吐，另一些人则是由于季节，使得液体充盈汇集，从而导致咽喉较窄，

所以，气息的移动较慢。这种缓慢的移动造成了声音的低沉。

【19】 为什么较低沉的声音在近处较容易听清，在远处不大容易？是因为，较低沉的声音运动的空气较多，但运动得不远吗？所以，在远处，我们听不大清是因为它运动的距离短，在近处之所以能听得较清，则在于有较多的空气撞击我们的感官。尖利的声音在远处能被听见，是因为它较细薄，细薄的东西就延伸得远。人们也许会说，是因为引起它的运动很快。假如运动空气的气息既浓厚又狭窄，这种说法是可以成立的。因为量小的空气更容易被运动（因为被狭窄东西所运动的，必定量小），而浓厚的东西会引起更多的撞击，这些就造成声音。这一点，在乐器方面也可以看清楚；因为如果其他条件均相同，那么，琴弦愈细，发出的声音就愈尖。

【20】 虽然尖利取决于被移动的速度，但为什么对离得远的人，声音显得较为尖利呢，既然被移动物愈远，被运动得也愈慢？是因为，声音的尖利不仅取决于被运动的速度，而且也依赖于它本身的细薄，而由于被运动的空气很少，离得愈远的人，传到那里的声音也愈细薄吗？因为运动逐渐减弱了，正如被逐渐减少的数目到一终止一样，物体也终止于一维，而这在物体中便是细薄。声音也有同样情形。

【21】 为什么进行锻炼的人和身体虚弱的人发音尖利？

是因为，虚弱的人运动的空气很少，而少的空气被移动得比多的空气更快。至于锻炼的人，则在剧烈地运动空气，而空气在被剧烈运动时，就移动得快。在声音方面，移动得快就造成尖利。

【22】 为什么饭后吼叫的人会损坏嗓音？的确，我们看到，那些练习嗓子的人，譬如演员、合唱队员和其他诸如此类的人，都是在清晨和空腹时进行练习的。是因为，嗓音的损坏不是其他，正是呼吸所由通过的那个部位被损伤了吗？咽喉发炎的人嗓音也是破损的，但不是由于造成声音的呼吸变糟了，而是因为声带变得粗糙。这个部位本来就最容易被猛烈的热弄得粗糙。因此，正在患热症的人不能唱歌，得过重热症刚刚病愈的人也不宜唱；因为他们的咽喉由于热而变粗糙了。在吃饭之后，呼吸自然是急速的和发热的。有理由认为，这样的呼吸在通过时，会使喉管红肿和粗糙；而一旦出现这种情形，嗓音自然被损坏。

【23】 既然声音是有某种形状的、被移动着的气，而形状经常被分散，那么，当这种气撞击某种坚实物时，所产生的回音为什么不分散，却能被我们清楚地听到呢？是因为它被折回，而不是散开吗？这样，整体保持着，从它生成的两个部分，即声音和回音有同样的形状；因为折回发生在同样的角度上。因此，回应的声音与原初的声音是相同的。

【24】 虽然其他动物幼崽和幼儿的声音都比其发育成熟的同类更尖利，但为什么小牛比成年公牛的声音更低沉？是因为在每类动物中，年幼的都相似于同类的雌性吗？在牛中，雌性的声音比雄性的更低沉，而小牛更相似于雌性，而不是雄性。但是，其他动物的情形则相反。

【25】 当管弦乐被谷壳遮掩时，为什么合唱队发出的声音较小？是因为，由于表层粗糙，声音传到不光滑的地面，变得不很一律，所以较小吗？因为它不是连续的。正如光在平滑的表面上照射得更宽，因为它不被阻障物遮断。

902a **【26】** 为什么把盐撒进火中时，会发出声响？是因为，盐中含有不多的湿气，当它被蒸发时，便猛烈地冲出，并撕裂盐粒吗？被撕裂的一切东西都会有声响。

【27】 在到达清楚言谈的年岁之前，为什么有些小孩能够发音且清楚地说些什么，而且继续同样的言说，直到说话的正常自然年龄到来？许多人把这种情况视为异常。但有人又说过，有些孩子一生下来就可以说话。是因为在通常情况下，多数小孩在出生时，是合乎自然性质的（因此，说话的小孩是极少数），而且在本性上，他们的能力也是彼此同时完善的，所以，他们全都按照听到的声音、说出的语词和

清楚表达的东西来听、说和理解。但在有时，同样的东西并不同步发展，而是有些小孩先显现出自由谈吐的能力，有些则相反。那时，他们的谈吐还不是有理性的（因为他们言谈的还只是听到的东西），一旦他们到了能谈论和理解的年龄，就会合乎自然地加以运用。然而，对于那些听觉在灵魂中先行准确发展的人来说，靠了这种能力，他们先运动声音，造就语词，在他们那里，当这部分的能力自由出现时，已能理解许多东西了。这尤其可能发生在睡觉之后（其原因是，睡觉使身体及其各部分更懒怠了，因而它为它们提供了歇息的机会），如果不在睡觉之后，就是在类似的其他变化发生之后。我们能够做许多这类事情，因为它们只需要很小的机遇；此后，就不再有同样的条件了，因为这时，这部分器官刚好处在这种放松的状态；当刺激思想的事物出现在感官表面时，小孩便会根据听觉作出反应，并说出它。曲调和语词经常是无意识地出现在我们口中。但是，如若我们最初是有意识地说话，那么后来，我们就是无意识地在说或唱了，而且，还不能离唇。在小孩们那里也如此，当发生这种情形时，这个部分再度回复到自然的状态，直到它变得强大和可被分别的时候到来。

【28】 在没有什么可以感觉到的东西将其运动的情况下，为什么有些东西（例如木箱）会突然发出声响并被运动？但运动者要比被运动物强大。同样的道理也适用于毁灭

902b 和老年的情形；因为一切所谓被时间毁灭的事物，都是被感觉不到的东西毁灭的。那么，水滴和被生长的植物顶起的石头也是这样吗？因为顶起或运动它们的，不是最后的力，而是连续的力。这种连续的力是感觉不到的，但它引起的运动却是感觉得到的。存在于可以感觉的时间中的东西，也同样被运动，并能被分成不可感觉的部分，但是，运动和毁灭，都是由整体的、连续的时间引起的。而连续不是在现在中，而是在被现在界定的时间中。

【29】 为什么正在打哈欠的人听觉较差？是因为，当气息在哈欠中被排出时，大量气息从内部进入耳朵中，所以，它在耳朵周围引起的运动对感官很显明，尤其是在睡觉醒来之后吗？声音是空气或由空气造成的影响。所以，从外面进入的声音要与内部的气息发生碰撞，其运动就会被外面声音的运动所阻碍。

【30】 为什么小孩说话比成年人更结巴？是因为，正如小孩较难支配自己的手和脚，更小的孩子甚至不能走路一样，年少的人也同样不能支配舌头吗？如果他们很小，甚至完全不能说话，只能像野兽那样发声，因为他们没有控制力。这不仅适于结巴的人，也同样适于大舌头病人和发音不全者。大舌头是不能支配某些字，但不是任意的字，而是特定的字，发音不全是漏掉了某种字或音节，结巴则在于不能

很快地把一个音节和另一个音节连接起来。但是，所有这些都是由于能力的欠缺；因为舌头没能很好地为理智服务。醉酒的人和老年人也有与此同样的承受；但与小孩相比，程度轻些。

【31】 当人们焦虑和害怕时，为什么声音发抖？是因为，由于热的释放，心脏在震颤吗？两种情态的人都要如此承受；因为焦虑的人和恐惧的人都是这种结果。当心脏被震颤时，其撞击不是出现一次，而是多次，正如被拉得过紧的琴弦。

【32】 为什么焦虑的人声音低沉，而害怕的人声音尖利？是因为，对于害怕的人来说，心脏周围的部位是冷的，因为热往下沉，所以，只运动了少量的气吗？因为力存在于热中。而那些焦虑的人，热是朝上移动的，正如羞怯的人一 903a
样；因为正是由于羞怯，才焦虑。在羞怯者那里，热甚至上移到了面部；这一点，有事实表明，因为他们的脸变得很红。所以，热使得他们据以发声的气溶化，并变得浓厚；这样的气只能缓慢移动。在声音中，慢就是低沉。

【33】 为什么夜间比白昼更容易听清声音？是因为，犹如阿那克萨戈拉所说，由于在白昼，空气被太阳加热，有嘶嘶声和噪音，但在夜间，当热消退时，它就平静下来，正因为没有了噪音，人才更容易听见声音吗？或者是因为，声音在通过较空的东西时，比通过充实的东西更易被人们听到？

在白昼，空气是浓厚的，因为它被太阳的光芒和射线充满，而在夜间，由于物体性的火光和射线从它之中消退了，它较为稀薄。或者是因为，在白昼，我们周围的许多事物分散了我们的注意力，因此，不容易把握住听到的声音？也因为，我们从事的一切活动，更多的是在白昼，而不是夜间，我们的注意力也就围绕着这些活动了。而与理智分离的感觉，仿佛进行的是无感觉的劳作，正如有人所说："是心灵在看，也是心灵在听。"但在夜间，当眼睛闲暇，理智较平静时，听觉的管道由于更张开，就能等量地接受声响，并能更好地传达给理智；因为理智本身不再活动，也不像在白天那样被视觉扰乱。

【34】 为什么无生殖力的人，例如小孩、妇女、老人和阉人，都发声尖利，而壮年男子却声音低沉？是由于运动气的那个部位较虚弱吗？因为虚弱的东西只运动少量的气，少量的气被移动得快，被移动得快的东西声音尖利。或者是因为，在无生殖力的人那里，声音由以通过的第一管道是狭小的，所以，从中释放出来的气也很少，而很少的气在通过上面宽阔的喉管时，就被移动得快。但是，在鼎盛时期的成年男子那里，第一管道是被扩张了的，如像通到睾丸的管道一样，所以，被释放的气也很多，因而通过得慢，使声音较低沉。

903b **【35】** 为什么结巴的人说话不能轻柔？是因为，由于有某种因素阻碍，他们的发声粗猛吗？当力量不相等，运动不相同时，当不应有什么东西阻碍运动却偏偏又有阻碍时，就需要用猛力了。声音是运动，使用猛力说话的人发声也较大；所以，既然障碍必然要靠猛力才能排除，那么，结巴的人必定发声粗大。

【36】 为什么结巴的人在紧张时更结巴，但在喝酒时却不很结巴？是因为，他们的情形与体内某个部位的瘫痪类似，它不能运动，被冷所阻碍吗？酒在本性上是热的，较能驱散冷，但紧张却引起冷。因为紧张是某种恐惧，恐惧是冷。

【37】 为什么从外面传入房子里面的声音比从里面传到外面的声音更容易被人听到？是因为，从里面传出的声音，要途经很大的空旷地方，因而被分散了，所以，声音的每个部分都不足以使人听到，或者至少听不清楚吗？但是，从外面传入里面的声音，进入的是较小的地点。而且，里面的空气也是凝滞的，使声音能密集地传入，所以，音量较大，易被听见。

【38】 为什么结巴的人抑郁不乐？是因为，抑郁乃由于跟随不上快速的想象，而结巴者的特性就是这样的吗？因为对他们而言，说话的冲动是有的，但能力却不行，正如思想跟随不上快速的想象一样。大舌头的人亦有同样情形；因

为在他们那里，发音器官迟钝。这可以用事实表明；因为醉酒的人就出现此种情况，当他们主要地跟随想象，而不是理智时。

【39】 为什么韭菜有助于发音的清晰（即使在斑鸠那里也如此）？是因为，煮熟的大蒜可使嗓音圆润，韭菜也含有某种胶质吗？这就能清爽喉管。

【40】 为什么其他动物愈强壮声音愈尖利，人则是在虚弱时声音尖利？是因为，他运动的气很少，而气的移动速度快，正是这种快速造成了声音的尖利吗？

【41】 为什么人们屏住呼吸时比在呼气时听得更清楚？（因此，人们在打猎时，才彼此相约不要呼气。）是因为，当脉管扩张时，感觉升到了身体上部吗？因为在睡觉时，它要降下来。因此，睡熟的人更多地是呼气，而不是吸气，也没
904a 有听觉。或者是由于，在呼气时，血也往上升，所以，下面的部位空虚了？而我们正是在虚空中，才听得更清。或者是因为，呼吸本身也是一种声响，当处于呼气状态时，就妨碍了听觉。

【42】 为什么量小的盐有炸响声且炸跳得快，但量大的盐有炸响声，却炸跳得猛？是因为，前者由于量小而炸裂

得快（因为火不需要穿透很多东西），后者则慢，因为炸裂量大的比炸裂量小的要困难得多吗？量小的声音也小，因为碰撞小，量大的声音亦大，因为碰撞大；既然声音是一种碰撞。在被碰撞时，愈强壮的东西跳得也愈厉害；因为它不容易退让。

【43】 如果某人把相同数量的盐掷进大火中，为什么发出的炸响声很小，甚至完全无声响？是因为在它炸响之前，就已被烧溶了吗？它燃烧是因为内含的湿气损耗了，而炸响则要在它爆裂时。

【44】 为什么人在打哈欠时，听力较差？是因为打哈欠封阻了内里的气息，而被封阻的气息汇聚在耳朵周围吗？有事实表明这一点；因为在打哈欠时，耳朵里会出现声响。被封阻的气息妨碍了听力。此外，打哈欠的人要产生某种声响，这也妨碍听力。嘴巴的张大也必然使听觉受阻。

【45】 既然声音是某种流，其本性是被朝上移动，那么，为什么它从上到下时比从下到上时更容易被听清？是因为，声音是某种与湿混合的气，而这种气被湿加重了，所以朝下移动，而不是向上，因为湿就其本性而言是朝下移动吗？因此，下面的人更容易听清。或者，只有生物的声音才是这样呢（因为它混合有湿气），还是这种现象在其他声音中也如此？正如视线，如果它从上朝下投射，就造成向上的

折射，但如果是从下往上投射，就引起朝下的折射，声音也一样，它的本性是被朝上移动，当它撞击与其相反的空气时，由于空气的量大，而且较重，它不能将其穿透，但被运动的空气却被折射，并在相反方向朝下移动，因此，在下移时，下面更能听清它。回音的情形与此相似，因为它是声音在相反方向的折射。

904b **【46】** 为什么醉汉的声音比清醒者的声音更嘶哑？是因为，由于他们被灌满了，声音嘶哑得快吗？事实可表明这点；因为合唱队员和演员的练嗓，都不在饭后，而在空腹时。酒醉状态的人体内更充满，其声音更易嘶哑就是很合道理的了。

【47】 为什么人们在较远的地方能听到较尖的声音？是因为，声音中的尖就是快，被强力移动的东西也被运动得较快，而被移动得愈猛的东西，也被移动得愈远吗？

【48】 为什么屏住呼吸时，我们能听得更清？是因为呼吸本身要造成某种声响吗？所以，在声响很小时，我们自然就能听得更清楚了。而在我们屏住呼吸时，声响就很小。

【49】 为什么光不能穿透厚密的东西，声音却能，虽然它比声音更稀薄，移动得更远，也更快？是因为，光是直线式移动，所以，如若某物挡住了它的直路，它就完全被阻

隔了，但声音由于是气息，能够在不直的路径上移动吗？因此，我们能听到任何一个方向发出的声音，而不只是与耳朵处于直线关系的声音。

【50】 为什么笑的人发声低沉，哭的人发声尖利？是因为，发自紧张状态者的声音是尖利的，而尖利的东西是软弱的吗？这两种情形都更多地存在于哭者身上；因为他们既较紧张，又较软弱。

【51】 既然声音是某种成形的气，为什么在被移动时常处散乱状态，但这样的气在撞击某种硬物时形成的回音却不散，能被我们清楚地听到呢？是因为回音是折射，而不是散开吗？所以，它作为一个整体，整个地传回来。再者，承受与造成承受的东西相同；因为反射来自于空凹中的气，而不是空凹本身。

【52】 当一个人说话和许多人同时说话时，所发的声音为什么既不是相等的，也不是按数量的比例传得更远？是因为，他们每个人推动的只是各自面前的空气，而不是相同的空气（除非相处的距离非常小）吗？其结果就如同许多人掷石头，但每个人，至少多数人所掷的石头不相同一样。在那种场合，没一个投掷物被扔得远。至少按数量比例而言是 905a
如此；在这里，声音也一样，因为这样的大声音不是一个人的，

而是许多人的。所以，在近处，它按比例显得大（正如一些投掷物被扔到同一地点一样），但在远处，就不再如此了。

【53】 为什么人在紧张时发声较低沉，在受惊吓时声音较尖利？但是，羞怯也是某种恐惧。或许所承受的是很不相同的？因为感到羞怯的人脸红（紧张也是某种羞怯），而受惊吓的人则脸色苍白。显然，在受惊吓者那里，热离开了身体上部，所以，呼吸微弱，只运动很少的气，气很少时就被移动得快，而在声音中，快就是尖利。但在有羞怯感的人那里，胸部周围的热则往上升；他们脸红的事实就表明了这一点。力愈强大，运动的气也愈多，气多则被移动得慢，在声音中，慢就低沉。

【54】 为什么人会出现结巴？其原因是，由以发声的那个部位冷，正像那个部位中风了吗？因此，当用酒或连续的言谈将其弄热时，他们就能较容易地连字成句了。

【55】 为什么在所有的动物中，只有人会出现结巴？是因为，只有人分有语言，其他动物只有声音吗？结巴的人虽有声音，但不能连字成句。

【56】 为什么在冬天和在清醒时，人们发声较尖利，在夏天和在醉酒时，则发声较低沉？是因为，声音移动得愈

快也就愈尖利，而紧张状态的人所发出的声音较快吗？清醒者和冬天里的身体比醉酒者和夏天中的身体更坚硬。因为热和暖松软了身体。

【57】 为什么人和其他能发声的动物相比，声音完善得较晚？是因为人的声音有许许多多的差异和形式吗？因为其他动物的发声根本就没有词①，即使有，也极少。变化最大，包含的差异最多的东西，必然要在相当长的时间过程中才可能完善。

【58】 为什么光不能穿透坚硬的东西，声音却能？是因为，光只有一种直线式的移动（太阳的光线以及我们只能从相反的方向看见它的事实可以证明），而声音的移动却有多种方式吗？因为我们能全方位地听。所以，由于在我们和物体之间没有通道，致使光的直线式照射受阻时，它就不可能洞穿。但当空气和声音被全方位移动时，它们就能穿透一 905b
切东西，而被我们听到。然而，光能穿透液体，声音却不能通过液体而被听到，或很难被听到，虽然液体比土更稀薄；这是因为，液体孔道既小又密，且接续着，所以，不阻碍光的直线式穿透。正因如此，人能看穿厚实的透明物，却不能看穿轻薄的茴香秆。因为在前者孔道是接续的，在后者却不

① gramma。

规则，而且，其体积也于事无补，除非是直的。在水中不能听到声音，因为在水中，气的空地方太小，所以，不能接纳声音，也不能使其通过，或者相当困难。因为声音是某种气。较稀薄的东西并不全都较容易穿透，除非孔道也适于穿透物，所以，孔道不会对它更收缩，如果它们不能接纳其他物体的话。而稀薄的东西是柔软的，可以收缩的。在有些东西那里，由于孔道极小，阻碍了收缩，例如透明物；因为它的孔道虽然比茴香秆的更细薄，但由于前面说过的原因，不能收缩。水和其他类似的物体也如此。所以很明显，虽然稀薄和柔软物本性是相同的或相近的，但并不能得出事物愈稀薄，就愈能收缩的结论；因为这所有情形原因都是相同的。

【59】 如果某些发声的人离去，为什么虽然声音变得小了些，但其特性不变？是因为，他们的声音已和其他人的混合了吗？而且，不是部分混合部分不混合，而是完全混合。在有的人离去时，其混合的声音与以前完全一样。所以，虽然音量小了，但特性必然相同。

【60】 为什么有人会出现结巴？是因为，由于热，他们太急躁了，所以出现口吃和结巴，就像生气的人一样吗？因为他们也气喘吁吁。这样，便会导致气息的大量聚集。或许，他们气喘是由于热的滚沸，因为热很多，在呼吸的那个时刻前不会消散？或许情形正好相反，是由于发声的那个部

位冷，而不是热，就像该部位中风了似的？因此，当用酒和连续的言谈将其弄热时，他们就较容易把词连成句了。

【61】 为什么在冬天，声音较低沉？是因为气较厚，也正由于较厚，它就运动得较慢，所以，声音便较低沉吗？或者是因为，气缓慢地穿过狭窄的通道，而咽喉周围的地方 906a
被冷和流入其中的痰液阻塞了？

【62】 为什么小孩、妇女、阉人和老者的声音尖利？是因为气运动得快，声音就较尖利吗？同样的东西，量愈大，运动起来也愈难，生命鼎盛的人吸入气较多，所以，这种运动缓慢的气使他们的声音较低沉。但在小孩和阉人那里，由于气少，则有相反情形。老者的声音发抖在于他们不能控制，正如体弱者和小孩抓住一根细长木条的一端，另一端会因他们控制不住而颤动一样。（因此，老人发抖也在于他们不再能控制。）我们必须假定，那些紧张者、受惊吓者和受冻者声音发抖原因也是如此。因为他们的声音处于这种状态，既然多数的热由于这样一些影响而汇集在了体内，剩下的又因为量小而不能控制声音；因此，声音会颤动和发抖。所以，意识到紧张的艺人一开始说话声音小，直到平静下来；因为声音小时，他们才容易控制住。

第十二卷

气味好闻之物方面的问题

【1】 为什么燃着的香料在近处闻效果差些？是因为散发出的香味在与空气混合时，愈弱愈愉快，就像医用的没药一样吗？或许原因正好相反，由于燃烧，火破坏了香味？因为香味是在香料燃着时产生的。因此，在炭火旁没有香味，离得愈远，这味就显得愈纯粹、愈柔和。

【2】 为什么燃着的香料和花的香味从近处闻不很宜人？是因为泥土的微粒要和香气一起散发，而它们由于重，会先落到地面，所以，香气要飘远些才变纯吗？或者，香气最浓既不在离本原很近时，也不在很远时？因为很近时，它还不浓，很远时，它已经散开了。

【3】 据说虹落于其上的树木会变得清香。这是真的还是假的呢？如果是真的，这结果由于什么原因所造成？显

然，这并不适于一切树，也并非总是如此；因为经常是虹出现了，却看不出树有这种性质。而且，在出现这种影响时(正因为有时会出现这种情形，所以才有人那样说)，也不是发生在一切木材中。所以，虹作为原因，只能是由于偶性的，尤其是，如果虹并不是自然中的某种真实现象，只是折射在眼中造成的影响。而这种影响，正如已说过的，并不施加给处于任意状态的木材；因为它并不出现在活着的和干枯的树木中，而是按牧人所说，只是在燃烧过的木材中，清香味才在有虹相伴的雨后出现，被人闻到，特别是在有野蔷薇、黑莓丛和有清香味的灌木丛生长的地方。清香味的原因似乎在泥土中；因为在土是热的和被彻底烧过时，从中长出的任何东西最初都有清香味。因为内含湿气极少的东西，一经烧过，便生出清香；因为热调协了湿。因此，在整个地球上，凡朝向太阳的东西都比朝向北方的东西更含清香。在前一类事物中，朝向东方的又比朝向南方的更清香，因为叙利亚和阿拉伯周围的地区土更多，但利比亚却是沙多，也干燥。湿气必定不多，因为多了就不好调协，但也不会没有，既然没有就无蒸发。这种结果，恰好出现在新近烧过的木材和本身就含有清香的那类木材中。花也可表明这一点；因为木材散发的香味正是在花中。虹落于其上树木生出香味的说法，似乎是因为，如若没有水，什么也不能生成；因为正是木材先湿，然后靠内在的热调协湿时，它才释放出其中生成的蒸汽。但是，水必定不多；因为如若多，就浸泡着它，并耗尽了早已内存的、源于燃烧的热。而且，虹后雨水也不多，而是适当，正如所说的。即使出现许多虹，雨水也不大，只是经常，但量小。因此，当出现这种情形时，由于人们除了虹外没看到任何其他差异，就自然地把它当成清香味的原因。

【4】 为什么花和燃着的香料在远处闻时，气味更愉悦，而在近处闻时，有些更像草味，有些更像烟味？是因为，香气是一种热，清香东西是热的，而热较轻，所以，由
907a 于这种原因，飘得较远时，香气就不容易与其他发自叶片和烟雾的、有水汽的味道相混合，而离得近时，它们生长于其中的植物的混合味道也就会同时被闻到。

【5】 为什么在被运动时，一切东西都更有香气？是因为在此时，它们比静止时染有更多气吗？所以，香气便能更快地传递给我们的感官。

【6】 为什么在冬天，尤其是霜冻时，我们闻到的香气较少？是因为在严寒中，空气不大能够运动吗？所以，含有香气的物体所源起的运动，由于难以运动起散发的气味和它存在于其中的空气，就不可能传得远。

【7】 为什么把香料放在灰中烤时，比放在火中烧时气味更辛烈？而且，为什么放在灰中烤时，香料的气味保持得

更长久？是因为香气在灰中不大调协，所以较大吗？而火则可以很快调协它们的功能，改变其香气；因为调协要改变被调协的东西。

【8】 为什么花蕊粗糙的蔷薇比花蕊滑润的蔷薇闻起来气味更好？是因为气味更好闻的蔷薇更具有蔷薇的本性吗？蔷薇在本性上是多刺的。因此，闻起来更愉悦的也就更合乎它的本性。

【9】 为什么燃着的香料和花的香气在近处都不很好闻？是因为在近处时，泥土的成分传过来了，所以，一经混杂，就使得香味减弱不少，而香味则飘得较远。正因如此，花被摩擦时，也就失去了香气。

【10】 香味是烟、气还是汽？因为这是有差别的，它作为烟，乃被火引起，但作为后两者，其发生无火。再者，当它连续地运动邻接的气时，是否有什么东西从感官传到事物，或从事物传到感官？如果它从事物中散发出来，就应变得较小；但我们看到，最有清香味的事物持续得最久。

【11】 为什么把香料放在灰中烤时，比放在火中烧时味道更辛烈？是因为在灰中，香气不大调协，所以更浓吗？所以，大量的土成分随之蒸发，并变成烟。但火在土成分蒸

970b 发前，就将其烧毁了，所以，飘散出来的香气就较纯，不与烟混杂。花被摩擦时，香气减少的原因也是如此；因为摩擦搅动了土成分，而缓慢的加热不会毁损这种成分。

【12】 为什么气味芳香的种子和植物可以利尿？是因为它们是热的，又很轻薄，这样的东西就可以利尿吗？因为它们内含的热引起快速消化，而气味又是无形体的，既然气味难闻的东西（例如大蒜）由于热也能利尿，或者说，更在于它们造成了溶化。有清香味的种子含热，因为一般而言，气味正是由于热才发出，但气味难闻的东西是不调协的。任何东西如果要能利尿，就不仅应是热的，而且要易于调协，以便在下移过程中可以消解湿气。

【13】 为什么混了水的酒比纯酒的气味小？是因为混酒比纯酒要淡吗？与较烈的东西相比，较淡的东西更易被其他事物所改变。再者，混酒比纯酒更容易受影响。所谓较易受影响，指较易依附于其他东西，或把本不属于自己的什么收纳进来。所以，纯酒的气味重，混酒没什么气味。

第十三卷
气味难闻之物方面的问题

【1】 为什么在体内存留的时间愈长，小便的气味愈难闻，但大便的气味愈不难闻？是因为，留的时间愈久，大便就愈干燥（干燥的东西不容易腐烂），小便则愈浓稠，愈新鲜的小便愈相似于开始喝进时的液体吗？

【2】 为什么气味难闻的东西对吃过它们的人来说，似乎消失了这气味？是因为，由于气味进入口腔的上颚部，味觉器官很快便被充满，所以，不再能同样地感觉到内里的气味（因为开始时，人人都能感觉到，但当与其接触时，就不再感觉到了，仿佛已经融为一体），而且，来自外面的同样气味被里面的克制住了。

【3】 为什么被摩擦过的花气味难闻？是因为花中的泥土成分和气味混到一起了吗？

【4】 为什么除了豹子，动物中无一有好闻的气味（豹子的气味甚至对野兽也是好闻的；因为人们说，其他野兽也乐于嗅闻），即使在它们腐烂时，也气味难闻，相反，许多 908a 植物在腐烂和枯萎时，气味却变得更好闻了？难闻的原因是由于排泄物的某种不调协吗？因此，有些人的汗水有时就是这种气味，尤其是那些并不总有这种气味的人由于生病而流出的汗。不调协的人放的屁和打的嗝也很难闻。同样的原因也适于解释肌肉和类似物的怪味（我所谓类似物，指其他动物身上存在的、对应于肌肉的东西）。因为在这里，有的也有不调协的排泄物。当它腐烂时，就成了生物和枯朽物气味难闻的原因。因此，脂肪、骨头和毛发没有难闻的气味，因为脂肪和骨头已被调协了，毛发不含湿气。植物没有任何排泄物。或许植物中也有排泄物，但由于它们的本性是干和热，所以，其中的湿气较易被调协，不会形成粘土似的东西。这一点，有事实可以表明；因为在热带地区，例如叙利亚和阿拉伯，土壤是有好闻气味的，产自那里的植物气味也好闻，因为它们是干而热的，而且，这种植物不易腐朽。然而，动物却不是这种性质，所以，它们的排泄物不调协，它们的气味难闻，它们呼出的气也如此；当它们毁灭时，湿物便腐烂。植物不是这样，因为没有排泄物。

【5】 为什么气味难闻的东西热时比冷时更难闻？因为

气味乃是某种蒸汽和散发物吗？蒸汽是由热引起的，散发物亦如此；因为它是某种运动，热则是致动者。相反，冷是致静者，它还引起收缩和朝下的移动；热和一切气味却是朝上移动，因为它们在空气中，感觉它们的器官也在上面，不在下面；因为气味渗入脑部，引起感觉。

【6】　如果有人吃了大蒜，尿中也有蒜味，但为什么在吃了其他烈味的东西后，尿里却没有那种气味？是因为，犹如赫拉克利特学派的某些人所说，蒸发出现在身体中，也如同出现在宇宙中，当尔后冷却时，宇宙中有了湿气，身体里则有了尿吗？源于食物的蒸发物，当与它所从出的东西相混时，便造成那种气味；因为在变化出现时，便是这种气味。但是，其他烈味食物是否也造成这种结果呢？现在我们说，不造成。再者，从蒸发物中聚集而成的东西并不回到它原来的状态，否则，酒就会从酒的蒸汽，而不是从水的蒸汽中生成了。所以，这也是错误的。实际上，在所有气味浓烈同时又可利尿的东西中，只有大蒜能在下腹部胀气，其他东西都使气息朝上，例如萝卜；或者不利尿。大蒜具有三种性质：利尿，造成气息，使气息向下。阴部及膀胱周围的地方由于近，也由于易容纳气息，感受得到这种食物的影响，阴部的胀紧就表明了这一点。所以显然，在这类食物中，只有大蒜的排泄物最容易与气息一起进入膀胱，而这种排泄物与尿一混合，便使其有了大蒜味。

【7】 为什么没吃任何东西，而在禁食的人，口中便有气味（这就是所谓的禁食味），相反，吃了东西后却没有了气味，虽然本应更添气味的？是因为，当腹中空空时，气由于不运动而变得更热，并造成气息和黏液性排泄物的腐烂吗？气变得更热可被证明如下：禁食更造成干渴。当人进食时，由于这气味比食物的气味小，就消退了；因为食物的热压住了内里的热，所以，不承受任何变化。

【8】 为什么胳肢窝是气味最难闻的地方？是因为到达那里的气最少吗？在这样一些部位，之所以气味最难闻，是由于脂肪不活动，导致了腐烂。或者是因为，胳肢窝既不运动，也没锻炼。

【9】 为什么有山羊味的人，当他们涂抹油膏时气味更难闻？是因为这种情形发生在许多场合，例如，如果把酸辣味的与甘甜味的相混，整体会变得更甘甜吗？一切流汗的人气味都较难闻，而油膏是可以生热的，所以，它会引起汗。

【10】 为什么残废人和弯腰的人呼吸的气味较难闻，也较沉闷？是因为，肺部周围的地方收缩了，并由直的变得扭曲，所以，呼吸不畅，潮湿和气息均被封堵在里面，更易腐变吗？

【11】 为什么多数油膏在与汗水混合时，气味难闻，但有的却好闻，或至少不更糟？是因为，凡由于运动或摩擦而发生变化的东西，都会变得更糟，而没有变化的东西情形却相反吗？有些这样的东西，犹如花朵一样，要散发出清
香，当被摩擦、加热或干燥时，气味就变糟了，例如白色的 909a
紫罗兰，有些则气味依旧，如玫瑰。由前一类花制成的油膏要变化，由后一类制成的则不变。由玫瑰制成的油膏最不易变化。油膏的气味在那些汗味难闻的人身上显得更难闻，因为是与相反气味混合的；犹如蜂蜜与盐混合，不是更甜，而是减弱甜味一样。

【12】 为什么万物在被运动时，气味更大？是因为它们染上了气吗？所以，气味传到感官的速度更快。

第十四卷
气 候 方 面 的 问 题

【1】 为什么在过冷或过热地区生活的人，其习性和外表都像兽类？两种场合的原因都一样吗？因为自然条件的最佳组合有益于心智①，而过度的东西却妨碍心智，犹如它们会扭曲肉体一样，也会扭曲心智的性情。

【2】 如果把旁托流域的稻谷放在寒冷的气候中，为什么可以保存数年而不坏？是因为外面的湿气与热一起被散发了，就像葡萄中的情形一样吗？因为有些东西的湿气被冷蒸发，有些也同时靠热蒸发。

【3】 为什么热症更多地发生在最寒冷的季节？是因为冷抑制了内部热吗？在夏天情形则相反，身体内部更冷。热

① dianoia。

症之所以发烧，是由于内部的热超过了外面的冷。

【4】 为什么埃塞俄比亚人和埃及人的脚有些弯曲？是因为动物的躯体被热扭曲了，正如木料被烤干时一样吗？头发也表明了这一点；因为他们的头发更卷曲，而头发的卷曲就仿佛是被扭曲了。

【5】 为什么在潮湿地区交配更可能生雌性后代？是因为湿气愈多，变浓也就愈慢吗？在潮湿地区，由于气候湿润，精液也变得更湿。

【6】 为什么在沼泽地带，头上的伤痛能很快被治愈，唯有腿上较难？是因为，湿气由于有土性，是重的，而重的东西要往下沉吗？所以，由于不洁物下降了，身体上部容易被调协，下部则充满了许多易于腐变的排泄物。

【7】 为什么住在空气畅通地方的人老得慢，而在低 909b
凹、沼泽地区生活的人老得快？是因为，衰老是某种腐朽，静止的东西易腐朽，运动中的东西或完全不腐，或不容易腐（例如水）吗？所以，在高处居住的人由于空气畅通，衰老得慢，因为空气在运动中，而低凹处的空气则是静止的。再者，高处的空气由于运动，总是纯净的，不断变换的，沼泽地的空气则不动。

【8】 为什么住在热带的人怯懦，寒带的人勇敢？是因为在地点和季节方面，自然有着相反的情形，因为假如相同，人就必然很快被热或冷毁灭吗？本性上热的人勇敢，本性上冷的人怯懦。住在热带的人，结果是受冷，而住在冷带的人，则有热的本性。两种人躯体都大，但住在冷带的人是由于体内的自然热。住在热带的人却由于地方的热；因为生长既由于体内热，也由于体外热影响。但是，冷会造成收缩，既然前一种人体内有强大的生长本原，后一种人又没有外面冷的妨碍，那么，他们保持有很强生长力就是自然的了。但这不大适合住在我们周围地区的人，因为他们体内的生长本原不强，也因为住在寒带，受到了收缩的影响。

【9】 为什么住在热带的人寿命较长？是因为他们的本性较干燥，愈干燥的东西愈不易腐朽，持续的时间愈长久，死亡就是某种腐朽吗？或者是因为，死亡乃是内部热的冷却，而一切东西都会被周围更冷的环境所冷却吗？在温热带，周围的空气是热的，但在寒带，周围的空气是冷的，所以，更快也更有效地消耗了体内的热。

【10】 为什么住在热带的人寿命较长？是因为他们能较好地保持热和湿吗？因为死亡乃是这些因素的消失。

【11】 为什么在沼泽地区，我们容易变得昏昏欲睡？是因为在那里，我们更受冷寒，而冷寒是某种静止，会招致睡欲，睡眠就发生在静止中吗？

【12】 虽然在船上生活的人是在水上度日，但为什么 910a
他们肤色比在沼泽地区生活的人要好？气候和空气畅通是原因吗？水在腐变时会使人苍白，腐变是不运动所导致的结果，因此，在沼泽地区生活的人面色苍白。

【13】 为什么在冬寒地带，经常出现很凶猛的闷热，甚至比温热地区还厉害？是由于空气的潮湿吗？因为源于同样的热，水会变得比空气更热，所以，较湿的空气比干燥的空气更热。或许，空气在这样的地区本来并不更热，只是与相反情形相比显得如此，正如从云层后面钻出的太阳和它在云层后相比，显得有更多的热一样。

【14】 为什么住在南方的人更多地是黑眼睛？是因为正如恩培多克勒所说，灰眼睛由于体内的热过多，黑眼睛则由于缺少这种热吗？所以，就像住在北方的人的灰眼睛是由于内部的热被外部的冷所阻，散发不出一样，住在南方的人的黑眼睛则是因为内部的湿由于周围的热而散发不出，但热却可以散发，因为没有什么阻挡，这样，剩下来的湿便造成

黑色；剩下的东西之所以形成黑色，在于光的缺乏。或者是因为，眼睛颜色要与身体其余部位的颜色一致？因此，住在北方的人眼睛是灰色的，因为他们肤色白（因为灰色近似于白色）；住在南方的人肤色黑，所以，眼睛也黑。

【15】 为什么住在热带的人比住在寒带的人更聪明？与老年人比青年人更聪明的原因相同吗？因为生活在寒带的人，由于其本性要抵御外部的寒冷，就具有更多的热，所以，他们与喝醉了酒的人极其相似，不思探索，但却勇敢好斗。但在温带生活的人由于内冷，很清醒。无论在什么地方，有惊惧感的人都比自负的人更有探索精神，所以，他们有更多的发现。或者是由于，热带种族的人延续时间更为久远，寒带种族的人在洪水大泛滥时期曾遭毁灭，所以，热带人与寒带人之间的关系也就犹如老年人对青年人的关系？

【16】 为什么热带的人怯懦，寒带的人勇敢？是因为
910b 在地点和季节方面，自然有着相反的情形，因为假如有相同情形，他们就很快被热或冷毁灭了？本性热的人勇敢，本性冷的人怯懦。在热带住的人，其结果是受凉（因为他们的身体单薄，体内的热散发到外面去了），住在寒带的人则有热的本性，因为他们的肌肉被冷冻厚了，而当它变厚时，热就积蓄在体内。

第十五卷
数学理论方面的问题

【1】 在把矩形分成两个部分的一切可能的线段中，为 910b10 什么只有从一个角到另一个角的线才被称为对角线？是因为，正如它的名称所表明的，对角线能把图形分成两部分，而又不损伤它的对称吗？所以，基于交汇点（我的意思是指角）划分它的线也是对角线；因为它也没损坏图形，只是将其划分开，就像分发战斗武器的人一样。但是，任何依据边来分割的线段都会损坏这个图形；因为矩形是基于角才构成的。

【2】 为什么如此称谓对角线？是因为只有它才把矩形分成两部分吗？所以，有人似要把它称为 dikhametros①。那么，为什么在把图形分为两部分的所有线段中，只有这条

① 这是个自造的词。“对角线”diametros 与 dikhametros 仅两个字母之差，所以才有这个说法。而且，dikhametros 中的 dikha 是“分为二”的意思。

线有如此名称呢？是因为，只有这条线才基于曲折的交汇点来划分，其他线则是基于边吗？

【3】 为什么所有的人（包括野蛮人和希腊人）数数都数到10，而不是到其他数，例如，他们说2、3、4、5，然后再重复，说一五、二五、就像在说11、12似的？或者，为什么他们不在10以后的某个数上停止，然后再从那里重复数起呢？因为每个数都是通过添加前面一个数构成的，例如1、2等等，另外的数也是这样，但人们总是以10为界。其所以这样做，不是源于巧合，显然有其必然性；必然的和普遍的东西不可能来自巧合，而是本性使然。是否因为10是一个完满的数？因为它包含了数的一切形式，如奇数与偶数、平方与立方、长度与面积、原初数与合成数。或者因为10是本原？因为1、2、3、4相加等于10。或者是因为，天上运行的物体是9个？或者因为在10中，4的立方按比例完成了？毕达戈拉学派的人们宣称，宇宙正是从这些数中构
911a 成的。或者是因为，一切人都有10个手指头？仿佛拥有了自然的计算器，人们便依据这个数来数其他东西。只有什拉孔人中的一族数到4为止，因为他们如同小孩，不能记住再多的数，也从不使用任何大数字。

【4】 ……[1]，因为地球是中心？既然显现给我们的各

---

① 原文有空缺。

种形状总是相同的。似乎不是这样，如果没有人从中心看到它们的话，相反，它们有时显得是三角形，有时显成梯形，有时又显出其他形状。如若我们能从某一角度来观察，地球对我们就显得是中心。因为地球是圆的，宇宙和地球的中心是相同的。我们居住在地球的表面，所以，我们不是从中心看，而是似乎在只有天体的直径之一半的距离。因此，当距离变大时，有什么妨碍它们形状的外观保持相同呢？

【5】 虽然太阳的运转是齐一的，但为什么在相等的时间中，影子的增减却不相同？是因为，对应于被见物的角是相等的，而这些角又源于光线，被相等的弧所造成吗？如果这些角相等，那么，当光线投下时，它们在三角形中（这三角形是由第一束光线、被见物和影子所形成的）造成的角也是相等的。而如果这些角相等，由被见物引起的较远的线也必然比较近的线更长些；因为我们知道这一点。把圆周分成相等的任意部分，设被见物为 H。所以，当太阳在 A 处照射 H，造成一个影子 HL 时，光线必然落在 L 上。但是，当太阳移到 B 点时，从 B 处射出的光线将落在 HL 内；当太阳移到 C 点时，情形也一样；如若不然，一条直线就会在两个点上与另一条直线相切了。既然 AB 与 BC 相等，那么，在 D 处对应它们的角也会是相等的；因为它们处在中心。如果 D 处的角相等，三角形中的角也应相等；因为它们是在顶尖上的角。所以，既然角被分成相等的两个部分，那么，线 LE 就会

比 LH 中的 EF 更大。从圆周上发出的光线所造成的其他角也同样如此。同时也很明显，正午时的影子必然最短，而且，它在此时的增加也最少。因为正午时的太阳正当头顶，此时也闷热，这既由于刚才所说的原因，也因为无风；因为当太阳驱散离地面不远的空气时，风才形成。所以，如果太阳同
911b 时在两个半球这样做，午夜和正午自然就最无风了。

【6】 当太阳穿过四边形的东西时（例如在柳条制品中），为什么它不形成直线性的形状，而是圆的？是因为，视线的投射是圆锥形，圆锥形的底部是圆的，所以，无论光线落在什么东西上，它都显得较圆吗？因为如果光线是直的，由阳光造成的形状也必然被直线所包围。因为当光线垂直地落到直线上时，造成的形状也是直的。这是光线导致的结果；因为它们落到柳条制品的直线上，而那正是它们照射的地方，而且，它们本身是直的，所以，其照射也是直的。但是，由于对着直线两端而被分割的那些视线部分是微弱的，就看不到角周围的部分；凡在圆锥内的直，就形成一条直线，其余的则不形成，视线虽落在上面，但没觉察到。因为视线所及的许多东西是我们看不见的，例如黑暗中的事物。与此相似的现象如，四边形的东西显得是多角形，假如在稍远处看，又成了圆形。既然视线的投射是圆锥形，当形状被移到远处时，那么，分散到角上的那部分视线，由于微弱和量少，就看不到什么，尤其是在距离更远时，但是，落

到中心的那部分视线，由于量多和强大，就盯在那里。所以，形状离得近时，视线能看见角的一部分，在离得远时，就不能看见了。因此，弧线离得远时，显得是直的。第八天时的月亮似乎是被直线围着，假如视线不是落在它的宽度上，而是落在围着它的线上的话。因为当弧线近时，视觉能区分出它的一部分比另一部分近多少，但在离得远时，就区分不出了，仿佛是相等的。因此，它显得是直的。

【7】 虽然月亮是球形的，但当它处于半圆状态时，为什么我们见它是直的？是因为，我们的视线和阳光落在月亮上所造成的那条圆周线处在同一平面上吗？一旦发生这种情形，太阳就显得犹如一条直线。因为既然把视线投射到球形 912a
物上，所看到的必然是圆形，而月亮是球形的，太阳又照射到它，那么，太阳引起的也应是圆形。当这与我们相向发生时，整体就是可见的，月亮显出满月状态；但当它由于太阳位置的变更而变化时，它的弧线与我们的视线处于同一平面，所以，便显得是直的。但是，其他部分则是弧形的，因为它是半球形，与我们的视线相向。因为月亮总是与我们的视线相对。但当太阳遮住它时，我们看不到，第八天之后，它才从中间出来，又开始变满，因为太阳在通过时，使圆更朝我们倾斜。对视线处于这种位置的圆，相似于锥形的剖面。在太阳变更其位置时，它显得像新月。因为当太阳的圆达到端点时，便使月亮显出半月形，圆的弧线就看得见了。

因为它对视线而言，不再是直线，而是有角度的倾斜。当这发生时，太阳穿过同样的点，必然显出新月形。因为先前与我们相对的圆的一个部分，现在处于和视线同一的平面上，所以，光线被分割了。那时，端点也仍在同样的位置，因此，必然显出新月形。这或多或少是由于太阳的运动。因为当太阳变更位置时，它照射的那个圆也在转动，虽然仍留在相同的点上；因为它似乎是可以无限倾斜的，既然通过相同的点，可以画出无限多的大圆。

【8】 为什么本为球体的太阳和月亮显出是平面？是因为，一切距离不明显的东西，只要或多或少地有一定距离，都显得是等距离的吗？所以，在由多个部分构成的一个东西中，只要颜色没有差别，各部分也必然显得是等距离的，而等距离的东西又必然显得是齐一的、平面的。

【9】 为什么在太阳升起和下落时，造成的影子最长，升得高时影子短，正午时影子最短？是因为在它升起时，它的第一缕光线将造成与地面平行的影子，投射到无限的距离，尔后造成长影子，再后，由于从更高点射出的直线愈来愈落在里面，造成的影子便愈来愈短吗？设 AB 是日晷的指
912b 针，C 和 D 是太阳的两处位置，从 C 处发出的光线形成线段 CF，它将落在线段 DE 之外。BE 是太阳在更高处投下的影子。BF 则是较低处的影子。那么，当太阳在最高处，即

在头顶上方时，造成的影子最短。

【10】 为什么源于月亮的影子比源于太阳的影子更长，虽然两者都来自同样的垂直物？是因为太阳比月亮更高吗？源于更高东西的光线也必然落在里面。设 AD 为日晷的指针，B 为月亮，C 为太阳。源于月亮的光线为 BF，所以，影子是 DF；源于太阳的光线为 CE，所以，它的影子必然更短，因为它是 DE。

【11】 在日食期间，如果某人透过筛眼、梧桐树叶或其他阔叶树的树叶丛去看它，或把一只手放在另一只上面，透过交错的手指缝去看它，为什么洒向地面的光线呈新月形？是因为，正如当光线透过角度好的窥孔时，会形成锥形的圆一样吗？其原因在于有两个锥形出现，一个从太阳到窥孔，另一个从窥孔到地面，它们的尖顶相接。所以，当处于这种状态的光线被上面的圆割开时，就会在光的相反方向，即地上形成新月形。从弧线形成的新月形中，出现了光线；但在手指间或筛眼中看到的光线却像在窥孔中见到的，因此，它们比透过大孔穴的光线更容易被看清。但它们不是来自月亮，既不是在月食时，也不是在盈亏时，因为源于两端的光线并不清晰，只从中间泻出了光；而新月的中间部分是很小的。

【12】 为什么幻日不出现在太阳高悬中天时，也不出

现在太阳的上方或下方，而只在它的旁边？是因为，幻日的出现由于朝着太阳的视线转了弯，这又以空气的静止为条件，因为在此条件下，视线才被折射，而且，在离太阳过近或过远时它都不出现吗？因为如果太近，阳光会将它驱散，如果太远，视线又不会被折射；既然如果太远，当从小的镜面被折射时，它变得很微弱。因此，也不会出现光晕。如果折射镜与太阳相向，且离得近，阳光会驱散它，但如果离得远，落于其上的光又很少。然而，如果它在太阳旁边，镜面就可能处在这样的距离，即阳光既不会驱散它，视线也不会由于移向地下而上升得太弱。它不会在太阳下方出现是因为，由于离地面近，阳光会驱散它；它也不会在太阳上方出
913a 现，因为当日悬中天时，视线被分散了。当日悬中天时，它甚至也完全不可能在太阳旁边出现，因为如果视线移得离地面太远，就只有很少一点到达镜面，所以，在被折射时，就非常微弱了。

【13】 为什么太阳造成的影子的外沿显得在晃动？这不是由于太阳在移动；因为太阳不可能同时朝相反方向运动，而晃动却是这种情形。再者，它位置的变化并不明显，正如太阳本身的一样。那么，是由于所谓的尘埃在空气中的运动吗？在透进窗户的光线中，可以看见它们；因为即使在无风时，它们也在被运动。它们总是不停地从影子中被移向光里，又从光里被移到影子中，所以，光和影子的共同边界

也显得同样地被运动。因为尘埃在从一边向另一边变换位置，就造成了仿佛影子在一个地方，光在另一个地方似的。所以，影子就显得在运动，其实，被这样运动的不是影子本身，而是尘埃。

第十六卷
无生物方面的问题

【1】 为什么水中泡沫的底部是白的？如果把它们置于阳光中，不造成影子，但泡沫的其余部分要造成影子，只有底部不造成，而是被阳光圆圈式围着。而且更为奇怪的是，即使有人把一块木头放进阳光中的水里，其影子也会被那里的水分割。或许并没有出现影子？或者影子被阳光驱散了？如果影子是不被看见的东西，那么，事物的整个体积就可以通过阳光而圆圈式地被看见了。但这是不可能的，道理已在论光学的作品中说明了；因为即使是最大的东西，也不可能看到最小物的整个圆周线。

【2】 为什么泡沫是半球形？是由于，从它们中心向边沿，气的朝上移动在一切方向都相等吗？这样生成的形状就是半球形。下面的那个半球被中心处的水平面割开了。

【3】 为什么对有体积、重量不等的物体，如果有人用较轻的部分投掷，被掷的东西就作圆圈式移动，就像铅心骰子那样，如果某人用较轻的部分掷，就朝他自己的方向旋转呢？是因为，当用同样的力掷时，较重的部分不能像较轻的部分一样在相同的地点移动吗？既然整体必然被运动，但又 913b
不能和各部分同等地被运动，那么，假如它同速地被移动，就会在同一条线上被移动了。但是，既然一个部分被移动得更快，那就必然被圆圈式移动，既然只有在这种形状中，总是相异的这些部分才能在相同的时间中通过不相等的路线。

【4】 为什么落到地上并反弹的东西在它们接触地面那个点的每一边都会造成对地面的相同角度？是因为一切东西在本性上都是垂直地被移动吗？所以，落到平地上的物体，由于垂直地或直径式地撞击地面，当被反弹时，由于直径把圆分成了相等的部分，就会造成相同的角度。但是，斜着落下的物体，不是垂直地撞击那个地点，而是在垂直线以上，当它们被受到撞击的地点反弹回来时，就朝相反方向移动。在球形物的场合，这是因为，在它们的被移动中，其方向与弹回它们的东西相反，无论它们的中心是静止不动的，还是要变换位置；在直线物的场合，这是由于，垂直线本身先被向前掷，尔后被弹回，其情形有如腿被锯去和阴囊被扯掉的人。因为所有这些都落向反方，而且向后。由于它们的垂线使其平衡，而这被向上抬，又朝前抛掷。因为显然，它的相

反面会朝后落，并出现下降的情形，而朝下移动的物体就会更重。落向这些人的，乃是那反弹着的物体的移动。所以，无论是圆形物还是直线物，其反弹都不是直角，因为垂直线在厚度上把被移动物分成两个部分，而且，对于同一平面，不会出现多条分割的垂直线；如果在被移动物撞击平面的那一点上，垂直线形成于反弹时，这种结果便会出现，它会再次被垂直线一分为二，所以，它据以被移动的第一条垂直线，就必然被另一条所分割。既然物体朝相反方向弹回，但又不是成直角，那么，剩下的就是，在物体撞击地面上的点时，它在点的每一边造成的必定是锐角；因为直角是相反的两个角之间的分界。

【5】　为什么圆筒在滚动时，是沿直线移动，而且是用界定它的圆来画直线，相反，圆锥则是圆圈式旋转，而且，在锥尖不动时，是用界定它的圆来画圆圈？虽然二者都是圆圈式滚动，但圆筒在平面上画直线，圆锥则画圆圈，因为构成圆锥的圆是不相等的，较大的圆总是比中心自身附近的圆移动得更快。既然构成圆锥的所有圆都同时在以不同的速度移动，那么，在相同时间内，最外面的圆就会移到最远的地方，画出最长的线。因此，它们是圆圈式移动的。因为所有的圆都是被同样的直线画出，而当这条直线圆圈式移动时，在它之中的所有的点，不会在相同时间内画出相等的线，只有在直线式移动时，才能画出相等的线。然而，构成圆筒的

所有圆是相等的，且都围绕同一个中心，所以，它们之中的所有点同时碰触地面，在移动时，其旋转是等速的，因为圆筒是相等的，而且，当各自转完自己的圆圈时，又同时到达平面，因此，在平面上画的直线也是相等的；因为画直线的圆圈是通过自己接触，而它们自己是相等的，移动是等速的。被直线式移动的同一条线段所画出的所有线都是直的，所以，沿着它们移动的圆筒的路线也应该是直的。因为无论是在它首先碰触平面的地方直线式地在平面上拖动圆筒，还是滚动它，都没有区别；因为其结果都是，被圆筒上的点所画出的相等而又相同的线总是会碰触平面，无论圆筒被拖动还是被滚动。

【6】 当一卷东西被平直地切割时，如果切得与底部平行，当不打开它时，为什么它是直的，但如果斜着切，为什么它是歪的？是因为，在第一次切时，圆都在同一个平面中，但斜着切则是不平行的，而是一部分离第一次切口距离远，另一部分离得近。所以，当打开卷时，在同一平面中，且在同一平面中有其本原的那些圆，一旦被打开，就造成了它们自己的线吗？因为生成的线来自于圆，而圆是在同一个平面中，所以，在平面中的线也是直的。但是，斜切的线在被打开时，与第一次的不平行，而是一部分离它远，另一部分离它近，因为斜切与第一次切口的关系就是如此，所以，它不在平面中，也不是直的；因为不可能直线的一部分在一

个平面中，另一部分在另一个平面中。

914b 【7】 为什么在被分开时，体积显得比分开前的整体要小？是因为，虽然一切被分开的东西都有数目，但在体积上要比不分的东西小吗？因为大的东西之被说成大，乃基于它是连续的，且是某种量度，但它的部分的数目总比整体的数目更大。所以，整体比分开了的部分显得更大，是自然而然的；因为虽然整体与其各部分是同一的，但整体更有着体积的本性，既然它是连续的，部分却更有数目的本性。

【8】 关于水钟的种种情形，一般性的原因有如阿那克萨戈拉所说的那样；因为空气是原因，当它被封在钟内时，一旦管道被它堵住，水就不能流入。但是，空气并不是完全的原因；因为如果有人把水钟斜着放进水里，即使管道已被堵住，水还是会流入。所以，他关于原因的说明是不充分的。正如前面所说，空气确实是原因；然而，无论是强迫推进还是因其本性，无任何压力而移动，它都自然地直线式移动，正如其他元素一样。所以，当水钟被斜着放进水里时，由于空气依然是直线移动，而水中的空气与它相反，因此，空气便会被水从孔穴中赶出，而一旦它被赶出，水就会进入。但如果水钟是垂直地被浸进水里，空气就不能垂直地被赶走，因为上面是封闭的，所以，它便留在最初的那些孔穴周围；因为它不能自然地收缩进自身。空气在不动时，能阻

挡水，这一点可用水钟本身发生的情形来表明。因为如果某人用水灌满水钟的顶部，封住管道，倒过来管道朝下，那么，水也不会沿着管道移到管口来。即使管口敞开，水也不会立即沿管道流出，而是稍微滞后；因为它不是在管口，而是在管口敞开后，它才沿着管道移动出来。但如果水钟充满，且是垂直的，当管道敞开时，水就通过孔穴的滤网直接流出，因为它触碰滤网，而不触碰管道的端限。所以，由于前面所说的原因，水不流入水钟，但在管道敞开时，水要流出来，因为其中的空气被上下运动，从而引起水钟里的水的许多运动。水由于朝下推进，自身也有朝那个方向的冲动，所以，自然会流出，强力穿过水钟外面的空气，这种空气是 [915a] 被运动的，在力量上与压迫它的气相等，虽然阻抗力弱些，因为里面的气穿过狭窄的管道，流动得既快又猛，并封堵水。当管道关闭时，水之所以不流动，是因为水一旦进入水钟，便强力地驱出了其中的气。这可以通过其中出现的气息和吸声来表明。但当水流入时，强力驱出的气就一起落入管道中（就像木质的或青铜的楔子通过胀破而被塞进一样），它留在那里，没有任何其他东西占有它，直到它从相反的方向被挤出，犹如打进木头中的钉子被拔出。当管道敞开时，由于上述理由，这种结果就发生了。所以，或者正是由于这些原因，水不流出是自然的，或者也因为，空气强力将其驱出，而且被膨胀。造成的声音也表明，水在被气拉上去，正如许多场合发生的情形一样。被拉出的水由于自身是连续的，全都被气压住而滞留不动，直到再次被气驱回。既然最初的水停在那里，其余的水与它相接，那么，它就是单一而连续的。出现这种结局是很合理的；因为同一个东西既把某物从自己固有的位置运动走，而在运动之后又控制它，并持续较长时间，如若占有者与被占有者的力量相等，或者，如若占有者的力量更大，就像这里所出现的情形；因为空气比水的力量更强。

【9】 为什么在植物和动物中，不是器官的那些部分全是弧形的，例如植物的茎和嫩枝，动物的小腿、大腿、臂和胸？相反，无论是它们的整体还是部分，都不是三角形或多角形。是因为犹如阿惠塔斯（Arkhutas）所说，在自然的运动中，总是内含着相等的比例（因为万物都是按比例被运动的），而这是能还原为自身的唯一比例，所以，在生成时，就造成了圆形和球形吗？

【10】 为什么物体的外沿总呈弧形？是因为，自然总是从一切有用物中，尽可能地创造出尽善尽美的东西来，而这种形状就是最美的，本性上最匀称齐一的吗？

【11】 如果抛掷一个圆形物，为什么它开始画直线，在停止时画螺旋线，直到落下来？它开始时画直线是因为，
915b 承载它的空气两边相同吗？所以，当角度是两边相等时，画出的线也必然如此，它划分的地点也是两边相等的；这样的

线就是直线。但是，当它向一边倾斜时，由于包围它的空气两边不均衡，里面部分和外面部分所画的线便不再相等，而必然呈弧形。

【12】 为什么对重量不均等的、有体积的东西，如果某人运动较轻的部分，被投掷物会圆圈式旋转，犹如铅心骰子，如果某人掷较轻的那一面，它会朝自己这边转？是因为，当用同样的力投掷时，较重的不能与较轻的等速前进吗？既然它必然被运动，但又不能采取同样的方式，即直线式，那么，它必然朝内移动，形成圆圈式转动；正如假若由于中心的重，它的某个部分完全不动，紧挨着投掷者的那个部分就会朝前移动，而相反的那一边则会朝向投掷者。既然整体在被运动，而在被移动时，中心又有重量，那么，也必然引起它的同样方式的移动。

【13】 为什么被移动的东西在被碰撞时，会被反弹回来，朝向它们被自然移动的方向，而且角度相同？是因为，它们的移动不仅靠属于它们的固有的冲力，而且也靠投掷者施加给它们的力量吗？所以，当它们到达自己固有的地点时，其固有的冲力就停止了（因为当其移到合乎自然的地点时，一切东西都会静止），然而，由于接受了外面的力，它又必然被继续运动，但由于受到阻碍，不是朝前移动，而是向旁边或直角转向。一切东西都以同样的角度被反弹，因为

它移动到了投掷者造成的运动所移到的那个地方；在那里，它必定朝锐角或直角的方向移动。既然阻抗物妨碍直线运动，它就会同样地既妨碍被移动物，又妨碍它的冲力。正如在镜面中，影像是在视力直线的端点显现一样，在被移动的东西中，发生的情形刚好相反，因为它们反弹的角度与顶点的角度相同。因为我们必须认识到，无论是角度还是冲力，都是被改变了的。在这些情形下，显然，反弹必定角度相同。

第十七卷
有生物方面的问题

【1】 为什么不匀称的人与别人站在一起时，比他们自身单独站着时显得要大些？是因为，匀称的东西是单一，匀称性在于最能造成单一，而单一的东西被认为是不可分的， 916a 不可分的东西较少，相反，不匀称性则因其差异而造成众多吗？所以，当基于自身来看事物时，它们各自的量度就更容易被忽视，但与其他相比较时，就不易被忽视。不可分的东西显得是一，而由于匀称，它造成的印象就是单一。不匀称的东西由于是杂多的，就造成了复杂的印象，而且显得更大，因为它虽然是一，但被显出是多；由于它是连续的，便具有量度的本性，由于它的各部分不相等，又有了数目的本性，正因为它在这两个方面都增大了，所以，在与单纯而又单一的东西相比时，就显得更大。

【2】 为什么动物和植物都更在长度方面生长？是因为

长度的增长是三重的，宽度的是两重的，厚度的是一重的吗？因为长是起始的、第一位的量度，所以，它既是自身的增长，同时又是宽度的生成，也是与厚度同时增长的，但宽度只是两重的增长，即自身的和与厚度同时的。

【3】 应该怎样理解“在先”与“在后”？是像特洛亚人在我们之先，他们以前的人在他们之先，如此无穷地追溯下去这样的意思吗？或者，假如宇宙有某种起点、中点和终点，而且，当一个人变老时，就到达了限界，然后又重新回到起点，而离起点较近的就在先，那么，有什么妨碍我们更接近起点呢？如果是这样，我们就应被称为在先。正如天体和每颗星星的移动是某种圆环一样，有什么能够妨碍可灭之物的生成和灭亡也是这种性质，即它们会再度生成和毁灭呢？犹如人们所说，人生是一个圆圈。不断生成的人在数目上相同，这种看法是愚蠢的，更可接受的说法是，他们在种类上同一。所以，我们自己应当在先，而且也可以假定，谱系的排列是这样的性质，即再度回到起点，因而造成连续和永远不断的同一。因为阿尔克芒（Alkmaion）说，人死是因为他们不能把起点与终点相连接，这真是一个机智的说法，如果人们把它当作比喻，而不要从字面上去理解的话。如果人生是个圆圈，而圆圈既无起点，亦无终端，那么，就没有什么人因其更靠近起点而在先，我们不应先于别人，别人也不应先于我们。

第十八卷

学问方面的问题

【1】 为什么有些人在不想睡觉时，如果他们开始读书，却被睡意袭扰，而有些想睡的人，一旦捧起书本，却又引发了清醒？是因为，在由于冷的本性或抑郁的性格而发生气息运动的人那里，气息生成的排泄物由于冷而不调协，当他们的心智①虽在运动但还没专注思考什么时，就会被可致冷的另一个运动所阻碍，因此，他们就更想睡眠吗？但当他们的心智专注于什么事情时（譬如读书），就被可致热的运动所运动，而这种运动不会被任何东西阻碍，所以，他们不能入眠。那些处在自然状态的人，当心智专注于一点，又因极为有力而不会多方面变化时，这个地点周围的其他一切活动都停止了，而它们的静止便是睡眠。当理智②静止时，犹如很疲 916b

① dianoia。

② nous。

倦，但它又存在于大脑之中，所以，便有了沉重感，并引起睡眠。但是，如果灵魂处于合乎自然的被运动中，就不会有睡意；因为此时，它最有活力。生命的原因正是清醒，而不是睡眠。

【2】 为什么争论可以训练思维？是因为它们经常有胜利或失败吗？所以，它们直接造成了人们的好斗心理；因为当人们胜利时，快乐诱使他们更想辩论，而遭失败时，他们也希求再战，以图反败为胜。其他竞争场合的人也如此；因此，当人们战斗并被打败时，经常不愿停止交锋。

【3】 为什么在演讲中，人们更喜欢举例证和讲故事，而不用思虑过的论证[①]？是因为他们想要学，而且是赶快地学吗？通过例证和故事来学是最容易的；因为这些是人们熟悉的，也是个别性的，而思虑过的论证则是出于普遍的证明，和个别事实相比，人们不太熟悉它。再者，我们更容易相信许多目击者提供的证据，而例证和故事就相似于证据，并且，也容易获得由于见证的证明。再者，人们也乐于学习相似的东西，例证和故事便表现了相似。

【4】 为什么我们把演说家、将军和商人称为机智的人，而不这样称谓音乐家和演员？是因为，后两种人的能力

---

① enthumema 是 en 和 thumos 合并而成的中性名词，本义为“深思熟虑”。

与利益无关（因为他们的目标是娱乐），而前三种人的能力是针对利益的吗？因为如果演说家、将军和商人能获得利 917a
益，就是好的，而机智主要体现在能得到利益中。

【5】 为什么哲学家被认为比演说家更高一等？是因为，前者探讨不公正是什么，后者只说明如此这般的人不公正，后者只指出某某人是僭主，前者则讨论僭主制的本质吗？

【6】 为什么有些人把时间花在所选择的、有时很低贱的追求上，而不是花在更为显要的职业上？例如，作这种选择的人，情愿当巫师、演员或吹笛手，而不愿当天文学家或演说家。是因为，虽然有些人也想从事这些更为显要的职业，但由于对自己的能力没有信心，因而没做吗？或者是因为，每个人选择的，是他认为自己能发挥才能的职业？所以，他热衷于自己的选择，把每天的时间都花在上面，以便能够技术娴熟，得心应手。当一个人在开始时选择了某种职业后，就对它习惯了，不再有判断最佳东西的能力；因为他们的思想由于低贱的选择而被败坏了。

【7】 为什么有些人在不想睡觉时，如果开始读书，却被睡意袭扰，而那些想睡的人，当捧起书本时，却又不能引起睡意？是因为，在由于冷的本性或抑郁的性格而发生气息运动的人那里，气息生成的排泄物由于冷而不调协，当他们

的心智虽在运动但还没专注地思考什么时，会被另一个运动所阻碍，因此，他们的心智变化较大，更想睡眠吗？因为他们的气息运动被压下去了。但是，当他们的心智专注于什么事情，譬如读书时，就被气息的运动所运动，而这种运动不会被任何东西阻碍，所以，他们不能入眠。那些处在自然状态的人，当心智专注于一点，而不会多方面变化时，这个地点周围的其他一切活动都停止了，而它们的静止就是睡眠。正如在战事中，一旦领头的那个人停止，其余部众也自然会停止。在本性上，轻的东西往上移，重的东西向下降。所以，当灵魂合乎自然地在运动时，就不会有睡意；因为此时，它最有活力。当灵魂静止时，犹如很疲倦，理智会发生变化，物体性的东西会进到大脑里，引起睡眠。阅读似乎可以阻止睡意，但无睡意并非由于在思想（因为那时，灵魂更 917b 加聚精会神），而是由于不断的变化，既然引起清醒的思想活动，是灵魂在其中探寻和质疑的那些，而不是总在其中沉思的那些；因为前者引起注意力的分散，后者则不。

【8】 为什么在争辩性的论证中，不含有冗长琐碎的成分？是因为这种论证明显是三段论式推理，而构成三段论的成分较少吗？如若拉长论证，违反逻辑的地方很快便会暴露出来，而且也会取消已经给定的东西。

【9】 为什么我们乐于听只涉及单一主题的故事，而不

乐于听关涉多个主题的故事？是因为更专注于更易理解的东西，也乐于听它们吗？确定的东西比不确定的更易理解。单一的东西是确定的，杂多的东西则会有不确定。

【10】 为什么我们乐于听既不极其古远，也不非常新近的事情？是因为，我们不相信远离我们的事情，而对不相信的事情，我们当然不喜欢；对于现实的事情，我们仿佛仍能感觉到，所以，有关它们的问题，我们也不愿听。

第十九卷
音乐方面的问题

【1】 为什么要为悲伤的人和快乐的人吹奏长笛？是为了减轻前者的哀痛，增添后者的欢乐吗？

【2】 为什么同一个人用同样的声音与其他人在一起歌唱或呼号时，比单独一个人时的声音传得更远？是因为集合性地做任何事情（例如挤压或推动什么），所产生的效果并不是仅仅按人数比例的增加，而是正如一条2脚长的线画出的圆，不是1脚长的线所画圆的2倍，而是4倍一样，同理，相同数目的东西聚合在一起时，所具有的力量比分开时更大吗？所以，当一些人集合在一起唱时，声音的力量变得单一，能同时推进空气，因而会传远若干倍；因为源于全体的声音是每一个体的声音的若干倍。

【3】 为什么当唱“帕鲁帕特”[1] 调时，声音最震颤，

---

① parupate。

而且，其程度不亚于唱“耐特”[①] 和更高音调，虽然后者的音程更大？是因为这个音程最难唱，且是音阶中的第一个音程吗？困难是由于声音的紧张和压力。在这些场合，要费力，而需要费力的事情更容易被搞糟。

【4】 为什么“帕鲁帕特”难唱，“呼帕特”[②] 却容易唱呢，虽然在它们之间，只有一个四分音符？是因为，“呼帕特”伴随着声带的放松，而在紧张之后，也容易松弛吗？[或许也正是由于同样理由，谐和的说话或适于这种音调，或适于“帕拉耐特”[③]。因为人必须小心谨慎，循序渐进，以符合 918a
想要表达的精神特征。那么，谐和音的原因是什么呢？][④]

【5】 为什么人们在听熟悉的音乐时，比听未曾听过的音乐更为喜欢？是因为，当他们熟知唱的是什么时，就更明白歌唱者意欲传达的东西吗？这是乐于沉思。或者是因为，[沉思比] 学习 [更] 高兴[⑤]？这种情形的原因在于，在一种场合，是知识的获得，在另一场合，是知识的运用和确认。再者，熟悉的东西比不熟悉的东西更快乐。

---

① nete。

② hupate。

③ paranete。

④ 方括号内的文字可能有讹误，或是放错了地方。

⑤ 方括号内的文字为 Bonitz 本所加。

【6】 为什么在歌唱中，穿插朗诵会产生悲剧效果？是由于对比吗？因为对比表现情感，蕴含着不幸或悲痛的极至，相反，单调则很难使人悲痛欲绝。

【7】 为什么古人在给音阶定七个音符时，漏掉了“呼帕特”而不是“耐特”？这是一个虚假的问题吗？(因为他们把两者都漏掉了，而且省去了“退特”①)？或者不是这样，因为较低的音调包含了较高音调的声音，所以，“呼帕特”比“耐特”更好地给定了第八度音程，既然高音更有力量，低音更容易演唱。

【8】 为什么低音包含有高音的声音？是因为低音的音域更宽吗？因为它像钝角，高音则像锐角。

【9】 如果有人在一支长笛或一把七弦琴的伴奏下独唱，为什么我们很喜欢听？虽然无论是否有伴奏，唱的都是同样的曲子。因为如果相同的东西愈多，在有多名长笛手伴奏时，也应该愈高兴。是因为在有长笛或七弦琴伴奏时，歌唱者显然更达到了他的目的吗？但是，大量长笛或七弦琴的伴奏并不更快乐，因为它淹没了歌声。

---

① trite。

【10】 虽然人的声音比器械的听起来更愉快，但如果唱歌的人没有词（例如哼歌），为什么他的声音不如长笛或七弦琴的听起来快乐？或许，在后一场合，我们也得不到同样的快乐，如若它们没表达出什么的话？当然，如果有所表达，又由于是实现了的，就占优势了。因为人的声音是愉快的，器械弹出的调子比嘴巴发出的好。因此，它们的声音比哼歌听起来更愉快。

【11】 为什么回声比原声更尖？是因为它较小，所以变得较弱吗？

【12】 为什么在几根弦中，音较低的那根发出的声音总是和谐的？因为如果省去“帕拉麦色”[1]，必须用“麦色”[2] 来发它的音时，曲调并不少什么；但如果省去“麦色”，必须发两者的音时，曲调就不出现了。是因为低音的 918b
音域宽，所以更强吗？小的被包含在大的中；如若对半分弦，两个“耐特”也会出现在“呼帕特”中。

【13】 为什么在第八度音程中，高音的谐声要依赖于

---

① paramese。

② mese。

低音，而不是相反？是因为，最好是两个音阶在两种场合都存在，但如果不行，就存在于低音中，因为它音域宽些吗？

【14】 为什么第八度音程的差别被忽略了，似乎只是和声，例如在菲力克七弦琴声和人的声音中？在高音中的声音与低音并无和声，只是在第八度音程中彼此相似。是因为，它们的声音显得相同乃由于类似，在声音中，类似就是相等，相等就是同一吗？在笛声中，也会出现同样的混淆。

【15】 为什么“诺莫依”[①] 不像其他合唱曲一样，被排在回舞歌之列？是因为，“诺莫依”是由名家们搞出来的，随着它们能够摹仿和表演，这种歌已变得很长，而且有多种形式吗？犹如语词一样，音乐也要与摹仿物一致，所以总在发生变化。因为和语词相比，音乐必然更是摹仿。因此，酒神赞歌既然已变成可摹仿的，也就不再有回舞歌的调了，虽然它们以前有过。其原因是，在过去，自由民们自己已形成了合唱曲；许多人在一起像名家们一样地吟唱已不困难，所以，他们唱等音歌。因为要造成许多变化，一个人比一群人更容易，名家比只记音乐特性的人更容易。因为他们自己创作出更简单的音乐。回舞歌是简单的；因为它只有一种节奏和一种韵律。由于同样原因，剧院里的歌也不是回舞歌调，

① nomoi。

但合唱队的歌则是；因为演员是专门家，也是摹仿者，合唱队员则不大摹仿。

【16】 为什么应对性伴奏比交响性伴奏更令人愉快？是因为前者的谐音比对着交响伴奏唱歌时更明显吗？因为伴奏的有一个音调必然与唱的音调同声，所以，对着一种声音的两个音调会掩盖另一个。

【17】 为什么在第五度音程唱歌没有唱和的效果？是因为，交响性的谐音不像第八度音程中的那样是相同的吗？因为在第八度音程中，低音在低音区对应于高音在高音区；所以，它仿佛相同而同时又相异。但在第五和第四度音程中，并没这种情形，所以，唱和的声音不明显；因为它不相同。

【18】 为什么只有第八度音程的谐音才在唱歌中运用？因为在用马伽狄琴演奏时，用的正是这种谐音，而不是其 919a
他。是因为，只有它才奏得出唱和的谐音，而在唱和音中，如果只有一个人唱，也能造成同样效果吗？因为一个音调在某种方式上包含有两种声音，所以，当一个在这种谐音中被唱时，谐音也被唱出，而且，当演唱两个，或演唱一个，用长笛演奏另一个时，二者仿佛唱的是一个音。因此，只有一个悦耳的谐音，因为唱和曲只有一个调的声音。

【19】 为什么这种单音的效果只存在于唱和曲中？是因为，只有它们与“麦色”是等距离的吗？这种中间位置[①]，造成了声音的某种相似性，听觉似乎也告诉人们：它们是相同的音调，而且是两个端限。

【20】 如果有人在转到其他弦之后变动“麦色”，使用器具，为什么不仅在“麦色”方面的声音出现时，音响刺耳且显得走调，而且在其他调子方面也如此，但是，如果变动“里哈诺斯”[②] 或其他什么声调，当有人使用这根特别的弦时，为什么仅仅显得有差别？这种结果的出现是合理的吗？因为一切最好的曲调都经常使用“麦色”，一切优秀的音乐家也经常依赖“麦色”，假如舍弃它，很快又会回到它，但对其他音符，就不是这样。语言方面的情形亦如此；如果把某些连接词（例如 te 和 kai）去掉，那么，这样的语言就不再是希腊语了；但是，省掉某些小词却不碍事，因为有些必然被经常使用（如果是这门语言的话），有些则不是。声音中的情形也是这样，“麦色”犹如某种连接，尤其是在优美的音乐中，因为它的声音经常出现。

【21】 如果唱走了调，为什么唱低音的人的差错比唱

① mese 的本义是中间。

② likhanos。

高音的人更容易显露出来？同样，唱得慢的人在节拍上的错误也更容易显露。是因为，低音所占的时间较长，因而更容易被觉察到吗？因为时间愈长，感觉印象就愈深，相反，急促而高昂的音调由于快速，易被人们忽略。

【22】 为什么在唱歌时，人多比人少更能保持节拍？是因为，他们全都更加注视作为领唱的那一个人，而且开始时较慢，所以，容易取得一致吗？因为差错经常出现在快速中。

【23】 为什么“耐特”是“呼帕特”的2倍？首先是 919b
因为，弹半弦和全弦时在第八度音程上是一致的吗？笛子也有同样情形；因为通过笛子中间的孔发出的声音与通过整个笛子发出的声音在第八度音程上是一致的。再有，在长笛中，第八度音程上的谐音是通过把长度加倍而获得的，制长笛的人也正是这样来获得它的效果。同样，他们通过3∶2的比例来获得第五度音程。此外，那些校正笛音的人把蜡填到“呼帕特”簧的上端，但却填到“耐特”簧的中间。同样，他们通过3∶2的比例获得第五度音程，通过4∶3的比例获得第四度音程。再有，在弦同等绷紧的三角形的琴上，当一根弦的长度是另一根弦的2倍时，也会发出第八度音程上的谐音。

【24】 如果某人先弹“耐特”，然后停下来，为什么鸣

响的似乎只有“呼帕特”？是因为，由于和谐，“呼帕特”的音非常相似于从“耐特”发出的音吗？当它因其相似性而增大时，就显得只有它能被听见，其他的音由于弱小而不能被听到。

【25】 为什么在音程中，“麦色”被如此称呼，虽然八个音符没有中间？是因为在过去，音乐是七个音符，而七有中间吗？

【26】 如果人们唱走了调，为什么绝大多数是唱高了？因为唱高比唱低更容易吗？或者是因为，唱高比唱低更糟糕？错误正存在于更糟糕的行为中。

【27】 为什么在感觉到的东西中，只有听到的才具有品性[①]？因为音乐虽无文字，却有品性，但颜色、气味和味道却没有。是因为，只有声音才有运动吗？当然，不是指在我们之中引起的那种运动，因为这样的运动也存在于其他感官中，例如颜色就使视觉器官运动；而是指我们感觉到的、跟随着如此这般的声音而发生的运动。这种运动在节拍上和高低音的排列次序上都类似于品性，但不是在混合上相似。然而，和音没有品性。这种品性也不出现在其他可感物中。

---

① ethos，原义指“道德”、“习俗”，所以这里及**【29】**有如是说法。

这些运动与行为相关，而行为就是品性的征兆。

【28】 为什么人们唱的“诺莫依”会有如此称谓①？是因为，在人懂得书写以前，就吟唱法律，以防遗忘，正如在阿伽苏尔索斯群山中的人们还在做的那样吗？所以，他们 920a
用与最初的歌同样的名字来称谓后来的第一批歌曲。

【29】 为什么只有声音的节奏和音调相似于品性，气味不像，颜色和味道也不像？因为它们是运动，就像行为是运动一样吗？活动是有品德的，且造就品性，但气味和颜色却不造成同样的效果。

【30】 为什么“胡泼多里斯托”② 和“胡泼佛鲁基斯托”③ 旋法调都不适于在悲剧中合唱？是因为它们都没有回舞歌的作用吗？但离开舞台，可以用它们，因为它们是摹仿的。

【31】 为什么佛鲁尼霍斯（Phrunikhos）及其同时代的悲剧家最初更是音乐家？是因为在那时，悲剧中的抒情曲要比韵律诗多得多吗？

---

① nomoi 是“法律”（nomos）的多数形式。

② hupodoristos。

③ hupophrugistos。

【32】 为什么第八度音程被称为“狄阿帕颂”[①]，而不是按照音符的数目称为“狄俄喀托”[②]，就像第四度和第五度音程一样？是因为，最初本来是七个音符吗？后来，特尔潘德洛斯[③]去掉了“退特”，加上了“耐特”，即使在那时，它也被称为“狄阿帕颂”，而不是“狄俄喀托”；因为只有七个音符。

【33】 为什么从高音过渡到低音比从低音过渡到高音更方便？因为前者是从起点开始的吗？因为“麦色”或“指挥”是四度音程的乐器中的最高音。但是，后者不是从起点，而是从终点开始的。或者是因为，在高音后唱的低音更高雅、更悦耳？

【34】 为什么双重的第五音程和双重的第四音程不和谐，而双重的第八音程却和谐？是因为，双重的第五音程和双重的第四音程都不是……而第四音程和第五音程的……[④]

---

① dia pason。

② di(a) okto。okto 原义是 8，di(a) okto 意为“由于八”。

③ Terpandros。

④ 原文有空缺。

【35】 为什么第八度音程上的和音最美妙？是因为它的比例被包含在整数中，其他音程的比例不在整数中吗？因为既然“耐特”是“呼帕特”的 2 倍，那么，如果“耐特”是 2，“呼帕特”就是 1，如果“呼帕特”是 2，“耐特”就是 4，而且总是这种倍数关系。但“耐特”对“麦色”的比例却是 3∶2。因为第五度音程就是 3∶2 的比例，它并不被包含在整数中；因为假如小的是 1，大的就是 1 再加 1 的 1/2。所以，它不再是整数对整数，而是加上了部分。第四度音程也有同样情形；因为 4∶3 的比例是要对小的那个加上 1/3 才会同样大。或者是因为，由两者构成的和音才最完美，因为它是悦耳曲调的尺度……①

【35[a]】 一切被移动的东西，中间阶段的运动都最剧烈，开始和结束时的运动则较缓慢吗？而当运动最剧烈时，被移动物发出的声音也就最尖利。因此，被绷紧的弦发出的声音也更尖利；因为它们的运动更快。如果声音是空气的或其他什么东西的移动，那么，处在行程中间的声音也必定是最尖利的。所以，如若没出现这种结局，就不会有某物的移动。

【36】 如果变动“麦色”，为什么其他弦的音会变糟，

① 原文有空缺。

但如果不动“麦色”，而动其他某根弦，只是变动了的那根弦的音变糟？是因为，所有合调的弦都与“麦色”有某种关系，每根弦的位置都已被“麦色”确定了吗？所以，如果它们合调的原因和使它们结合在一起的因素不复存在，这种关系就显得不再相同了。当一根弦走调，但“麦色”不变时，出差错的自然只有那根弦；因为其余的弦依然合调。

【37】 虽然高音基于气少，低音基于气多（因为低音由于气多而慢，高音由于气少而快），但为什么唱高音比唱低音更费力，而且，也很少有人能唱最高音，“俄尔塞俄依”[①]和其他高音歌曲由于太费劲也很难唱？然而，运动量少的东西比运动量多的东西更不费力，运动空气也一样。是因为，本性上是高音与唱高音并不相同，本性上是高音全都由于软弱，因为不能运动过多的气，只能运动少量的气，少量的气就被移动得快，但唱高音却是力量的表现吗？因为被移动得猛的声音移动得慢，所以，唱高音是力量的表现。因此，身体状况好的人声音也高。唱高音要费力，唱低音则容易些。

【38】 为什么人人都喜欢节奏和曲调以及一般而言的和声？是因为，我们合乎自然地喜欢合乎自然的运动吗？事实上新生婴儿也喜欢它们便可表明这一点。我们喜欢不同风

① orthioi。

格的曲调是由于习惯，我们喜欢节奏则由于它有熟悉的、次序井然的数目，而且，它也有序地运动我们；因为有序运动比无序运动自然地更类似于我们，所以，也更合乎自然。说明如下：如果我们有序地锻炼和吃喝，我们就会保持和增强我们的本性和力量，但如若无序，则会弄糟和扰乱它；因为 921a
身体的疾病是不合乎自然次序的运动。我们喜欢和声，因为它是彼此有某种比例关系的相反因素的混合。比例关系是一种次序，它本性上就是快乐的。被混合的东西比完全不混合的更快乐，尤其是，如果在可感东西中，它同等地含有两个极端的力量；在和声中的比例关系就是如此。

【39】 为什么和声比同声更悦耳？因为和声在第八度音程中是唱和歌吗？因为唱和歌是由小孩和男人发出的，他们的声音在音节上有像“耐特”对“呼帕特”一样的区别。一切和声都比单声更悦耳（其所以如此，我们已讲过理由），在和声中，第八度音程上的又最快乐；相反，同声则只有单调的声音。“玛伽第佐”① 用的是第八度音程的和声，因为正如在尺度中，脚与脚有着彼此的比例，或相等对相等，或二对一，或另外的其他比例，在和声的声音中也一样，也有着彼此的运动比例。在其他和声方面，两个音符之一的终点是不完全的，既然它在另一个音符的一半处终止；因此，它

① magadizein。

们在力量上不相等。正因为不相等，对感官就有差别，正如在合唱中，当唱完时，有些的声音比另外的大。再有，在乐节的声音中，“呼帕特”就会出现与“耐特”相同的结局，因为“耐特”在空气中的第二次撞击是“呼帕特”。虽然它们造成的效果不同，但既然是同时结束的，其结果，也就完成了一项共同的任务，就像用乐器伴奏唱歌的人；因为那些伴奏的人，虽然演奏了与唱歌不同的音调，但如果结束时音调相同，在终止时也就给出了比结束前由于差异造成的痛苦更大的欢乐，因为在差异之后，源于第八度音程的共同音符是非常快乐的。“玛伽第佐”由相反音符构成。正因如此，他们才在第八度音程中用“玛伽第佐”。

【40】 当人们听唱歌时，如果听到的是先前熟悉的曲子，为什么比听不知道的曲子更高兴？是因为，当他们认定唱的是什么时，歌唱者意欲达到的目的就更明显吗？而一旦认定了目的，思考它就是快乐的。或者是因为，听者与他认定的所唱曲调有情感的共鸣？因为他也在和他一起唱。一切喜欢唱的人都是不由自主地唱。

921b **【41】** 为什么双重的第五音程或双重的第四音程不和谐，而双重的第八音程和谐？是因为，第五音程是 3∶2 的比例，第四音程是 4∶3 的比例吗？在 3∶2 或 4∶3 的 3 的数目系列中，两端的数彼此间没有比例；因为一个数既不是加分数，也不是另一个数的倍数。但是，既然第八度音程的比例是 2∶1，那么，当其双倍时，两端的数目彼此间的比例就是 4∶1。所以，既然和谐是彼此有着好比例的声音合成，而在双重的第八度音程中的声音又彼此有比例，但在双重的第四度音程和双重的第五度音程中的声音却没有比例，那么，构成双重的第八度音程的声音就应是和谐的，其他的则不和谐，原因已如上述。

【42】 如果某人先弹“耐特”，然后又停下来，为什么鸣响的似乎只有“呼帕特”？是因为当“耐特”停止和消逝时，变成了“呼帕特”吗？从“呼帕特”能够唱出“耐特”的事实可以表明这一点；因为当它应对“耐特”时，可以从中找到相似性。既然回声是应对音调的，当“耐特”的声音消逝时，与“呼帕特”声音相同的回声在运动，那么自然地，由于相似性，“耐特”就似乎在运动“呼帕特”。因为我们知道，“耐特”没在运动，是停下了的，而且，看到了“呼帕特”本身并没停下，还听到了它的声音，所以我们认为，是它在发声响。对我们来说，在许多问题上，我们既不能通过推理，也不能通过感觉获得准确的知识。再者，假如弹奏绷得很紧的“耐特”，弦马也会被运动，这是没有什么奇怪的。而当弦马被运动时，所有的弦也一起被运动，并造成某种声响，这也合乎情理。“耐特”的声音无论在结束时还是在开始时，都与其他音调格格不入，但在结束时，却与

“呼帕特”的相同。当这被加到“呼帕特”本身特有的运动上去时，那个音似乎完全是“呼帕特”的音就一点也不奇怪了。它的音也比其他弦共同发出的音更大，因为这些音仿佛是被“耐特”逼出来的，所以很柔软，但“耐特”由于是最激越的音调，因而很有力量。所以自然地，它的次一等的音比其他音更响，尤其是，如果在它们中只有细小的运动发生。

922a **【43】** 为什么长笛伴奏的独唱比竖琴伴奏的独唱听起来更愉快？是因为，被更愉快的东西混合的一切也更愉快吗？长笛比竖琴更愉快，所以，与它混合的歌声比与竖琴混合的歌声也更愉快，既然混合的比不混合的更愉快，如果人能同时获得两者的感觉的话。因为酒比醋蜜更愉快，由于自然被混合的东西比被我们自己混合的东西混合得更好。因为酒是由辛辣和甘甜味混合而成的。所谓的酒味安石榴能表明这一点。歌声与长笛声混合由于它们彼此相似（因为两者皆由呼吸生成）；但竖琴的声音，既然它不由呼吸生成，或者不如笛声那样能被感觉到，那么，就不大容易与声音混合，而且，也由于它与感觉有差异，就很难造成愉快，正如在味道方面所说过的。再者，长笛靠它自己的声音及其相似性，能遮掩歌声的许多差错，而竖琴的声音，由于是孤立的，不容易与歌声相混，看起来是单独的，实际上也单独，因而就使得歌声的差错暴露得明显，仿佛评判歌声似的。所以，如果歌声中有许多差错，与这两种乐器混合就必然变得更糟。

【44】 为什么第八音的一根弦被称为“麦色”，虽然八没有中间音符？是因为在过去，曲调是七根弦，而七就有中间音符吗？再者，既然在两端中间的音符中，只有中间的那个才是某种起点（因为在朝向每端的任何排列中，只有中间的那一个才是起点），那么，这个“麦色”正是在中间。但是，既然曲调的两端是“耐特”和“呼帕特”，其余的音在它们中间，在这些音中，只有所谓的“麦色”才是下一个四度音的起点，那么，如此称谓“麦色”就是公正的。因为在两端中间的音符中，只有中间的那个才是起点。

【45】 为什么在唱歌时，人多比人少更能保持节拍？是因为，他们都更注视作为领唱的那个人，而且开始时较慢，所以容易取得一致吗？因为差错更多地发生在快速中。许多人更注视他们的领唱，而且，没有一个人会因自己的与众不同而惹人注意。但在人少的场合，更易惹人注意；因为他们是在自己内部互争短长，而不是看着领唱。

【46】 为什么唱走调时，绝大多数人是唱高了？是因
为高音比低音更容易唱吗？所以，他们全都倾向于唱高，而 922b
且，在所唱的歌中出错。

【47】 为什么古人在构造七弦音阶时，舍弃了“呼帕

特”而不是“耐特”？或者说，他们没舍弃“耐特”，而是我们现在所谓的“帕拉麦色”和音符的音程？所以，他们把“麦色”用作上部“皮喀诺斯”① 的最低音；也正因如此，他们把它称为“麦色”。或者是因为，它是上部四度音程的终结，下部四度音程的开端，而且在音调上，处于两端音符的中间？

【48】 为什么在悲剧中的合唱队既不按“胡泼多里斯托”调式，也不按“胡泼佛鲁基斯托”调式唱？是因为这些调式最不具有合唱最必需的那种旋律吗？“胡泼佛鲁基斯托”调具有动作的特性，因此，在“格鲁俄诺”② 中，出击和武装都由这种调式构成；“胡泼多里斯托”则有恢弘和沉稳的特性，所以，在所有曲调中，它最适于竖琴演奏。但这两种调式均不适于合唱，更适于剧院中演员的演唱。因为剧院的演员是摹仿英雄，而在过去，只有领袖才是英雄，构成合唱队的其余人员，只是人。因此，伤悲的、恬静的特性和曲调适于合唱；因为它们是人性的。其他曲调具有这种特性，但“佛鲁基斯托”调式却很少具有；因为它是激昂和喧嚣性的。按这种曲调，我们会承受某种影响；而软弱的比强壮的更易承受影响，因此，这种曲调适于合唱。但按“胡泼多里斯托”和“胡泼佛鲁基斯托”调式，我们则要动作，而动作是

① puknos。

② geruone。

不适于合唱的。因为合唱只出场，不动作；因为它只是对台上的演员表现友善而已。

【49】 为什么造成和谐的声音愈低沉愈柔和？是因为，曲调就其自身的本性而言，是柔和的、恬静的，只是由于混合了节奏，才变得刺耳和激动吗？既然低音是柔和而恬静的，高音激越，那么，在同一个曲调中，相同音符的低音就应该更加柔和；因为正如前述，曲调本身是柔和的。

【50】 如果取两只大小相等、性质相同的瓦罐，一只是空的，另一只装得半满，那么，为什么能发出第八度音程的和声？是因为，从半满罐中发出的声音是从空罐所发声音的两倍吗？因为这种差异也像笛子方面的吗？因为运动愈快，声音也似乎愈高，而在较大的空间中，空气汇集得较慢，如果空间是双倍的，时间也是双倍的，其他情形亦依此比例。一个两倍大的皮酒囊对一半大小的皮酒囊，也能发出第八度音程的和声。

第二十卷
灌木和蔬菜方面的问题

【1】 为什么芹菜能耐得盐水，而韭菜不能？是因为后者的根柔弱，前者的根强壮吗？较强壮的东西不大容易受影响。

【2】 为什么有“在战争中既不吃也不种薄荷”的说法？是因为它使身体发冷吗？它对精液的破坏能表明这一点。这与发冷同类，与勇气和激情相反。

【3】 为什么有些植物只开花不结果，例如黄瓜、南瓜、安石榴？或许它们不是无果，而是花即为果？因为开花的部分就是果实的顶盖，黄瓜就是果实的顶盖。

【4】 为什么有些植物要熟吃，有些能生吃？是因为，有些的汁液不可直接食用，而是在置于火中时，受热才会变得较甜，但有些原本就是甜的，因而可生吃吗？

【5】 为什么有些东西要被煮，有些要被烤？是因为较湿的东西不够干，较干的东西不必进一步烤干吗？因为一旦被煮，一切东西都会变得更湿和更软。但如果把湿气很少的东西放到火中去烤，只会变得干燥。

【6】 为什么有些植物不可食用，有些可食用？是由于它们的汁液吗？那些在鲜嫩时不调协的汁液，且在加热时又不变化的植物，就不可食用。有些植物的汁液可食用，但用于调料气味过烈；因为有些植物在小范围内用作调料时，有很大的气味，但在大范围内则散开了。

【7】 由于什么原因，有些植物的生命只到生成种子时，在结籽之后就枯灭了，例如草和所谓的蔬菜，但有些植物不这样，而是多次结籽？在只活到结籽时的植物中，为什么多数是一年生的，而马芹菜却是在第二年结籽，且在结籽后才枯死？是因为，一切开花的植物，直到结籽时止，都是花叶茂盛吗？既然人在 30 岁之前，也不断生长，只不过有时长高，有时长胖而已。当它们不再能够结籽时，犹如人一样，便枯萎和衰老；有些变得慢，且按比例。至于为什么有 923b
些命短、有些命长的问题，将是另外的作品的论题。但既然在所有场合中，种子的完成都是有限的，那么必然地，命短的东西只能结一次或很少几次籽，命长的则多次结籽，所

以，最虚弱的东西只结一次籽（因此必然枯灭）；其中，那些能一年结籽的是一年生的，有些（譬如马芹菜）则是第二年结籽，树木和植物均如此。

【8】 如果有人深挖到芹菜的根须部，用大麦壳围裹起来，再在上面掩土和浇水，为什么它的根须会长得很大？是因为，大麦壳温热而松软，可保持养分的聚集，不让它朝上升发，而是用热将其调协，所以，就造成可观的生长吗？

【9】 如果有人把很小的南瓜或葫芦埋进土里，为什么它们长得大？是因为，风和阳光是干燥的，妨碍事物的生长，并使一切东西的体积变小，但却更坚硬，正如多风、朝阳处的树木和低洼、潮湿处的树木不同一样吗（因为后者长得粗大而松软，前者长得瘦小而坚硬）？当被埋进土中时，承受的是相反的影响，其结果也会相反。（置于容器中的东西，也有同样情形。如果把葫芦放到空的茴香秆或盒子中，把安石榴或苹果放进陶土罐中，那么，后者会变得大而软，前者则小而硬，因为前者的生长遇到了阻抗。）其原因是，它们得到的养分多，因为养分既没被风吹散，也没被阳光晒干；既然覆盖的土使它们不去承受这些影响。

【10】 为什么辛辣植物的种子比它们的根和叶更辛辣？是因为，一切植物都由种子生成，并从它扩散到其他各部

分，正如某些人所说，汁液和味道仿佛预先存在于其中似的，既然种子在成熟的同时，味道变得很特别？所以，如果存在于其他部分的辛辣味源出于种子，那么，它最多地存在于种子之中就是理所当然的了。

【11】 为什么细瘦的萝卜更辣？是因为大萝卜由于生长的时间长，更被调协了吗？

【12】 为什么刺山柑在耕地里不易生长（虽然有人经 924a
常搞移栽或播种；因为在有些地方，它比种玫瑰更加有利可图），却在墓地中枝叶繁茂？是因为这种地方人迹罕至吗？关于这个问题和其他类似问题，必须认识到，并非一切东西的生成和生长都源出于相同的质料，相反，有些东西初始的生成和生长是源于其他东西的毁灭，例如，身上的虱子和毛发就是在食物腐烂和身体状况持续变坏的时候生成的。所以，正如在身体中，有些东西生成于食物的排泄物（这即是调协得不好），而自然又不能将其控制，大量的排泄物便被藏进膀胱和胃部，同时，生命又是生成于其他东西一样（因此，这些东西在老人和病人中生长），在土地中亦如此，有些东西的生成和生长源于养料的调协，有些则源于排泄物，且具有相反的状况。耕地调协了养料，使它实现出来，从这里收获到耕耘的果实。从这种耕耘中生成的东西，被称为耕种的，因为它们的收益是通过技艺而获得的，犹如被驯化一般；

但是，那些不能耕作，或源于相反状况而形成的东西，乃是野生的，且不会在耕地中生长。因为耕作在驯化时，反会糟践它们；因为它们生成于腐烂物。刺山柑就属于这种东西。

【13】 当萝卜在冬天长得最茂盛时，如果有人割掉它们的叶子，在周围填上土，并踩实，以便排开水，那么，为什么它们在夏天长得特别大？是因为，封填的土成了它们不死的原因，由于它阻止了水对它们的浸蚀吗？以前只传给枝叶的养料，现在渗进了萝卜中，所以，必然或者自己长大，或者传送给后来长出的其他新芽，就像洋葱的情形一样。因为如果每年不把洋葱拔出，而是留在地里过冬，那么，它们便会成倍地繁殖。但洋葱属于传送养料给新芽的植物，萝卜则不是，所以，它必然是壮大自己，因为它吸收了所有的养料。

【14】 如果有人在水井边种植葫芦和南瓜，当它们长成时，将其牵引到井中，并遮盖起来，为什么它们在整整一
924b 年中都可保持嫩绿？是因为，水的蒸汽使它们凉爽，不变干燥，使其处于良好状态，而且，将其遮盖又使它们的呼吸不致增加吗？它们能保鲜的原因是，由于根须未受损伤，所以仍在吸取养料。即使有人弄掉新芽苗，只要它们已结出果实，在割去新芽后又能在根部周围堆土并踩实，那么，也会结出早初的葫芦，因为根部保留着；既然葫芦不是两年生植物。植物本身比源于种子结果要快，因为植物最重要的部

分，即根部，已经在它们的生长中存在了；但源于种子的东西必定先生出根。再者，堆土要造成热，所以，植物得以保持，并很快发出新苗。因此，如果有人冬天在筐中播撒葫芦种，用温水浇淋，并提到阳光下或靠火边放着，那么，只要在筐中装进土（正如人们这样做的），一旦适当的季节来临，就会早早地结出葫芦。

【15】 为什么要选择清晨、深夜或傍晚给植物浇水？是为了不让太阳吸走湿气吗？或者是因为，如果水是热的，会损害被浇的东西？

【16】 为什么带甜味的种子和植物能利尿？是因为它们含有热，且容易调协，而这样的东西能利尿吗？因为它们之中的热引起快速消化，而味道又无形体，即使味道不好的植物，例如大蒜，也由于热而能利尿，虽然它们的损耗力更明显。甜味种子含热很多，因为一般说来，这种味道就是由于某些热的存在才生成的；但怪味的东西不易被调协。任何东西，如果要能利尿，就必定不仅含热，而且要容易调协，所以，在它们下移时，才能消化湿气。

【17】 为什么从老种子（譬如两三年的）中长出的植物要比从新种子中长出的抽茎更快？是因为，正如鼎盛年龄的动物生成精子更快一样，老的植物种子也更有生发能力，但

源于新种子的植物仍然含有不属于它们的排泄物，所以较为虚弱，在时间上适中的东西因其排除了湿气而最强健，所以，它们产生种子更快吗？而这就是抽茎，因为种子生成于枝茎。

【18】 如果有人把芸香嫁接到无花果树上，为什么它长得最好，最茂盛？它被嫁接在树皮上，并在周围用黏土抹上。是因为芸香的根需要热和暖（因此，如果有人用灰堆围
925a 植物，会对它们有利），而无花果树是热的吗？表明这一点的是，它的汁液最苦，且在燃烧时释放大量烟。它具有与灰类似的热和湿，所以，如果灰对芸香有利，那么，它在无花果树上必然长得最茂盛；因为灰不释放湿气，无花果树则不断释放，既然它的湿气不会枯竭。

【19】 为什么有些植物总是长出空茎？它们属于必然还要长出其他东西的植物吗？

【20】 为什么在阿提克，其他果实都非常甜，只有百里香很苦？百里香也是一种果实。……[1]所以，植物没有充盈的湿气吗？在自然地具有甜味的东西中，由于含有的湿气量合适，当太阳吸走大部分后，剩下的部分就容易调协；因为大量的东西难以成熟，只有适量的才比较容易。所以，自

① 原文有空缺。

然地具有甜味的东西会变得更甜。但在那些自然地干燥和不甜的果实中，自身的湿气消失了，因为它极少，且最无甜味，因为太阳吸走了它最甜和最轻的部分；因此，这些果实与其他果实一样，没有充足的湿气。

【21】 为什么薄荷、水仙和洋葱在夏至被悬挂起来时，会开花？是因为在它们之中存在着不调协的养分，这种养分在冬天由于冷而不调协，但在夏天时，由于季节的影响调协了，所以就生长了吗？但这种生长由于没有新湿气的注入，会很快枯竭。因为如果没有某种营养源和湿气的注入，它们便会干燥。正如发生在斯库赛的情形，在那里，由于积雪很多，所以谷粒一直不长，尔后又很快破土而出。

【22】 为什么只有洋葱才使眼睛特别刺痛（因此，据说它的名称就是这样获得的，因为它使人闭眼，以遮住瞳孔①)，而马郁兰和其他辣味大的东西却不是这样？因为旱金莲虽然更辣，但被放在眼前时，却引不起同样程度的眼泪，而洋葱无论是被放在眼前，还是被吃下去，都刺激厉害。是因为，多种差异附随着每种辛辣物，也正是这些差异才造成了每种东西的特有性能吗？例如旱金莲，由于太热，也太干

① 作者认为 krommuon（洋葱）这个词是由 kore（瞳孔）和 summuein（闭眼）两词合并演变而成，故作如是说。

燥，便控制了自己生成的溶液，虽然吃它时会流出眼泪，但把它放在眼前时，却不流泪，因为它本身不释放某种轻薄的
925b 蒸汽；因为它太干燥，太热了。马郁兰和类似的热植物也干燥，虽然程度轻微些。但是，一种植物要引出眼泪，必须是辛辣的、潮湿的和有黏性的。因此，橄榄油能引起眼泪，虽然它的辣味弱；因为由于它有黏性，又轻薄，就能渗透，并造成痛苦，而痛苦便引起溶化。洋葱具有这种性能，所以，它的潮湿和蒸汽是热的、轻薄的和有黏性的。因此，当把它放在眼前时，由于它的蒸汽有这种特性，又释放轻薄的湿气，所以引发眼泪，当把它吃下去时，蒸汽就渗入，……①。韭菜虽是热的，有辣味和湿气，但没有黏性，因此不会引发眼泪。

【23】 为什么在手中被挤压的山桃比没这样挤压的对我们似乎更甜？这和采摘晾干的葡萄比没采摘的成串葡萄更甜是同样原因吗？因为采摘的葡萄似乎被它们自然的甜味（因为即使在外层，它们也饱含甜味）弄得更有滋味了，而成串葡萄没这种滋味。山桃也一样，它们自然是甜的，且在内里具有甜的成分。犹如葡萄一样，当被挤压时，山桃就被内里的甜弄饱和了，外层也显得更甜。

【24】 为什么山桃愈小愈近于无核，在枣子和葡萄方面

① 原文有空缺。

也如此，小葡萄或者无核，或者核很小？是因为，由于生长不完全，它们还没形成这个部分吗？因为核的目的是包含种子。它们之所以小，因为它们是分枝上的，且不完全。它们也不如有核的果子甜；因为它们没调协成熟，成熟即是完全的。

【25】 为什么有些果实在根部附近较苦（例如葫芦），有些则在上端附近较苦（例如橡子）？是因为，前者的养分不调协，既然它总是沿着根部注入，而后者在本性上是干燥的，所以，当甜味从顶端排出并调协时，该部位就变得很干燥，苦味便像盐一样留下来了吗？愈干燥的东西也愈苦，正如橄榄和橡子长老时变得苦一样。

【26】 为什么有些植物的发芽不是在土中，而是在被割破时，有些则在贮藏时，例如百合花茎、大蒜、洋葱？是因为它们所含的养分全都在自身中，而不是在与之分离的地点中吗？所以，正是丰富的营养使得它们发芽。这一点是显然的；因为海葱和球根亦如此。它们每种东西之所以能生长，不仅因为内含养分，而且还在于这养分是调协的、散开的。所以，它虽先含有养分，但要生长，却是在季节到来时，即由季节引起了养分的调协，才出现生长，正如鳄鱼蛋发生的情形。但是，这种生长不会持续，因为没有新养分注入。

【27】 为什么在种植时，大蒜和洋葱愈干日后长得愈

好，但其他植物却是愈干长得愈差？是因为，所有的这类植物含的湿气都最丰富吗？所以，当以这种方式被种植时，它们具有同等的条件。而且，也因为在干燥时种植不大容易腐烂。

【28】 为什么在植物中，只有大蒜和洋葱在贮藏时能生长？因为它们富于湿气和养分吗？所以，正是它们的丰富养分使其生长。这一点很明显，因为海葱和球根亦如此。当然，只有在各自的季节来临时，它们才生长。

【29】 为什么用冷水浇灌出的植物比用热水浇灌的要甜？是因为，热包裹的东西较咸，正如愈咸的东西愈热一样，甜的东西则相反，仿佛是冷的吗？当然，蔬菜的养分是液体，因此，它们才有汁液。

【30】 为什么大蒜长到有茎时，比在幼苗时气味更烈？是因为，当它幼小时，仍然内含有许多外来的湿气，这种湿气削弱了它们的能力吗？但当它成熟时，就排除了这种湿气，此时，便具有了自己特有的气味。这种气味在本性上是辛辣的。同样，其他果实在幼小时，也有较重的水味。因此，幼小的洋葱较少辣味。

【31】 为什么当山桃枝没受到保护时，果实落得比树叶还多，而当用海草保护它们时，叶子落而果实不落？是因

为，如若不被保护，这是自然而然要发生的事情吗？因为当果实成熟时，自然要落。而被贮藏时，这就不会发生。但是，海草中的湿气仅仅阻碍果实中湿气的变化。相反，在枝桠变 926b
干时，树叶要掉落，而且，海草是咸的，使它们干燥。所以，当树叶留在树上时，或被贮存时，不会出现同样的结局。

【32】 为什么甜瓜在潮湿的沼泽地中长熟得最好，例如在俄尔沃门罗周围和埃及？因为这种地方显得水分多。沼泽地是多水的，甜瓜本身也较湿；因此，那些在园子里长成的较差。是因为，由于土壤坚硬，它们必然被深种吗？因为黏土和平地变得非常硬，播种得深的植物才长得好。或者因为，土壤必定是干燥的，因为植物自身在本性上潮湿？相反的两种性质这样综合，就获得了一种中间状态。泥泞而深厚的土壤之所以保持养分，既由于土壤的深度，也由于位置，但不会过度，因为土壤会再次干燥。

【33】 为什么芸香和某些其他香料使汗水的气味难闻？是因为，味重和辛辣的东西，一旦与湿的排泄物混合，便会使气味更加难闻吗？

【34】 为什么芸香①被说成是治疗妒嫉的药剂？是因

① baskania 有“恶意”、“中伤”等意，故作如是说。

为，人们在大嚼时，以为自己遭到妒嫉吗？或者是他们料到有某种不满，或者对置于他们面前的东西感到担心？例如，当他们从同一道菜中为自己取一份时，也随后给旁人一份，并顺便说一句："这样你就不会妒嫉我。"每个人都疑虑不安地在吃着分派给他们的那份东西，无论是液体还是固体。收缩或呕吐就会造成固体食物上移并吐出，源于液体的胃肠充气则造成痛苦和翻滚。所以，如果事先吃了本性上热的芸香，它就会软化食物的接受器官和身体的其他部位。因此，它也就会把包裹着肠胃的胀气疏解。

【35】 为什么把马郁兰放进发酵前的葡萄汁中，会使酒变甜？是把两杯放进一缸酒里。是因为，它排除了引起糙烈的东西，且由于干燥，便把酒中的水气和杂质吸入自身吗？有事实表明酒的糙烈是由这些因素引起的；因为如果有人把水加进酒中，且把它们长时间地放在背风处，酒就不大绵软。当人们要造甜酒时，就在太阳下长时间地晒葡萄，阳
927a 光会吸走水分，并调协其余成分。马郁兰也造成同样效果；因为它既干又热，所以，自然有持久的功效。

【36】 为什么黑山桃树比白山桃树的枝叶更茂密？因为它们更属于野生类吗？表明这一点的是，它们长在田野里，耕作造成的变化最小。一切野生植物都有更茂密的枝叶；因为由于它们的果实不大调协，其养分转换成了枝叶。

第二十一卷
大麦餐、糕饼之类方面问题

【1】 为什么把油加进去时，大麦粥和面粉变得较白，虽然油的颜色是红的？是因为，油一旦与液体混合，自然要起泡吗？泡沫引起发白。混合因撞击和运动造成，更多地出现在有形物中。这种情形也发生在煮沸的液体里，因此，使它们较白。

【2】 为什么小麦做的食物比大麦做的更适于身体，也更有营养？是因为它含有适度的黏性吗？食物必须具有这种性质，因为它应当生长和依附到身体中去；而黏性就是这种情形的原因。但是，大麦易碎；因此，揉得好的大麦饼比不揉的大麦饼更有营养。

【3】 为什么小麦磨面是开初磨的白，大麦则是最后磨的白？因为一种干燥，是脆裂的，另一种柔软，是压碎的吗？但在两种作物中，都是内里最白。

【4】 为什么面包冷后比热时显得更白？在某种意义上，它与陈油比新油更白是由于同样的原因吗？黑的原因是水，而在这两种场合，水都更多地存在于新东西中。但在过了一段时间后，由于蒸发，留在表面的水变得较少。时间或太阳是油蒸发的原因。当面包凉时，热从中散发，而面包冷时，热完全离去，但是，当面包未冷时，热依然存在于其中。

【5】 为什么不含盐的面包比含盐的面包更重，其他东西也被认为如此？按道理，似乎应是相反的情形；因为加了盐，而盐比水重。是因为盐引起干燥吗？因此，腌制过的东
927b 西不会腐坏；既然在热的作用下，会腐坏的湿气被盐排出了，弄干了，所以，在面包中的湿气被盐排出来，散发到了外面。因此，陈面包比热面包更轻，因为它们较冷。但在不含盐的面包中，存在的这种湿气更多，所以使它们更重。

【6】 为什么当冷面包受潮时，如果把它们彼此摆放在一起，不会粘连，而热面包则会粘连？是因为，冷面包连同蒸汽一起释放出了在它们之中的黏性湿气，而一旦这种湿气离去，便不会粘连（因为使它们受潮的水是没多少黏性的），但热面包却带有某些黏性物吗？所以，当热面包湿润而蒸汽散发时，热汽由于稀薄，也释放出来，但与它在一起的黏性物一旦释出，并与湿气混合在一起，就使它们粘连。

【7】 为什么小麦磨面是开初磨的最白，大麦则是最后磨的最白？是因为，大麦由于干燥，是脆裂的，在碾磨的时间长时尤其如此，但在小麦内的面粉是柔软的、细薄的，所以开初是被压碎的吗？但在两种作物中，都是内里最白。

【8】 为什么大麦饼愈揉愈不好消化，小麦面包却较好消化？是因为经过猛烈的搓揉，生面团变得较少了吗？因为黏性物的性质就是这样。相反，面包的所有湿气却被火排出，所以，当面包的湿气被完全排出时，它愈被搓揉，就变得愈干散，因此，通过搓揉，它破裂成较小的碎片；干散的东西较好消化。但是，大麦饼却是愈搓揉愈有黏性，因为有水与它混合；黏性物不易破碎。这样的食物就不易消化；因为好消化的东西必定被碎裂成小块。

【9】 为什么大麦饼在被搓揉时，变得更小，而面包却变得更大？是因为，大麦饼当被弄湿和搓揉时，由于松薄且有粒状，被湿气粘连在一起，但小麦粉由于很厚密，就膨胀了吗？因为厚密的东西在被搓揉时，会变热，而一旦变热和充气，就膨胀，犹如肌肉。

【10】 为什么在被加热时，面包比大麦饼变得更大？

928a 是因为，面包含有没被分离的湿气，所以，一旦加热，由于搓揉，它就排出了吗？当它被加热时，空气便从中散走，而且，从愈多的湿气中散走的空气也必然愈多。

【11】 虽然蜂蜜比水更有黏性，但为什么与蜂蜜水混合的面粉比与水混合的面粉在被煮或烤时，变得更干碎？是因为，在火的作用下，水变得僵硬而不动了，蜂蜜也变得不动，但却造成干燥，因此，使得食物更干碎吗？因为干碎是由干燥造成的。

【12】 为什么冷面包被烤两次也不变硬？是因为，小麦内含某种甜而黏的汁，它就犹如小麦的灵魂吗？这一点是可被证明的；因为当它变干时，就完全空了，而被弄湿时，又充满。这种汁也存在于面粉中，尤其是在最纯的面粉中，所以，当面粉变成面包，而面包又被搓揉时，同样情形也会发生。可以表明这一点的是：当它被煮食时，就变得更好消化了。所以，当面包第一次被烤时，湿气中的细薄部分就从面包中蒸发了，面粉中最像皮壳的东西则被烧掉。当取下面包再度搓揉时，面粉中最柔滑的部分与所剩湿气中最有黏性的部分便彼此更好地混合在一起，这既由于它们更柔滑、更有黏性的性质，也由于热的作用；因为它们的混合犹如浸染，所以，当第二次搓揉时，面包就变得像熬煮的面粉。因为在后一场合，当搓揉面包时，最白的面粉和最黏的湿气留

下了，再送到火上去烤，面包会变黏，且不会干燥；因为黏性物不易被分开，厚密的东西也不会让湿气从它之中散走。由于上述原因，被烤两次的面包也承受这同样的影响；因为它总是含有湿气，所以不会变硬。

【13】 为什么我们能够长时期地享用某些干的或湿的食物，例如大麦和面粉做成的食品、燥热的酒以及水，但却不能长期食用另一些食品，虽然它们的味道更令人愉快？是因为，有些食物分布在胃表，且有营养，所以，当被排泄时，它们的最初营养被消耗了，但仍有许多能量存在体内， 928b
对于身体的第一次活动虽然是调协的，但对它的目的和接续活动来说，还不调协吗？味道最令人愉快的食物就是这种情形。因为油腻的、香甜的、脂肪多的食物对我们显得最愉快，它们全都富有营养，不会不调协，且分布在胃表，虽然它们彼此有差异；所以，它们的能量持久，如若有人饱餐它们，且不很快地消失其感觉的话。因为不仅在它们存留于胃中时，而且在营养散布到身体的其他部位时，都有饱和的感觉。或许这不是唯一的原因，而是还在于，有些食物本性上就适于我们，特属于我们？因为我们的身体之所以更易接受所有这类食物，在于它们合乎自然，不易接受其他食物则在于它们反乎自然。不同的食物适于不同情性的东西，例如，蜂蜜对蜜蜂就是合乎自然的食物，所以，它们仅仅吃它，虽然它们的能量很微弱。所以，它们消耗的东西必定量少，但

是，量与力成比例，正如人的量与力成比例一样。因此，任何这类味道令人愉快的食物，其所以显得愉快，皆由于自然地在我们之中存在的量少，且存在的时间短，尔后很快使我们有饱和感。但人们总是需要合乎自然的东西，所以，除了那些味道最令人愉快的之外，他们对连续食用的食物很少感到饱和。

【14】 为什么同样的东西，当我们对它们已经习惯了时，显得是愉快的，但如果过于连续地食用，却又不愉快了，虽然习惯意味着经常而连续地做什么事情？是因为，习惯虽在我们之中造成了某种可容纳状态，但不是饱和，相反，连续食用某种东西却饱和了我们的欲望，犹如装满了的容器吗？因为欲望是某种虚空。当被练习时，习惯会增长和发展，但容器被装满时，却不能变大。因此，习惯通过练习，能增长为可容纳状态；但连续食用却塞满并饱和了欲望，而一旦饱和，我们就不再想食用，没有什么能增长已经饱和的食欲，正如我们已说过的。再者，习惯之愉快不在于它永远给予快乐（因为这种事情会引起痛苦，假如有人连续不断地进行的话），而是因为我们处在伴有快乐的活动过程的开端，而且，与不习惯相比，我们能够更长时间地做同样的事情。正如愉快的贪食会引起痛苦一样，其他快乐的事情
929a 也莫不如此。因为无论是连续地做事还是连续地食用，两者都会引起痛苦。其原因是，在我们之中，所具有的容纳和行

为能力不是无限的，而是有限的，当它们达到自己的极至时(因为对于增长，这是可以连续地感觉到的)，容纳力就饱和了，也没有了活动的能力。

【15】 为什么被搓揉时，面包变白，大麦饼却变得更黑了？是因为在大麦食物中，表面变得更干了，而这正是在造成白的湿气中的热吗？或者是因为，由于热的外露，它把湿气吸到了自身，既然它的组成部分更大些。

【16】 为什么大麦食物与水混合时，其黏着力比与油混合时更强，虽然油比水更有黏性？本来，黏性物更有黏着力，与水相比，油更具有黏性。是因为，水较稀薄，所以，渗入大麦物的每个部分，使其松软，让它们更紧地结合，彼此挤缠，即使没有搓揉也是挤缠着的吗？

【17】 为什么不揉和揉得过分的面包都易破裂？不揉而破裂的原因是由于没黏合在一起吗？因为搓揉使其黏合，所以，没黏合的面包实际上先就是破裂的。此外，也由于含有许多未混合的湿气。相反，揉得过分的面包则太干燥，因为含有的湿气太少；因为在面包发热时，湿气全都散离出去了。所以，两种场合的破裂，都是由于许多湿气的散离。因为在未揉的面包中，已存在了很多湿气，而在揉得过分的面包中，离去的湿气比留下的更多。

【18】 为什么液体与大麦粉混合时比二者不混合时更轻？是因为，当它们混合时，空气被包裹在其中了吗？或者是因为，水的成分被大麦粉中的热蒸发了，所以，混合物变得小些了？空气即使被混合在里面，也不会造成它们的更轻；因为在空气中的空气是具有重量的。

【19】 为什么牛奶和甜酒在伴着大麦食物喝时，显得更甜？是通过和不甜东西的比较而显得更甜的吗？因为大麦食物不甜。或者是因为，大麦食物保持了这甜味，所以，甜的感觉持续时间较长？

【20】 为什么同一剂药在伴着大麦食物喝时，显得药力不强？是因为，它把一种东西的性质与另一种的相混了吗？或者是因为，它抵抗并消解了药力，将其吸收到自身中去了？

926b **【21】** 为什么麦片比做成这样的麦片的小麦容纳了较多的水？是因为，麦片是某种意义上的面粉，而面粉容纳了较多的水吗？因为它的体积比小麦大；因为即使小麦的内部成分也是挤在一起的。愈大的东西含有的水分也愈多，所以既由于这个原因，又因为，无论面粉还是麦片，都含有热。热既更多地吸收湿气，又因蒸发而排出湿气。

【22】 当被搓揉时，为什么小麦粉增大的比例大于大麦粉？因为前者容纳了较多的水，后者只容有少量水吗？但是，为什么它容纳的水较多呢？本来，大麦粉才应容纳更多的水，因为它已被弄热了，小麦粉还没热；而已被弄热的东西更干燥。或者是因为，小麦粉承受了更多的搓揉？其原因是，它由很小的成分构成。所以，由于它的构成部分小，它在潜能上仿佛是众多的，众多的东西容纳的水也应当多。因为它把水当作胶使用，正如恩培多克勒在《物理学》中的一个比喻用法，因为他说："用水把面粉胶合在一起。"由于这样，它消耗了不少水。

【23】 为什么当被加热时，面包比大麦饼变得更大？是因为，它含有的没被分离的湿气在受热时释放出来，这种湿气在生成气息时，由于面包的密度（因为构成它的细小部分是密厚的），不能像大麦饼中的一样同等程度地释放出来，因而使得面包膨胀，造成它的体积增大吗？再者，正因为它含有的湿气多，在受热时，就从中生成气息；源出的湿气愈多，生成的气息也就愈多。

【24】 为什么在以经营粮食为业的人中，那些摆弄大麦的人脸色苍白，易患黏膜炎，而和小麦打交道的人却体质良好？是因为，小麦比大麦更易调协，所以，它们的散发物

也如此吗？

【25】 为什么面包在被烤时，会变得较硬，但在被温热到某一点时却会变得更湿？是因为在被烤时，它的湿气释放出来了吗？所以，它变得较硬。相反，在被加热时，它已经凝固的湿气再度被火熔化了，因此就变得更湿。

【26】 在被冷冻时，为什么小麦粉变得不很紧密，大麦粉却变得更加紧密？是因为，由细小部分构成的东西不含空隙，但重的东西由于压力，无论数量多少，都占有相等的地点吗？大麦粉是粗糙的，所以，当被冷冻时，变得较小，
930a 较小就是被挤压得较紧。但小麦粉由细小部分构成，所以，正因如此，它不会受冻，而是变得更轻，也不因压力而挤紧；因为在本性上，小麦粉比大麦粉更重。

第二十二卷
水果方面的问题

【1】 为什么在饭后或饭前吃水果，对于同一些人来说，饱和的量不成比例？是因为，水果比食物重得多吗？这可用无花果的情形来证明：如果饭后吃，最终会被吐出来；如果一开始就吃，由于重，它们就沉下去，为上面留下充足的地方，所以，食物的积量就容易被接纳。相反，如果先摄入食物，由于它们不下沉，便很快占据了上面的空间。

【2】 虽然甘甜食物比辛辣食物更与我们相似，但是，为什么甜食会很快使我们吃饱？我们会很快地被甜食所饱？本来是不应很快就饱的；因为我们原本较不易被相似的食物所饱。是因为，我们由以被喂饱的器官和被营养的身体，并非同样快地饱和，而是有时胃部饱和了（例如那些干渴的人），但干渴却丝毫未减吗？因为我们并不因为胃喝饱了就不再干渴，而是在身体各部分都吸足各自固有的湿时，我们

才不再干渴。饥饿的情形亦如此。

【3】 为什么我们吃甘甜食物比进辛辣食物能更快地吃饱？是因为我们很快就会停止对甜食的欲望吗？或者，当胃被甜食填满时，我们就饱了吗？不能这样说。但似乎可以说，我们的欲望很快就被它们填满了。或者是因为，笼统地说，欲望就是欠缺，它出现在我们不再有任何营养或营养很少时？辛辣食物不是营养性的，含有养分很少，多数是排泄物。所以，我们自然想大量地吃它们，它们也不会满足我们的欲望，因为我们仍欠缺营养，而它们又不含营养。但是，甜食全都是有营养的，身体能从少量的甜食中获取大量的营养。所以，当获得大量营养时，我们就不再能吃，因为不能再装。因此，我们自然地很快被甜食填饱。

【4】 为什么把水果、肉和诸如此类的东西存放在充气
930b 很足的皮囊中时，它们不会变坏，如果把东西放进密封很好的容器中，也同样如此？是因为，一切东西在被运动时，会变坏，而充满的东西不能运动吗？因为如若无虚空，任何东西都不能运动，而这些东西是充满的。

【5】 为什么在吃了腐变的水果后，当喝酒时，显得是苦的？是因为这样的坏水果含有苦味吗？所以，留在舌尖上的味道，一经与入口的酒混合并扩散开，就使酒变成苦的。

但是，在吃这种水果本身时，苦味却显得较弱，因为口内的这种汁由口腔的多个不同部位承受，并被分成很小的成分。

【6】 为什么应当吃干水果？这样我们可以喝得充足些吗？因为我们喝水不仅可以解除食物引起的干渴，而且也伴着食物。

【7】 为什么烤熟的坚果在冷却时，味道会被败坏，面包、橡子和许多其他这类东西也如此，而在加热后，它们又重新变得可口了？是因为，当其冷却时，汁液凝结了，而在加热后，又再度成为液体吗？因为正是由于有汁液，味道才变得令人愉快。

【8】 为更好地享用水果（例如无花果等等），为什么应当同时喝纯酒或水？虽然它们是彼此相反的。是因为，由于生长方式的影响，水果既热又湿吗？因为它含有大量的火和湿，所以，由于火，果汁在体内仿佛引起沸腾，例如葡萄汁就使体表沸腾，虽然其他水果（如硬壳的）具有的这种能力差些；另一方面，大量的湿气却造成不调协。所以，水由于冷而压抑沸腾，酒因其热也常能如此；因为正如火有时能抑制火（如若后者较小的话）一样，热也能削弱它的威力。酒由于热，能较好地调协湿，由于重，能控制沸腾在体表形成的东西。

【9】 为什么一分为二的干无花果（不是分为多块，也不是未分破的）味道最甜？是因为，如果多次分破，最甜的成分便分散了，和湿气一起散发了，相反，在封闭未破的场合，许多水性成分由于不能散发而存留着。那些既被分破，
931a 又不多次分破的干无花果，就排除了上述两种影响。

【10】 在炉中烘干的无花果，如果在炉中冷却，为什么比拿出来冷却变得更硬？是因为在炉中，所有湿气都被热蒸发了，而在外面，周围的空气使湿气变冷，阻止它散发吗？因为湿气比蒸汽更不易散发。干燥的东西坚硬，潮湿的东西柔软。

【11】 如果伴着酸东西喝酒和水，为什么它们显得更甜，例如，如果有人咀嚼橡子、山桃或诸如此类的某种东西？或许是这样的，就像在其他方面一样？因为一切东西在和相反物比较时，更显出同一性，相反物的味道在某种意义上也是对立的。是因为，正如被染色的东西一样，舌头已被酸性物渗透，并张开了孔道，所以，甜味物就更容易渗入吗？为了使被染的东西达到染色这个目的，先要将其浸泡在酸性溶液中，靠渗透物的帮助，使之更好地接纳染料。

【12】 为什么甜的东西热时显得比冷时的甜味少？是

因为，如果两种性质的两种感觉同时生成，热的感觉就排除其他的吗？或者是因为热的东西也甜，犹如火之于火，所以，热阻碍了甜。或者是因为，火由于引起运动而削弱了一切东西的能力。热的东西更接近于变化，当冷时，就稳定了。

【13】 为什么谷壳调协坚果，但不腐坏已调协的东西？是因为谷壳既热，又有吸收性吗？所以，它靠热来调协，靠吸收性来吸收腐坏的汁液，因而不导致腐坏。

【14】 为什么软而甜的无花果会损坏牙齿？是因为，由于它们有黏性，渗透到齿龈中，又由于它们是柔软的，便逐渐嵌到牙齿中间，并因其热而很快造成牙齿的腐坏吗？或许，由于果核的坚硬，牙齿在咬嚼过程中，很快会疼痛。

第二十三卷
咸水和大海方面的问题

931a35 【1】 为什么波浪不在深而开阔的洋面上汹涌，而是在狭小而浅的地方？是因为量小的液体在移动时，比量大的更易被风吹得四分五裂吗？

【2】 为什么在风到之前，波浪有时就开始涌动了？是
因为，海水靠近风源推进时，它总首先要对相邻的部分造成
931b 同样影响吗？所以，既然海是连续的，犹如一股连续力量，
那么，它就会波及每个部分。它在一个时间中发生，所以会
造成海的第一个和最后一个部分同时被运动的结果。空气不
会承受这种情形，因为它不是单一的连续体，既然有许多障
5 碍从四面八方干扰它。这些障碍经常阻断最初的和最有力的
运动。但是，海水没有这种障碍，因为与空气相比，它更
重，也更不容易被阻扰。

【3】 为什么船在港口中似乎比在海面上负载更重？而且，为什么船从海洋驶向陆地比从陆地驶向海洋更快？是因为，水多比水少对船的阻抗更大，在水少的地方，船下沉更深，因为它更能控制水吗？因为水是从下面推进的。在港口，海水很浅，而在宽阔的洋面上，却较深。所以，船在港口似乎负载更重，而且，它更难被运动，因为水的阻抗小，它下沉更深。但在宽阔的海面上，情形则相反。

【4】 为什么把某种粗糙的东西（例如锚）投进海中时，会出现平静？是因为，海水被下移的东西所阻，伴随这东西的还有垂直下移的不少空气，空气被吸引在那里，并把运动海水的侧面的力也一起吸引住了吗？海浪不是从上到下的，而是在海的表面生成；当它停息时，就出现平静。再者，当海水在被下移物分开的地方收拢时，会造成漩涡，而漩涡是按圆形移动的。既然直线只在一点上与圆相切，而波浪是斜着的直线式移动，那么，其结果就是，波浪只在一点上与漩涡的边相切，这既由于上述理由，也由于，波浪一旦与漩涡接触，就被其推开了。所以，既然在漩涡所处的地方无波浪，那么，在漩动的表面，就会出现平静，因为与掷投物一起落入的空气，当其下沉并把海水向上推时，就仿佛造成了它的泡沫；因为泡沫是空气从下面推起的湿气。每个泡沫都是光滑的、平静的。上述情形是可以得到证明的；因为在投掷物落入

的那个地方，海水稍过一会儿后，比它周围的海水略高。

【5】 为什么有时候，在绝好气候中航行于海上的船只
932a 却被吞没，甚至消逝得连残骸也看不到？是因为，当海下土中洞穴似的地方裂开时，在气息移动的同时，船也随着沉到海里，进入洞中了吗？同样，由于海水在各处都是圆圈式移动，所以是在下面移动，这就形成漩涡。在麦塞勒海峡附近的船只由于水流的关系（因为它形成漩涡），就遭受了这种厄运，被吞没到了深渊里，这既由于上述原因，也因为海水很深，土洞很大。所以，漩涡弄翻了船，并把它们卷到那里；因此，连残骸也不剩。当前一股风停息，相反的风在海面上吹刮，并在前一股风的冲击下扩散时（尤其是在相反的风是南风时），漩流就形成了。因为彼此相反的水流都力图把对方冲开，犹如河中的情形一样，因此，便形成漩涡。强大的运动本原一圈又一圈地从上面移动下来，造成涡流。既然水流不是向旁边移动（因为它们彼此对抗），它们必然被冲到深处，所以，被漩涡所攫住的任何东西，也必然被卷到下面。因此，人们建造斜边形的船，因为已有直边形的船被吞没的记载。

【6】 为什么旁托海的水比爱琴海的水更白？是由于视线从海水里反射到空气中而形成的吗？因为在旁托海周围的空气浓厚，又发白，所以，海水的表面也显得如此，相反，爱琴海周围的空气是蓝的，因为它直到很远的地方都是洁净

的，所以，反射空气的海水也显得如此。或者是因为，所有的湖水都比海水白？而旁托海类似于湖，既然有多条河流入它。湖水比海水白，也比河水白；至少画家是把河画成黄白色，把海画成蓝色。或者是因为，视线能很快穿透淡水并反射到空气中，但却不能从海里反射吗？其所以不能向上反射，是由于这种水不光滑；视线在朝下深穿时也疲倦了；因此，海水显得是黑的。但在类似于湖的海中，表面是淡水，咸水在下面，视线不渗透，而是对着日光被反射；因此，这种海的表面是白的。

【7】 为什么海水没淡水冷，咸水没甜水冷？是因为海 932b
水较浓，且更具形体吗？这类性质的东西就不是很冷，犹如它们更易受热一样；因为由于它们较浓，所以更容易保持热。或者是因为，海水中含有的脂肪较多？因此不会耗尽火。其他东西也莫不如此。脂肪愈多的东西也就愈热。或者因为它含有不少土，所以更干燥？愈干燥的东西也愈热。

【8】 为什么海水比淡水更透明，虽然它更浓？因为淡水比盐水稀薄。原因不是它的稀薄，而是其中有许多大的垂直性孔隙吗？所以，淡水是密厚的，因为它由细薄的小部分构成，相反，盐水则有大的空隙。或者是因为海水较纯洁？因为其中无土，但沉淀有重的沙。淡水则是土性的，漂移在它中间的土很快被搅成泥汤。

【9】 为什么海水在北风中比在南风中更透明？是因为在平静时，海水有颜色吗？因为在咸水汁中含有脂肪性成分。这可以用事实表明；因为在炎热的气候中，油脂便从海水中分离出来。所以，当海水平静且较温暖时，这类油汁由于轻，就漂浮在海水上面。在刮北风时，由于冷，很少出现这种情形。水比油更透明；因为油有颜色，水则呈现出无色状态，所以造成更洁净的映象。

【10】 为什么在海水中洗的衣服干得较快，虽然海水比淡水重？因为海水是浓厚的和土性的吗？所以，它含有的湿气较少，干得较快。

【11】 为什么浪是风性的？因为它们是将要起风的征兆吗，既然风是气的凝聚？由于气总在被向前推进，所以形成风吗？但风的推进不在连续吹刮时，而在开始时。第一股风在发生影响前仿佛消逝了，但它却推进另一股风和另一团气，尔后才消逝。所以显然，当被推动的浪已经存在时，运动它的东西也出现了；因为在风开始吹刮时，造成了这种情形。

【12】 为什么在风吹之前浪已涌起？因为风在海水汹涌的同时并未停止吹刮，只是后来海水歇息了吗？因为吹动

海浪的风在变得可以感觉到之前，有可能停息。所以，浪不 933a
是先于风，而是浪被注意到了，风未被觉察到。或者，风不是同时吹刮一切地方，而是先从其起源处吹起？在它吹刮的同时，就很快运动近处的海水，而近处的海水又推动相邻的海水。所以，在风到之前就或许已有浪涌了。因为运动是由于海水，而不是由于风，既然海水的运动比气快。

【13】 为什么在海中比在河中更能游泳？是因为，游泳者在游泳时，总是靠在水上，而在更有形体的东西中，我们更能寻到依靠吗？海水比河水更有形体；因为它更浓厚，也更能阻抗压力。

【14】 为什么人在海中比在河中能存活的时间更长？是因为河水较为稀薄吗？所以，它更能渗入体内并窒息他。

【15】 为什么海易燃，而水不易燃？或许水也易燃，海之所以较难耗尽火，是由于它更有脂肪物吗？它更有脂肪物的事实是可以证明的；因为从海水中，可以分离出油脂。或者，它们的孔隙不大，能够适应火，因为较浓厚，而之所以较浓厚，又由于内含有盐？所以，正如干燥物比潮湿物更不易熄灭一样，干燥物按其比例也更易燃烧，一物比另一物更如此，既然更干的东西更含热。海更干燥，所以更具有这两种性质。

【16】 为什么清晨从海边吹来的风不冷，从河边吹来的风冷？是因为海面宽阔，河面狭窄吗？所以从海中吹起的微风被分散到了较多的地方，因而微弱，而从河中吹出的风移挤在一起，更强劲，因而自然显得冷。或者是另外的原因，即河水是冷的，海水既不热也不冷？微风和呼气生成在液体的加热或冷却时；因为无论它们承受哪一种变化，都有蒸发，而水一旦被蒸发，所生成的气就移动，这就是微风。从冷液体中生成的东西自然也吹出冷，而从很热的液体中吹出的东西也会受凉，变冷。有人或许会发现，所有的河水是
933b 冷的，但海水既不冷，也不很热。所以，从海水中吹出的风不冷，因为它本身不冷，而且，这种风也不很快变凉，既然海水不是很热。

【17】 为什么波浪在宽阔的海面上比在浅水中平息得慢？是因为每一东西，在进行量大的运动之后，都比进行量小的运动后平息得慢吗？在宽阔的海面上，潮的涨落要比浅水中大。所以，更大的东西平息得慢是不足为怪的。

【18】 为什么咸水冷却时不变淡，但在加热时，以及在先加热后冷却时却变得较淡？是因为，事物自然地是从一个相反面变到另一个相反面吗？淡水与咸水是相反的；当咸水被加热时，盐分会移走，当冷却时，它又沉淀下来。

【19】 为什么靠近海的水通常是甜的，而不是咸的？是由于，当水被过滤时，会变得更清淡吗？离海愈近的水，愈被过滤。

【20】 为什么咸水不易流动？是因为重东西有惰性，而咸水是重的吗？因此，只有热咸水才易流动，因为其中含有轻的东西，它能控制盐内的重成分；既然热的东西较轻。再者，容易流动的水是从地中渗滤出来的；在水被过滤时，浓而重的成分总是沉淀到底下，轻而纯的成分则被分离出来。因为咸水重，甜水轻，所以，易流动的是甜水。正是由于这同样的原因，咸水在被运动和变化时，会变得较甜；因为由于运动，它变得较轻，也较弱。

【21】 为什么在利比亚，如果有人在海边挖坑，最初流入的水是淡的，尔后的很快变咸了，但在其他地方，却很少出现这种情形？是因为，最初的水早已积存在那地方，并已被土调协过了，但在过了一会儿后，海水也渗滤出来，由于它是新的，所以使得水味较咸吗？但在其他地方，要么根本没水，要么由于地点不干燥，水很多。

【22】 为什么咸水比淡水溶解盐的速度更快？是因为， 934a
溶解就是把湿或热渗透到被溶解物中，使其分化，从而变成

液体吗？完全不能渗透，或虽能渗透但碰触不到物体的东西，造不成溶解。容易通过的东西可勉强引起溶解，穿透力强的东西，则能迅速导致物体分化。由很大的部分构成的东西不可渗透，因为对孔道而言，它们太大了。由很小的部分构成的东西，却毫无碰触地一穿而过。淡水较稀薄，咸水较浓厚；所以，前者由于稀薄，容易通过，勉强引起溶解，后者由于其构成部分较大，渗透力虽差些，但能分化，且迅速溶解。

【23】 为什么水在被运动时显得不是很白，例如在泛起涟漪时？因此，荷马说，当风开始吹刮时，“海被它弄黑”[①]。是由于两种原因吗？首先，当视线离它近时，由于它静止时视线能穿透较远，而在它被运动时，视线不能直接穿过。透明的东西显得白；因为视线不能穿透的东西就是荷马所谓的黑。因此，远的空气显得黑，近的则显得白，近处的海水显得白，远处的则显得蓝或黑。其次，当视线离它远，并在某种意义上被扰乱时，如果水是静止的，视线就能对着光被反射回来，但如果水被运动，就不能被反射。

【24】 为什么在深而宽阔的海中，水波不泛涟漪，而是只在小的水面上？是因为，量小的水在被移动时，比量大的水更容易被空气分开吗？因此，它受击打，更易破碎。在

① 荷马：《伊里亚特》，Ⅶ，64。

深水处，被运动的量大，但在浅水处，量小。

【25】 为什么在面对南风的地区，水更咸？是因为，由于海水被南风驱逐到地下，所以，水被混合了吗？

【26】 为什么在水中咸的成分更容易浮到甜酒表面，而不是淡酒的表面？是因为甜酒像葡萄干酒一样，更含有土成分吗？或者是因为，甜酒更重，黏性更大，所以，不太容易被混合，也正因为它不被混合，咸成分才浮到上面？

【27】 为什么土性的咸成分完全浮在表面？因为它本应移往下面的。是因为甜酒更含土吗？或者由于它是热的，正如盐一样？因为它类似于发麻疹。或者有另外的原因？因 934b
为如果不是由于别的原因，它更漂浮在甜酒表面就不是无道理的；既然它最热。

【28】 为什么在风吹到之前，波浪有时就涌动了？是因为它们稍后便结束涌动吗？因为第一股风在吹动波浪之前，仿佛就停息了；首先被推动的不是浪，而是有一连续的动力传给邻接的水。

【29】 为什么被波浪猛烈击碎的土块变得坚实，经常显得像人工平整的一样？波浪拍击的土是坚实的，离海远些

的土则较松散。是因为，细沙不会被波浪从远处推上岸，相反，粗沙更容易些吗？这就犹如用手不可能把很小的东西掷得很远一样。在混杂到一起的许多东西中，细小的部分聚集成一团。在退潮时，波浪的运动将它们弄干，不再搅乱。所以，由于最小的部分不能跳动得远，团块由这些小部分构成，由于它经常被运动，变得连续，沙落于其中，直到将其连在一起，又由于最后的浪将它弄平，那么，少许的湿气便将它黏合在一起。但是，离海远的土由于干燥，是分化的，而且，又由于夹杂有较大的鹅卵石，是不平的。

【30】 为什么海水的上层比深处更咸，也更热？同样，在井中的淡水，表面的也比深处的咸。本来，咸水应处在更下层的，因为它较重。是因为，太阳和空气总是从液体中吸走最轻的部分吗？较淡的东西总是较轻，太阳又更容易从较近的地方把东西吸走。所以，无论是海水还是淡水，剩在表面的部分必然比其成分没有或很少被吸走的水更咸，因为甜的成分从它们之中被吸走了。正因如此，上层的水也更热；因为咸水比淡水热。因此，赫拉克利特学派的某些人宣称，石头和泥土是从被干燥和密实了的淡水中生成的，太阳从海中吸走蒸汽。

【31】 为什么靠近陆地的海水较甜？是因为它们更在运动中吗？当咸水被运动时，就变得较甜。或者是因为，在

深处的水更咸，而靠近陆地的海水不很深。因此，斜坡上的 935a
水也同样是咸的，不甜。其原因是，咸的成分由于重，更被移入深处。

【32】 为什么只有海水易燃，淡水和河水都不易燃？是因为它含有许多土吗？它含盐就表明了这一点。或者因为它有脂肪？因为显然，咸水中漂浮着油。

【33】 为什么湖中无沙，或者比海和河中少？是因为，海中有礁石，土被燃得精光吗？沙是被击碎成非常细小的部分的礁石，它是被波浪冲力击碎的。但在湖中，没有同样的纯粹礁石，它们也不会被同样撞击，因为湖中没有同样的波浪。河中的沙比湖中的多，因为泥土被冲移下来，并靠其冲力击碎礁石。

【34】 为什么当湖水减少或变得干涸时，邻近田野中的庄稼更会遭霜冻？是因为，如果湖中有湿气蒸发，并靠蒸汽使空气变热，那么，就会使霜冻比在低洼、沼泽地区的更稀少、更微弱吗？或者是因为，正如人们所说，寒冷起始于土中，并不知不觉地渗透？所以，如果湖水干涸，由于土占的地方更宽，更多的冷便会产生更多霜冻侵袭庄稼。在这样的地区，寒冷从下面生成，正如有些人所认为的。在冬天，土是温暖的；但土中表层的热由于潮湿，就被冷冻了。因为

湿气既不由于存在于湿中的热而远离寒冷的影响，也不会少得没有任何力量，既然土是被湿渗透的。例如，由于它变得冷，人甚至可以在冰上漫步和居住。

【35】 为什么海水咸而苦？是因为水中有许多汁液吗？因为咸和苦是同时表现出来的。

【36】 为什么海中的贝壳和石头变成了圆的？是因为，它们外沿的每一边在同样地被分化时，成了圆的形状吗？因
935b 为这种形状的外沿是每边同样的，海水在运动时，从每一边同样地分化它们。

【37】 为什么如果有人在海边挖坑，有时流入的第一股水是淡的，后来的就变成咸的了？是因为，海本身的水是从地下滤出的吗？所以，第一股水自然是清甜的；因为甜水比咸水轻，海水中含有某种甜的成分，这种成分与土混合，浮在表层。但咸水由于重，也由于有渗透力，便沉到下面。无论其是否如此，也无论甜水是否经由土的脉管从陆地流入大海，它都自然地要浮在与它混合的海的表层。但是，在通道开阔时，咸水由于量大，后来就控制了甜水，使整个海变咸。因为假如通道封闭，其结果便会使流注的咸水在上方找寻另一条途径；但在通道开阔时，它就全部移向这里，犹如体内脉管那样。

【38】 为什么比淡水更重的海水却更透明？是因为它有较多的脂肪成分吗？油滴在水面，会使它更透明。海水中既然含有脂肪，自然更透明。或者是因为，更轻的东西并非全都更透明？因为油自身比水更轻，但并不更透明。或者是因为，海水实际上并不更透明，只是显得如此？因为淡水源于土，或源于溪流，它的源泉在生出水时也夹着土，所以，溪流不是纯粹的水，也夹杂有土和沉积物。这就是淡水不很透明的原因。

【39】 为什么在海中游泳的人，其内脏容易张开？如果是因为要费力，但跑步的人费力甚大，却并没张开内脏。是因为，并非一切费力的活动都造成张开，只是不引起溶解的才如此吗？一般而言，呆在海中似乎使人更饿，并使内脏张开；因为从中释放出的蒸汽既热又干。

【40】 为什么淡水的帕萨湖既可洗浴，又可消除罩袍上的污迹？因为本来，清甜之水可洗浴，苦咸之水能除污，一种水不能同时具有这两种性能。是因为，除污并不在于水是苦咸的，而在于可除污的黏性吗？因此，动物的蹄以及含有黏液的任何东西，都有这种性能。所以，分有这种黏性的 936a
苦咸物亦如此。在这个湖中，其所以出现这种情形，是由于，具有苏打功能的苦咸成分虽已耗光，但脂肪性的和黏性

的成分却保留着。正是靠了这一点，它可除污；它可洗浴则是由于它的清淡。

【41】 为什么海水的平静部分显得是白色的，而涌动部分却显得是黑色的？是因为，可视性较差的东西显得更黑吗？当海水被运动时，比它静止时的可视性显得要差些。或者是因为，透明的东西是白的，不透明的东西是黑的？被运动的东西就不很透明。

第二十四卷
热水方面的问题

【1】 如果有人用油脂涂抹全身，为什么在用热水淋洒时，他感到不很热，虽然油脂是含热的？是因为，由于油脂光滑，水滑走了，浸入的极少吗？

【2】 为什么在夏天，井中之水在正午以后变得温暖？是因为，通过那一时刻，热已支配了空气吗？相反，在正午之前，热是分散的，虽然停止了冷，但热并不是在冷停止的同时就一下子起支配作用，而是要在那个时间过去以后。

【3】 虽然在有时，水变得比火焰还热，但为什么它不燃烧木材，而是火焰将其燃烧？是因为，火焰及源出于它的气息，都由很微小的部分构成，而水则由大的部分构成，所以，渗透不进吗？火焰和源于炭火的热，由于细薄，能够渗入木材并将其烧毁。

【4】 为什么滚沸的水不会溶解他物，但胃却能溶解？是因为，胃中的热由于稀薄，可渗透，而水由于浓密，不能渗透吗？或者是因为，液体妨碍了其他东西的溶解？因为在液体中，无物能溶解。但在胃中，液体流进了膀胱，因而可溶解。

【5】 为什么盛着滚沸之水的容器底部不烧灼，人还能手持底部将其移走，但如果把水倒掉，它可烧灼？是因为，当热在底部生成时，被水抵消了吗？因此，本可溶解的东西也不会溶解，如若把液体加进其中的话。

【6】 为什么冬天的水不如夏天的水那样滚沸，虽然不仅有同样的温度，而且还更高，不仅同样热，甚至还更热？
936b 是因为，滚沸乃水泡的冒起吗？所以，虽然冷天的水会达到与夏天同样的温度，但水泡却不能冒起到同样的程度，因为周围的空气是冷的，水泡的体积因冷的压力而冒得较小，且被空气碰触而很快破灭。所以，在冬天，水泡的体积较小，数量较少，夏天则相反。滚沸就是基于水泡冒起的数量和体积。

【7】 为什么热水引起皱纹，火虽热，却不引起？是因为，火造成气息，所以引起膨胀吗？因为它使皮肤浮肿。肿

的消除才出现皱纹。

【8】 如果给容器内的水加热，为什么当水还是冷的时，容器的底部却较热了？是因为，在水依然是冷的时，热被封闭着，并被赶进内里，阻碍了它的外发；但是，当容器内的水完全变热时，由于火不再供给热，而是消耗热，并变得较小，所以，容器底部就变得较冷，正如沐浴出现的同样情形。因为冬天洗浴比夏天更热，既然在冬天，热比在夏天时更多地被周围的冷空气所封闭。

【9】 为什么水在滚沸时不起泡，不像豌豆汤和扁豆汤在此时要起泡一样？水比它们更轻，轻的东西容易飞射得远。在铸造银币时，也会出现同样的情形；因此，那些在造币过程中侵吞银屑的人会发一笔财；因为他们把飞溅到四处的银屑收集起来。是因为，热通过蒸发，遇到了与其合乎自然的移动相对立的力量，从而造成汽泡吗？水由于轻而稀薄，不会遭遇这种力，所以，不会积蓄很大的热，而是在聚集前，不断增加的热就已经散发了。但是，其中含有有形物体的东西，例如很浓的汤或银汁，由于重，含有不少有形物，当热向外散发时，由于遇到强制力的阻抗，就在热所处的地方形成汽泡；因为由于稠浓，热散不出来，而由稠密所控制，直到被渗入的热冲出。其结果是突然的撞开，不是连续的加力，因为来自下面的热迅速地向上移。

937a **【10】** 如果物体在热水中浸泡的时间很短，为什么它们会膨胀，但如果时间长，则会松散，且变得起皱？是因为，热使物体从固体成为液体，且从液体中生出气息，把浓厚的东西稀薄化了吗？所以，它起初为固体加热，使它变得较湿，并通过液体中生出的气息来扩充和膨胀它们；但是，当进一步加热时，就使它们的表层稀薄，因此，蒸汽被释放出来，当湿气变干时，便引起它们体积的松散。一旦松散，万物的表皮都会萎缩；而在萎缩不均匀的地方，便出现皱纹。

【11】 为什么被热水形成的结石比被冷水形成的多？是因为，结石生成于湿气的移开，湿气在被热水作用时，比被冷水作用时移开得多，也就是说，由于热而石化了，正如恩培多克勒所说，岩石和结石都是水的热量生成的。或者，在热石化时，石化也可被冷生成，因为过重的霜冻也能消耗湿气，引起坚硬？显然，即使是单纯的冷，在过度时，也能引起结石。

【12】 如果有人把脚放在热水中，当静止不动时，为什么水似乎不很热，而在运动时，却似乎更热？这也有如身体方面的情形，如果有人在风中奔跑，迎面扑来的空气总是愈来愈冷，跑得愈远，愈有这种感觉。

【13】 为什么热的东西在阳光中比在阴暗处冷得更快？

是因为，小热被大热毁损了吗？或者是因为，在阴暗处，周围的冷抑制了内里的热，使它散不出去，正如给昏迷的人浇冷水所产生的效果一样，因为它封住了热，阻止其散发。一般而言，在冬天，任何事物的内里部分都更热；但在阳光中，没有什么东西阻隔热的移动，所以它很快消散。

【14】 为什么在阳光中被晒热的水如用于洗浴，对健康不大有利？是因为它会冷却吗？此外，它在身上时，会引起颤抖？或者，如若有人经常用它洗浴，会引起这种致病的后果？一般而言，热水产生调协，引起干燥，冷水则引起收缩，所以，二者均可造成某种好的结果。因此，冷水和被火烧热 937b
的水都对洗浴者有益；但对阳光晒热的水，由于热量微弱，不会造成那两种结果，相反，是弄湿，犹如月光的效果一样。

【15】 为什么在阳光中被晒热的水不好？是因为，被冷却的东西引起颤抖吗？

【16】 为什么在马格耐萨和阿塔尔诺的热水是淡的？是因为在热水流出时，更多的水注入其中，所以，把咸味冲淡了，却保持着热吗？

【17】 为什么在马格耐萨中，热水曾不热，但水曾是咸的？是因为别处较冷的水同时流入泉中，从而耗散了热

吗？土是咸的，但由于注入的水很多，所以不热。同样情形也出现在从热灰里渗出的水中；因为从热灰中渗出的水既冷却了灰，自身也变成冷的，但由于灰的影响，它又是咸的和苦的。然而，当被添加的水改变了性质时，土中固有的热就会由于另外的原因控制住水的冷（由于水的量很小），热水便会再度生成。

【18】 为什么源出于热泉的水全是咸的？是因为，它们通常是从含有明矾的土中渗出的（水的气味可以表明这一点），且被烧灼过吗？一切东西的灰烬都是咸的，且有硫磺味。因此，土像霹雷一样烧灼水。许多热泉就是源于霹雷的震击。

【19】 为什么热浴场所被人崇为神圣？因为它们源出于极受崇奉的东西，即硫磺和霹雷。

第二十五卷

气方面的问题

【1】 如果四肢被包裹在鼓胀的皮囊里，为什么会生出 937b30
痛苦？是由于气的压力吗？因为正如气不会屈服于装载它的皮囊的外部压力，而是抗拒一样，所以，它会压迫被包裹在内部的四肢。或者是因为，气被强力封住并被挤压？所以，它合乎自然地有朝各个方向外泄的冲力，因而对被包裹在其内的身体造成压迫。

【2】 为什么在河边的沼泽地中，会生出所谓的咆哮
声？按照传说，这些声音是由被崇奉为神的公牛发出的。所 938a
发出的声音确实相似于公牛的怒吼，所以，在母牛听到时，也会对其产生犹如公牛吼叫般的影响。是因为，在河水不流入沼泽的地方，或在沼泽地带一潭死水的地方，当被海水逐退或生出强劲的集束性狂风时，这种声响便会出现吗？其原因是地中形成了凹坑。所以，在水流进时（因为在这类沼泽

地中，总是有水流的)，也把空气从狭窄的入口处推进到了较宽的凹坑中，正如有人对着孔隙发一声响，传进空缸中的声音也相似于吼叫一样；因为通过一个这种形状的器官，公牛般的吼声便生成了。如果凹坑的形状不规则，就会造成许多奇怪的声音，既然如果有人把容器的盖子揭掉，对着底部里里外外地敲击，并用尽全力，那么，也会造成声响，当果园的守护者们使用这种招数时，足以吓跑野兽。

【3】 当气与水接触时，为什么不变湿？因为其他不湿的东西与水接触都会变湿。是因为，虽然气与水的外沿相遇，但各自的表层不同吗？其他东西都重，但气却不会沉到水的外沿下面。所以，它与水接触是因为二者之间没有居间物，它不变湿则由于它总是处在水的上面。

【4】 为什么无风的气候主要出现在午夜和正午？是因为，无风就是气的静止，而气的静止主要出现在它控制或被控制时，相反，如果还在战斗，它就被运动。在午夜，它最有控制力，而在正午，它已被控制住；因为在午夜，太阳离得最远，在正午，太阳离得最近。再者，风是在黎明时分或日落前后开始吹刮的，黎明时的风当被控制时，便停息了，源于日落的风则是在逐渐有控制力后停止的。所以，前者止于正午，后者止于午夜。

【5】 为什么天正破晓时和已是清晨时比夜晚还冷得厉害，虽然此时的太阳离我们近些？是因为在天将破晓时，会降露和霜，而它们都是寒冷的吗？此时，整个土地犹如被喷洒了冷的湿气，所以，便出现寒冷。

【6】 为什么在旁托附近，既奇冷无比，又闷热异常？是因为空气的浓厚吗？因为在冬天，它不能被暖热，而在夏天，当气候炎热时，又因其浓厚而燃烧。正是由于同样的原 938b
因，沼泽地带也是冬冷夏热。或者是由于太阳的移动？因为在冬天，它离得远，而在夏天，它很近。

【7】 为什么夜间的天空比白昼更晴朗？太阳是风和变化的原因吗？因为当某种运动出现时，就会导致这种结果。所以，原因是热。当热不存在时，万物都静止，太阳升起时更如此，下落时则相反。“别怕云从陆上升起”，这话的意思是说，在运动最多的地方，就最不容易有什么固定和聚集的东西，即使有聚集物，由于不规整，也不能起支配作用。冬天这发生在海上，夏天则在陆地上。

【8】 当把缸中装着的液体倒进皮囊中时，为什么缸不仅能连同皮囊一起容纳液体，而且还可以装得更多？是因为，在液体中存在着气吗？当气在缸内时，由于缸的体积大，它不能被释放出来；因为东西愈大，愈难把湿气和气息

之类挤压出来，正如从海绵中挤水的情形一样。但是，当它被分一部分到小的容器中时，就会和已存在于其中的气一起，从皮囊中被挤出，这样，气所占据的地方就成了空的，因此，缸能容纳皮囊和另外的液体。这种情形尤其发生在酒中，因为酒内存在的气比水中的更多。同样，同一个容器能容纳同时被倒进的灰和水，如果在同样多的灰和水被分开装时，它容纳得下的话。因为灰中本来就有许多空隙，当较稀薄的水浸进较多，使其湿透时，灰便变得密实，因为浸透出现在一些部分加到另一些部分时（因为一点一滴地浸润比集中性地灌注更有浸透力），在这个过程中，灰逐渐下沉，同时吸收液体，既然它有空隙。（但是，当被投进水中的灰是热的时，它就会分割水，并使其蒸发。）如果先倒入水，再放进灰，也会出现同样情形，所以，水也同样地含有孔隙和空地方。或许不是水吸收了灰，而是灰吸收了水？因为其构成部分更小的东西进入他物中才是自然的。（再者，通过实
939a 验也能表明。因为当把灰撒开时，在撒上灰的地方，其他的水也会被吸入其中；如若是水吸收灰，则会出现相反情形。）如果先倒水，并装满容器，也许不会出现这种结果，相反，如若再加进什么，水就会溢出来。但是，如果水已溢出，而灰下沉，也会出现这种结果；因为灰已吸收了水。与此相同的事实是，沟渠容纳不了曾从中挖出去的土；因为一定的气似乎占据了被挖过的地方，也正因如此，它才容纳不了所有的土。

【9】 虽然气比光浓密，但为什么它能穿透固体？是因为，光只有直线移动，因此，视线穿不透多孔的东西，例如浮石？因为其中的孔道不规则。但是，镜片中的孔道不是这样。相反，气不受阻碍，它不是直线式地穿透物体。

【10】 为什么气与水接触会变冷，但不变湿，即使有人对着水猛力地吹，使水泛起波浪？气之所以变冷，显然是经历了变化；因为源于水的气要变冷。是因为，冷或热是气的本性，所以，通过与被接触的某物的接触，它要发生变化；但是，它不会变湿，因为它较轻，决不会渗透到水的深处，而总是只与水的表面接触，假如它被强迫下移，水也会退移到更下面，所以，它决不会渗透到水的深处。

【11】 为什么源于泡沫的气和从水下冒出的气不是湿的？是因为潮湿不会保留，水又滴落了吗？在泡沫表面的水由于太少，所以，弄湿不了任何东西。

【12】 为什么气不能浸湿什么东西，但水却能？因为即使在水被转变成汽时，也是湿的。是和石头不能浸湿任何东西一样的道理吗？因为除了黏性物或液体外，任何东西都没有浸湿他物的能力。

【13】 ……①是因为气朝上移动吗？当皮囊是空瘪的时，就被移到下面，而当皮囊鼓胀时，就停留在上面，因为气支撑着它。但是，如果气使它变轻，阻止它被移到下面，那么，为什么皮囊在鼓胀时，会变得较重？在它漂浮不动时，是如何变重的，在何时变重的？当它被移到下面时，又是如何变轻的，在何时变轻的？

939b **【14】** 为什么气不被移到上面？因为如果风是气被热运动而生成的，火的本性是向上移动，那么，风也应游到上面，既然运动者冲到上面，被运动物也自然要朝同一方向移动。但事实上，气却显然是在斜着移动。

【15】 为什么黎明时分比傍晚更冷？是因为，前者较靠近午夜，后者较靠近正午吗？正午由于离太阳最近，所以最热，午夜由于相反的原因，所以最冷。

【16】 为什么在炎热的气候中，夜间比白昼更闷？是由于无风吗？因为在夜间，定期性的风和先兆性的风都吹得少。

【17】 为什么被封存在鼓胀皮囊中的东西和盖严的容器中的东西都不腐烂？是因为，被运动的东西要腐烂，一切

---

① 原文有空缺。

充满的东西都无运动，而这样的皮囊和容器都是充满的吗？

【18】 为什么天空晴朗时比阴沉时更冷，虽然群星和天体是热的？是因为，在晴朗的天空中，没有什么保存蒸汽，而是分散了，但在阴天，蒸汽却被保存着吗？由于同样的原因，吹北风比吹南风更冷；因为南风集聚云，北风驱散云。而且，吹北风比吹南风时蒸汽显现得更多，冬天比夏天更多。或者是因为不相似？或者是因为，在热物冷却时，就有蒸汽散出？

【19】 为什么量少的气比量多的气更热？因为狭小的地方更暖和。是因为，量大的东西更易被运动，而运动就造成冷吗？这有事实表明，因为被运动时，热物会变冷。

【20】 为什么水和土会腐烂，气和火却不腐烂？是因为，一切腐烂之物都变得非常热，但没有什么东西比火更热吗？或者是因为，事物在腐烂之前，必定先被冷却，但火总是热的，而气又充满了火？所以，无物在热时，而是在冷时才腐烂。土、水和气①都既可变热，也可变冷。

【21】 为什么阴天比晴朗天更闷热？是因为如古人所

① 有的版本省略了“气”。

说，群星寒冷吗？或许这个说法是荒谬的，真实的原因是晴天有蒸汽？这可以用事实表明，因为在无风的黎明，有露和霜生成。所以，当天气晴朗时，吸收湿气的热会被吹散，因此，气是冷的；也正因如此，从热中脱离出来的湿
940[a] 气就形成露。但在阴天，湿气被包容着，因此，在阴沉天，既不生成露，也不生成霜。所以，滞留在大地周围的热就使得天气闷热。

【22】 为什么在很高的房间中，气会流动，尤其是在风和日丽的天气？是因为，气的组合中含有许多虚空吗？所以，当它开始流入时，房内原有的气会退让和收缩。随着时间的推移，当这种气被挤碰在一起时，外面的气变得更有许多虚空，且占据着更多的地方。气在进入这种地方后，又从房中推进，既然它近，且由于被悬浮着，虚空的本性又是不能抵挡，所以，就被移入这种地方。当这在它的许多部分发生时，相邻的气由于前面的冲力而随它跟进；尔后，由于许多气被移出，里面的地方就变得有很大虚空，而此时，外面的空气却较浓厚，因而再度从外面移入。这两股气不断交流。

第二十六卷
风方面的问题

【1】 为什么只有东北风才把云集到自身？是因为它从较高的地方吹刮吗？因为朝东的部分比朝西的更高；有事实为证：朝西的海大而深。当东北风由上而下地吹刮时，在移动中形成一条线，靠近地面时向上弯曲；正如所说的，朝着大地的西部地区落下，且由于线段式的形状，把云聚集在一起，当折回时，便将云推向自身。它是唯一引起这种结果的风，在其余的风中，有些从低处朝向相反的较高地区，或出现在直线上移动的结果，靠近地面时朝下弯曲，所以，不会有风的折回，因为气在完成其移动时不会对着地，在地周围的地方，没有云。东风和其他较少弯曲的风不会聚成云，因为它们没有湿气。所以，既然不聚成云，东风造成的结果就不如东北风造成的明显。

【2】 为什么北风定期形成，南风却不定期？南风之所

以经常生成但不连续，是因为它的本原离我们远，我们居住在靠近北风的地区吗？再者，定期的北风是在空气停滞时吹
940b 刮（因为它们在夏天吹），而南风生在春天，即在周围的空气不大停滞时。此外，南风是潮湿的，但上面的地点不适于湿气；因此，在其中聚集的湿气都很快分散了。而且，湿气是可游移的，所以，由于它不停留在同一个地方，就有助于空气的运动。既然空气在被运动时不停留在同一地点，其他的风也就因而生成；因为风就是气的运动。

【3】 为什么霜后有南风吹刮？是因为，南风出现在调协生成时，而在调协和洁净后，相反的变化就发生吗？南风与北风是相反的。由于同样道理，雪后也有南风吹。一般而言，雪、雹、雨以及一切这样的洁净过程都是调协的征兆。因此，在雨以及类似的暴雨过后，都有风刮起。

【4】 为什么会刮交错性的风？这与海峡中潮流变化的原因是相同的吗？因为无论是海水还是空气，直到流动前，都在被移动；尔后，当源于陆上的风遇到阻抗，并由于运动和移动的本原不强而不再能向前推移时，它们就退缩了。

【5】 为什么交错性的风源出于海？因为海近在眼前吗？或者是因为，交错风与源于陆上的风是相反的，而且仿佛是它的倒转？源于陆上的风是从陆地向海中吹刮，交错风

则是它的回旋。所以，交错风必定源出于海。或者是因为，早在流动着的空气聚集到了海上？它不汇聚到陆上以及它被阻回的原因是，海在低洼处，而气像水一样，总是流向最低处。

【6】 为什么在雨下落时，源于云的风很快就停息了？是因为在下雨时，作为这种风形成本原的云的低凹处就瓦解了吗？

【7】 为什么在一切下雨的地方，吹的不是相同的风？是因为，相同的风并非处处都对着山吹，而是不同的风对着不同的山运动吗？例如，当风猛烈地对着陡峭的山刮时，云层就较容易在那里形成，既然风不能把它们推得更远。而当云层形成并被挤压时，便会破裂。

【8】 为什么落日清朗表明会有好天气，落日浊乱则预 941[a]
示将有暴风雨？是因为，当空气浓聚和厚重时，就出现暴风雨吗？所以，当阳光控制局面时，就使空气分散和清爽，而当它被控制时，则造成阴暗。所以，如果气聚过浓，天刚破晓便立即有暴风雨出现；但是，如果气团较弱，又没被完全控制，它就会被驱到日落处，并留存在那里，因为大地周围的气比暴风雨更浓厚。其他的气也会很快汇集，因为已有了开端，而且也有接纳和集聚其他东西的凝聚点，就像黎明时一样；这就犹如军队中命令转向，如果一个人立定了，其余

的也呆着，空气方面的情形亦如此。因此，天空有时很快地、突然地变得阴沉。所以，当落日浊乱时，就强烈地表明，太阳没有控制住气团，虽然它曾与之作过长时间的对抗，这样，空气自然将有更进一步的聚集。如果这发生在暴风雨前，而不是在风和日丽时，还不是很可怕；因为在前一场合，它似乎犹如某种残余，而在后一场合，却是聚集的开始。

【9】 为什么有人说“当第三缕阳光已经出现时，北风不在夜间吹”？是因为，当源于北方的风在夜间吹时，是很微弱的吗？表明被运动的气不多的事实是，它们是在热量很少的时候吹刮的；量少的热只能运动量少的气。一切东西都在三的关系中完成，极小的东西在第一个三合一中完成，所以，这种风也如此。

【10】 为什么北风比南风吹的时候多？是因为，北风由于离我们的居住地近，为我们注意，虽然持续的时间很短（因为它在吹刮的同时就过去了），而南风却从远处吹来，不易到达我们这里。

【11】 为什么南风在冬天的夜间吹得比白昼少？[①] 是因

① 贝克尔本的原文如此。但从对问题的解答来看，应是“为什么南风在冬天的夜间吹得不比白昼少？”所以，有的版本加上了这个“不”（oukh）。

为在夜间，太阳离朝南的地区近，而那里的夜间比朝北地区的白昼更暖和吗？所以，被运动的空气多，不比白昼的少；但是，较热的白昼阻碍了更多的风吹，因为烤干了湿气。

【12】 为什么南风在天狼星出现的时候[1]吹，而且像其他某种自然现象一样有规律地发生？是因为下面的地区[2]热，太阳离得不远，所以有大量的蒸汽生成吗？南风将会经 941b
常吹刮，假如不是由于一年一次的话。但现在确实如此，所以是受了阻碍。或者是因为，在所有星体起落时，都有征兆，尤其是天狼星？显然，在这颗星升起时和升起后，都最有风吹。既然它引起闷热，那么，在它升起时，最热的风自然就被运动；而南风就是热的。既然事物最惯于从相反面变化到相反面，既然在天狼星升起前，先兆性的北风在吹，那么，在天狼星升起后，自然是南风吹，既然征兆出现了，星体也升起了。征兆的出现就引起空气的变化；所有风都变成其反面，或变成右边的风。既然北风不能变成右边的风，那么，剩下的可能就只应变成南风。在冬至后的第十五天，风在南方，因为至日就是某种开端，太阳运动最靠近它的空气，而在这至日中，太阳靠近南方。正如太阳在东边运动时会引起东风一样，它在南边运动，也会引起南风。但是，它不是在至日

① epi kuni。

② 即“南方”。

后立即造成这种情形（因为它引起的变化那时尚需展开），而是要在第十五天上，因为这个时间与变化造成的第一瞥相吻合；因为所说的这个时间，不过是整体最有意义的部分而已。

【13】 为什么在猎户座出现时，白昼最有变化，风也变换不定？是因为在变化中，一切都总是最不确定的，猎户座升起在初秋，落没于冬季，所以，由于不在一个固定的季节，而是出现在一季，终止在另一季，因此，风也必然不固定，因为源于每一季节的风是要转换的。由于猎户座的出没季节不确定，所以被说成是危险的；因为必定有混合和不一致。

【14】 为什么夜间吹刮的北风在第三天会停止？是因为它出自弱小的本原，第三天便是定限了吗[1]？或者是因为，它像源于云层的风一样耗光了？所以很快停息。

【15】 为什么北风比其他风刮得多？是由于，人们居住的地方离北方近，而北方高，在回归线外，充满积雪，也
942a 没有什么山作遮拦吗？所以，当凝冻的东西大量溶化时，就经常生成风。这种风，就是源出于极地的北风。

【16】 为什么南风在冬天、初春和秋末吹到，且刮得

① 与我们所谓“事不过三”的说法意义相近。

狂烈、旋转，为什么像北风对我们冷一样，它对利比亚的人冷？是因为，由于离太阳近，风必然被运动吗？在冬天，太阳朝南方移动，而在初春和秋末，它又释放出热量，相反，夏天的太阳是朝北方移动的，抛下了其他地方。南风之所以热，是由于它把自己的气息和利比亚的热气混在了一起；因此，它吹得狂烈，使夏天多雨，并刮入海中。

【17】 为什么南风引起怪味？是因为，它使身体潮湿而闷热，而这些最易腐坏吗？但是，源于海中的南风却对植物有益；因为它从海中落到植物上，正如它落在阿提克的石尼亚色平原一样，其原因是，在它到达前，就被冷却了。霉由热的、来自外面的湿气所引起。

【18】 为什么风通常是在月食之前生成，如在午夜月食前的傍晚，在黎明月食前的午夜？是因为，源于月亮的热由于移近了地球，是微弱的，而月食就发生在其中吗？当控制气并使其静止的热释放时，气就再度被运动，风随即出现，而月食则在稍后才发生。

【19】 为什么下雨不是在南风开始时，而是在它停息时？是因为它要从远处汇集气吗？因为要在南风把气聚集时，雨才生成，而要在它开始吹刮时，才能聚集气。或者是因为，在南风开始吹时，气仍是热的，因为它来自于热的地

区，随着时间的推移，它才变冷，并更易聚集成雨。

【20】 为什么南风较小时，会导致好天气，而在它很大时，却造成乌云，且持续较长时间？是因为犹如某些人所说，是由于本原吗？因为如若它出自弱小的本原，就导致好天气，但假如源出于较强的冲力，便造成乌云。或者是因为，它在
942b 开始时弱小，所以不会推动很多气，但在结束时，常常变得很大。因此，有了这样的谚语：“南风初起，北风停息。”

【21】 为什么在冬天，风生成于东方，而在夏天，却来自西方？是因为，当太阳不再能控制局面时，气就自由流动吗？所以，太阳一旦西沉，便遗下云层，从这云层中，生出西风；而随它一起到南半球居住区的东西，则在那里生成东风。相反，当它在西边沉没时，就在那里造成西风，并从与它在一起的气中为我们这个地区造成东风。因此，如若有其他风在吹，当太阳升起时，就会变得更大，因为太阳把它加强了。

【22】 为什么在刮西风时，猎狗的嗅觉最不灵敏？是因为它最大程度地吹散了气味，因为在所有的风中，只有它吹得最连续，也最靠近地面吗？

【23】 为什么闪射星的出现是刮风的征兆？是因为它

们被风移动，而在风到达我们这里之前，就在那里生成了吗？因此，这种星的被移动由以起始的地方，也正是风生成的地方。

【24】 为什么在所有风中，西风驱赶的云最多？是因为它从宽阔的海面，甚至从海下吹起吗？所以，它是从广大的区域中把云驱赶到一起。

【25】 为什么风在结束时最大？是因为，当它们集合性地吹出时，所剩的热量极少吗？

【26】 如果西南风在春分、秋分左右的时节吹，为什么会生成雨？是因为，无论太阳此时处在宇宙的什么地方，它都从那里运动风吗？因此，后续的风总是依太阳的移动而生成。既然春分、秋分是冬与夏之间的分界，那么，当它发生时（按照对我们显出的春分、秋分），太阳已通过了严格的限界或还差点，而且，更靠近冬凉地区，其结果，从那个地区刮出的风（最初是西南风）自然是潮湿的。当太阳更靠近宇宙的冬凉地区，并运动那里的风时，就会导致冬天式的结果，表现之一是阴湿天气。再者，既然春分、秋分仿佛是把冬天和夏天对等分开，那么，假如给任意一边添加点什么，显然会造成倾斜，正如在均衡的天平一边加上什么一 943a
样。既然西南风源出于冬凉性的状态，本性上又是潮湿的，

那么，如果在春分、秋分上作些添加，便会引起冬天和雨性天气的倾向；因为雨是冬季的气候，最与吹刮起的风类似。

【27】 为什么南风和东南风（它比各自的反面，即西风和北风都热）含雨较多，虽然雨水是从被冷却的气中生成的？因为云的形成并不是北风把它从我们这里驱走的结果；既然西风和东南风二者（因为它们在宽度上是相同的）也从刮起的地方驱赶云层，其他所有的风亦如此。是因为，当外面的热愈多时，内里的冷也愈被驱走得多吗？在某种意义上，或者是由于，有些风在所由吹出的地方带来了好天气？因为东南风从破晓处吹出。西风则靠近傍晚。但是，如果气先前已被弄热，就像水一样，冷却得就很快，也很彻底。从东南风中被移动出来的气，从升起的太阳那里得到热，从南风中被移出的气，则从正午的阳光中得到热。当它们到达较冷的地方时，很快变得浓密，被凝结成雨。东南风更会引起雨，因为它主要是从阳光中引出气，也同样热。南风停止吹时，会下雨，因为它移动的第一股气源于海，是冷的，而最后一股气源于陆地，是热的。或许不仅是这个原因，而且也因为，南风停息时，会变得更大？（因此，有说明它的谚语："在南风初起时，……"①）愈大的风也愈冷。所以，南风在结束时，把云凝结在一起。或许正因如此，它比在初起时更引起下雨？

① 原文有空缺。

【28】 虽然风是冷的，但为什么它们造成干燥？是因为，较冷的风引起蒸发吗？为什么它们比太阳还厉害？是因为它们散去蒸汽，而太阳则是将其留下吗？所以，太阳更多的是弄湿，很少弄干。

【29】 为什么在一切风中，只有东北风把云引向自身？正如谚语所说，“把它吸到自身，就像东北风吸云”。因为其他风只是从它们由以吹出的地方把云驱走。其原因在于相反的风同时吹刮吗？或许这并不明显，那么，是因为这种风的线路在本性上就是圆圈式移动吗？其余的风围绕地球吹；但 943b
它的线路是朝向天体，而不是在地球上，所以，在向着本原吹时，它把云引向自身。

【30】 为什么黎明时从海中吹来的风不冷，从河里吹来的冷？是因为海面宽阔，河面狭窄吗？所以，源于海中的风被分散到了很多地方，因而微弱，但是，源于河中的风是集中地被移动，更强劲，因此，自然也显得更冷。或许不是这个原因，而在于河水是冷的，海水却既不热也不冷？风和散发物生成于水的加热或冷却；因为水无论承受哪一种变化，都会蒸发，而水在蒸发时，生成的气便会被移动，这就形成风。源于冷液体中的东西在吹刮时，自然是冷的，源于很热的液体中的东西一旦吹出，也会冷却，并变冷。有人也许已见到，所有河水都是冷的，但海水却不很冷，也不很

热。所以，从海中吹出的风不冷，因为它本身就不很冷，而且，由于它也不很热，风就不会很快冷却。

【31】 为什么西风被认为会引起好天气和令人愉悦的风？例如荷马就说，在爱留索平原中，“西风总在吹拂着”①。首先是因为，它具有气的混合吗？因为它既不像源于南方和东方的风那样热，也不如源于北方的风那样冷，而是处在冷风和热风之间的界线上；由于它靠近二者，共有它们的性能，因此是适中的，多在春天吹拂。再者，风或者变为相反面，或者朝右边方位变。所以，当西风在北风之后吹拂时（因为西方在北方的右边），就赢得好声誉，犹如与暴狂相比的温柔。在严冬气候结束的同时，通常会立即出现好天气。北风乃是冬天的风。〔东风虽处在热风与冷风之间，但很少共有它们的性能；因为当它吹拂时，它运动朝向南方的（因为它的变化是朝那个方向），尽管它运动它们，却不与之 944ᵃ 混合。西风被南风运动，当它吹拂时，又运动北风；因为在那里，风的环绕路线结束了。因此，作为某些风的终点和另一些风的起点的西风，就公正地被认为是令人愉悦的。〕②

【32】 为什么南风在天狼星出现时吹刮？是因为，任何星体的升起或降落，都有征兆，天狼星也不例外吗？所以

① 荷马：《奥德赛》，Ⅳ，567。

② 方括内的文字被瑞勒（Ruelle）删去。

显然，南风主要是在这种星体升起时和升起后吹刮。既然它引起闷热，那么，在它升起时，最热的风就自然地被运动；而南风是热的。既然……①

【33】 为什么西风在靠近傍晚时吹，而不是在清晨？太阳的升起和下落通常是风的原因吗？因为当它调协和驱散湿的空气时，通过加热，就将其驱散成气息；如若空气是气息性的，就会再被太阳进一步蒸发。当太阳处在东方时，便远离西风；因为西风是从日落处吹出。当太阳已近落下时，气息完全被驱散。从正午起一直到傍晚，太阳最适于对空气加热并驱散它。正因如此，东风是在清晨开始吹；因为在夜间，地上的空气浸透了潮湿，而且由于重，接近地面，所以，从黎明起，太阳便驱散它，并最先运动离得最近的那些。正因为东风是从太阳升起的地方吹出的，所以才被称为"阿拍里窝特斯"②。

【34】 为什么当太阳升起时，风既增大又落下？是因为，风或是空气的运动，或是上升的湿气的运动吗？当这种运动很微小时，会很快地被太阳吸收，所以生成风；但是，当这种运动很强大时，就随着太阳的升起而更被运动；因为

① 后面的文字与 941^b4—23 相同。这里依照原文，省略了。

② apeliotes。它是由 apo（出于……）与 helios（太阳）合成演变而成的，即"源出于太阳"的风。

太阳是运动的本原。

【35】 为什么西风在傍晚吹？因为任何风都是在太阳将湿气驱散时生成的吗？因为当热能接近已聚集在一起的湿气时，便将其撞出。西风从日落处吹出。它在傍晚时生成是很自然的；因为在此时，太阳到了适于运动它的地方。北风和南风因此而最经常地吹刮，因为当相反的一方被与它正相反对的另一方控制住时，它就最不能够存续，但是，如果对方是从旁边出来的，就较能存续。南风和北风是从太阳移动
944b 地点的两边吹出的，其他风则更多地是从与太阳正对的直线方向吹出的。

【36】 出于源泉的风，犹如水一样，是否能够移升到比源泉更高的地方？而且，它是源于单一的点还是较宽阔的地方？风里确实有某些情形和水中出现的情形相类似。因为水朝低处移动时，流得快，而在平面和平地上要流得慢些。风也如此；因为当在海峡和高坡上时，空气总在运动中，但在低洼处时，却经常是静止的，出现无风状态。再者，在极高的山上，完全无风，例如在亚索山和其他类似的山中。有事实表明这一点；因为人们一年前供奉在那里的祭品，据说一年后仍被发现在那里。显然，风的移动也仿佛是从某种泉源中生成的一样，它不能够升得太高。正因如此，在高山上发生的这种情形，在水方面也应同样发生；因为显然，在高

山上既不会找到很多的水，也不会发现很大的风。

【37】 为什么在南风吹时，海水变蓝，而在北风吹时，又变黑了？是因为，北风不容易掀动海水，而不容易掀动的东西全都显得是黑的吗？

【38】 为什么当南风吹得小时，不造成阴暗，但在吹得大时，会引起乌云密布？是因为，当它们吹得小时，不能引起很多云吗？所以，云层只覆盖很小的地方。但是，当它们吹得大时，就推动了很多云，因此，似乎有很多乌云密布。

【39】 为什么北风在开始时大，结束时小，南风在开始时小，结束时大？是因为北风离我们近而南风远吗？所以，前者一开始吹，就立即传到我们这里，后者由于移动所花的时间多，开始是分散的，传到我们这里的第一股风很小；而且，我们感觉得到北风的结束，但南风的结束却完全不为我们觉察。所以，北风停息时微弱是很自然的（因为任何东西的结尾都是弱小的）；但南风不是这样，因为它的结尾我们根本就不能再觉察到。

【40】 为什么交错风在狭湾中生成，不在宽阔的海面 945a
生成？是因为，当这种风涌进狭湾时，不易被分散，相反，

多是集合性的移动，但在宽阔的海面上，当它刚开始生成时，就很容易立即被源于陆上的风所驱散，而且，当它们涌动时，会碰到相同的东西，因为它们任意地朝多个方向涌动吗？因为交错风是陆上风的回流。

【41】 为什么说“南风开始时即为北风停息时”？是因为，由于我们靠近北方，而且居所朝向北极，北风一下子就吹得大吗？既然在它开始的同时，就到了我们这里。因此，当它停息时，吹得令人愉悦；因为此时，它吹得微弱。但是，南风由于离我们远，要到后来才被运动得快。

【42】 为什么在南风中时，人们会感到较沉重，也较虚弱？是因为，由于被热溶化，湿气由少变多，而重的湿气又取代了轻的气息，在这样的情形下，人的力量便丧失了吗？

【43】 为什么人在北风中比在南风中更有饥饿感？是因为北风较冷吗？

【44】 为什么南风不在埃及本土朝向海边的地方吹，也不在离它有一天一晚路程的内陆吹，但在孟斐斯外的地方，以及在离此有一天一晚路程的地方，它却起劲地吹，而且，不在朝西有两天两晚路程的地方吹，但在朝东的地方却有西南风吹？是因为，埃及较低的地区是凹洼的，因此，南

风从它上面刮过了，但在上面的和较远的地方，又太高了吗？

【45】 为什么南风开始时小，结束时变大，北风则相反，因此才有谚语说，“南风开始北风结束时正好出航”？是因为，我们的居住地更靠近北极，而不是靠近正午的太阳，而北风正是从北极吹出的，南风则从正午的太阳吹出吗？所以，北风在开始吹时，自然会立即猛烈地袭扰更靠近它的地区，此后，才将这种猛烈移向南方。但是，南风则相反，它在开始吹时，攻袭的是靠近正午的太阳地区的居民，在席卷过去之后，才猛吹靠近北极地区的居民。

【46】 为什么说“如果南风唤起北风，冬天会立即来临”？是因为，汇聚云层和大量的雨乃是南风的本性吗？所以，当北风在这样的条件下吹刮时，由于其中含有大量质 945b
料，它就会将其凝冻，造成冬天。因此才有这样的说法，“如果北风遭遇到泥浆，冬天会立即来临”。一般说来，泥浆和雨水主要地或通常地由南风造成。

【47】 为什么北风很快地尾随南风，南风却不迅速尾随北风？是因为，北风出于近处，南风出于远处吗？因为我们居住在靠北的地方。

【48】 为什么风是冷的，虽然它们源于热的运动的凝

聚？因为引起运动的热不是所有的热，只是以某种方式发生的热吗？如若它集合式地出现，便会燃烧发热的东西；但如果它一点一滴地通过狭窄的地方而逐渐释放出来，自身就是热的，被这种热所运动的空气，便依照具有的原本性质，完成其运动。这就犹如身体方面的情形；因为有一种说法，即，从同一个器官中，我们既呼吸热，又呼吸冷，但这个说法并不真实，既然从口中呼出的东西总是热的。有事实表明这一点：把手放在嘴前，它就显得热，以这种方式而造成差异。因为在打哈欠时，如果我们是从张大的口中呼气的，热就显现出来，能被感觉到；但如果是从狭窄的地方中呼气，就变得较强，推动紧挨着的空气，而这空气又推动接续它的其他空气。如果空气是冷的，它的运动也冷。同样的事情不会发生在风中，风的第一运动通过狭窄的地方生成，然后运动相邻的空气，接着，其他空气也涌动。因此，夏天的风是热的，冬天的风则是冷的，因为在每个季节，已经存在着的空气就是这种性质；既然空气在被自己运动或被热控制时，都不随这种移动而被移动，那么显然，不仅因为它内含有更多的热时要把风变热，而且也因为它早已被移到了上面。因为火也上移，冷在本性上却往下移。风本来应横向运动；因为既然热向上而冷朝下，哪一方也占不了优势，而且，空气又不能保持不动，那么，它的移动就应该是横向的。

【49】 为什么正如在我们这里是北风冷一样，在利比亚

是南风冷？首先是因为，这些风的本原有些更靠近我们，有些更靠近那里吗？正如我们已说过的，如果风从狭窄的地方生出，由于运动的猛烈，对靠近它们的人来说，就显得较冷； 946a
一旦吹到较远的地方，它们就被分散了。因此，在我们这里，北风很冷，因为我们离得较近，且居住在离北极很近的地区。

【50】 为什么那些干燥且不引发雨的南风会导致热症？是因为它们在人体内造成外来的湿热吗？因为它们本性上是湿而热的，这就引起热症；因为热症正是由于这两种东西的过度。所以，当南风在太阳的作用下无雨地吹刮时，湿热便侵入体内；但在有雨伴随时，雨水会冷却热。

【51】 为什么周期性的风总按它们的时刻劲吹？为什么它们在傍晚停止，在夜间不刮？是由于被太阳引起的积雪的融化在靠近傍晚和夜间时停止了吗？一般而言，当太阳开始占上风并溶化北方的冰雪时，这种风就吹刮。在冰开始融化时，先兆性的风吹，而当冰已在融化时，则是周期性的风吹。

【52】 为什么西风既柔和又寒冷，主要在两个季节，即春天和秋天吹，且在傍晚时，尤其在陆地上吹？它冷是由于从海和宽阔的地方吹出吗？与北风相比，它不是很冷，因为它是从被蒸发的水，而不是从雪中刮出的；但是，它又确实冷，因为它或在冬后吹刮，此时太阳刚开始占上风，或在

秋天刮，这时的太阳已不再能称雄。它不像地上的风那样守候着质料，而是自由飘散，因为它是在水面上吹过来的。由于同样原因，它吹得均匀；因为它不是从山上吹来，也不生成于被强力溶化的东西，而是穿过海峡似的，轻柔地吹拂。因为靠北和靠南的地方是山，靠西的地方既不是山，也不是平地，而是大西洋，所以，它朝陆地移动。它之所以在傍晚时分吹，也由于它生成的地方；因为在那时，太阳西移到这个地方。它在夜间停息则是由于，太阳引起的运动在此时平息了。

【53】 为什么在刮东南风时，一切东西都显得更大？是因为它造成空气的幽暗吗？

【54】 为什么在冬天，风在清晨吹且从东方吹出，而在夏天，风则在傍晚吹，且从日落方向吹出？是因为，我们这里夏天发生的事情，对居住在地球相反的另一半球的人来说，正是冬天发生的，在我们这里，冬天的风是在清晨吹，[946b] 且从东方吹出，因为夜间被浸湿了的空气，会被早晨的太阳驱散和运动，最靠近太阳的也最先受这种影响吗？即使在升起之前，太阳也会造成这种变化；因此，在日出前，风吹得并不少。既然太阳把湿气吸到自身，而且在冬天，当它升起前，就运动我们这一边的湿气，那么显然，当它在南半球时，也会把湿气吸到自身，而且，我们这里是清晨时，那边正是傍晚。所以，其结果是，我们这边在太阳升起之前被它

吸到自身中去的空气，对那边的人来说，就会变成西风，且在傍晚吹刮。我们这边冬天发生的事，对那边的人是在黎明发生，那边夏天发生的事，在我们这边则是傍晚发生。因为在我们这边是夏天时，在那边是冬天，我们的傍晚是那边的清晨。在那边有微风从东方吹出时，在我们这边是吹西风，其理由与上述相同。在夏天，微风并不从东方吹出，因为由于太阳不在的时间很短，当它升起时，我们这边的空气仍很干燥；西风也不在冬天的傍晚吹，因为由于前面所述的理由，在南半球，东风也不在这个时候吹，即太阳由以把湿吸到自身并在我们这边引起西风的那个时候。

【55】 为什么西风被认为会带来好天气，是令人愉悦的风？是因为，它处在热风与冷风之间的界线上，由于靠近二者，可共有它们的性能，因此是温和的吗？虽然东风也处在热风与冷风之间，但很少共有二者的性能。因为当东风吹时，运动朝南的风（因为它的变化就是朝着那个方向的），虽然运动，却不与它们相混合。西风被南风运动，在它吹刮时，又运动北风；因为在那里，风的接续就完结了。因此，作为一些风终点和另一些风起点的西风，自身就被公正地认为是令人愉悦的。

【56】 为什么不同的风在不同的地方引起下雨，例如，东风在雅典及其众岛屿，北风在赫勒斯旁托和库瑞勒，南风

则在勒斯波斯岛周围？是因为，雨在云汇聚的地方生成吗？既然在平静的地方，云层聚集得浓密。因此，山中的雨要比云团能任意散开的地方多；因为被封闭的东西会变得浓密，947a 这是必然的。在好天气中，雨也更多。在赫勒斯旁托，北风从它上面吹来，驱聚大量的云，东风把这些云团赶到雅典和众岛屿，犹如有质料似的；因为大量的云来自北方附近。在勒斯波斯岛周围，东南风和南风从宽阔的海面驱来许多云，把它们赶到这个岛附近。其他风也以同样的方式驱云。

【57】 为什么说“在冬季，别担心云来自陆地，而要留心它来自深海，在夏天，也别担心它来自陆地的阴暗处”？因为在冬天，海水较温热，所以，如若有云聚集，显然会从强有力的本原中形成，否则，它就会由于聚集地点的温暖而被驱散了。在夏天，海水是冷的，且微风吹拂，而陆地是热的，所以，如若有云从陆地移出，那么，它必定要由于很大的本原才能聚集；因为假如本原微弱，它就被分散了。

【58】 为什么在高高的阿卡底亚，风没有其他地方的冷，但当无风吹刮，乌云密布时，却寒冷，犹如在平坦的沼泽地带一样？是因为，阿卡底亚类似于沼泽地带，既然它也没有把水排入海中去的出口，因此也有许多裂缝吗？所以，当有风时，它们吹走源于土中的寒冷散发物；但是，风本身却不冷，因为它们是从海中吹来的。在无风时，从不动的水

中散发出的蒸汽便造成冷。

【59】 如若风在黎明时开始吹，为什么持续的时间较长？是因为，当太阳开始升起时，给风以强有力的推动，因此，使风能保持其吹刮的特性吗？形成的风团很强的事实便可以表明这一点。

【60】 为什么北风在白昼逞威，在夜间停息？是因为它生成于凝冻的雨水被太阳蒸发时吗？它之所以在夜间停息，是因为蒸发不再出现，而是造成相反情形；因为在夜间，北风耗尽自己，在白天则较少。

【61】 为什么当许多蜘蛛网在移动时，预示着将有风？是因为，蜘蛛在好天气中活动，网则由于空气而被移动，当天气变冷时，网就朝向地面汇聚，而变冷是冬天的开始，所以，蜘蛛网的移动是征兆？或者是因为，在暴雨和严寒过后，蜘蛛的移动会大量出现，既然它们是在好天气中活动，因为在冬天，它们根本不出现？因为蜘蛛不耐寒。而且，当 947b
它们被风移动时，结不出许多网。在下雨之后，通常自然地有风生成。

【62】 为什么在冬天，强劲的北风会在寒冷地区造成云，而在外面的地方带来晴天？是因为北风既冷同时又大，

在靠近北方地区更冷，所以，当云被驱散前，就被其凝结了；一旦它们被凝结，就由于重而停留在那里。但在外面的地区，风的强度超过了冷，因而引起那种结果。

第二十七卷

恐惧和勇敢方面的问题

【1】 为什么恐惧的人会颤抖？是由于发冷吗？因为热散离和收缩了；因此，在许多人那里，内脏也被松解。

【2】 为什么人们在有些场合感到干渴，例如即将受刑的人？本来不应干渴的，因为他们发冷。是因为，热和冷并不在同一部位出现，而是冷在体表，因为热从那里散发了，但热在内部，所以，它把内里弄热（内脏被松解就表明了这一点）吗？当身体的主导性部位变得干燥时，就会感到干渴。发疟疾的人似乎也有同样情形，他们既发冷，同时又干渴；因为在他们那里，身体的同一个部位既发冷，也发热。

【3】 为什么处在恼怒中的人，由于热被汇集到体内，既发热又胆大，但是，惊恐中的人状态却相反？因为热不是被汇集到相同部位，而是相反，生气的人，热聚在心脏周

围，因此，他们变得胆大、脸红、呼吸急促，热朝上涌，但惊恐者的血和热则朝下沉，因此，内脏松解；既然心脏的博击是不同的，在惊恐者那里，它经常很细缓，因为热散离了，但在生气者那里，由于热的大量聚集，则加快跳动。所以，用热血沸腾、升起、躁动以及诸如此类的说法来表述生气都可以，而且很合适。因此，干渴也是由于这个原因，既然唾液的干燥和舌头的发干等等都是由于气息和热的同时上移所引起。干渴显然也是身体变热的结果。那么，我们感到干渴
948a 的那同一个部位，如何能够既在惊恐者，又在生气者那里变得干燥呢？恐惧者的干渴，能从溃败的兵士中得到表明；因为这样的干渴没有其他因素引起。极度忧虑的人也如此；因此，他们要漱口和喝水，就像帕麦隆的演员所做的。或许，这些人不是干渴，而是血液奔流引起的干燥，因此，他们也脸色苍白？这有事实表明：他们不喝许多水，只是吞咽少许。但是，溃败中的兵士却很辛苦。因此，即将受刑的人感到干渴，这是不奇怪的。在战斗中，即使有些勇敢者，在编入阵列时，只要不是发狂，而是大胆，也会发抖的；而且，他们常用藤杖之类的东西抽打身体，不然就用手击打，以便加热。似乎正是由于热的猛烈和冲动，身体的温度才被搅乱得不划一了。

【4】　为什么勇猛的人大多喜欢喝酒？是因为，勇猛者充满了热，而热聚在胸膛周围吗？因为恐惧也在那里表现出来，如果生出某种冷的话。所以，留在心脏周围的热较少，

而且，在有些人那里，热在被冷却时，会急速流动。那些肺部有大量血液的人，肺是热的，犹如喝了酒的人，因此，即使预感到危险，也不会使他们冷静。这样的人喜爱喝。对喝的欲望是由于这个部位发热（关于这一点，已在别的地方说过了），而且，也是对平息热的欲望。酒的本性是热，比水更能消除干渴，尤其是对这些人；其所以如此的原因，我们已在别处说过。因此，患肺炎的人和疯狂的人都嗜酒；虽然前者的肺是由于热症而热，后者的肺则由于被搅乱而热。既然干渴的人和勇猛的人在种类上通常是相同的，而干渴的人欲求酒，这样的人喜爱喝，那么，勇猛和爱酒这两种不同的性质就必然通常是相通的。因此，喝酒的人比不喝酒的人勇猛。

【5】 为什么国家给勇敢以最高荣誉，虽然它不是最好的德性？是因为，国家总是要发动战争，或被别国发动的战争侵扰，而在这两种场合，勇敢都是最有用的吗？所以，他们不把荣誉授予最好的德性，而是授予对他们来说是最好的德性。

【6】 为什么恐惧者的声音、手和下肢颤抖得最厉害？这种情形是因为热从上面的部位中散开了吗？因此，他们面色苍白。声音发抖是由于热离开了胸膛，被声音运动的这个部位冷却了。手发抖的原因也一样；因为它们贴放在胸膛。 948b
下肢而不是上肢发抖，因为自然的倾向是朝下；下肢朝上是

反乎自然的，所以，上面被热保持不动。当热由于被冷却而消退时，就会颤抖。由于同样原因，人在生气时，肢体也会下垂着，小孩的情形很明显；因为热一齐涌进心脏里。

【7】 为什么惊恐的人要颤抖，尤其是在声音、身体的手和下肢上？是因为，热从声音所在的那个部位中散开了吗？下肢和手发抖则因为，它们最易被运动，且含热极少。恐惧者也分泌胆汁，收缩性器官，胆汁的分泌是由于热的下移，引起溶解，性器官的收缩则因为恐惧来自外部，所以，热的冲击是朝相反方向。

【8】 为什么恐惧者既干渴又发冷？这本是相反的两种影响。他们发冷是因为被冷却，干渴是由于被加热吗？因为在恐惧中，热和湿都从上面的各部位散开了。肤色和内脏的变化可以表明这一点；因为他们的面部苍白，内脏有时被松解。所以，冷由于热从上部的散离所引起，渴则由于湿的散离。

【9】 虽然恐惧和痛苦都是某种不幸，但为什么痛苦者嚎啕大哭，而恐惧者却沉默不语？是因为，痛苦者保持着气息（因此，气息是集合式地释放出来的，且伴着哭声），但恐惧者的身体发冷，热被下移，才造成气息吗？气息的造成主要是在热被移往的那个地方。因此，恐惧者要放屁。声音

是气息在上面的某种冲击，且经由某些通道而产生的。痛苦者保持气息的原因是，当我们遭遇什么时，我们总是立即地、不加考虑地使用本性上具有的一切有用手段，就像其他动物，有些用角，有些用牙，有些用爪来自我保护一样。对于所有的或多数的痛苦而言，热都是有用的。而当一个人保持气息时，就会造成热；因为通过气息，把热聚集在体内，就能增加热量，调协痛苦。

【10】 为什么恐惧者的内脏被松解了，且想撒尿？是因为，在我们体内的热仿佛是活生生的吗？所以，一旦遇到什么恐惧，它就会逃离。既然恐惧是由外来的紧张以及诸如此类的因素造成，而且是从身体的上部传到下部，从表层传到内里，那么，在被加热时，内脏和膀胱周围的地方便会被 849a
松解，并使它们准备起作用。因为大茴香、艾草和其他可以利尿的东西都可致热。同样，对内脏起作用的药物也可在身体下部造成热，其中的有些仅起松解作用，有些还可引起溶解，例如能渗透到尿中的大蒜液。源于体表且到这些部位汇集的热，与这样的药物有着相同的功效。

【11】 为什么恐惧者的性器官要收缩？因为本应有相反结果的，即当热集中地渗入恐惧者的这个部位时，它们会放松。是因为恐惧者几乎全像受了冻一般吗？由于热从体表散失了，所以它们会收缩。因此，那些受到很大惊吓的人，

体内有轰鸣声。受冻者的体表和皮肤在热散去时，似乎收缩了；因此，他们发抖。阴囊要朝上收缩，睾丸在被拉入时，也随之缩了上去。这在性器官上表现得更快；因为恐惧引起射精，而精液的射出经常出现在那些极度恐慌和紧张的人身上。

第二十八卷

节制与放纵、自制与不自制方面的问题

【1】 为什么有些人在过惯了放纵的生活之后，一旦不再放纵，反会生病？例如，那个僭主狄奥尼修斯，在被围攻期间，狂饮只停止了很短时间，便立即患了肺病，直到改变生活方式，再度饮酒时才好转。是因为每个人的习惯都有某种重要性，因为习惯成自然吗？正如鱼在空气中、人在水中呆久了会遭厄运一样，更改其生活方式的人，也会遭遇变故，只有重新恢复他们习惯了的生活方式，他们才会得到拯救，仿佛回复到自然状态似的。再者，如果人们早已习惯了享用丰盛的特殊食物，那么，一旦限食，便会消瘦下去；因为如若他们没得到惯常的营养，就会处在这样一种状态，即仿佛根本就没摄取什么似的。不仅如此，分泌物在与大量的食物相混时，就不见了，但它们自身却升到体表，被移入眼

949b 睛和肺部；但是，在人摄入食物时，一经混合，就变成液体，成为无害的。然而，对于生活无节制的人来说，分泌物太多，以至于到了这样的程度，即一旦停止其习惯的生活方式，由于来自以前生活方式的大量未消化的东西仍留存在他们体内，当它们像大量积雪一样被自然的热所溶化时，其结果，便会发生厉害的赤痢。

【2】 为什么我们只根据两种感觉，即触觉和味觉就把人称为不自制？是因为，由这些感觉在我们身上产生的快乐，也在其他动物身上产生吗？正因为也被其他动物共有，它们才最不光彩，因此，是主要地或唯一地应受谴责的快乐。所以，我们谴责受这些东西支配的人，说他们是不自制的、放纵的，因为他们被最坏的快乐所支配。

【3】 为什么仅仅根据欲望来宣称人们的不自制，虽然在恼怒方面，也有不自制的情形？是因为，一个不自制的人在某种意义上是违背理智而行为的人，不自制是违背理智的生活方式，而一般说来，欲望正是违背理智的吗？相反，恼怒是伴随有理智的，虽然不是在理智激发恼怒的意义上，而是在理智告诫我们不体面或指责我们的意义上。

【4】 为什么对青年人和富人的自制与节制、穷人的公正，我们会特别赞许？是因为，如果一个人能戒除他最需求

的东西而不是相反，人们就最为钦佩吗？穷人需要财富，青年人和富人则需要享乐。

【5】 为什么人更能忍受饥饿，而不易忍受干渴？是因为干渴更痛苦吗？表明干渴更痛苦的事实是，人在口渴时喝比在饥饿时吃更为快乐。而更快乐的反面正是更痛苦。或者是因为，我们赖以生存的热更需要湿，而不是干？或者是因为，干渴欲求两种东西，即饮料和食物，但饥饿只欲求其中的一种，即食物？

【6】 为什么和饥饿相比，我们更难忍受干渴？是因为干渴更使我们痛苦吗？表明它引起痛苦的事实是，解除干渴后的快乐更强烈。再者，干渴的人需要两种东西，即营养和凉爽（而这两者皆为喝饮所具有），但是，饥饿的人只需要其中一种。

【7】 为什么沉溺于触觉和味觉方面快乐的人，被称为不自制？因为在性爱方面和吃喝方面恣情纵欲的人，被叫做不自制者。吃喝方面的快乐，部分地在舌头，部分地在喉部，因此，斐洛克塞罗渴望得到鹤的喉管。在视觉和听觉方面迷醉的人不属于不自制。是因为，源于触觉和味觉而产生的快乐，是我们和其他动物所共同的吗？正因为也被其他动物共有，才是最不光彩的，是主要地或唯一地应受谴责的快

乐，所以，我们谴责受这些快乐支配的人，说他们是不自制的、放纵的，因为他们被最坏的快乐所支配。感觉有五种，其他动物仅仅从上面提到的那两种感觉中得到快乐，至于其他几种感觉，它们根本不能从中得到快乐，即使有，也是由于偶性的。因为当狮子看到或闻到捕食对象时，就兴奋，因为它想享用捕食对象；但是，在它饱食之后，这类东西便激不起它的欢欣了。正如干鱼气味之于我们，当我们已经吃饱了这种美味时，不会对此有丝毫兴趣，但当我们想食用它时，便兴奋异常。然而，玫瑰的香味则永远令人愉悦。

【8】 为什么当有熟人在场时，人们不容易控制住笑声？是因为，一旦有什么特别得意的事情，就容易令人激动吗？友好的交谈更引起开怀大笑，所以激动人们。

第二十九卷
公正与不公正方面的问题

【1】　虽然如果某人对善的伤害愈大，他的不公正也愈大，而荣誉是更大的善，但是，为什么在钱财方面的不公正似乎更重要，在钱财问题上不公正的人被认为更不公正？是因为人们喜爱钱财更甚于荣誉，钱财对每个人都是共同的，但荣誉只属于少数人，而且，荣誉带来的欢愉也极稀罕吗？

【2】　为什么偷窃存放物比侵吞借贷物更可憎？是因为对朋友不端更丑恶吗？偷窃别人的存放物就是对朋友不端；因为没有一个人会把东西放在不信任的人那里。但是，债权人却不是朋友；因为假如是朋友，就不是借贷，而是赠予了。或者是因为，不公正更大？因为除了损失东西之外，还背叛了信任，正因如此（如果没有其他缘由的话），他必须禁绝这种不端之举。再者，不以恩报恩是很卑鄙的；因为存放东西的人是把对方当成朋友，而行窃的人却把对方当成了

敌人。但是，借贷者不是把对方作为朋友才借的。再者，存放是为了代为保管，以后还回，而借贷则是为了谋取利益。950b 假如我们意在谋利，就不大会为损失而恼怒，正如渔夫损失了诱饵一样，因为明摆着是要冒险的。再者，存放东西的人大多是受到了谋算，遭遇到不幸的人，但是，出借者却是富人；所以，对走厄运者行不端比对幸运者行不端更可怕。

【3】 为什么在有些法庭，法官根据当事人的出身而不是遗嘱的条文作出判决？是因为，出生不会作假，存在的事实会表明，但许多遗嘱却早已被证明是虚假的吗？

【4】 为什么贫穷往往跟随好人，而不是跟随坏人？是因为，由于遭到普遍的仇视和厌恶，她[①]就逃到好人处避难，认为和他们在一起，最有可能得到安全，并寻一块栖身之地，相反，假如她去到坏人那里，他们决不会为她提供同样条件的栖身之地，而是会偷袭或掠夺她，这样，就促使她不再跟随他们吗？或者是因为，她认为好人会待她最好，而且，最不会遭到他们的侮辱？所以，正如我们把钱财寄放在好人那里一样，她也置自己于好人一边。或者是因为，由于她是雌性，更加无依无靠，所以需要好人的帮助？或者是因为，她自己就坏，不想再委身于坏的东西？因为假如她选择

① 贫穷（penia）是阴性，所以，拟人化为“她”。

坏，就完完全全地无可救药了。

【5】 为什么在其他问题上的不公正不像在钱财方面的不公正铸成的错误大？例如，说话轻浮的人并不一定泄密，背叛一个人的人并不一定背叛一座城市，正如偷一奥波洛钱的人不一定偷一塔伦特。是因为，虽然这种不公正的品质是恶劣的，但由于无能，其行为还不很严重吗？

【6】 为什么偷窃少量的寄存物比侵吞大量的借贷物还更丑恶？是因为，偷窃寄存物的人实际上骗取了那个认为自己诚实可靠的人的信赖吗？或者是因为，犯这种罪的人也会犯其他罪？

【7】 虽然人是一切动物中受到最多教育的，但为什么他恰恰最不公正？是因为人最有推理能力吗？所以，他最能煞费苦心地盘算快乐和幸福，但是，如若没有不公正，这些是不可能到手的。

【8】 为什么财富通常更在坏人手中，而不是在好人手中？是因为，由于它是盲目无所知的，因而不能判断人的思想，也不能选择最佳的东西吗？

【9】 为什么维护死者比维护活人被认为更公正？是因 951a

为活人有能力照料自己，但死者不再可能吗？

【10】 为什么与健康者交往的人不会变得更健康，与强壮者或漂亮者在一起的人，也不会改善自己的状况，但是，与公正的、节制的、善良的人为伍，却能受这些品质的影响？是因为，有些东西能为灵魂所摹仿，有些不能摹仿吗？善是灵魂的性质，健壮则是身体的性质。所以，一个人在适当条件下，能习惯于欢悦与痛苦。但与健康者为伍，却不会感染健康；因为健康不在欢悦中，也不在某种品性中，既然这些东西无一能造就健康。

【11】 为什么杀戮妇女比杀戮男人更可憎，虽然雄性在本性上就要比雌性优越？是因为她较软弱，所以此举更不公正吗？或者是因为，以强壮欺凌弱小，根本就为有血气的人所不齿？

【12】 在法庭上，为什么要给被告指定右边的位置？是因为想让双方平等吗？既然原告有了其他方面的优势，就把位置的优势给予被告。再者，被告通常被监守着，如果被告在右边的位置，便于监守也在右边。

【13】 为什么在表决时，如果被告和原告所得票数相等，被告就赢了官司？是因为在审判中，被告仅仅听到了对

他不得不作出的辩护以及为反驳控告而出示的证据（如果他会从中得到什么益处的话）的诉讼吗？一个人是不容易预先看清他应当提供什么证据或其他证明才能表明自己并非不公正的。相反，原告则可以按其所望行事，而且在接到传票之前，就已开始了行动，即使在被传唤到庭后，面对对手，他也能编造出想望的、似是而非的理由来控诉对方。立法者知道，在所有这些方面，被告都处在不利的地位，所以，就从陪审团表决意见的分歧中，给被告某种优待。处境不利确实是被告的特点。因为当人处在惊恐状态时，他们会忽略掉许多本该述说或做的事情，在多数情况下，被告总是恰好处在更大的险境中，所以，如果他们忽略了应该辩护的内容，却仍与原告打了个平手，那么显然，假如他们不忽略什么的话，是会获胜的。

再者，我们每个人都宁愿法庭把一个不端之人判决为无罪开释，而不愿把无罪之人宣判为有罪，例如，把某人判定 951b
为盲从或帮凶。因为我们每个人都宁愿开释这样的人，虽然对他们的起诉是真的，但不愿给他们定罪，假如定罪是不实的话。因为当有某种疑点时，情愿选择不很严重的差错。把一名奴隶认定为自由民是可憎的，但更可憎的是，将一名自由民宣判为奴隶。

再者，如果一个人对某部分财产要求提出诉讼，另一个人提出争议，那么，我们不要以为，应当立即把有争议的财产判向原告，相反，占据着这财产的人应先享有，直到问题弄确实。同样，当一个案子牵涉到许多人，对不公正的控告人与否认人的数目相等时，正如我们在开始时说到的案子，一人控告，另一人否认，我们认为，法官不应把有争议的财产判给起诉者，而要让被告保留，直到原告[①]有了某种优势。同样，当判决票数相同，没有一方占优势时，立法者应允许悬置。

再者，严重的犯罪，其惩罚也很重，所以，如果判决不公正且没认识到，是不会有机会补救错误的；相反，如果他们错误地开释了被告，而被告出去后又很谨慎，不再犯任何罪行，那么，陪审团免去了这种人的死罪又犯了什么大错呢?！当然，如果他后来又犯新罪，法律自会认定他该双罪并罚。

或者是因为，一个更不公正的人做的不公正的事情，似乎不大可能受到不公正的指控?[②] 因为不公正的行为，可能是由于恼怒、恐惧、欲望或其他许多原因而发生的，而且，不仅仅是出于意图；不公正的指控大多也出于意图。所以，既然表决的票数出现了相等，指控者的指控不公正，被告也不公正，那么，不公正的指控者就被判定是坏的，立法者便把胜利判给被告。

再者，我们自己对仆人也有这种态度，所以，当我们怀

① 这里的原文是 adikon，即“不公正者”。中译文按巴内斯英译本，改译为 diokon，即“原告”。

② 此句原文意思不很清楚。

疑他们犯了某种罪过却没有确实的证据，但又总觉得他们做了什么事时，我们并不立即实施惩罚；而且，如果我们不能进一步追查，我们便免去了对他们的斥责。 952a

再者，出于意图而不公正的人比不是出于意图的人所行的不公正更大。诬告对方的人总是出于意图而行不公正，相反，在其他某方面不公正的人则可能由于强制，由于无知，或由于碰巧的其他什么原因才导致不公正。当表决票数相等时，原告已被一半的陪审员判定是出于意图的不公正，被告则被另一半人判定为不公正，但不是出于意图，所以，既然原告被判定比被告更不公正，那么，立法者当然会判定不公正程度轻的一方获胜。

再者，如果一个人不认为他的受害者不会发觉却仍施不公正，那么，他就总是比认为不会被发觉的人所犯罪过更不公正。对别人诬告的人并不认为他诬告的对象不会发觉，而在其他某方面不公正的人，大多认为他们的受害者不会发觉他们在施不公正，所以，原告比被告应被判定为更不公正。

【14】 如果某人在澡堂、摔跤学校、市场或诸如此类的地方行窃，为什么会被处以死刑，但如果他从居室中偷东西，只被判罚所盗物品价值的两倍？是因为在居室中，财物在某种意义上会得到保护吗？因为墙是牢固的，且上了锁，保证房中物品的安全，又是负责内务的一切奴仆的职责。但是，在澡堂以及如同澡堂一样的公共场所，有的洗澡的人容

易引起犯罪；因为把钱财放在那里的人，除了靠自己的眼睛外，没有任何强有力的保护措施，所以，即使某人的视线只移离片刻，他的钱财就已成为窃贼的囊中之物。因此，立法者考虑到洗澡者没有保护他们钱财的足够能力，便制定这种法律，以重刑警告窃贼，假如他们敢盗走别人的东西，便会性命不保。

再者，房主人允许他想望的人进入房内，而对他不信任的人，则紧紧跟随；但是，把钱财放在澡堂的人，没有权利阻止任何人的进入，而且，当他已入内并脱去衣服时，他也不能阻止窃贼把衣服挨着他的放，事实是，与其愿望相反，窃贼的衣服与将遭偷窃者的衣服是混乱地被堆放在一起的。因此，立法者作出规定，不处以重罚来帮助出于自己的意愿和由于自己的差错而允许窃贼进入房内的人，但对进入公共
952b 场所和澡堂行窃的人，则显然课以重罚，以补偿不得不去这些场合的受害人。

再者，显然，在任何一个想入内的人都可以进去的公共场所中作案的人，全都是品质恶劣的，所以，即使他们活着，也不想装出诚实人的外表，虽然这外表日后会给他们带来益处，因为他们认为，在知道他们真实本性的人眼中，假装诚实丝毫无用；因此，他们以后还会公开作恶。但是，其丑恶只被一个知晓的人们，企图通过某种收买手段，劝说他不要让其余的人知道他们的作恶性质；所以，他们兴许不会完全坏到底，因此，立法者对他们的处罚不是很重。

再者，在大众汇聚和集会的场合作案的人，也给这个城

市带来了最大的耻辱，正如公共场所秩序井然会赢得极大的荣誉一样；因为正是在公共场所，公民彼此间以及对外邦人才特别明显。所以，窃贼造成的后果，不仅是被偷者损失了个人所有的钱财，也使这个城市受到了侮辱。因此，立法者对这种窃贼给予的处罚要比对从个人住宅中偷东西的人重得多。

再者，在自己的房子中丢东西的人，只是在这样的地方容易运气不好，既然他在自己的房舍中，既不承受什么，也不被别人嘲笑。但是，在澡堂被偷走衣服的人，却难以光着身子离去，且会遭到众人嘲笑，这比损失财物更为难堪。因此，立法者处以重罚，以救助这种人。

再者，可以发现许多立法作为这些惩罚的参照。例如，如果某人诽谤长官，处罚较重，但如果诽谤普通市民则无处罚。这是很好的；因为法律认为，诽谤者不仅侵犯了长官，还辱没了这个城市。同样，在港口作案的人不仅损害了受害者，也使这个城市蒙受了耻辱。在其他公众聚集的场合作案的人也如此。

【15】 在法庭上，如果敌对的双方所得票数相等，为什么被告赢得官司？是因为，被告未受到原告行为的影响，却处在与他相匹敌的位置，所以，被告实际上赢了吗？ 953a

【16】 为什么对盗贼的惩罚是处死，而对罪恶更大的

暴行，却是在法庭上处以罚款？是因为，施暴乃人的激情引起，所有人都或多或少地分有这一点，但是，偷窃却不是强迫的吗？而且也因为，企图行窃的人也会施暴。

第三十卷

明智、智慧和聪颖方面的问题

【1】 为什么一切在哲学、政治学、创制或技艺方面杰出的人显得很忧郁，其中的有些人甚至到了由黑色胆汁引起疾病的程度？例如，据说在那些神话英雄中，赫拉克勒斯就得过此症。因为他似乎有这种本性，所以，在他之后，癫痫型的情绪就被古人称为疯病。表明他本性忧郁的事实是，他对自己的孩子发怒，而且，在他消失在俄伊特山之前，脓疮喷火；因为这由于黑色胆汁而经常发生。斯巴达人鲁山德在死亡之前，也生过这种脓疮。此外，还有关于阿加克斯和伯勒洛芬的传说，前者完全成了疯子，后者曾找寻荒无人烟的地方居住；因此，荷马这样写道：

既然他被所有的神灵憎厌，
就只好孤身流浪在亚勒昂旷野，
吞食自己的心，

回避有人的地方。①

其他许多神话英雄也表现出这类病症。在后来的人中，恩培多克勒、柏拉图、苏格拉底和其他一些著名人物也莫不如此。大多数诗人都是这样。因为许多的这种人源于这类情绪，在身体上生成这疾病，其中一些人的本性显然就趋于这种激情。也就是说，正如被称谓的，所有这些人在本性上便完全像忧郁症。如果我们先举酒造成影响的例子，其原因就一定可以被把握。因为如果饮酒很多，便会显出我们所说的这种郁闷的情绪，一旦喝醉，则会表现出不同的情状，例如使人易怒、慈爱、同情、冷漠；相反，蜂蜜、奶类、水和诸如此类的其他东西，则不会造成这种后果。通过观察酒在饮 953b 者身上逐渐引起的变化，人能看清它的各种不同作用；因为戒酒会使人发冷，且沉默寡言，少饮使人话多，多饮使人善辩和胆大，但继续行动，却冷漠，当进一步喝时，则使人霸道，尔后便狂暴，过分的狂暴又使他们虚弱，变得蠢笨，犹如从孩童时起就得了癫痫的人，或者，非常相似于极端郁闷的人。所以，犹如一个人在喝了一定数量的酒时会改变他的性情一样，许多人也有各自不同的性情。因为一个人在喝酒时表现出的当下情状，对另一个人则是本性如此，一个人爱说闲话，另一个人易动感情，再一个人易流眼泪；因为酒在某些人身上也造成这种情绪，所以，荷马写道：

① 荷马：《伊里亚特》，Ⅵ，200。

他说我泪流成河，
犹如某人用酒加重。①

有些人有时则变得有同情心、野蛮或沉默不语；因为有些人完全沉默，尤其是那些心灵郁闷的人。酒也使人好色。这有事实表明：喝了酒的人被诱使，竟去亲爱清醒者根本不屑一顾的女人，因为她的外貌或年龄不行。所以，酒使人有超常的情性，但持续时间不长。但是，本性赋予人的情性却永远如此，直到生命终结；因为在本性上，有些人胆大，有些人寡言，有些人慈悲，有些人怯懦。所以很明显，每种情性都由酒、本性或同样的东西造成；因为整个身体功能均在热的支配之下。体液和黑色胆汁型的性格均为气息所致；因此，医生们说，胃肠的充气和紊乱是由于黑胆汁。酒有保持气息的功能，所以，酒和郁闷的本性是相似的。酒有泡沫表明它保持气；因为油不造成泡沫，虽然它也是热的，但酒却有很多泡，红酒比白酒更多，因为它的热和有形物都更多。正因如此，酒能刺激性欲，狄奥尼索斯和阿芙洛狄忒②彼此婚配的说法是正确的。黑胆汁型的人大多也好色。因为性欲是由于气息的存在，事实可以表明这一点，因为由于充气，阴茎会很快地由很小变得较大。再者，男孩在能射精以前，当接近青春期时，由于有色欲，通过摩擦阴茎，也能产生某种快

① 荷马：《奥德赛》，XIX，122。
② Dionusos，Aphrodite，即酒神和爱神。

乐，而且，阴茎的勃起也很明显；因为气息通过了后来精液
954a 所由通过的那些管道；在性交中，精液的溢出和冲击也显然是由气息的推进所造成的。所以，那些在性器官周围地方与气息在一起的固体和液体养料，被当成是壮阳催欲剂，是很有道理的。因此，红酒也同样能造成黑胆汁型人身上有的那种状态。这种状态在某些人那里很明显；因为黑胆汁最多的人很瘦弱，他们的血管外露；其原因是，他们的血液不多，但气息多。并非一切黑胆汁的人都瘦或黑，而主要是那些有不健康体液的人才这样，其所以如此，理由在别处说明。

现在，我们还是回到原来讨论的问题。这种体液，即黑胆汁，直接被混在本性中；因为它是热与冷的混合，而本性正是由这两种性质构成的。所以，黑胆汁变得既很热，又很冷，因为同一个东西在本性上会承受这两者。例如，水虽然是冷的，但当被充分地加热时，譬如到滚沸的程度，就会比给它加热的火焰还要热；石头和铁块亦如此，当被加热时，变得比木炭还热，虽然它们在本性上是冷的。有关这些问题，在论火的作品中会被讲得更清楚。本性上冷的黑色胆汁，并不在体表，而是处在上面所述的状态，如果它在体内太多，会造成中风、麻痹、沮丧或恐惧；如果它很热，则会引起有歌声伴随的兴奋、狂乱、脓疮的出现以及诸如此类的其他症状。就多数人而言，生成于他们日常食物的黑色胆汁并不使他们的性情改变，而只是导致忧郁。但是，本性忧郁的人，则立即会依据他们的不同性情，生出各种不同的状况。

例如，那些天生很冷的黑胆汁的人，会变得愚钝、痴呆，而那些有大量热的黑胆汁的人，则变得狂乱、精明、好色、易动怒，也易刺激起欲望，有些则变得更爱唠叨。许多人的这种热由于靠近思维地点，就易被狂乱和激情的病症影响，这里出现了女巫们和先知者们以及一切有感应者，当他们不是被疾病，而是被自然性情影响时。苏哈库索人马哈柯斯在思想不出毛病时，本是个不错的诗人。那些把过度的热压减到 954b
中等程度的人，是忧郁型，但他们较为精明，较少异常，在许多方面比其他人聪明，有些在教育方面，有些在技艺方面，有些在社会生活方面。在面对危险时，这种忧郁状态也造成很大差异，许多人对于恐惧有时表现得不一致；因为他们是按照身体在这种状况碰巧具有的情态，来调节自己的不同变化。忧郁情状本身也不一致，正如它在生病者身上造成不一致一样；因为它像水，一时冷一时热。所以，当它预报会有某种恐惧时，如果它发生时这种状况是冷的，便会使人怯懦；因为它已作好了使恐惧进入的准备，而恐惧引发冷。因为显然，恐惧的人会发抖。但是，如果这种状况较热，恐惧就使它降到适中的程度，使人保持常态，不致激奋。每天出现的沮丧也一样；因为我们经常处在悲伤状态，却又说不出什么缘由；有时的兴奋也不明白到底为什么。这样的情感和所谓的表面情绪，每个人都或多或少有一些；因为在每个人身上都混有引起它们的某种力量；但在浸入很深的人身上，这些情感则成了他们的某种本性。因为正如外表各异的人不仅在于有面部，而且在于面部有不同种类的性质，有些漂亮，有些丑陋，有些既不太美也不太丑，而是居中一样，具有轻微忧郁性格的人也如此，处于中间状态；但那些黑胆汁丰富的人，则与多数人不同。因为如果他们的状态相当严重，就非常抑郁，但如果是混合性格，便是天才。如果他们忽视了健康，就会得忧郁症，受影响的身体部位在不同的人那里有不同的变化：在有些人那里要显出癫痫征兆，有些人那里是中风，另一些人是极度沮丧或恐惧，还有些人则是过分自信，例如马克多尼亚的国王阿尔赫劳。这力量之所以引起这种性情，其原因在于，它含有冷和热。如若它的冷超过了一定比例，就会引起无缘无故的沮丧。因此，年轻人中常有悬梁自尽的事，有时，较老的人亦如此。许多人在喝醉后了结自己的生命；有些忧郁的人喝酒后依然沮丧，因为酒的
955a 热压住了自然的热。在我们进行思考并形成希望的那个地方附近的热，引起我们的兴奋。正因为如此，所有人都喜欢喝酒，直到进入陶醉状态。因为大量的酒使所有人都怀抱希望，正如年轻人使小孩快活一样；因为老年人失望了，青年人却充满希望。有少数人在喝酒时就陷入沮丧，这与饮酒后沮丧的人是由于同样的原因。那些变得沮丧的人，当体内的热耗尽时，更想悬梁自尽。因此，年轻人比老年人更想吊死；因为年老使热耗尽，在年轻人其本身自然的状况也是如此。热突然耗尽的人，大多自杀，这使所有人都感到吃惊，因为他们事先并没表现出任何征兆。当源于黑胆汁的性情较

冷时，正如已说过的，就引起各种各样的沮丧，但是，当它较热时，则引起兴奋。因此，孩童更兴奋，老人更沮丧。因为孩童热，老人冷，既然年老是某种冷却过程。热的熄灭是被外部原因突然引起的，正如在火上烤热了的东西被反乎自然地冷却一样（例如，把水浇到热炭上）。因此，人们有时醉后自杀；因为酒的热力是从外面输入的，一旦它耗尽，就导致自杀的情绪。在性交后，许多人也变得沮丧，但和精液一起射出大量排泄物的人则更加兴奋；因为他们消除了过多的排泄物、气息和热。然而，沉溺于性交的人常常更沮丧；因为在性交时，由于失去了某种宝贵的东西，他们发冷；这有事实为证，因为他们射出的精液不是很多。

总而言之，由于黑胆汁的功力是不一的，忧郁型的人也表现不一；因为黑胆汁变得既很冷，又很热。由于它影响性情（因为热和冷最影响我们的性情），正如酒或多或少地混合在我们体内，会使我们的性情有某种特色一样。酒和黑胆汁二者均充满气息。既然不一的情况可以被控制好，在某种意义上甚至可以有好的情况，既然这状态可以先较热，尔后再冷，那么，当它如此，或由于过度而变得相反时，一切忧郁的人都会有超凡的天赋，但这不是由于疾病，而是由于本性。

【2】 为什么说我们是根据某些知识，而不是根据另一 955b
些知识才具有某种状况的？是因为根据某些知识，我们能有所发现，我们才被说成具有某种状况吗？因为发现源出于习性。

【3】 为什么在动物中，人最明智？是因为按其与身体的比例而言，人的头最小吗？或者是因为，他的某些部位异常小？正因如此，他的头很小，而在人中，头较小的又比较大的更明智。

【4】 如果其他条件碰巧相同，为什么在我们不知道要走的路有多长时，比知道其长度时，它显得更长？是因为，知道其长度也就知道了那个数目吗？因为不能被计数的东西与无限的东西相同，而无限的东西总是比确定的东西更多。所以，正像如果知道了路程的长度，它就必然是有限的一样，如果不知道它有多长，思想就仿佛转换了论题，会得出错误结论，路程便显得是无限的，既然一定的量是确定的，确定的东西是定量的。当某个东西不显得确定时，就犹如是无限的，因为本性上被确定的东西，假如不确定，就是无限的，而且，显得不被确定的东西也必然在某种意义上显得无定限。

【5】 为什么虽然我们愈老愈智慧，但愈年轻愈容易学习？是因为，神在我们自身中赋予我们两种工具，使我们能使用外在的工具，用手武装肉体，用理智武装灵魂吗？因为理智犹如工具，在本性上就存在于我们之中。其他知识和技艺是被我们创造出来的，但理智却是本性使然。所以，正如

我们在出生后不能立即把手使用到最佳程度，而是在本性使它完善时才行一样（因为随着年龄的增长，手能最大限度地完成它的特有功能），本性赋予的理智也如此，它不是立即，而是在老时才最有效地帮助我们，而且只有在那时，它才最完善，除非它被什么东西所废，就像本性赋予我们的其他功能一样。理智对我们的帮助要晚于手的功能，因为理智的工具比手的工具出现得晚些。因为知识是理智的工具（因为知识对理智是有用的，正如长笛对演奏长笛的人有用一样），自然中的许多东西是手的工具，而自然本身和自然的生成物要先于知识。在工具在先的地方，其功能也对我们先出现，956a
这是自然的；因为正是通过使用这些工具，我们才获得了一定状况，而且，每种工具与它的功能的关系是相同的，反过来说，正因为工具相互间有这种关系，工具的功能也才如此。正是由于这个原因，理智才在我们较老时出现。但是，在年轻时，我们学习更快，因为我们还不知晓多少东西。当我们所知较多时，我们就不再有同样的能力了。正如我们在一天的清晨更能记忆，尔后，随着这一天的推移，由于接触了许多事情，我们不再有同样的记忆力一样。

【6】 为什么人比其他动物更顺从？是因为正如柏拉图回答列奥克勒斯时所说，与其他动物相比，只有人才能计数吗？或者是因为，只有人才信神？或者是因为，人最有摹仿能力？正因如此，人才能学习。

【7】 为什么我们在思考或预想三角形的内角之和等于两直角以及诸如此类的其他问题时，不感到欣喜，除非这种快乐与思考假如内角之和等于三个或更多的直角相似，但是，对于奥林匹亚赛会的胜利、萨拉密斯的海战，我们却欣喜若狂，记忆犹新，并期待这类事情的发生，而不是与它们相反的事情？是因为，在这些事情上，我们欣喜在于它们已经发生了，或正在发生，而在合乎自然的问题上，只有对它们真实性的思考才引起我们的快乐，但导致快乐的行为却来自于思考的结果。行为很不一致，从中引出的后果有些痛苦，有些欢乐；我们根据其快乐或痛苦来决定避免或追求。

【8】 为什么医生的治疗只延续到健康时止？因为医生先是使病人消瘦，尔后干燥他的身体，再后使其康复，并到此为止。是因为不可能从健康中再生出其他状况了吗？或者，即使可能，也是其他知识的事情，而且，从健康造成的，也只会是不同的其他什么？如果健康生成于相反状态或健康与疾病之间的中间状态，那么显然，病人就是由于太干或太湿，或类似的其他某种原因而生病。医生先从病人的冷造成不太剧烈的变化，最后，通过源于相反状态或中间状态的变化，造成一定的热、干或湿，直到达于恢复健康的这样一种状态；从这种状态，不会再生出其他什么，除了健康与疾病的中间状态之外。有技艺的人能够创造出某种东西；因

为当他到达某一点时，能退回重来，毁掉其作品，但医生的技艺却不是这样，因为他总是追求最佳疗效。所以，医生的技艺和其他技艺都不能从健康中造成别的什么；因为既无什 956b
么生成，也没有它的相反面，假如在同一门知识范围内的话。在房屋方面，也没有什么能造成它的反面。其他技艺也不能从健康造成什么，除非是在整体源于部分的意义上，例如鞋匠从鞋子的前面部分造出一只鞋。因为从每一方，都有两种方式（或构成或毁坏）的生成。

【9】 为什么人们认为哲学家比演说家更博学多能？是因为哲学家探讨的是事物本身的形式，而演说家只涉及分有形式的事物吗？例如，前者探究不公正是什么，僭主制是什么，后者只说明某个人不公正、某个僭主的特性。

【10】 为什么戏剧艺人大多品性不端？是因为，由于他们生命的大部分时间都用于追求日常必需品的技艺，也因为他们生活的大部分内容是在不自制的、空虚无聊的事情上，所以，分有的理智性智慧极少吗？这两个方面都为邪恶打下了基础。

【11】 为什么古人们为身体方面的竞赛设立了某种奖励，却没为智慧设奖？是因为在公平竞赛中，裁判在智力方面都应比参赛选手高，至少也不应比他们差吗？假如让智慧

超群的人们去进行竞赛，并为其提供奖励，那么，就无人能为他们作裁判了。但是，在体育竞赛方面，人人都可以当裁判，因为只需眼睛的观察。再者，赛会的最初创设者并没打算要把这种性质的竞赛提供给全希腊人，也没想到从中会产生出很大的争端和仇视；例如，当某人被拒绝或被接受参加某种身体方面的角逐时，人们对裁判不完全抱怨，也没有仇视心理，但是，他们对于判断他们较明智还是较愚蠢的人，却有极度的怨恨和愤怒。这样的事情便会引起争端和敌对。再者，奖励应该比竞赛更高级，因为在体育竞赛方面，奖励比竞赛更值得选择，也更好。然而，有什么奖励变得比智慧还好呢？

【12】 为什么人的所思和所为特别不一样？是因为同一门知识涉及相反面吗？或者是因为，理性有多个对象，欲望只有一个对象？所以，人多靠理性生活，动物则靠食欲、激情和欲望生活。

【13】 为什么有些精明人更醉心于获取，而不是使用？或者因为他们有这样的习惯？或者由于有期盼中的快乐？

【14】 为什么睡得很沉、很愉快的人，则无所见？[1] 是

① 贝克尔本没有这句话。此处是按瑞勒本加的。

因为，感觉和思想由于灵魂静止着而活动吗？这就似乎是知识，既然知识使灵魂静止；因为当灵魂在被运动和移动时，957a
就既不能感觉，也不能思想。因此，小孩、醉鬼和疯子没有思想；因为由于身上存在的热很多，他们处在多种多样的、剧烈的运动状态，只有在这停息时，他们才变得较精明；因为在思想未被搅乱时，较能控制它。在睡觉中仍有视觉存在的人，由于思想受到妨碍，而且愈静止愈如此，所以要做梦。既然在睡眠中，灵魂特别在被运动。因为当热从身体的其余部位汇集到内部地点时，会出现大量的、剧烈的运动，并不是像许多人所假定的那样，它是静止的，且由于自身而如此，尤其是在视力看不见任何东西时。相反的看法才是真实的；因为正是由于在大量的运动中，没有片刻的静止，它才不能思想。当睡得很愉快时，处在大量的运动中也是自然的，因为在此时，尤其有大量的热汇集到内部的地点。当其处在运动状态时，灵魂无论是醒着还是睡着，都不能思想，这一点，是可以用事实表明的；因为在饱餐之后的睡眠中，视力最不可能看到什么东西。而这正是灵魂最在被运动的时候，因为肉体吸收了食物的营养。当睡意虽然袭来，但我们还在思考，事物还在眼前晃动时，就有视力存在。因此，我们尤其看到我们在做的、将做的或想做的那些事情；因为我们的理智和想象最常关心的正是这些。较好的人梦见的事情也较好，因为在醒着时，他们思考的也是较好的事情；相反，在思想或肉体方面状况较坏的人，梦见的东西也较坏。

因为身体的状况与梦境的想象之间有一种对应；因为身体有病的人，思想涌出的内容也不健康，而且进一步说，由于身体中的主导因素是燥乱，灵魂也不能静止。正因如此，抑郁的人会在睡梦中惊醒，因为由于内热过多，他们的灵魂也处在不息的运动中，而当这种运动较剧烈时，他们就不能入眠。

第三十一卷
眼睛方面的问题

【1】　为什么在摩擦眼睛时，会止住我们打喷嚏？是因为通过这样做，蒸发变成了湿气吗？因为在摩擦后，眼睛会
流泪；而打喷嚏正是由于湿气太多。或者是因为，较少的热 957a40
被较多的热毁灭了？当被摩擦时，眼睛获得比鼻子中更多的 957b
热。正因如此，即使有人摩擦鼻子本身，也会止住打喷嚏。

【2】　为什么用一只眼比用两只眼看东西更准确些？是因为两只眼睛会生出更多的运动，犹如斜视者的情形吗？两只眼生出的运动不单一，一只眼的运动才是单纯的，所以，它们看东西的准确度差些。

【3】　为什么生气的人眼睛变得较红，而害羞的人则是耳朵较红？是因为害羞的人眼睛被冷冻（因为羞涩出现在眼睛中），不能直视吗？怯懦也是在这个地方有冷冻。热从头

的前部散离。耳朵位于对面，因此，在害羞时，它们变得特别红。但在激动中，仿佛遇到不公正似的，其援助就出现在更有感觉、更能运动的部位。因为对惊恐的人而言，它尤其不在那里。

【4】 如果一只眼被压住，为什么另一只眼凝视更专注？是因为，两只眼睛的视觉本原是被固定在同一个对象上的吗？所以，当一只眼睛运动时，视觉的共同本原也被运动，而当这本原被运动时，另一只眼睛也运动。因此，当一只眼睛被压住时，其运动就全靠另一只眼睛了，所以，它能更专注地凝视。

【5】 为什么天生的盲人不会成为秃头？是因为，他们的眼睛正是被头部周围地点的大量湿气损坏的吗？因此，它们烧灼眼部流脓的那些人太阳穴周围的脉管，这样，便封锁了液体流经的管道，而且，弄伤了头，影响到其中的皮肤。所以，既然头中生成的排泄物损坏眼睛，那么，在头中聚集得过多的这相同的排泄物也会从一开始就妨碍视力的生成。既然头发是从排泄物中生长出来的，而天生的盲人头中的排泄物又很多，那么，他们不秃头就是自然的了。

【6】 为什么眼睛凸出的人更会被烟熏？是因为烟可以更快地到达凸出的部分吗？

【7】 为什么我们能同时把双眼的视线转到右边和左边，也能同时对着鼻子，而且，还能把一只眼睛的视线转到左边或右边，但却不能同时使它们一个转到右边，另一个转到左边？同样，我们也能使它们朝下和向上；因为我们能使它们同时转到同一个方向，但却不能使它们分别转向。是因为，眼睛虽然是两只，但却同样地被一点连接吗？在这样的 958a 条件下，当一端被运动时，另一端也必然在同一方向上跟随。因为对另一端来说，一端是运动的本原。所以，既然一个东西不可能同时朝相反方向被运动，那么，眼睛也不可能。因为如若一端朝上运动，另一端向下运动，那么，两端就朝相反方向运动了，两者的本原也会如此；而这是不可能的。眼睛的斜视是由于，眼球具有运动的本原，在一定范围内，可朝上、向下和朝旁边转动。所以，当它们被安排得彼此具有相同的位置，而且处在朝上与向下的中间向旁边运动，两个眼球在各自的点上抓住视线时，它们不会斜视，其凝视点也是相当固定的；当然，虽然它们在各自的点上抓住视线，并且不斜视，但彼此还是有区别的。然而如果眼白朝上，瞳孔会昏暗，例如意欲打喷嚏的人。有些人则斜视，例如疯子；有些人朝鼻子凝视，就像悲剧中戴面具的人和神经紧张者，因为这种凝视意味着注意力集中。那些视线虽固定在一点，但眼球不在相同位置的人，或者眼球虽在相同位置，但视线不固定在一点的人，都是斜视；因此，他们瞪着

眼，因为他们力图把一个眼球固定在与另一个相同的位置。所以，他们只留一只眼睛看，以使另一只也到这位置。因为如果两只眼的视线不盯在同一点，必然会斜视。因为正如一个东西被他们的视线压迫时，显出是两个一样（因为对那些人来说，视线的本原是被晃动了的），对这些人也如此。所以，如若眼睛被朝上运动，视线的限界就变得朝下，反之，如若眼睛朝下，限界便向上。如果一只眼睛的位置被运动了，所见的对象似乎也因此而向上或朝下移动，因为视线也如此，但它不会显出是两个，除非两只眼睛的视线都在起作用。这种情形也出现在两只眼睛不对应的人那里，所以也显出双影；但这是由于视线的位置，因为它不处在眼睛的中间。

【8】 为什么近视的人用小号字书写？因为没有敏锐视力的人，却去做需要敏锐视力的工作，这是很奇怪的。是因为，如若离得近，小的东西会显得大，而近视者在书写时就离得很近吗？或者是因为，在书写时，他们瞪圆双眼？因为
958b 由于视力很弱，如若他们书写时眼睛离得远，那么，因为视线散得开，看到的东西就很模糊。但是，当眼睛瞪起时，视线便聚在一点上；既然它形成的角度小，就必然造成用小号字书写的情形。

【9】 为什么有些人在得了眼炎之后，目光反而更敏锐了？是由于我们的眼睛被清洗过吗？因为经常有外面的厚浊

物遮阻视线，但当眼睛渗水时，就被溶解了。因此，应当刺激眼睛流泪，例如用洋葱；但用相反的东西会产生副作用，例如马郁兰。

【10】 为什么只用一只眼睛看东西的人，其视线不易被扰乱？是因为他们的灵魂承受的影响较小，所以，对此感受不多吗？

【11】 为什么对视线歪斜的人对象显出双影？是因为每只眼睛的运动没有抵达同一点吗？所以，灵魂以为看到了两个东西，虽然实际上是两次看一个东西。如果把指头交叉叠放，也会出现同样现象；因为对两次碰触一根指头的人来说，它似乎是两根。

【12】 为什么身体右边的感觉不如左边的灵敏，但在其他一切方面，却是右边的更有优势？这是由于习惯，因为我们立即习惯了两边同样地感觉吗？右手边的优势似乎由于习惯，既然我们惯于两边并用。或者是因为，被感觉是某种被动承受，右边的优势是由于比左边更有主动性，更少被动性。

【13】 为什么在其他方面，右边占优势，而在感觉上，两边相似？是因为我们习惯于同样地两边都使用吗？再者，被感觉是某种被动承受，右边的优势在于主动，而不是被动。

【14】 为什么体育锻炼对保持敏锐的视力不利？是因为锻炼使眼睛干燥，正如它使身体的其他部位干燥一样吗？干燥会使每块皮肤变硬，所以，也把覆盖瞳孔的皮肤变硬。因此，上了年岁的人没有敏锐的视力；因为他们眼睛的表层是僵硬的，同时也是皱褶的，所以，视力模糊。

【15】 为什么近视的人虽无敏锐的视力，却用小号字书写？本来，看小东西是视力敏锐者的特点。是因为，由于视力弱，他们便把视野缩得很小吗？因为当视野收缩凝视时，会看得清楚些，相反，如果眼睛放开，视野就被分散了。所以，由于视力弱，他们便把眼睑收拢，而由于他们是
959a 从小地方看出的，就可以看清小东西的大小。他们看到的大小与他们书写的是一致的。

【16】 为什么近视的人在看东西时，把眼睑聚拢？是由于他们的视力弱，所以，正如人们在看远处的东西时把手遮在眼睛上方一样，近视者在看近处的东西时，也犹如遮手般地要聚拢眼睑吗？他们之所以这样做，是为了使视线更集中，穿过较狭小的地方，也为了在穿过大些的孔缝时，不会立即被分散。视野愈广，覆盖的地方也愈宽。

【17】 为什么在眼睛被向旁边运动时，一个东西不会显

成两个？是因为视力的本原仍在同一条线上吗？只有在它朝上或向下变化时，才会显出双影。如果它转到旁边，无关紧要，除非它同时还在朝上转。那么，为什么在视觉方面，如果双眼彼此相对地在某个位置，所见到的一个东西会显成两个，但在其他感觉方面却不这样呢？或者，在触觉方面，如果把手指交叉叠放，一个也会变成两个？但其他感觉不会出现这种情况，因为它们不会感觉到相距很远的东西，也不会将其双重化。手指之所以出现这种情形，正因如此；因为触觉摹仿视力。

【18】 虽然身体在其他方面是左边较弱，但为什么眼睛不是这样，而是双眼同样敏锐？是因为，身体右边的优势是在主动性行为上，而不是在被动承受性上吗？而视力是被动承受。

【19】 为什么我们的目光盯在其他颜色的物体上时，视力会变差，但如果盯住黄色和绿色的东西（例如青草和类似的东西），我们的视力会变好？是因为，我们最不能盯住白色和黑色的东西（因为这两种颜色都有损视力），而上面提到的那些颜色，处在这两种颜色中间，因此，视力本身也处在适中的状态，所以不会受损，而会变好吗？或许，正如在身体锻炼方面，太过剧烈会使我们变糟，适度的锻炼却有益处一样，视力也有同样情形。因为如果我们盯住坚固物，

会劳累我们的视力，但如果盯住的是含液体的东西，由于没有什么因素抵抗，我们的视力就不会紧张。绿色物体强度适中，且内含丰富的液体；因此，它们不会损害视力，而是引着视力盯住它们，因为它们颜色的混合对视力很适合。

【20】 为什么我们看其他东西时，用两只眼睛更好，但我们在判断书写字行的直线时，用一只眼睛贴近文字更
959b 好？是因为，两股视线会造成混乱，正如论光学的人们所说，但当我们用一只眼睛看时，直对直的视线就更会显明，犹如对着测杆。

【21】 为什么烟对眼睛更有刺激？是因为只有眼睛最虚弱吗？因为身体的内部各部分总是最虚弱的。这有事实表明；因为醋和各种辛辣物不是使外部肌肉，而是使内部肌肉受刺激，因为后者是身体中最柔弱的肌肉，且含有最多的孔道。视线经由某些孔道穿出，所以，使内部最受刺激的东西从外部肌肉中排走了。洋葱和其他刺激眼睛的东西也如此。湿橄榄油最厉害，因为它的构成部分最细小，所以能穿过孔道渗入。醋则可以作为其他肌肉的药物。

【22】 虽然眼睛柔弱，但为什么却是身体中唯一不怕冷的器官？因为眼睛是脂肪性的，不是肌肉性的吗？这样的东西就不怕冷。因为即使眼睛是火性的，它也并不因此而不

怕冷；因为它的火并不具有生热的性质。

【23】 为什么眼泪在哭泣中滚落时，是热的，但如果由于眼睛的作用而流出，却是冷的？是因为，未调协的东西是冷的，调协了的东西是热的吗？一般而言，每种疾病都源生于不调协，靠眼睛的作用而流出的眼泪是不调协的，因此是冷的。正因如此，医生把冷汗认作是大病的征兆，相反，热汗则被当成是即将摆脱病魔的征兆。因为在排泄物很多时，内部的热不能调协它，所以必然是冷的；但当排泄物稀少时，内热便控制住了。疾病皆由排泄物生成。

【24】 虽然身体的右边部分更易被运动，但为什么左眼却比右眼更易被闭合？是因为左边比右边总有更多的湿气，湿润的东西自然更容易被闭合吗？〔再者，虽然事情转到右边更能做成，但左边也有能力，且是基于自身的。〕①

【25】 虽然近视的人和年老的人都因视力衰弱而受到某种损害，但为什么前者把东西放得近（如果他想看到什么的话），而后者却移得远？是因为折磨他们衰弱的原因不相同吗？因为年老的人不能看到东西，所以，他把要看的东西 960a
移到他的视力所及的地方，指望能在那里看得最清楚；而视

① 方括号内的这句话被后来的有些版本删去了。

力触及的这地方远。近视的人看得见物体，但他不能清楚地判断他所见的东西何处凹，何处凸，而是在这些细节方面受骗。凹和凸主要靠对光的反射来区分。在远处，近视的人不能看清光是如何落到所见物体上的，但在近处，他能较清楚地看出光的射入。

【26】 为什么在动物中，只有人斜视，或人最容易出现斜视？是因为只有人（或人最容易）在年轻时得癫痫，而斜视总是在那时形成的吗？

【27】 为什么和其他动物相比，只有人的眼睛易斜视？是因为他们双眼间的距离最短，且在一条直线上，所以，不正就显得非常明显吗？或者是因为，其他动物的眼睛大多只有一种颜色，而如果眼睛只有一种颜色，就不会斜视？或者是因为，在动物种类中，只有人得癫痫，而在癫痫发生时，就引起歪斜，正如在身体的其他部位一样？但对有些人来说，斜视发生得相当晚，譬如那些生病晚的人。

【28】 为什么当面对灯光和阳光，并把手放在光线前面时，我们看得更清楚？是因为，源于太阳和灯烛的光线对着我们的视线落下，由于太强，使视线变弱吗？因为光线由于太强，会毁损与它同类的东西。但如果用手挡住光，它就不会损害视力，而被见物却同样在光中。因此，我们看得更

清楚，被见物的可视性也不会差。

【29】 为什么手和脚有左右之间的差别，但眼睛和耳朵却没有？是因为单纯的元素没有差别，复合的元素有差别吗？这两种感觉是由单纯元素构成的，视觉由火构成，听觉由气构成。

第三十二卷

耳朵方面的问题

960a35 **【1】** 虽然耳朵是面部最无血的器官，但为什么在人害羞时，却最易耳红？是因为，相异的湿气自然地最容易进入虚空中，所以，当湿气被害羞者生出的热溶解时，就汇聚到耳部吗？或者是因为，耳朵靠近太阳穴，而湿气最多地集中
960b 到那里？在害羞时，湿气流进面部，因此脸红。在面部器官中，耳朵是最无深度的，所以，自然会很热，并发红，除非由于冷，被长期地冻麻痹了。因此，在面部各器官中，耳朵最发红。当热被驱散时，由于耳朵最在表面，所以，使其发红。

【2】 为什么潜水者的耳膜在海中会被撕裂？是因为，由于耳内含有气息，当充满水时，要承受压力吗？如果这是原因，那么，空气中也应如此。或者是因为，不弯凹的东西容易破裂，源于硬物的东西比软物容易破裂？被气膨胀的东

西较易弯凹。正如已说过的，耳膜被含有的气息鼓胀，所以，水由于比气坚硬，当其压迫耳膜时，就将其撕裂。

【3】　为什么潜水者要在耳朵周围捆上海绵？是为了使海水不致猛击并撕裂耳膜吗？因为这样，耳朵内就不会灌水，正如取掉海绵会灌满水一样。

【4】　为什么耳朵中的污垢是苦涩的？是因为汗水腐败了吗？所以，它是一种有咸味的腐败物，而咸味的腐败物就是苦涩的。

【5】　为什么潜水者要在所包海绵的耳朵和鼻孔处切开小口？是为了使气息顺利通过吗？因为通过这种方式，气息似乎能流出来。〔他们切开那个地方，是为了易于呼吸。〕① 因为他们说，如不能释放出气息，他们的呼吸会更加费力；而且，当把气息呕吐似地泄出时，他们才会解除危险。如果由于冷，呼吸不能实现，这是荒谬的；但是，这似乎更必然。当他们被鼓起和充胀时，由于屏住呼吸，会更加费力，或许这是有道理的？但显得有一条气息外出的自发通道。然而，我们必须考察内部的气息是否也如此。似乎如此；因为由于下落到大锅似的东西中，它们使潜水者有同样的呼吸。

① 后来的有些版本省略了方括号内的这句话。

因为这里面没灌水，而是充满着气，既然它是伴随着强力直落下去的；如果它从直立变为倾斜，水就流入。

【6】 为什么有些人在刮擦耳朵时，会咳嗽？是因为听觉与肺部和喉部由同一条管道连接着吗？这有事实表明；因为如果这些部位被堵塞，人就变成聋子。所以，当摩擦生出热时，被溶解的湿气就从管道流下，进入喉部，从而引起咳嗽。

【7】 如果左耳被穿了个孔，在多数情况下，为什么它
961a 愈合得比右耳快？因此，女人们称右耳为雄，左耳为雌。是因为身体的左边更湿，也更热，这种性质的东西就愈合得特别快吗？因此，绿色植物再生得快，年轻人的伤比年老者容易愈合。这正表明左边的湿气多，而且一般而言，也表明左边更是雌性。

【8】 为什么羞涩的人耳朵外沿变红，而气恼的人则是眼睛变红？是因为，羞怯由于有恐惧伴随，眼睛中有某种冷，所以，热自然要从眼睛中离开吗？当热撤离后，就移到最适于接纳它的地方。耳朵的外沿正是这种地方；因为其他地方骨头多。但气恼的人，热则往另外的方向移动。由于眼睛是白颜色，所以，热在其中显得最明显。

【9】 如果某人发出吼叫，为什么耳朵中的嗡嗡声会停

止？是因为大声音驱除了小声音吗？

【10】 如果水流进了耳朵中，为什么人们要把橄榄油灌注进去，虽然靠另一种液体不能把里面的液体排出来？是由于橄榄油浮在水的表面，而且，由于油有黏性，水粘着它，当油流出时，水也附随着流出吗？或者是为了使耳朵变得润滑，以便让水流出？因为橄榄油是光滑的，能造成润滑。

【11】 如果事先把橄榄油灌进耳朵中，为什么潜水者的耳膜不容易撕裂？耳膜撕裂的原因前面已经说过，但是，灌进耳朵中的油，可以使后来进入耳内的海水滑走，犹如涂油者的身体外表部分所出现的情形。海水滑走，就不会对耳朵内部造成很大的冲力，因此不撕裂耳膜。

【12】 虽然耳朵是最无血的器官，但为什么害羞的人会耳红？是因为任何东西都被移往最缺少这东西的地方吗？害羞者的血是热的，似乎被朝上移，所以，它进入最缺血的地方，并使其变红。在脸颊上，也发生同样的事情。再者，耳朵的皮肤绷得紧，且非常薄，因此最显明。

【13】 为什么在打呵欠时，没一个人去掏耳朵？是因为在打呵欠时，听觉所依的耳膜是被充胀的吗？有事实表明这一点；因为在打呵欠时，一个人的听力最差。因为气

息（嘴巴方面亦如此）进入耳朵内部，将膜层外推，从而妨
961b 碍了声音的传入。所以，假如有人在这种时候通过掏耳朵去碰触听觉的发源地，最容易伤害它；因为碰触到的是有阻抗力的、被气息充胀而不松软的东西。另一方面，这皮肤和膜显然又是不坚固的。所以，会引起很大痛苦，且会造成损伤。

第三十三卷

鼻孔方面的问题

【1】 为什么打喷嚏会止住扯呃，但止不住打嗝？是因为，它们各自不是受同一个地方的影响，相反，打嗝是胃部的冷和不调协，扯呃则是肺部周围气息和湿气的冷与不调协吗？头部周围各部位（例如耳朵）与肺部关系密切。有事实表明这一点；因为聋子和哑巴是相伴相随的，耳朵方面的疾病会转变成肺部的影响；在有些人那里，抓挖耳朵时，还会导致咳嗽。鼻子（喷嚏就是在这个地方打出的）与肺部有关连，因为显然，二者都分有呼吸。所以，鼻子打喷嚏时，这里会变热；下面的部位（扯呃在其中发生）也有感应。热引起调协。因此，醋止住扯呃且顺畅气息，如若扯呃轻微的话；因为它为屏住的气息加热。所以，在打喷嚏中，气息的反收缩会造成这种情形，呼气适当地生成，而且是从上面的地点生成的；因为如无呼气，是不可能打喷嚏的。这样，这股力量就驱散了引起扯呃的那团被封住的气息。

【2】 当某人将要打喷嚏时，如果摩擦眼睛，为什么会减弱喷嚏？是因为，引起喷嚏的是某种热，摩擦会造成热，这种热由于靠近眼睛所在的地点（喷嚏就是在其中生成的），因而毁损了其他热，犹如小火被大火吞没一样。

【3】 为什么人们通常打两次喷嚏，既不是一次也不是多次？是因为人有两个鼻孔吗？所以，气息所由流经的通道各自分开。

【4】 为什么人们在遥望了太阳之后，所打喷嚏更多？是因为太阳的热引起运动，正如用羽毛搔鼻孔引起喷嚏一样吗？因为二者造成的效果相同；因为通过刺激起来的运动，它们更快地从湿气中造成热和气息。正是这种气息的外出引起喷嚏。

962a 【5】 为什么打喷嚏、屏住呼吸和喝醋都可止住扯呃？是因为，由于打喷嚏是下面气息的排出，就犹如上面喝的药物对下面的胃造成影响一样吗？屏住呼吸之所以会止住轻微的扯呃，是因为，就像某人抑住咳嗽会使其停止一样，在这里也如此，气息的微弱冲力会抑制、阻止和驱散扯呃。醋止住扯呃则因为，靠它的热蒸发了周围的湿气，并阻妨打嗝。因为当胃上部的湿气被蒸发和被调协时，就打嗝，相反，当气息被湿气抑在肺部周围过多时，就扯呃。因为当既有这种冲力但又不能冲出时，便引起痉挛，而这种痉挛就被称为扯呃。正因如此，受凉的人会扯呃，因为冷使湿气从气息中变浓；其余的气息由于仍被封住，便乱窜，其运动就是扯呃。

【6】 为什么我们有时要给流鼻血者的脸上浇冷水？是因为把热驱回内部去吗？所以，如若血靠近表面，它就更将其稀释。

【7】 为什么我们把打喷嚏视为神圣的，却不这样看待咳嗽和流鼻涕？是因为它生成于我们身上最神圣的部位即头，而头是推理的地方吗？或者是因为，其他现象源于疾病，但打喷嚏不是？

【8】 为什么摩擦眼睛可止住我们打喷嚏？是因为通过这样做，湿气被蒸发了吗？因为眼睛被摩擦后，会流泪，而打喷嚏正是由于湿气太多。或者是因为，量少的热被量多的热所毁坏？眼睛在被摩擦时，获得了比鼻孔中更多的热。正因如此，即使有人摩擦鼻子本身，喷嚏也会被止住。

【9】 为什么排出气息的其他方式（例如放屁和打嗝）不被奉为神圣，打喷嚏却被奉为神圣？是因为在身体的三种器官，即头、胸和下腹中，只有头最神圣吗？放屁源于下腹

部的气息，打嗝是上腹部的气息，打喷嚏则源于头部的气息。由于这个部位被奉为最神圣，从这里排出的气息也被奉为神圣。或者是因为，气息的所有排放都表明，上述各部位一般均具有较好的状态？因为即使无排泄物排出，仅气息的释放
962b 也会使身体变轻，所以，打喷嚏也表明头部周围是健康的，能够调协。因为当头中的热控制湿气时，气息便变成喷嚏。因此，人们通过刺激喷嚏来检验人是否死亡，如若他们不能承受其影响，就无可救药了。所以，喷嚏被奉为神圣，是因为它表明身体最健康，是在最神圣的部位，而且也是一个好兆头。

【10】 为什么和其他动物相比，人最常打喷嚏？是因为在人这里，气息所由通过的管道较宽，冲力易于通过吗？因为正是在这些管道充满气息时，人才打喷嚏。有事实表明人的这些管道较宽，因为在动物中，人的嗅觉最差，管道较窄的动物嗅觉较敏锐。所以，如果湿气和引起喷嚏的气息大量而经常地进入较宽的管道，而人又是动物中最有这种管道的，那么，人自然会更经常地打喷嚏。而且，人的鼻孔很短，所以，被弄热了的湿气能很快变成气息，并被排出；但在其他动物那里，由于鼻孔长，湿气在变化之前就冷却了。

【11】 为什么从午夜到正午这段时间内打喷嚏不好，而从正午到午夜期间打喷嚏好？是因为喷嚏似乎更阻扰处在开始阶段的人，且在开端中吗？因此，如果它出现在我们打

算或开始做什么时，就完全阻止了我们行动。清晨和午夜后的时间犹如某种开端；因此，我们特别要避免打喷嚏，以防它阻碍了我们已经开始的行为。但从靠近傍晚起直到午夜，仿佛有了某种结束，且与下半夜相反，所以，在相反状态中，同样的事情就变成值得想望的了。

【12】 为什么上了年岁的人打喷嚏困难？是因为气息由以通过的管道变得较封闭了吗？或者是因为，他们不再能够轻而易举地把气息提升上去，相反，却将其强力排到下面？

【13】 如果某人屏住气息，为什么会止住扯呃？是因为扯呃由冷引起（因此，恐惧的人和寒冷的人要扯呃），但气息被屏住时，会温暖内部的地点吗？

【14】 为什么聋子通常从鼻子发音与人交谈？是因为他们的肺部有问题吗？因为聋子就是肺部充血过多，所以，声音不易发出；就像呼吸急促或气喘吁吁的人的气息，由于他们不能排出而聚合在一起一样，聋子的声音也如此。这样，气息只有通过鼻孔强行冲出，而在强行冲出时，由于摩擦， 963a
就造成回声。当通向上颚的鼻腔上部变得凹陷时，通过鼻子的交谈就发生了；因为它像钟铃一样鸣响，其下部较窄。

【15】 为什么打喷嚏是唯一不在我们睡眠中发生，而

全都发生在醒着时的现象？是因为，打喷嚏是被某种在喷嚏从中生成的地点造成运动的热所引起吗？因此，在我们想打喷嚏时，我们抬头看太阳。或者是因为，在睡眠时，我们把热收进了内部？所以，在睡眠时，下部变得暖和，大量的热汇集在那里是梦中射精的原因。因此，我们自然不打喷嚏；因为当热从头部撤离后（这种热自然地运动头部的湿气，喷嚏就是从湿气蒸发中生成的），它引起的后果当然也就不发生。在人睡着时，与醒着时相比，更多地是放屁和打嗝，而不是打喷嚏，因为在睡眠中，当胃部周围的地点变得较热时，那里的湿气就因此而被蒸发，而当它被蒸发时，就被移到相邻地点，因为它被睡眠中生成的气息冲集到那里。由于睡觉的人更能屏住气息，而不是排出气息，因此，他把热汇集在体内。当一个人屏住气息时，就将其驱往下部；因为气息朝下移动是反乎自然的，所以，在下部屏住气息很难。我们睡眠也是由于同样的原因。因为既然醒着是在运动，而这种运动是在我们醒着时，主要发生在我们的感觉器官中的，那么显然，当我们的感官静止时，我们就应当去睡觉。既然在我们各部位中造成运动的是火，而在睡眠中，这种火被赶入内部，离开了生发感觉的头部周围的地点，那么，我们的感官此时就最在静止着，而这正应是睡觉的原因。

【16】 为什么人们在打喷嚏和排尿之后要发抖？是因为，通过这两种行为，早已存在于脉管中的热气被疏空了，

当它们被疏空时，另外的气便从外面乘虚而入，它们比原先存在于脉管中的气更冷。这样的冷气进入，便引起发抖。

【17】 为什么喷嚏会止住扯呃？是因为扯呃与打嗝不一样，打嗝源于接纳了食物的胃，但扯呃则源于肺，尤其是受冷导致的，而肺部的冷又特别生成于上面进入的寒凉、痛 963b
苦和药物。因为肺部本性上是热的，当其受冷时，它不排出一切气息，而是造成泡沫似的东西。因此，如果屏住气息，就会止住扯呃（因为此时，这个地方变热了）。醋也有同样作用，既然它是热的。从脑部的热汇集起来的热（因为身体的上部靠管道而与肺部连接）、肺部的热、引起喷嚏的屏住的气息，以及来自上面的冲力，都可消除扯呃这种现象。

【18】 为什么有卷毛的人和头发卷曲的人大多更长着狮子鼻？是因为，卷毛植根在脂肪中，脂肪伴随着结实，结实的血液是热的，热不造成排泄物，骨头才从排泄物中生成，鼻子的软骨也是骨，所以，这个部位的欠缺就是合理的了吗？有事实表明：小孩全都是狮子鼻。

第三十四卷
关于嘴巴和其中各部分的问题

【1】 为什么牙齿之间空隙较宽的人寿命不长？是因为寿命愈长的动物牙齿愈多，例如雄性比雌性多、男人比女人多、公羊比母羊多吗？牙齿之间空隙较宽的人似乎与牙齿稀少的人一样。

【2】 虽然牙齿比肌肉强劲，但为什么对冷更敏感？是因为牙齿与管道紧密相连，而管道中的热由于很少，很快便被冷所控制，并造成痛苦的感觉吗？

【3】 为什么牙齿对冷比对热更敏感，而肌肉却相反？是因为，肌肉是中性的，且调节得好，而牙齿是冷的，所以，

对〔冷〕① 更敏感吗？或者是因为，牙齿内的管道很狭窄，其中的热很少，所以，很快就被相反面影响了？但是，肌肉是热的，因而不被冷影响，而是很快感受到热；因为它犹如火加之于火的情形。

【4】 为什么舌头可以兆示许多东西？因为在急性的病症中，它表明热重，如果舌苔上有水泡的话；如果羊有热症，它们的舌苔有杂色。是因为舌头能吸收湿气，其位置又在肺部上面，而这正是热症的本原吗？一切杂色的东西都由于体液是杂色的；体液最先通过的东西也最先染上颜色，舌头就是这样的东西。水泡之所以汇聚在舌头上，是因为它是海绵状的；因为水泡犹如在内部没被调协的喷出物。

【5】 为什么舌头不会变甜，而是变得苦、咸、酸？是 964a
因为这些味道都是腐败了的，舌头反而感受不到它的本性吗？

【6】 为什么皮肤有什么颜色，舌头也相应地有这种颜色？是因为舌头犹如其他某种器官一样，其实是身体的一个外部器官，只不过被包裹在口腔内而已吗？由于舌头的皮很薄，所以，极微小的色彩变化都会显现出来。或者是因为，

① 贝克尔本原文为 enantiou（相反面）。这里依据上下文意思，并参照其他版本的作法，改为 psukhrou（冷）。

引起颜色变化的是液体，而舌头是最受所喝液体影响的？

【7】 为什么从嘴巴中，既能呼出热气，又能呼出冷气？因为人们既噗出冷气，又哈出热气。如果有人把手放到嘴边，就可表明气息是热的。或许，在两种场合被运动的空气都是〔冷的〕①，但吹出气息的人并不集中性地运动空气，而是经由半闭的嘴吹出，所以，虽然他呼出的气息很少，但却运动较广区域，这样，从他嘴里呼出的气虽是热的，但由于极少，就显不出来。但是，哈气的人是集中性地呼出的，因此是热的。因为吹气是把气压进小地方，而哈气则是集中地呼出。

【8】 如果有人猛烈地、集中地呼气，为什么他不能接着再呼气？吸气也有同样情形；因为不能立即两次同样地猛吸。是因为，呼气是地点方面的某种膨胀，吸气则是地点方面的收缩，两者生成的能力均有某种限界吗？所以很明显，两者必然交替性进行，任何一方都不能连续两次。

【9】 虽然食物和饮料赖以通过的管道与呼吸的管道各不相同，但如果吞咽一块太大的食物，为什么我们会闭气？这没有什么奇怪；因为不仅某物进入这条管道我们会闭气，而且如果它被塞住了，我们更会闭气。我们据以接纳食物的

① 有的版本将此处的“冷的”改为“热的”（thermos）。

管道与我们据以呼吸的管道是彼此平行的。所以，当吞咽一块太大的食物时，呼吸被阻塞，气息没有出来的通路。

【10】 为什么有一条线从掌心对穿而过的人寿命最长？是因为连接不好的动物寿命短、虚弱吗？可以举年轻动物和寿命短的水生动物作例子来表明它们的虚弱。因此显然，连接得好的动物情形相反。这样的动物，即使在本性上最不易连接的部位也连接得好。手的内面就是最不易连接的部位。

【11】 在深呼吸中，为什么当我们吸入气息时，胃会收缩，而在呼气时，胃则膨胀？与此相反的情形或许也会发 964b
生。是因为在呼吸时，就像吼叫一样，胃从侧面被压下去了，然后再胀起来吗？

【12】 为什么我们要呼吸？因为犹如湿气溶入气息一样，气息也要溶入火中吗？所以，当大量的气息造成火时，自然的热会引起痛苦，压迫管道；因此，我们会连同气息一起排出火。当气息和火被排出时，管道便收缩和发冷，痛苦就发生；所以，我们便再次吸入气息。尔后，当我们敞开了身体的管道，并已解除它们的痛苦时，火再次生成，我们又感到不适，于是，我们再排出它，并反复这样做，就像我们不断眨眼睛，使眼睛周围的物体发冷又变干一样。我们走路

并不留意走路的姿势，因为理智本身在引导我们。我们也以同样的方式进行呼吸；因为我们先策划以吸入空气来呼吸，然后再将空气吸入。

第三十五卷
关于触摸引起的问题

【1】 为什么别人触摸我们比我们触摸自己更发抖？是因为对外人的触碰比对自己的触碰有更强的感应吗？因为生长在一体的东西无感应。而且，未料到的、突然发生的事情更令人惊恐，惊恐便导致发冷；与自己的触摸相比，外人的触摸恰恰具有这两种情形。一般而言，每种被动承受的感觉，或者仅由别人引起，或者至少也是别人引起比自己引起的程度更大，例如搔痒之类。

【2】 为什么胳肢窝和脚心最怕搔痒？是因为皮肤最薄吗？而且也因为，在不习惯被触摸的地方（例如这两处和耳朵），我们最发痒？

【3】 为什么一切发抖的人并不在同样的事情上发抖？是因为，我们全都不在相同的事情上快乐，正如我们全都在

相同的事情上不痛苦一样吗？同样，我们也不在相同的事情上发抖。因为有某种相同的发冷。因此，有些人发抖是在罩袍被撕破时，有些是在锯子被锉锋利或从木头中抽出时，有些是在浮石被劈破时，有些则是磨石在石头上搓磨时。

965a 【4】 虽然夏天热，冬天冷，但为什么用手触摸，夏天的身体比冬天的更冷？是因为汗水和流汗弄冷了身体，而这发生在夏天，不是在冬天吗？或者是因为，热与冷在各个季节交替地被吸入体内，而且在夏天，冷逃避到体内，因此引起汗水外流，但在冬天，冷把汗封在体内，身体也蒸发它，犹如土？

【5】 为什么皮肤上的毛发竖立？是因为当皮肤收缩时，它们自然地要直立吗？而收缩是由冷和其他影响引起的。

【6】 为什么没有一个人把自己搔痒？是因为，如果先有预料，即使被别人搔，也不很痒，只有在没料到时，才更痒吗？所以，当一个人注意了这种影响时，就最不容易搔痒。笑是某种错乱和蒙骗手段。因此，当下腹部遭击打时，人们也笑；因为那恰好不是人们由以发笑的地方。被忽略的东西易于蒙骗。正因如此，才生出笑声，但是，人不会被自己逗笑。

【7】 为什么我们感到嘴唇最痒？是因为发痒的部位必定离感觉器官不远吗？嘴唇尤其处在这种地方周围。正因如

此，多肉的嘴唇比头部的其他部位更对搔痒敏感。而且，它们也最易被运动。

【8】 如果抓搔某人的胳肢窝一带，为什么他会爆发笑声，但如果抓搔其他部位，却不笑？或者，如果用羽毛搔痒他的鼻孔，他会打喷嚏？是因为这些部位布满了小血管，当它们遭遇冷或相反的影响时，就变得潮湿，或从湿气溶为气息吗？就像如果有人去触压入睡者颈脖上的小血管，他也会产生某种异常快乐的感觉一样。当气息被大量生成时，我们就集中地将其呼出。打喷嚏也如此，当我们弄热鼻孔中的湿气并用羽毛搔痒时，我们就将它溶为气息；在气息变多时，我们就将其呼出。

【9】 为什么在吃了固体食物后，我们经常颤抖？是因为冷食物一旦进入体内，它在开始时要控制自然的热，而不是被控制吗？

【10】 为什么用两根交叉着的手指夹住的一个东西显得是两个？因为我们是用两个感觉器官触及它吗？因为当手处在自然状态时，不能说两根手指的〔外边〕[①] 都触摸到了它。

---

① 贝克尔本原文为“里边”（entos）。这里根据文中意思，参照其他版本，改为“外边”（ektos）。

第三十六卷

脸面方面的问题

965b 【1】 为什么画像要表现脸？是因为它表现出一个人的特性吗？或者是因为，它最容易被认出？

【2】 为什么脸上流汗最多，虽然它是肌肉最少的部位？是因为湿气愈多和愈稀薄的部位就愈容易出汗，头部就是这种性质吗？因为它含有大量自然的湿气。这一点，可由它伸展出的脉管，它生成的分泌物、脑液和许多孔道来表明。它有许多伸展到外面的孔道，毛发可表明这一点。汗水不是生成于身体的下部，而是生成于头部。因此，前额最先流汗，也流得最多；因为它所处位置高，而液体正是往下流，不是往上升。

【3】 为什么脸上出现的斑痘最多？是因为这个地方较稀薄，且含有湿气吗？毛发的生长和感觉能力表明了这一点。斑痘犹如未调协的湿气开放出的某种花朵。

第三十七卷
整个身体方面的问题

【1】 虽然身体总处在流动状态，从排泄物中也生出流出物，但为什么如果不出汗，身体就不会减轻？是因为排出物很少吗？因为当从液体变成气时，大量的气只从少许液体中生成。因为分泌物多，所以，排出物占用的时间较长。

【2】 这又是为什么？是因为它的排出是通过很小的孔道吗？因为胶质的和黏性的东西由于与湿气混合，便和它一起被排出，但是，它们却不能与气息一起被排出。引起痛苦的，却尤其是这种黏性的东西。因此，呕吐比流汗更能减轻身体；因为呕吐物更浓稠，更具形体，所以，更易把这种黏性物连带吐出。或者是因为，胶性物和黏性物存在于其中的地方，离肌肉较远（所以，难以改变它的位置），但离胃较近？因为它或在胃中或在胃旁被生成；因此，用其他方式难以排出它。

【3】 为什么摩擦有助于长肉？是因为热有增长体内物的很大能力吗？因为由于身体总处在运动中，已存在的体积会变得更大，而且，如果我们体内的湿气被移到上面，并变
966a 成气息，那么，这是在摩擦中出现的结果；相反，如果没有摩擦，身体会消瘦和变小。或者是因为，肌肉之所以靠营养增大体积，是由于热？因为一切热的东西都能吸收湿气，而分派给肌肉的营养是湿的，肌肉由于稀薄，更能吸收营养，因为一个东西愈稀薄，就愈能吸收，譬如海绵。但是，摩擦能使肌肉透气和稀薄，并阻止身体方面变得凝聚。如果没有凝聚，也就不会形成损耗；因为萎缩和损耗都导源于凝聚。身体各部位愈透气、愈稀薄、愈匀称，就愈有可能增大体积；因为它们更能吸收营养，清除排泄物，既然要使肌肉健康，就必须将其弄稀薄，而不是浓聚。因为正如一座城市或一个地方只有空气流通才有益于健康一样（因此，海边有益于健康），身体也如此，空气流通比处于相反状态时会更健康。因为体内或者不应有排泄物，或者即使有，也应尽快摆脱；而且，身体应处在这样的状态，即一旦发现排泄物，便立即排出，并且要处在不停的运动中，决不静止下来。因为停滞的东西会腐败（正如不被运动的水），而事物腐败时，会引起疾病；但是，被排出的东西在腐败之前就已被泄走了。当肌肉密厚时，这是不会发生的（因为孔道仿佛被堵塞了），只有在肌肉稀薄时，才有可能排泄。因此，人们不应

在阳光中裸身走路（因为这样，肌肉会变得较硬，且会完全肉化；既然内部的湿存留着，但表层的湿却因蒸发而跑掉了，正像烧烤物比烹煮物的内部更湿一样），也不应在阳光中坦胸走路（因为那样，阳光会把湿气从身体的最好构造部位吸走，而这里的湿气是最不应当被吸走的），相反，内里各部位更该干燥。因为它们离表层远，除非费力劳作，是不会流汗的；但是，由于离表层近，胸部的湿气易于排光。

【4】　为什么在受凉时，同样的热更会引起我们的发烧和痛苦？是因为，由于浓厚，肌肉保持着与其接触的热吗？因此，铅变得比羊毛更热。或者是因为，由于身体被冷凝冻，热的通道阻力增大了吗？

【5】　为什么干擦会使肌肉变硬？是因为，由于摩擦， 966b
热会生成，湿会散离吗？此外，当被摩擦时，肌肉会变密；一切东西愈被摩擦，就变得愈密、愈硬。这种情形，在许多事物上都能见到，例如面团、黏土或诸如此类的其他什么东西；如果你给它们加水并摊开，它们便会保持湿润且成糊状，但如果你进一步搓揉，它们则会很快变稠、变硬，且变得有黏性。

【6】　为什么摩擦比跑步更能长肉？是因为跑步造成肌肉受寒，使其不易吸收营养，于是，有些营养被抖落到下

面，有些营养则随着自然热的大量散发，变得非常稀薄，并化为气息而被排出吗？但是，通过摩擦，手使肌肉变得松软，因而能吸收营养。而且，外部的触摸由于其压力，与肌肉自身的移动相反，因而使它更密实，并分化。

第三十八卷
肤色方面的问题

【1】 为什么太阳晒白蜜蜡和橄榄油，却晒黑肌肉？是因为，太阳吸走前两类物中的水而使它们变白(因为由于有土成分与水混合，湿的东西本性上是黑的)，但却烘烤肌肉吗？

【2】 为什么渔民、潜水捞贝者，以及一切在海上活动的人，其头发都呈红色？是因为，由于海水咸，所以是热的和燥的吗？这种性质的东西就像灰汁和雄黄一样，会使头发变红。或者是因为，他们的外层变得较热，而内里较冷，因为由于他们的湿，其外围部分总是被太阳烤干？当他们承受这种影响时，被烤干的头发就变得稀薄，并发红。一切靠近北方生活的人，其头发都发红，也都稀薄。

【3】 为什么穿着衣服，且在衣服内的身上涂油的跑步

者肤色苍白，而裸身跑步者却肤色红润？是因为透气好使肤色红润，闷气却造成相反效果吗？由于表层的湿气被弄热而不是受冷，所以造成红润。无论是在衣服中的汗水，还是在
967a 衣服内涂油，两者引起的结果是相同的；因为热被闷在里面。裸身跑步由于相反的原因而使肤色红润，因为空气冷却了分泌的排泄物，并使身体透气。再者，既湿又稀的油，由于涂满全身，堵住了孔道，就既妨碍了体内湿气和气息的外流，又阻挡了外面气息的渗入。因此，体内的潮湿排泄物由于被封住，便腐败，造成苍白。

【4】 为什么透气好使肤色红润？是因为苍白似乎犹如肌肉的某种腐败吗？所以，当表层湿而热时，就变成黄色，如果不受冷冻并从气息中呼出热的话。

【5】 为什么通过锻炼而流汗的人肤色立即红润，但运动员却面色苍白？是因为，当用力适度时，热被激发出来，且升到表面，但当运动量很大时，热就随着汗水和气息一起被排出了，身体在耗力中变得单薄吗？所以，当热升到表面时，肤色就变得红润，正如人发热或害羞时的情形一样；但是，当热被排尽时，脸色就苍白了。一般的人从事的是适度的锻炼，运动员的运动量却是大的。

【6】 为什么在太阳底下坐着的人比锻炼的人肤色更

黑？是因为，在运动中的人，由于运动空气，仿佛在被气息扇动，但静坐的人却不承受这种影响吗？

【7】 为什么太阳会烤焦肌肉，但火不？是因为阳光较纤细，更能穿透到肌肉中去吗？但是，火即使能烤，也只能进到肌肉表层，造成所谓的水泡，不能渗透到内里。

【8】 为什么火不使人变黑，太阳却把人晒黑，反过 967b
来，为什么火能烧黑陶器，太阳却不能？因为它们各自通过不同的方式造成影响，太阳通过曝晒使肤色变黑，火则是靠释放的烟尘渗透到陶器中去。烟尘由细小的粉末构成，它是在木炭被隔断同时又燃烧时产生的。太阳使人变黑而火不能，是因为太阳的热温和，由于它的成分细小，能曝晒肌肉本身；所以，由于它不使肌肉燃烧，就不会引起痛苦，但由于它曝晒，又使其变黑。但是，火要么完全不燃烧，要么渗入其内，既然被火烧的东西也会变黑；然而，它不仅仅烧肤色所在的那个部位。

【9】 为什么人老时，肤色变得较黑？是因为除发霉外，一切腐朽之物还变得较黑吗？年老和腐朽是相同的。再者，既然血在干燥时会变得较黑，那么，年岁大的人较黑就是顺理成章的事情了；因为自然地赋予我们的身体以颜色的，正是血液。

【10】 为什么在以配制食物为业的人中，与大麦打交道者肤色苍白，且易患黏膜炎，但与小麦打交道的人却身体健康？是因为小麦比大麦更易调协，所以，其散发物亦如此吗？

【11】 为什么阳光晒白橄榄油，却晒黑肌肉？是因为它吸走了油中的土性成分吗？而土是使油发黑的因素，就像酒中的土成分一样。它晒黑肌肉是因为它烘烤后者；因为一切土成分在被烧时都变黑。

论不可分割的线

王成光　译

* peri Atomon grammon 据《洛布古典丛书》希腊本文。

【1】 真如某些人所说，存在着不可分的线，以及一 968a
般而言在一切数量中存在着某种没有部分的单位吗?

如果“多”和“大”以及与此相反的“少”和“小”都是相似地构成的，如果近乎无限可分的东西不是少而是多，那么显然，“少”和“小”将有划分的极限；如果划分是有限的，就必然存在着某个没有部分的量度，所以，在一切量度中，内在着某种没有部分的单位，既然有“少”和“小”。

再者，如果存在着线的理念，而这个理念是所谓的第一数量，如果部分自然地先于整体，那么这个线自身就应是不可分的。同样的论证也适用于正方形、三角形和其他图形，以及一般而言的平面图形和其他物体；因为在这些情形中，也存在着某种在先的单位。

再者，如果一个物体中存在着多种元素，没有任何东西先于这些元素，如果部分先于整体，那么，火以及一般而言物体的每一元素就应是不可分的，所以，不仅在思想中，而且在感觉中，都存在着没有部分的某种单位。

再者，根据芝诺的论证，必然存在着某种没有部分的量度。既然在有限时间内不可能接触无限数目的东西，当要接触它们中的每一个时，运动必然首先到达它的一半，而半完全不是无部分的。如果沿着一条线被移动的事物在有限时间里接触无限的东西，其次，如果它被移行得越快，它在同样时间里越过的路程就越多，最后，如果思想运动是最快的运

968b 动，那它也应在有限时间里逐一接触无限的东西。所以，如果思想的逐一接触是可以计数的，那么，就可能在有限时间内计数无限数目的东西了。如果这是不可能的，就应该存在着某种不可分的线。

再者，数学领域中的人们也据以提出了相同的论证，因为他们说，如果成比例的线就是那些用相同尺度衡量的线，而一切被测量的线都是成比例的，那就应该有不可分的线。因为应该有某个一切线据以被测量的长度。这必定是不可分的。因为如果是可分的，那么它的各部分也是某种尺度。因为它们是和整体相称的。所以，某一部分的尺度就会是其双倍的一半；既然这是不可能的，那么尺度本身就应不可分。

正如由度量单位构成的线全是由没有部分的单位构成一样，由它度量的线也如此。同样的情形也应发生在平面图形上；因为出于理性的线段构成的所有平面彼此相称，所以，它们的测度单位将没有部分。然而，如果某个平面在某一测度单位被一条固定的、有限的线切割，那么这条线既不是理性的线，也不是非理性的线，不属于理性功能所属的其他功能的线，比如切割了的线或由两词项构成的线；虽然它们就相互关系而言是理性的线或非理性的线，但就自身而言，不具有任何自然特性。

【2】　首先，不必追问无限可分的东西既不是“小”也不是“少”的问题了；因为我们所说的“小”这个术语针对

的是地点、量度和一般而言的连续物，“少”也适合这些方面，但不适合我们所说的无限可分的东西。

其次，如果线存在于成比例的线中，那么我们所说的“少”是适于这些不可分的单位的，它们自身也包含着无数 969a 的点。但是作为线，它在某个点上是可分的，在任何点上亦如此；因此，可分的每条线都应有无限可分性。

【3】 在这些划分中，有些很小，但它们之间的比例却是无限的。一切可分的线都能按给定的比例被分割。

【4】 再者，如果“大”是由某些“小”构成的，那么“大”或者不是任何东西，或者是有划分极限的东西。因为整体具有与它的部分相同的划分。认为“小”的划分有限，“大”的无限，这是不合理的；然而他们却正是这样主张的。

所以显然，“大”和“小”是不应在这种意义上被述说的，因为在这个意义上，一个是有限的划分，一个是无限的划分。如果有人主张，在数目中“少”具有有限的划分，在线段中“小”也一定相同，那么，他的论证是荒谬的。因为就数目来说，整体是由没有部分的单位构成的，而且，某个单位是数目的本原，一切不是无限的数目都具有有限的划分；但就量度来说，并非如此。

我猜想，那些在理念中建立不可分的线段理论的人，当假定有这些线段的理念存在时，其根基同样较弱；而且在某种意义上，他们甚至通过他们的证明而摧毁了自己的论证。因为整个理念论就是被他们的论证摧毁了的。

再者，在物体的元素方面，主张它们没有部分，那是错误的。因为如果某些人这样证明，为了基本的认识，他们就要假定大前提。似乎可以认为，这大前提越是被假定物体和长度在二维和一维空间上越显得可分。

芝诺的论证没有证明被移动物在有限时间内通过同样方式接触无限的东西。因为“时间”和“长度”既被称为“无限的”，又被称为“有限的”，还具有同样的划分。

思想逐一接触无数物的过程是不可数的，如真有人认为思想这样接触无数物的话。也许这个假定本身就不可能成
969b 立；因为思想的运动不像被移动物的运动那样发生在连续的载体中。

即使它的运动是这样，这个过程仍然不可数；因为可数与一系列停顿相关。但是，不能解决这个疑难的那些人只好屈从于无力的论证，而无能的补充只能更加欺骗自己，这或许是荒谬的。

关于相称线段的论证，即一切线段都被同一尺度单位度量，完全是诡辩，最不符合数学公理；因为数学家不会这样设定，纵然他们这样做了，也毫无用处。同时，一切线段相称和一切相称线段都有共同尺度，这两种主张是相反的。

所以，他们的主张是荒谬的；他们宣称从他们的见解可证明数学家的观点，但他们只会陷入争执而又诡辩的论证，

而且，这样论证也不充分。因为它在许多方面都软弱无力，在每种意义上都避免不了矛盾和反驳。

再者，下面的说法也不合理。他们误入歧途一方面是由于芝诺的推论，假定不可分线的存在，仅仅是因为他们不能反驳它们的存在；另一方面，也由于这一论证的不明白，即半圆上的直线运动必然接触圆周及其弧线上的无数间隔点；还由于他们否认关于圆的令人信服的事实，即如果半径在半圆上被运动，圆上必然应有诸如此类的被运动，然而，证明线的所有其他诸如此类的定理表明，不可能产生这样的运动，所以，它不会先就逐一接触每个间隔点；因为这些定理比那些更易被普遍接受。

因此，从我们所说的这些道理显而易见，不可分的线的存在既不是必然的又不是合理的。再者，从以下的论证，这应更明显。首先，从数学中表明的定理和设定的公理来看，它们被更有说服力的论证所接受或改动。

因为无论是线还是直线，由于它们既不处于某些间隔点之间，又没有中间点，所以，它们的定义都不适于不可分的线。

970a 其次，一切线都是相称的。因为一切线都将由不可分的线度量，它们的长度和能力都是相称的。但是，不可分的线在长度上全都相称；因为它们是相等的；所以它们在能力上也是相称的。如果真是这样，那么每一正方形总是可以述说。

再者，如果适用于较长一边的线决定长方形的宽度，长方形与出于不可分的线的正方形在面积上相等，当把一定长的线运用到它的两倍长的线上时，那么，长方形的宽度就比不可分的线短；因为它的宽度比出于不可分的线的正方形的宽度短。

再者，如果三角形是由三条给定的直线构成的，那么，它也是由三条不可分的线构成的。在一切等边三角形中，垂直线落在底边的中间，所以，不可分的线就被分割了。

再者，如果一正方形由不可分的线构成，当引出一条对角线，垂直线落在对角线上时，正方形的边就能等于垂直线与对角线的一半之和，所以，它不是最小的线。

由对角线构成的正方形的面积不是由不可分的线构成的正方形的面积的两倍。因为当去掉相等部分后，它剩下的部分比不可分的线小；假若相等，对角线构成的正方形就会是原先正方形的四倍了。当然，某人或许也会收集到其他这样的例证；因为所说的这些都与数学公理相反。

再者，无部分的东西的连接方式只有一种，但线的连接方式却有两种；因为整线与整线既可以交叉相连，也可以首尾相接。

再者，一条线并到另一条线上，不会使整条线变得更大；因为把无部分的线置放在一起，不会使它们变得更大。

再者，由无部分的两条线不会构成任何连续的长度，因为每一连续的长度都有较多的划分，如果与不可分的线相反，每条线都是连续的，那么，就不应有不可分的线。

再者，如果与不可分的线相反，每条线都能被分成相等的和不相等的部分，那么，即使它由三条或者一般而言由奇数条不可分的线构成，不可分的线也是可分的。如若每条线平分为二，也同样如此；因为由奇数条线构成的每条线都包含有不可分的线的部分。如果任何这样的线都不能平分为二，而是由偶数条线构成的才行，即使在这种情形下，它也能被平分为二，因此，不可分的线是会被分割的，只是当由偶数条线构成时，线被分割成不相等的部分而已。

再者，如果被运动物在一定时间内整条线被运动，在一 970b
半时间里就将被运动半条线，在少于一半的时间里被运动的距离则少于半条线，所以，如果整个长度是由奇数条不可分的线构成的，那么，如若它在一半时间内通过一半的长度，不可分的线的平分就会再次出现；因为时间和线都按相同比例被分割。所以，没有任何合成线被分割成相等的和不相等的成分；如果它们在同样的时间里被分割，就不会是不可分的线。正如已经指出的，由无部分的线造成的所有这些东西存在着相同的道理。

再者，每一有限物都有两个限界；因为线正是被它们界定的。不可分的线不是无限的，所以也有一限界。因此，它是可分的；因为限界不同于自身是有限界的东西的限界。否则，在这两个范畴之外，就会有既不是无限的又不是有限的某条线存在了。

再者，在每条线中将不存在点；因为在不可分的线中，也不存在点；假如只有一个点存在，线也就是点了；假如有多个点存在，这条线就可分了。因此，如果在不可分的线中不存在点，那么一般而言，在任何线中也不存在点；既然其他线都由不可分的线构成。

再者，如果这样的点存在，在它们之间就要么没有任何东西，要么是线；如果它们之间存在着线，在所有线中就有多个点，线也就不是不可分的。

再者，不可能在每一条线上构成一个正方形；因为正方形具有长度和宽度，所以是可分的，既然长度和宽度都是某种量。但如果正方形可分，构成它的线也就可分。

再者，线的限界是线，而不是点。因为限界就是极限，不可分的线也是极限。因为如果点是限界，那么点对于不可分的线来说，也是限界，这样，一条线就比由点限界的另一条线更大了。但如果作为限界的点存在于不可分的线中，由于两条连接的线有相同的限界，无部分的线也就有某个限界。那么，一般而言，点和线之间的差别是什么呢？因为与点相比，除了名称外，不可分的线没有任何特殊性质。

再者，平面和立体是在同样的意义上不可分的。因为如果一方不可分，其他东西也随之如此，既然一方是根据另一方而被分开的。但是，立体由于有高度和宽度，不是不可分
971a 的，线也不应不可分；因为立体是靠平面而成的，平面是靠线而成的。

既然他们企图据以证明其观点的那些论据，既是无力的

又是错误的，而他们的观点又与一切有说服力的看法相反，那么显然，不应有不可分的线。从这些论证明显可见，不可分的线也不应由点构成。因为相同的论证差不多适用于更多的情形。

因为线必然被分成点，只是当线由奇数个点构成时，分成相等的部分，由偶数个点构成时，分为不相等的部分而已；而且，线的部分不是线，平面的部分不是平面。

一条线会大于由点构成的另一条线；它也大于由以构成的、且具有的那些成分。从数学中的公理来看，这显然是不可能的，而且，还将得出被移动物在一定时间里通过一点的结论，如果它在较长时间里经过较大距离，在相等时间里经过相等距离，但是一个时间多于另一时间的部分仍是时间。

然而，也许时间是由一系列“现在”构成的，两种说法是同一道理。

如果“现在”是时间的开端和限界，点是线的开端和限界，但开端和限界不是连续的，而是有某种东西存在于它们之间，那么，现在和点彼此都不应形成连续的整体。

再者，线是某一量度，但点的聚合并不形成量度，因为这样的聚合不会占据更大的地方。因为当把一条线加到另一条线上并与之重合时，宽度不会变大。如果点内在于线中，它们也不会占据更大的地方，所以，它们不会导致量度。

再者，如果它们每一个都接触每一个，或是整体与整体相接触，或是部分与部分相接触，或是整体与部分相接触，但既然点是无部分的，因此应该是整体与整体相接触。但整体与整体相接触，结果必定是一。因为如果某东西不是另物，整体就不应与整体接触。如果无部分的东西一起处在一
971b 个地方，所占据的就是先前由其中之一占据的相同地方；因为处在一起，但各自都没有由于自身的延伸能力的两个东西，可以共用同一个地方。但是既然无部分的东西没有间隔，所以，由无部分的东西构成的事物不应有连续的量度。因此，线不由一系列点构成，时间不由一系列“现在”构成。

再者，如若线由点构成，点就会与点相接触了。设从K点出发，作AB和CD两条线，AK中的起点和KD中的起点相接触于K；所以，这两个点相互接触；因为不可分的接触不可分的，正像整体接触整体。所以，它占据的是与K点相同的地方，各个点将在同一个地方相互接触。而如果它们在同一个地方，当然就会接触；因为处在同一个地方的最初的东西必然接触，如果这样，那么一直线就在两个点上与另一直线接触。因为AK中的点是要接触KC中的点和其他点的。所以，AK在多个点上与CD接触。同样的论证不仅适用于两条相互接触的线，也适用于任意条相接触的线。

再者，圆的周线在许多点上与切线接触。因为圆周上的点和切线上的点都在相碰点上接触，并且是相互接触的。如果这不可能，点与点的接触也就不可能；而如果点不接触，线就不是点构成的，因为否则它就必定接触了。

再者，直线和曲线的情形又会如何呢？因为无论直线中

还是曲线中的点，其接触是没有区别的。因为无部分的线与另一无部分的线接触，只能是整体对整体，不会有其他接触方式。因此，如果线有差别，而点的接触没有差别，那么，线就不由点的接触构成，所以，线也就不由点构成。

再者，点与点必然要么相互接触，要么不接触。如果它们必然一个挨一个地接触，论证就是相同的；如果一个挨一个的东西有可能不接触，那么我们就说除了它们的组成部分接触外，没有什么东西是连续的，所以，如若这样，点与点必然是相互接触的，否则线就不是连续的。

再者，如果把点置于点上形成线，把线放在点上形成面是荒谬的，那么，他们的说法就不能成立。因为如果点都是挨着的，线就不会在任何一点上，而是在它们中间被分割；另一方面，如果它们相接触，线就会在一个点的位置。但这是不可能的。

再者，所有几何图形都是可分的，并可分解成点，而点是体的部分，既然体由面构成，面由线构成，线由点构成。如果每一事物都由它的最初元素构成，那么点就应该是体的元素。所以，元素会有相同的名称，在属上也无差别。

从这些论述显而易见，线不是由点构成的。点也不能与线分离。如果它能分离，也就可能被增添了；当增添某物时，被增添的那个东西就比开初更大，假如增添物是如此性质，以至形成统一整体的话。因此，一条线就会比由点而成的另一条线更大，但这是不可能的。当然，说它不可能是就自身而言，但就偶性而言，从线中抽去点还是可能的，在被抽离的线中就存在这种情形。因为如果整体被抽离，开端和终端也会被抽离，而线的开端和终端都是点，所以，如若从线中抽离线是可能的，从线中抽离点也就可能了。但这种抽离只是就偶性而言的。如果终端接触的是终端的那个东西，即或是自身，或是自身的某个部分，点作为线的终端也会接触它，那么，一条线会大于由点而成的另一条线，点将由点构成；因为在两个接触物之间没有任何东西。

同样的论证也适用分割，如果分割是点的分割，如果分割要接触体上与面上的某东西；正如体由面构成，面由线构成一样。

把点说成是线中的最小成分，这是不正确的。

因为如果把它说成是线的最小成分，那么，这个最小成
972b 分就会比最小的那些东西更小，但是在线中，除点和线外，没有任何其他东西，而线不比点大（因为线构成的面也不比线大），所以，点不是线中最小的成分。

即使点可与线比较，“最小”这个词也只能在三个方面使用，因此点不是线中最小的成分。在长度中，除点和线外还存在着另外一种东西；因为它不是由点构成的。但是，如果地点中的东西或者是点，或者是长度，或者是平面，或者是立体，或者是由这些构成的某物，而且，如果构成线的成分在地点中（因为线在地点中），如果线中既无体，又无面，也没有由这些构成的某东西，那么，一般而言，在长度中除

了点和线外，也就不会有任何东西。

再者，“较大”这个术语是针对地点中的存在物，即长度、平面或立体而言的，而点在地点中，但在长度中的存在物除了点和线外，没有前述的那些东西，所以，点不是线的最小成分。

再者，如果“房屋里的最小东西”这个短语与房屋的尺度没有关系，其他东西也是如此，那么，线中的最小东西与线也没有关系；所以最小这个术语不适用于线。

再者，如果不在房屋中的东西不是房屋中的最小东西，其他东西也如此（因为点可能由于自身而存在），那么，基于这点而言，说点是线中最小的成分是不正确的。

再者，点不是一个不可分的接头[1]。因为接头总是两个东西的限界，但点只是一条线的限界。再者，点是终端，而接头更可分开。再者，线和面是接头，因为它们与接头有相似之处。再者，在一定意义上接头是由于移动，因此恩培多克勒把线描写成“一个接头拴连两物”；但是点存在于不动的东西中。再者，在肉体中或手中没有无限多的接头，但有无限多的点。再者，石头不是接头，也没有接头，但却有点。

① arthron adiaireton。

论风的方位和名称

徐开来　译

* Anemon theseis kai prosegoriai　据《洛布古典丛书》希腊本文。

波纳斯①。在马洛斯，它被称为帕各留斯；因为它是从 973a
高大的峭壁和被称为帕各里卡的两条彼此平行的山脉中吹出的。在考洛斯，它被称为麦色斯。在罗得斯，它又被称为考里阿斯；因为它从考洛斯吹出，并且引起了考里阿斯港湾里的风浪。在靠近帕非里亚中的马谷多斯的俄尔比亚，它被称为依丢瑞斯；因为它是从被称为依丢瑞斯的岛上吹出的。有些人也把它称作波纳斯，譬如在靠近法舍利达的吕尔兰特人中。

凯基阿斯②。在列斯波斯，这种风被称为塞巴那斯；因为它是从缪色那斯的厄赖阿提科斯海湾上面的塞柏斯平原吹出的，而且造成了米图列赖港湾的尤其是马伦塔的风浪。但是，有些风被称为考里阿斯，有些则被称为波纳斯。

阿伯里俄特斯③。在弗里克斯的特里波利斯，这种风被称为波塔缪斯，它是从犹如一块大的打谷场的平原中吹出的，这个平原被里巴娄斯山和巴布洛斯山所包围，因此，被称为波塔缪斯。它导致波色多勒昂港的风浪。在依色科斯海湾和罗索斯附近，它被称为苏里安多斯；它从苏里安隘口吹出，而这是陶洛斯山和罗色亚山的分界处。在特里波利提科斯海湾，它被称为马尔修斯，因为它是从马尔修斯村落中吹

① Borras，即北风。

② Kaikias，即东北风。

③ Apeliotes，即东风。

出的。在波洛科勒索斯、特俄斯、克里特、尤波依亚和库勒尼，它又被称为赫勒斯旁提阿斯。它特别在尤波依阿斯的卡费勒亚港和被称为阿波罗尼亚的库勒尼港造成风浪。它也从赫勒斯旁托吹出。在色洛柏它被称为柏勒昆提亚斯，是从弗
973b 陆几亚地区吹出的。在西西里亚它被称为卡塔波尔斯米亚斯，从海峡中吹出。有些人称它为凯基阿斯，并加上塞巴那斯的称谓。

尤洛斯①。在苏里亚的埃盖斯，这种风被称为斯科柏纽斯，从罗色昂的崖边吹出。在库勒尼，它被称为卡尔巴斯，从弗依里克的卡尔巴勒斯吹出；因此，有些人把它称为弗依里基亚斯。有些人也认为它是阿伯里俄特斯。

俄尔梭诺托斯②。有些人称它为吴洛斯。有些人则把它叫做昂勒亚。

诺托斯③。它在每个地方的称呼都相同。它的名称是由于它会引起疾病，此外，也由于它会带来霉雨。基于这两点，人们才把它称为诺托斯④。

留科诺托斯⑤也一样。它的名称源出于偶性，因为它使天空变白了……⑥

---

① Euros，即东南风。

② Orthonotos，来自 Orthos，意即“正的”，“直的”。

③ Notos，即南风。

④ 这纯粹是词源关系。因为“疾病”是 nosos，“霉雨”是 notios。

⑤ Leukonotos，来源于 leukos，即“白色”。

⑥ 原文有空缺。

里朴斯①。这种风的名称来源于里布厄斯，因为它是从那里吹出的。

热伏洛斯②。这种风之所以有这个名称，是因为它从西方吹出。而西方……③

依阿朴克斯。④ 在塔兰提，它被称为斯库勒提洛斯，从斯库勒提洛斯地区吹出。在多若赖昂，它被称为弗若基亚斯。它还被有些人称为法拉基特斯；因为它是从帕盖昂的某个峡谷吹出的。许多人也把它称为阿尔革斯特斯。

石拉基阿斯。⑤ 在石拉克，它被称为斯托若模利亚斯；因为它是从斯托若模洛斯河吹出的。在麦加里克，它被称为斯基朗，源于斯基洛里东峡谷。在意大利和西西里亚，则被称为基尔基阿斯，由于它从基尔凯俄斯吹出。在尤波依亚和列斯波斯，它则被称为奥林匹亚斯，这个名称源于柏里科斯的奥林匹亚斯；它在朴赖俄斯造成暴雨。

我为你们画出了风的位置，它们所处的地方和吹刮的方向，也画出了地圆图，以便它们可以一目了然地展现在你们面前。

---

① Lips，即西南风。
② Zephuros，即西风。
③ 原文有空缺。
④ Iapuks，即西北风。
⑤ Thrakias。

后　　记

收入本卷的9篇作品，篇幅长短不一，内容风格各异，但有一点是共同的，即它们均被学术界怀疑为是后人伪托，并非亚里士多德原作，尤其是除《问题集》之外的另外8篇，受到的怀疑更大。因此，有必要在这里对这个问题作一简单的说明。

首先是受疑程度较轻，篇幅又最长的《问题集》。据说亚里士多德本人确曾写过一本问题集，其中的某些内容也混杂在传给我们的现在这部《问题集》中，因为普鲁塔克、阿塞劳斯、阿波洛琉斯、西塞罗等人都把它们作为亚里士多德的问题引用过（例如第三十卷【1】就既被普鲁塔克，又被西塞罗断言为亚氏的问题）。但是，现在见到的这部《问题集》，其雏形最初源于亚氏所创的漫步学派传人们的作品，是在多个不同的时代被逐渐增添而成的，直到公元5世纪，才形成现在的形式。现在的原文所依据的最古老也是最重要的抄本，则出于公元10世纪。

至于其余的8篇短作品，无论从内容还是风格上看，都不是亚氏原文，但多数内容有可能是漫步学派某些成员的作品。其中的一些，甚至是从其他文字转译成希腊文的。例如《论植物》，现在所见的这个两卷集希腊文本，就是从中世纪的拉丁抄本翻译过来的，而拉丁本又是对阿拉伯文本的质量不高的翻译。

正如西方学术界所普遍认为的，虽然本卷的这些作品，不是亚氏所作，但它们作为历史文献，仍具有较高的参考价值。因为如果撇开作者问题不谈（事实上，它们到底系何人所作，已无法确知），仅从内容上看，它们确实是值得我们认真清理的一笔精神财富。我以为，这笔财富，不仅具有多门学科发展史的历史意义和个别知识点的当代启发意义，更具有方法论上的借鉴意义。透过这些包罗万象的、朴素的，但有时又是幼稚的、乃至错误的讨论，我们能发现作者们坚持从自然本身来解释自然的理性精神，用水火土气、冷热干湿等基本元素和性质来说明一切自然现象和某些精神现象的哲学思考，所以，我们不能不强烈地感受到亚里士多德爱智慧、尚思辨、重探索的思想遗风，不能不被古人热忱、真诚的求知欲望和踏实、细致的求知作风所折服。当今中国的知识界，弥漫着短视、肤浅，太缺乏这种穷究天地游神万物的求知精神和认真、踏实的学风了。

坦白地讲，本卷的翻译，和我前面译过的第一、二、八卷相比，难度是最大的。译者由于学养不足，很难准确把握并传达出文中那些百科全书式的内容，尤其是音乐方面的

(因为它涉及的不是一般的音乐知识，而是已成为历史的古代希腊音乐)，所以，虽尽了最大努力，仍难免谬误，恳望读者不吝指正，以便修改，使译文更准确些。同时要指出，本卷中高小强、王成光所译的几个短篇，也是由我负责校对的，因此，如有谬漏，应由我负主要责任。

与以前各卷一样，本卷的问世，同样是集体智慧与心血的结晶。主编苗力田先生一如既往地担起了总把关的终校重任，为译文增色不少。编译组的其他成员，颜一、崔延强、李秋零、余纪元、喻阳、申明等同志，也给我提出过一些好的建议，并在其他方面提供过很多无私的帮助。出版社的同志们，为本卷的早日问世，付出了太多的辛劳……。对上述提到的以及没有提到，但却给我鼓励和帮助的其他同志，我都要向他们表示诚挚的谢意。最后，我要特别感谢我的爱妻余雅俐女士。在我的求学和教学生涯中，特别是在翻译本卷和其他各卷的8年中，她不仅默默地肩负着操持家务、养育女儿的重担，还为我补充了一些自然科学方面的知识，甚至不惜调动工作以成全我的学术追求。如果我在学业上取得了一点成绩的话，有一半是应该归于她的。我唯有努力进取，不断前行，才能报答爱我也被我爱的亲友们的厚爱。

徐开来

1995年7月8日于四川联合大学陋室

图书在版编目（CIP）数据

亚里士多德全集　第六卷/苗力田主编
北京：中国人民大学出版社，1995
ISBN 978-7-300-02016-7

Ⅰ. 亚…
Ⅱ. 苗…
Ⅲ. 亚里士多德-哲学
Ⅳ. B502.233

中国版本图书馆 CIP 数据核字（94）第 13050 号

亚里士多德全集
第六卷
苗力田　主编
Yalishiduode Quanji

出版发行	中国人民大学出版社		
社　　址	北京中关村大街 31 号	**邮政编码**	100080
电　　话	010－62511242（总编室）		010－62511770（质管部）
	010－82501766（邮购部）		010－62514148（门市部）
	010－62515195（发行公司）		010－62515275（盗版举报）
网　　址	http://www.crup.com.cn		
	http://www.ttrnet.com(人大教研网)		
经　　销	新华书店		
印　　刷	涿州市星河印刷有限公司		
规　　格	140mm×202mm　32 开本	**版　　次**	1995 年 12 月第 1 版
印　　张	18.25 插页 3	**印　　次**	2017 年 5 月第 6 次印刷
字　　数	346 000	**定　　价**	98.00 元